总　序

在我国实施文化强国战略和职业教育事业实现跨越式发展的大背景下，艺术职业教育在办学理念、办学规模、办学效益以及教学改革、培养质量和办学条件等方面都取得了长足进步。六十年传统积淀、十余载创新发展，伴随着中等职业教育的稳定前行，高等艺术职业教育蓬勃而兴，不仅提升了我国艺术职业教育的层次和水平，更为艺术职业教育注入了巨大生机与活力。

当前，艺术职业教育机遇与挑战并存，特色与创新共进。紧跟文化产业发展步伐，适应艺术人才就业岗位需求，厘清艺术职业教育思想，更新艺术职业教育教学方法，完整科学的艺术职业教育教材体系的建立对实现我国艺术职业教育又好又快发展，无疑具有战略意义。

全国艺术职业教育系列教材建设是文化部、全国文化艺术职业教育教学指导委员会、中国艺术职业教育学会启动的艺术职业教育质量工程之一，它是为了适应新形势下我国艺术职业教育发展需要而编撰出版的系列教材。其选编思路是主动适应国家文化产业升级发展需求，对接行业、职业标准；打破学科框架束缚，以项目、任务为导向组织教材内容，突出学生能力培养，体现艺术类专业基于实践的科学合理的学习过程；注重国际视野站位与先进教学技术手段的运用，反映文化艺术行业、产业发展的新方向和新趋势；同时注重收纳具有民族精神与民间特色的非物质文化遗产内容，实现高校文化传承功能。

全国艺术职业教育系列教材涵盖音乐、舞蹈、戏剧、美术等各个艺术门类，分高职卷和中职卷，按照宜统则统，宜分则分，分类分步，梯次推进的原则，重点开展专业核心课、专业基础课、公共基础课教材的开发与建设，计划在“十二五”期间完成60种以上教材的编撰工作。本次系列教材编写联合全国18所高职艺术院校，集中全国艺术职业教育的优质资源，着力打造一批理念先进、内容科学、构架合理、特色鲜明的艺术职业教育精品教材。

全国艺术职业教育系列教材的出版，是对不断深化的艺术职业教育教学改革成果的总结。我们相信，它的广泛使用，将为实现全国优质艺术教育教学资源共享搭建平台，使艺术职业教育教学行为更系统、规范、科学，从而推进全国艺术职业教育教学的整体持续发展，为实现文化强国战略提供坚实的人才支撑与质量保障。

总编委会

2012年9月

全国艺术职业教育系列教材·高职卷

中国艺术职业教育学会推荐教材

大学生职业生涯发展

主　编　延凤宇　王　红

副主编　郝端勇　李雪蓉　胡彩红　张　梅

编　委　白雪杰　高丽英　郝端勇　胡彩红　李雪蓉
潘　伟　全红霞　商　巍　宋　萍　王　红
王　慧　王　玮　王义平　延凤宇　晏　妮
张　梅　郑　英

WUHAN UNIVERSITY PRESS

武汉大学出版社

图书在版编目(CIP)数据

大学生职业生涯发展/延风宇，王红主编．—武汉：武汉大学出版社，2012.11(2025.8 重印)
全国艺术职业教育系列教材·高职卷
ISBN 978-7-307-10123-4

Ⅰ.大…　Ⅱ.①延…　②王…　Ⅲ.大学生—职业选择—高等职业教育—教材　Ⅳ.G647.38

中国版本图书馆 CIP 数据核字(2012)第 232125 号

责任编辑：易　瑛　胡国民　　责任校对：黄添生　　版式设计：韩闻锦

出版发行：**武汉大学出版社**　(430072　武昌　珞珈山)
(电子邮箱：cbs22@ whu.edu.cn 网址：www.wdp.com.cn)
印刷：武汉图物印刷有限公司
开本：787×1092　1/16　印张：22　字数：465 千字　插页：2
版次：2012 年 11 月第 1 版　2025 年 8 月第 14 次印刷
ISBN 978-7-307-10123-4/G·2615　定价：39.00 元

前　言

教育部《大学生职业发展与就业指导课程教学要求》办公厅〔2007〕7号文件下发后，许多以大学生职业生涯和就业指导为主要内容的教材相继出版，为推进本课程建设，指导大学生职业生涯发展与就业发挥了重要作用。然而，纵观琳琅满目的各种教材，突出行业特点，尤其是针对高职艺术院校学生的特殊性，凸显艺术高职特色的教材目前尚无。

前不久，麦可思研究院发布了《2012年中国大学生就业报告》（就业蓝皮书），对职业环境、就业状态、行业薪资与需求、毕业生素质与就业能力等进行了详细的阐述，《就业报告》再次向高校建言要进一步把提升学生职业生涯发展意识，使学生学会职业生涯规划、提高职业素质和能力作为做好大学生就业工作的重要任务。

目前，文化部直属高职艺术院校共有31所。党的十七届六中全会对文化事业的发展提出了更高的要求，高职艺术院校作为艺术职业技能人才培养的摇篮，肩负着培养高素质艺术职业人才的重任。教材建设是课程建设的基础，是学校人才培养工作的重要内容，为适应新形势下高职艺术院校教材建设的需要，2011年底，文化部全国高等艺术职业教育学会决定，编写全国高等艺术职业教育系列教材，作为本系列教材的其中之一《大学生职业生涯发展》顺应需要而产生。

本教材以教育部《大学生职业发展与就业指导课程教学要求》为指导，按照高职高专新教改的思路来编写，即以职业活动为导向，突出学生能力目标的培养，以学生为主体，以素质为基础，以项目、任务为主要载体，力求使知识、理论和实践一体化。教材内容共分 3 大篇、9 个模块、25 个项目，前三个模块为认知篇，分别是大学认知、自我认知和职业认知，主要内容是教会学生适应大学生活，学会自我探索，了解职业世界；第 4~6 个模块为理论篇，分别是生涯理论、职业定向、职业规划，主要内容是教会学生以理论为指导管理自己的生涯，做好职业生涯决策和规划；第 7~9 个模块为素质篇，分别是职业素质、能力管理、素质拓展，主要内容是教会学生按照未来职场要求进行素质能力修炼。考虑到艺术类学生学习认知、思维特点以及高职艺术类院校教学强调的技能性和职业性要求，本教材以模块化、项目课程编法，根据实际需要使用了固定的编写体例，便于阅读理解、训练使用。

【学习目标】本模块学习以期实现的目的或达到的效果简要说明。

【技能(知识)点】学生应重点掌握的知识、技能。教师可以此能力为目标设计教学。

【案例导入】艺术类学生身边的轶闻轶事或真实案例及经典案例，启发学生思考。

【案例评点】通过案例分析评点，引入主题，吸引学生学习相关知识。

【相关知识】本模块的知识点、相关理论及操作方法，由教师把握内容，可根据课程设计进行重点讲授。

【模块小结】对模块知识进行简要回顾与总结。

【复习思考题】启发学生自我反思和探索的问题与练习，供检查、评估学习情况。

【知识链接】为学生提供的延伸学习资源。内容多样，便于掌握、理解、提升模块知识。

【技能训练】多为活动训练，使学生在体验参与中掌握知识，提高技能。也可作为辅导员第二课堂活动内容。

在教材编写过程中注意把握以下几点：

（1）注意吸收国内外高职教育课程模式改革的新成果，在结构把握、内容安排、案例选择、技能训练方面融入高职教育的最新理念；

（2）采用模块项目课程编写法，突出艺术院校的特色，选取多体现艺术行业特点的案例，学生喜闻乐见的艺术圈的典型案例，或者前沿的、有代表性的经典案例；

（3）考虑到艺术高职学生的学习特点，行文风格尽可能通俗易懂，欢畅明快，将枯燥的理论知识趣味化、生活化，编著形式生动活泼，吸引学生主动阅读，便于学生接受；

（4）模块思考题、知识链接、技能训练，突出师生互动、学生实践，阅读趣味，寓知识于活动中，每模块末尾设置技能训练项目、量表测评等内容，便于学生、教师课堂使用；

（5）以学生能力和素质提升为导向，发挥学生学习主体作用，变被动灌输为主动获取，最终达到素质提升，就业能力提高的目的，是本教材的最终追求。

本教材对于名词、概念、抽象的理论阐述，学生无须死记硬背，关键要在实践中进行掌握。第九模块的素质拓展训练也是大多数职业生涯发展教材中缺乏的亮点。这部分是学生有兴趣阅读、参与或尝试的内容，既可单独按课程讲授，也可融入教材部分课程中作为活动让学生参与，以辅助课堂活跃气氛，提高教学效果。

本教材由河北艺术职业学院、安徽艺术职业学院负责，联合黑龙江艺术职业学院、湖南艺术职业学院、山西戏剧艺术职业学院、四川艺术职业学院、湖北艺术职业学院、苏州评弹学校等全国知名艺术高职院校共同编写。参编人员大多是在艺术院校从事大学生职业发展与就业指导教学工作多年，具有丰富教学实践经验，同时十分了解艺术专业各门类特点和学生特点的一线教师。在体例构建、内容选择等各方面，经过广泛讨论、仔细推敲、反复斟酌，力求突出高职艺术院校的特色，专家的指导为保证教材的编写质量提供了保证。

本教材编写人员具体分工如下：第一模块李雪蓉、商巍、高丽英，第二模块王玮、胡彩红，全红霞，第三模块延凤宇、宋萍，第四模块王玮、张梅、白雪杰，第五模块宋萍、王红，第六模块潘伟、王义平，第七模块郑英、郝端勇，第八模块晏妮、王慧，第九模块郝端勇。第一模块由商巍统稿，第二、三、四模块由延凤宇、王玮统稿，第五、六模块由王红统稿，第七、八、九模块由晏妮、郑英统稿，全书修改校阅延凤宇、郝端勇，定稿延凤宇。

本教材特邀河北省教育厅毕业生就业指导办公室周峰主任和石家庄教育学院的文军教授主审，教材编写过程中他们在很多方面给予指导、帮助和支持，在此深表感谢；教材中借鉴和引用了大量相关资料，在此也特向原作者表示真诚谢意；本书的编写在武汉大学出版社陶洪蕴主任的鼎力相助下，得以顺利进行，在此也一并致谢。

由于时间仓促，资料搜集和参考范围有限以及编者水平有限，书中难免会有疏漏之处，恳请各位专家和使用本教材的师生指正，并随时提出宝贵意见，以便今后对教材进行修订和完善。

最后，还有句话要嘱咐同学们：作为一门课程——“大学生职业生涯发展”总会有结束的时候，但崭新的职业生涯发展之路才刚刚开始，期待你们通过本课程的学习，吸收滋养生涯发展的养分，并在实践中内化为自己的能量，祝福你们职业生涯发展成功！

编 者

2012 年 8 月 30 日于石家庄

目　录

认　知　篇

理　论　篇

素 质 篇

认 知 篇

模块一

大 学 认 知

——我的大学　梦想起航

【学习目标】

通过本模块的学习与训练，要求同学们熟悉、了解大学与初高中学习生活的不同特点，并能够顺利适应大学生活；掌握大学专业与职业的基本关系，重点掌握艺术院校大学生学习的主要方法，以及分析职业能力需求与确定学习目标与任务的基本能力；主动培养良好的学习态度，树立崇高的职业理想，启迪自我成功之路。

【技能知识点】

1. 大学及其特点，大学生的主要任务
2. 专业的特点与分类
3. 专业与职业的关系
4. 成功人生的目标以及实现途径

项目一 认识大学

案例导入

六成大学新生不满自己的大学生活 三大原因造成①

2011年9月15日至24日，第三方教育咨询机构麦可思对2899名2011级大学新生进行了调查，以了解新生对于大学教育的适应度。结果仅有40%的新生表示满意，六成大学新生对自己入学以来一个多月的学习和生活状态并不满意。

调查显示，学校层次不同，学生对学校的满意率也不同。其中，高职高专院校新生最低，满意率仅为35%；稍好的为非“211”本科院校新生，满意率为44%；但即使是“211”院校的新生，满意率也仅为54%。从性别来看，男生的满意率低于女生，其中本科男生满意率为46%，比女生（55%）低了9个百分点，高职高专男生的满意率（32%）也比女生（41%）低了9个百分点。

学生们为什么不满意自己的大学生活？麦可思调查并给出答案：原因集中在交往困难、学习方式方法不适应、专业不适应三大方面。

案例评点：每年金秋，历经十二载寒窗苦读和严酷高考洗礼的莘莘学子，怀揣美丽的大学梦想步入大学校园，然而，“理想很丰满，现实很骨感”，在最初的兴奋过去之后，呈现在眼前的大学生活似乎与理想中的相距甚远——校园并不那么如诗如画，老师并非个个学富五车，学习远非相传的那么轻松；同学关系比中学复杂难处；异地求学气候饮食不适应；远离父母呵护独立生活孤独无助……于是，面对全新的学习生活环境和人群，大一新生成了名副其实的“freshman”，不少同学觉得自己的日子一下子空了，并因此产生一种失落、迷惘、无助的心理，有人形象地称为“大一现象”。如不能及时调节和适应，则可能正常的学业都难以坚持。因此，如何正确认识大学，从容走过“大一现象”，就成为摆在每位大学生特别是新生面前的一项重要课题，可以说，谁能适应大学生活，谁就会成为大学生活的胜出者。

【相关知识】

大学早已成为科学与民主、文明与自由、知识与进步的代名词，是青年学子梦寐以求的殿堂。那么，到底什么是大学？大学生活与中学生活相比又有哪些不同？读大学到

① 摘自《成都商报》2011年10月17日第19版。

底读什么？这些都是每个迈入大学门槛的学生应该拷问和厘清的问题。

一、什么是大学

1. 大学的溯源与定义

在英文中，大学一词为“University”，是由“Universe”（宇宙）这个词的前身派生而来的，大意是指“一群人（老师和学生）的联合体”。这种联合体最早在中世纪欧洲的一些地方出现，如萨勒诺、巴黎和牛津，这类联合体便是今天的大学的最初形式。

也有人把欧洲大学溯源到更早的古希腊时期，公元前387年希腊哲学家柏拉图在雅典附近的Academus建立“Academy”，教授哲学、数学、体育，因而被认为是欧洲大学的先驱。

1088年诞生于意大利北部的博洛尼亚大学，被认为是近代意义上世界的第一所大学；1810年，威廉·冯·洪堡建立的柏林大学，将研究和教学结合起来，并确立了大学自治和学术自由的原则，被认为是现代大学的开端。

在中国古代，类似于大学的高等教育机构有国学（太学、国子监）以及后来的高等书院等，是指聚集在特定地点整理、研究和传播高深领域知识的机构。不过，中国古代的高等学校和西方现代的大学存在较大差别，尤其官办学校以培养治理政府的仕人及从事文化教育的文人为主，学科上自然科学尤为缺乏。

在近代和西方交流以来，西方的“University”早期被翻译成“书院”等，后又称为“大学堂”、“大学校”。甲午战争后，中国开始借鉴日本兴办近代学堂，创办于1895年的北洋大学（天津大学前身）是中国近代第一所大学。民国时期，中国开始效法美国的大学制度，“大学”成为正式的称呼，延续至今。

那么，到底什么是大学？在英文中，表示大学的词有三个：“University”、“College”和“Institute”。一般来讲，University常译作“大学”，主要是指综合性大学，其专业覆盖面广，培养多方面的综合人才，一般包含多个学院（College），如牛津、剑桥、哈佛、清华、北大等。College常译作“学院”，除了包括综合性大学的二级学院（如理学院、法学院、文学院等）以外，还指独立设置的专门性很强的高等学府，如艺术学院、师范学院等。而Institute与College类似，也作学院讲，但学生主要为研究生，例如麻省理工学院（Massachusetts Institute of Technology）等，在我国，则常将Institute译作“学术机构”、“科研院所”。

界定清楚了“University”、“College”和“Institute”的区别与联系，我们就能比较准确、全面把握大学的内涵。《简明大不列颠百科全书》是这样给大学定义的：“高等学府，通常包括一所文理学院、研究生院和专业学院，并有权授予各个学科领域的学位。”很显然，这个定义所指大学仅仅是综合性大学，即“University”，已涵盖不了大学的全部外延。

可见，大学是专门从事高等教育的机关，教学与科研是它最基本的职能，教学更是其核心功能。大学的分类是个很复杂的问题，在我国，从层次上分，大学包括举办专科层次教育的高职高专院校和举办本科及以上层次教育的高等院校，大专生、本科生、硕博研究生统称为大学生。从举办主体上分，有公办大学和民办大学。从教育形式上分，包括全日制脱产大学（又称普通高校）和非全日制大学（俗称“五大”，即职大、电大、函大、夜大和自修大学）。按隶属关系分，有部属高等院校和地方高等院校。按是否是国家面向21世纪重点建设的大学，可分为“211工程”大学和普通大学。还有学者提出，大学的类型由“类”和“型”两部分组成：“类”反映大学的学科特点，按教育部对学科门的划分和大学各学科门的比例，现有大学分为综合、文理、理科、文科、理学、工学、农学、医学、法学、文学、管理、体育、艺术13类；“型”体现大学的科研权重，按科研权重的大小，现有大学分为研究型、研究教学型、教学研究型、教学型4型。不管上述哪种类型的大学，都是从事高等教育的机构，都称为大学。

2. 大学何以为大

大学既然称为“大”学，自然有其“大”的因由，那么，大学何以为大呢？

(1) 以人之大为大：

首先，大学之大以师之大为大。早在1931年，清华老校长梅贻琦先生就提出了“所谓大学者，非谓有大楼之谓也，有大师之谓也”的著名办学理念。它告诉我们，对一所大学来讲，大楼固然需要、重要，但比较之下，拥有雄厚的师资力量，云集一批学养深厚、教学科研水平高超的大师、大家、名师更为根本。理由很简单，大学是培养高等级人才的学府，而人才培养质量的高低，关键在师资，高校师资队伍建设是高等教育教学质量的生命线。

其次，大学之大以学生之大为大。高等教育的核心职能是培育人才，因此，能否培养出优秀的人才，是判断一所大学是否“大”的重要标准。实际情况也是如此，如牛津大学是一所综合性大学，现有39所学院，1万多名在校生，它培养了诗人雪莱、作家格林、天文学家哈雷、撒切尔夫人等一批知名科学家、学者和政治家。而美国普林斯顿大学，只有6500名学生，不是综合性大学，可就是这个“小不点”学校培养了2位美国总统和24位诺贝尔奖获得者。可见，大学之大与大学的规模和学生的多寡没有必然联系，但与其培育的学生的质量则是直接相关的。当然，相对于全体学生来说，“名学生”毕竟只是少数，因此衡量学生之大，出“名学生”不应是主要判断标准，而主要应看一所学校培养出来的学生是否符合社会对相应人才的规格与质量要求。

最后，大学之大以校长之大为大。大学之大还应以校长之大为大，从特定的时期来说，一所优秀的大学必定有一位出色的校长，反过来说，一所大学能有一位好校长，这所学校也不会差到哪里去。那么校长之大又以何为大？首先，他应有“大”教育思想，即有符合学校办学定位又有极具个性化的、能引领学校健康发展的教育理念。其次，他应是一位“大”领导者和管理者，即通晓大学教育管理规律，知人善任，协调好上下各方关系。再次，他应该有一定的“大”学问，只有这样，他才能够与广大师生“同声相应，同气相求”，实现“专家治校”。最后，他还应有“大”人品，品德修行堪称师生表率，有人格魅力。

（2）以物之大为大。虽然较之人的因素来说，物的因素不是最关键的，但不等于说它就不重要。相反，大学要取得良性发展，在注重软件建设的同时，也要重视硬件建设。因为办学条件是学校进行教育教学活动的前提，我国教育法明确规定，设立学校必须具备的基本条件之一就是“有符合规定标准的教学场所及设施、设备等”。特别是随着社会经济文化的发展，大学生对学习生活和文化设施的寄望和需求也越来越高，因此，在当今，大学之大也应以物之大为大。物之大包括有满足学生怡情养性需要的园林式校园；有满足学生学习需求的现代化教学大楼、藏书广大的现代化图书馆；有满足学生实验实训需求的设备先进、配置合理、功能强大的现代化实验室实训室；有满足学生较高生活需求的学生公寓园区、风味俱全的学生食堂；有满足学生文体活动需要的体育场馆和学生活动中心等。

（3）以精神之大为大。大学之大还非常重要地体现为“精神之大”，即拥有既体现时代科学精神又富有个性、感召一代又一代校园人的大学精神。大学精神，是一所大学在自身存在和在发展过程中经过长期的积淀、选择、提炼、发展而形成的具有独特气质的精神形式的文明成果，它集中体现在办学理念、校训、校风等方面，是大学之魂、学人之根、学术之本。一所大学如果没有富有个性的大学精神，就难以有强大而持久的生命力。作为大学之魂，大学精神对内是凝聚广大师生的信仰与价值追求，正如老浙大校长竺可桢所言——“大学犹如海上灯塔”；作为时代精神的体现，大学精神对外又有引领先进文化之功，正如德国伟大教育家洪堡所云“大学是社会的道德灵魂”，又如蔡元培所强调大学是“社会之模范、文化之中心”。我们从一些知名大学的校训就可以感受到大学精神之所在：剑桥——“求知学习的理想之地”；牛津——“上帝乃知识之神”；哈佛——“让真理与你为友”；耶鲁——“真理和光明”；清华——“自强不息，厚德载物”；复旦——“博学而笃志，切问而近思”；北师大——“学为人师，行为世范”，等等。

（4）以功能之大为大。大学之大还以其功能之大为大。一般认为，现代大学具有人才培养、科学研究和服务社会三大功能，近年来教育界许多学者又把“文化引领”补列为大学的第四大功能。其中，核心与基础功能是人才培养，其余功能是在人才培养基础上延伸出来的，也应围绕人才培养而展开。随着产、学、研、用的日益融合，现代大学与社会联系日趋紧密，对经济社会发展的助推器的作用日益突出，高校已成为产业结构调整和产业转型升级的重要支撑，成为企业提高创新研发能力，转变经济发展方式的重要抓手。对广大学子而言，充满智慧与灵性的大学是他们人生的重要驿站，大学不仅仅是一个历时四年的时间概念，最重要的还在于它奠定了一个人的人生基础。这一站的重要性或大功能对大学生而言在于：大学是增长才学的加油站、学会思考的炼金炉和实现价值的起飞地。

3. 艺术高职院校是怎样的大学

在我国，作为职业教育高等层次的高等职业教育也是高等教育的一个类型，属于专科层次的高等教育，其载体——高职院校肩负着培养适应生产、建设、管理、服务第一线需要的德、智、体、美等全面发展的高等技术应用型专门人才的使命。因此，和所有的高职院校一样，艺术高职院校也是大学阵营中的一员，是专科层次的大学。通俗地说，是大学阵营中的“小幺”。

艺术高职院校虽是大学阵营中一“小幺”，然而，由于其所属行业专业的特殊性，它却又是颇具特色的“小幺”，其特色可用“小”、“巧”、“精”、“美”四个字来概括。“小”，首先是指校园面积小，学生人数少。我国的艺术高职院校基本上是21世纪初由原来各省中等艺术职业学校合并升格而成，由于投入不足以及学生人数不太多等原因，多数学校都没能在20世纪90年代中后期的高校扩招潮中完成拓址发展工作，例外的是浙江、江西、安徽艺术职业学院，它们依托较强的区域经济背景或政策背景较早完成了校园的扩展。“小”还指学生人数少，艺术专业一对一个别教学、小组教学特点，决定了艺术人才培养不可能搞“批量式”的，因此，即便在高校扩招后，艺术高职院校的办学规模从在校生来说也就是在3000人上下，比起万人大学来，它真是个“小不点”。然而艺术高职院校小则小已，却也“精”、“巧”、“美”。艺术人才的选拔在某种意义上来说要求更高更全面，“一对一”的艺术专业教学又讲究口传心授，讲求一招一式、一板一眼的精准到位，这就决定了艺术人才培养精巧细致的特点。在几十年的办学历史中，艺术高职院校培养和走出了一大批艺术大家和名人，可谓星光熠熠，人才辈出。如浙江艺术职业学院的董卿、周迅、陶慧敏等，湖南艺术职业学院的张也、瞿颖、雷佳、王丽达等，安徽艺术职业学院的马兰、吴琼、解晓东等，河北艺术职业学院的李胜素、于文华、梁召金等。

二、大学与中学的主要区别

大学是大学生人生新的驿站，与中学相比有着诸多不同，主要是：

1. 培养目标与方式不同

大学与中学人才培养的大目标虽然一致，都是培养社会主义的合格建设者和可靠接班人，但具体目标却迥异。中学教育是基础性教育，虽然也强调学生“双基”的培养，但实际上更注重的是学生对基础知识的把握，即使是基本技能也主要是运用基本知识解题答题的能力，目标是为了让学生考上大学，提高升学率。因此，中学教育施行的是机械式的强化训练，逃脱不了高考指挥棒下应试教育的束羁。大学则是专业教育前提下通识教育兼顾的教育，其目标是培养能胜任未来职业岗位需要，学识、素质、能力俱佳，能有效、优质工作的人，以便让学生进入社会。因此，大学教育强调的是能力与综合素质的培养，要求学生不仅仅是“学会”，更重要的还要“会学”，是真正意义上的素质教育。

2. 学习特点不同

与中学阶段相比，大学阶段的学习具有如下鲜明特点：

（1）专业性。大学生的专业、职业方向从选专业起就已经确定，大学的课程也都是针对未来职业岗位（群）对人才素质和能力的要求来设置的，学习的专业性十分明显。

（2）自主性。在大学阶段，学习基本没了“家长管”、“老师催”，学什么？怎么学？目标有多高远？一切全凭自主自觉。首先，时间与目标管理自主。在大学里，上课考勤远没有中学那样严格，是严谨奉行学生天职不迟到、不早退、不旷课，还是接受“不逃课的生活不是真实的大学生活”的歪理，偶尔甚至经常逃课？是追求成绩优良全面发展还是“六十分万岁”？此外，大学自习课占了近半，这大量的“空闲”时间怎么利用？是主要用来上图书馆、教室、网上或待在宿舍自修学习并适当参加社团文体活动还是主要玩乐游戏？情形可能不一样，扎扎实实学几年者有之，“university”（谐音：“由你玩四年”）者也存在。其次，学习内容和方法的自主选择。大学的课堂教学往往是提纲挈领式的，教师在课堂上只讲重点、难点、疑点或者是最有心得的部分，有时甚至一讲几个章节，课堂未消化，涉及的内容如何去攻读、理解、掌握，全在自己；大学还开设有选修课，每个人可根据自己的兴趣和爱好自主选择。图书馆、阅览室以及互联网上海量的各种书籍、知识如何有选择性地涉猎，也全在自己。如何制订和实行学习计划，并采用适合自己的行之有效的方法，也全在自己。

（3）多样性。大学学习无论内容还是形式都多种多样。从内容上来说，除了课堂、书本上的，还有大量课堂、书本之外的；除了准专业上的，还有专业延展及其他方面的；从形式上来说，虽然课堂教学依然是重要途径，但大学生可以通过多种渠道如自学、讨论，听学术讲座、参加第二课堂、社会实践等来获取知识。

（4）探究性。与中学学习强调标准不同，大学学习鼓励创新。大学阶段，教学内容讲授由介绍确定结论的论述到倾向各家各派理论观点和学术前沿方面知识的介绍；学生作业由在教师指导下完成到独立地完成毕业论文或设计，学习的探索和研究的性质明显。

3. 生活环境不同

进入大学后，首先是生活方式的变化。由中学时代以家庭、父母为依托变为要独自打理个人饮食起居，同时还要适应校园集体生活。其次是生活习惯的变化。异地、远地求学，气候、饮食、语言等方面都存在一定的差异；同处一屋，大家生活习惯也难免会有一些不同，这些都要求我们去适应。最后是人际环境的变化。在大学里，人际交往范围大大扩展，由本班、本年级、家庭成员、亲戚、熟人间的交往，发展为校内、校外、同学、同乡、师生、社会、生人间等广泛的交往，内容也日趋丰富，重要性日趋增强。同时人际关系性质也复杂了，对人际交往的技巧要求更高了。

4. 管理方式方法不同

在中学，老师把你当孩子，所以各方面的管理都非常严格，基本都是采取“半军事化”的管理方式，学生很少能自主安排时间和事务，久而久之也习惯了安排和服从。在大学，老师把你当成人，基本是上完课或布置完任务就走人；学生自治是大学区别于中学管理的重要标志，学生党团组织、各级学生会、各种学生社团、各种文体活动和社会实践等都为大学生一展身手、自主发展提供了广阔舞台，让你从中学会“自我管理、自我教育、自我服务和自我提高”。

可见，大学四年是大学生人生发展的大拐点、新阶段，面临着新的学习生活环境和新的奋斗目标，是大学生职业生涯的重要准备期。认识并适应这个差别，是每位大学生顺利走过“大一”现象，成功实现从中学生到大学生华丽转身的重要条件；也是将来能较快较好地融入社会和职业、实现从校园人到职业人转化的先决条件。

三、大学生的主要任务

1986 年，国际 21 世纪教育委员会在向联合国教科文组织提交的《教育——财富蕴藏其中》报告中，提出了面向 21 世纪教育的四大支柱，即学会学习（Learning to know）、学会做事（Learning to do）、学会合作（Learning to live together）、学会生存与发展（Learning to be）。我们认为，这“四个学会”也很好地概括了大学生的主要任务。

1. 学会学习（Learning to know）

当今世界，知识总量增长速度惊人，知识更新周期大大缩短，人类已进入知识经济和终身学习年代，学会学习已成为开启这个时代之门的钥匙和通行证。正如美国未来学家、《第三次浪潮》的作者托夫勒所言：“未来的文盲不再是不识字的人，而是没有学会学习的人。”那么，大学生应怎样学会学习？

（1）树立远大的理想和明确的学习目标是学会学习的前提。理想与目标是一个人的前进方向，是大学生学习前行精神力量，只有理想远大，目标明确，才能产生巨大的内驱力，激励和鞭策自己锲而不舍、坚忍不拔、努力拼搏，走向成功。

（2）树立自主学习的学习观是学会学习的基础。大学学习特点的变化要求每个大学生必须转变学习观念，由过去“要我学”的被动学习转变为“我要学”的主动学习。主动学习就是自己主动地和有主见地学习，这就包括能比较客观全面地评估自己的学习状况，并在这个基础上懂得扬长避短、扬长补短，优化自身知识结构，同时还能根据具体实际不断修正和调整学习目标。树立了自主学习观，才能意识到自己是学习的主人，从而充分调动和发挥学习的积极性、主动性和创造性。

（3）掌握科学的学习方法是学会学习的关键。学习方法是指人们学习时采用的方式、手段、途径和技巧。从狭义上理解，学会学习就是指能够掌握适合自己的科学的学习方法，它是提高学习效率和效果的关键。学习方法作为对学习规律的掌握与认识既有共性、通用的一面，也有受学习内容、学习者个体情况等因素制约而呈现个性化、多样性的一面，所谓“学习有法，而无定法”。对大学生而言，科学的学习方法主要包括：

①有科学、具体、适合自己的学习计划。“凡事预则立，不预则废”，学习亦然。严密的学习计划是完成学习任务的保证，学习计划的制订应明确、具体、分阶段且适合自身实际，内容包括学习的内容、重点、时间分配、措施对策等。

②合理支配时间，养成良好的学习习惯。大学生科学安排好大把的机动时间对成就

学业非常重要。要根据课程安排、自己的身体状况和用脑习惯，妥善安排每天的日程和作息，而且一旦安排好就严格执行，切忌拖拉和随意更改，今日事今日毕，做到高效学习、适当娱乐、健康作息。

③认真对待学习的每一环节。预习、听课、记笔记、做作业、总结、复习、考试等每一环节都要认真对待，绝不懈怠，尤其是听课、作业、复习环节，这不仅是拿到学分、通过考试、顺利毕业的必需条件，也是提高学习效果的重要途径。

④处理好课内与课外、博与专的关系。课内是指课堂教学和本专业课程设置范围内的学习，它具有整体性、普遍性、突出专业等特点，是大学生学习与成才的主渠道，也是课外学习的基础。课外学习是课内学习的延伸和扩展，其内容取舍应紧紧围绕课堂学习和专业学习，是大学生学习不可或缺的重要渠道。关于博与专，处理两者关系的基本原则是“既不可一业不专，也不可只专一业”。首先，术业有专攻，大学生对自己的专业知识一定要专、精、深，这是人才核心竞争力所在，所谓“千招会，不如一招熟”；其次，现代社会需要的是知识面较广的专才，因而，专的基础上也要追求博学多识，多才多艺。

⑤注意培养和提高自学能力。大学学习是以学生为主导的，自学能力是大学生成功学习的基本条件和必由之路。自学能力是指按照自己的意愿、依靠自己的力量主动去获取知识的能力，包括阅读能力、文献检索以及运用知识解决问题的能力等，其中阅读能力是自学能力的核心。阅读要有选择性，要学会在浩如烟海的书籍中，选取自己之需。要讲究读书艺术，略读与精读相结合。正如培根所说：“有些书可供一赏，有些书可以吞下，不多的几部书应当咀嚼消化。”阅读要注重读思结合，不能浮光掠影，不求甚解。阅读要有系统性，要在阅读中形成自己的知识结构。还要学会利用互联网、搜索引擎等现代化手段来培养独立学习和研究的本领。

2. 学会做事（Learning to do）

“做事”是相对于“学习”而言的，属于实践的范畴。学会做事就是用一种积极认真的态度去对待和处理各种事务，并力求顺利、完美地完成。对大学生而言，学会做事主要可以从以下几个方面入手：

（1）学以致用，不断提高分析和解决问题的能力。古人云：“纸上得来终觉浅，绝知此事要躬行。”我们从课堂和书本上习得的知识只有运用到实践中帮助分析解决问题，才能转换成变革现实世界的物质能量，也才真正实现了学习的最终目的。这就要求我们要学以致用。做到这一点，关键就是学思结合、学用结合。即在学习中要善于思考，带着问题学习，善于创造性地学习，敏于观察并从中发现问题；要善于触类旁通、活学活用，做到学用相长，提高解决问题的能力。只有这样，才能巩固知识，增长才干；才能探索新知，有所创造。

（2）不眼高手低，从身边点滴小事做起。东汉陈藩“一屋不扫，何以扫天下”的典故众所周知，它告诉我们，凡事要从一点一滴做起，从连串的点滴小事可以窥见一个人的品行概貌。海尔集团董事局主席张瑞敏有句名言：“能够把简单的事情天天做好，就是不简单；公认非常容易的事情，非常认真地做好它，就是不容易。”大学生胸怀远大自然是必需的，但要想成就一番大事，绝不可忽视身边小事。学会做事，提高做事的能力就是看我们平常是否能在意和做好身边小事，诸如是否经常主动做好宿舍卫生，随手捡起地上的纸屑，随手关上水龙头，随手关门、关灯，见到老师问个好，回到家里主动承担点家务，等等，如果我们连这些小事都不愿意做，都不屑于做，都做不好，学会做事、成就大事就是空谈。

（3）积极参加校园文体社团活动，从中锻炼自己。大学的校园文化丰富多彩，学生社团种类繁多，且以其影响的广泛性、内容的直接性、参与的自愿性、活动的多样性、效果的有效性在大学校园中扮演着重要角色，成为大学生“认识自我，展示自我，发展自我”的重要平台。身处其中，大学生不可“一心只读圣贤书”，而要根据自己的兴趣、爱好、闲暇等有选择性地加入一两个社团，参加一些有益身心的文体活动。从中可以开阔视野，增长知识，活跃思维，激发灵感，结识朋友，提高能力。

（4）重视实习实训环节，提高动手能力。实习实训是大学专业教育的重要环节，是学以致用的桥梁，是检验所学与所需吻合度的重要标尺，也是锻炼和检视大学生专业动手能力、适应社会能力的重要标尺。如果说校内实训室大学生踏入社会工作岗位之前的实践和预演，那么校外实习则是大学生踏入社会的首次实战，是学生转变为职业人的必经阶段；实习还可以磨砺意志品质，涵养职业精神，锻炼工作能力，提高专业技能。因此，每位大学生应把实习实训环节当做最主要的一课，予以高度重视。

（5）广泛参加社会实践活动，加快个体社会化进程。社会实践是培养大学生综合素质的重要，是大学生长大成熟、学会做事的必由之路。大学生通过社会兼职、青年志愿服务、假期“三下乡”“四进社区”等社会实践，有利于增强对社会的了解，提高适应社会、服务社会的能力，增强自身使命感和社会责任感；有利于在实践中受教育、长才干，锻炼实际工作能力，并从中发现不足，及时学习提高；有利于完善人格和意志品质，克服“骄”、“娇”二气，锻炼刻苦耐劳精神，加快个体社会化进程。

3. 学会合作（Learning to live together）

学会合作就是学会与人相处，它对于个人成就事业意义重大。美国著名成功学家卡耐基有句箴言：“一个人的成功15%取决于他的专业技术知识，85%取决于他与人相处和沟通协调的能力。”那么，大学生应如何学会与他人合作共处呢？

（1）培养良好的交往品质，做一个受人欢迎的人。良好的交往品质是人际交往得以成功的关键，大学生要努力培养良好的交往品质，主要包括：①自尊自信。自尊才有后有他尊，自爱才有他爱。自尊自信的人总是不卑不亢、落落大方，但决不孤芳自赏、盲目清高或矫揉造作、奴颜婢膝。②尊重信任。自尊是人类普遍的需要，尊重信任是心与心沟通的桥梁，是成功交往的一半。③热情真诚。“人之相知，贵相知心”，真诚的心能使交往双方心心相印，肝胆相照，并催生长久的友谊。④宽容克制。宽容克制是人际交往中的润滑剂，在人际冲突中能起到“化干戈为玉帛”的作用。

（2）处理好以同学关系为主体的现实人际关系，积累人际交往经验。主要包括：①处理好室友关系。室友关系是大学期间最重要的人际关系，也是处理好其他关系的起点。要包容室友的缺点以及与自己喜好不相同的习惯、个性，要多沟通交流，多赞美欣赏，多互相帮衬。②处理好同班级同学之间的关系。同学关系不仅关乎校园生活的和谐快乐，更与我们走出校园后的人生相关，它是我们一生中最重要的人际关系之一，是人脉累积的重要来源，要以处理室友的关系准则处理好同学关系。③处理好与社团团友等其他同学的关系。主要技巧有学会微笑、问候、谦虚谨慎、待人真诚等。④处理好与老师的关系。要尊重老师的劳动，上好每一堂课；要虚心听从老师的教诲与要求；对老师有礼貌，为老师分忧解难，做些力所能及的工作。⑤求学不忘家中父母亲人。要心怀感恩，经常问候父母，不能把与父母的联系变成“催款”通知，要体谅父母的不易与难处，节俭生活。

（3）多参与集体活动，在合作中学会与人共处。大学生通过参与集体活动可以锻炼多方面能力，特别是在协作完成工作任务过程中，能教会我们与他人如何分工合作，如何与他人融洽相处，从而提高协作能力，增强群体意识和集体荣誉感。

4. 学会生存发展（Learning to be）

生存是人类的本领，发展是人类的追求。大学生学会生存与发展应从如下几个方面入手：

（1）提高生活自理能力。远离父母的呵护，妥善打理好个人生活，学会生活自理，是我们学会生存发展的第一课。要学会准时作息，安排吃好一日三餐；学会收拾房间，整理床铺；学会自己洗衣服；学会适应新的气候、饮食习惯；还要学会理财，管理好日常花销，量入为出，收支平衡。

（2）发奋学习，积累未来生存与发展的本领。在竞争激烈的当代社会，大学生将来要较好地自立于社会，并获得良好的职业发展和人生成就，大学期间能力与素质的累积非常重要。大学生要有危机感和紧迫意识，努力学习，掌握服务社会同时也是谋求自身生存与发展的本领。它主要包括：①扎实的专业知识与技能，这是个体安身立命之本。②良好的品德修养。古人云，“有才无德，其行不远”，良好的品德修养是我们自立于社会的重要保证。关于德与才的关系，有个通俗的表述很贴切：“德才兼备是正品，有德无才是次品，有才无德是危险品，无才无德是废品。”③良好的心理素质。它是我们应对纷繁复杂的社会生活和变幻莫测心路历程的“必杀技”。④多方面的能力与素质，包括组织管理能力、决策协调能力、沟通交往能力、动手与创新能力等。一专多能会让我们在谋求生存与发展的路上如虎添翼，直取目标。

（3）适当参加勤工俭学活动，从中体验劳动的快乐和生存的艰辛。在校期间，大学生在不影响学习的前提下适当参加一些勤工俭学活动如家教等，不仅能检阅所学，锻炼能力，还能挣得一定的收入，减轻家庭负担，提高生活质量，并能从中体验到生活的艰辛和劳动的快乐，可谓一举多得。

“四个学会”是一个有机整体，四者相辅相成，相互促进。其中，学会生存与发展是目标，学会做人、学会做事、学会共处是学会生存与发展的手段和重要内容。学会做人、学会做事、学会共处也是相互渗透、互为条件、互相促进的，学会做事离不开学会做人与学会共处，学会做人又会促进学会做事与学会共处。

项目二 专业与职业

案例导入

杨澜，中国著名电视节目主持人，1986—1990年就读于北京外国语大学英语学院英语系英美文学专业。起初，杨澜并不是一个自信的女生，甚至还因为听力差而沮丧。但是杨澜并没有放弃，而是通过努力来提升自身能力。她说："我经常觉得自己不是一个有才华和极端聪明的人。"但是正是通过后天的自我努力，塑造了其大胆直率、果断干练的特质、扎实的专业能力与突出的综合素质。也正是由于这些突出的"特点"，使她毕业后顺利进入了中央电视台，成为《正大综艺》栏目的女主持人。

1994年，杨澜放弃了当时红极一时的《正大综艺》，远赴美国哥伦比亚大学国际与公共事务学院主修国际传媒专业。入学伊始，在一次摸底考试中，杨澜得了"不及格"的成绩。通过这次"失败"的考试，杨澜找到了自身的不足与改进的方向。经过一段"疯狂"的填补知识的学习历程后，杨澜顺利地"融入"国外的学习过程。

在职业理想的引导下，杨澜践行了书本加"脚底板"的学习训练方式。正如她的老师所说："记者最忌一个'懒'字，落在纸上的东西一定要亲自核实，切不可照搬道听途说。"因此，为了完成自己的专业学习，杨澜一方面努力完成课堂中的学习任务，另一方面又一次次地赶赴各种新闻现场，接触最真实的工作。正是这两种方式的结合，促进了杨澜的快速成长。1996年，她与哥伦比亚广播公司曾数次获得普利策奖的制片人莫里斯共同制作导演了《2000年那一班》纪录片，在哥伦比亚广播公司电视网向全美播出，开创亚洲主持人进入美国主流媒体的先河，并获得新闻界好评。

近年来，杨澜不仅将自己的电视传媒工作做得有声有色，在其他工作领域也取得了突出的成就，如出版个人文集《凭海临风》、《一问一世界》，成立阳光文化基金会，创办国内首家高端定制的珠宝品牌——LAN珠宝，并担任创意指导。可以说，诸多领域内的成功与杨澜自身突出的综合能力与素质是密不可分的，而这些很大程度上得益于她在学校的学习与自我培养。

从人们对杨澜的访谈以及她的文章中，我们不难看出，杨澜在大学本科及读研期间经常在图书馆里度过，经常参加各项活动，充分利用时间去学习各种有价值的东西，经常去听各种讲座，跟各种有思想的人交朋友，欣赏生活和散心，还会经常锻炼身体。而这些正是她取得事业成功的基础①。

---

① 本案例中的信息根据互联网的资料整理而来。

案例评点：随着我国高等教育事业的迅速发展，高校录取率连年增高。为什么上大学，在大学里要学什么，如何将所学变为所用，如何通过大学的学习为今后在社会中立足铺垫基础，等等，这些问题都需要进行深入思考。杨澜的例子给了我们一个很好的解释，专业学习对于职业发展有非常重要的支撑作用。同时，上大学、学习专业也不是一味被动的事情，同学们需要主动了解、分析专业与职业，找到科学合理、适合的学习方法，提升自己的专业、综合能力与素质，为今后职业发展打好基础。

【相关知识】

高考顺利结束后，同学们的生活并非完全放松。因为很快，同学们就需要根据自己的高考分数，来进行高考志愿的填报。在近两年高考招生报名阶段，媒体多次提出这样的问题：是选学校还是选专业？经过公众的热烈讨论，大部分人认为还是要坚持将专业作为选择的重心。为什么？因为专业对于学生今后职业的选择有非常重要的意义。

一、什么是专业

专业在《辞海》中有如下解释：高等学校或中等专业学校根据社会专业分工的需要设立的学业类别。中国高等学校和中等专业学校，根据国家建设需要和学校性质设置各种专业。各专业都有独立的教学计划，以实现专业的培养目标和要求。从中可以看出，专业具有以下两个明显的特点：专业与社会分工有重要并且直接的联系，专业的设置与社会分工的发展情况息息相关；专业是一个教育学概念，它是进行日常教学的基本依托形式，高等学校或中等专业学校要依托于专业进行招生、课程设置与教学等一系列的教育教学活动。

2004 年，教育部颁发了《教育部关于印发〈普通高等学校高职高专教育指导性专业目录（试行）〉的通知》（教高 2004［3］号），文件对普通高等学校高职高专教育专业进行明确。目录中显示，高职高专专业共分三个层次，分别为专业大类、专业类与专业名称①。现阶段，我国高等学校高职高专教育专业共设有 17 个专业大类，77 个专业类。下面将针对高职院校艺术类专业进行介绍。

1. 艺术类专业分类

教育部与财政部联合下发的《关于支持高等职业学校提升专业服务产业发展能力的通知》（教职成［2011］11 号），强调指出各高职院校在专业设置工作中应该坚持贴近地方产业，积极主动与行业、企业合作，努力为经济社会发展服务，培养高素质技能

---

① 教育部文件中所列专业一般为各高校举办多年，具备一定稳定性的专业，一般称为是目录内专业。随着社会的发展，社会中职业类型的不断变化，高校在进行专业设置的时候，会根据社会需求设置在此目录外的新型专业，一般称为目录外专业。

型专门人才。

在文化艺术领域，2011年10月18日，中国共产党第十七届中央委员会第六次全体会议通过了《中共中央关于深化文化体制改革推动社会主义文化大发展大繁荣若干重大问题的决定》，随后各省份也出台了相应的推动文化事业、产业发展的各种文件及举措。作为艺术类高职院校，必须根据国家及区域文化教育政策进行专业设置，才能适应社会需求，培养出合格的文化工作人才。

通过对浙江、河北、湖南、安徽等多所艺术类高职院校专业设置情况的统计与分析，将现阶段我国艺术类高职设置的专业分为以下四种类型：

（1）表演艺术类专业。表演艺术是通过人的演唱、演奏或人体动作、表情来塑造形象、传达情绪、情感，从而表现生活的艺术。表演艺术通常包括有舞蹈、音乐、戏剧、曲艺等形式，其中以舞蹈、音乐、戏曲最具代表性。因此，表演艺术类专业通常是指以各种表演艺术形式为核心的专业。表演艺术类专业包括艺术设计传媒大类中表演设计类下设的表演艺术、音乐表演、舞蹈表演、服装表演、影视表演、戏曲表演、编导等目录内专业，艺术类高职院校基本上设置有这些专业，其中尤其以音乐表演、舞蹈表演最为普遍。此外近年来还大量增设了现代流行音乐制作、钢琴调律、音乐剧表演等目录外专业。

在此基础上，还可以根据各种艺术形式的进一步细分而设置更为细化的专业方向。如河北艺术职业学院的音乐表演专业下又设置了声乐、键盘、中国民族乐器演奏、西洋管弦打击乐器演奏等方向；四川艺术职业学院则在音乐表演专业下设置了流行歌舞、音乐舞蹈表演与教育等方向，其舞蹈表演专业又设置了舞蹈编导、表演与教育等方向。

在纷繁复杂的表演艺术类专业中，有一种特殊的类型，即地方特色专业。地方特色专业多为表演艺术类专业，其主要是依托区域特色文化，特别是能够突出体现本地域内传统文化的艺术形式的专业。此类专业由于地域性特点较强，所以一般是单独开设，不存在大范围设置的情况。如同样的戏曲表演专业，河北艺术职业学院开设的河北梆子表演方向，四川艺术职业学院开设了川剧表演方向，山西戏剧职业学院开设了二人台方向，浙江艺术职业学院则有专门的越剧表演方向。

（2）艺术设计类专业。艺术设计是一门独立的艺术类学科，不同于一般的表演艺术类专业。它具有较强的综合性的特点，学科内容受到社会生活中多种因素的影响，如政治、经济、文化等领域的发展水平都将影响到艺术设计类专业研究和服务的内容与方向，同时也将影响到其自身的发展。

具体来说，艺术设计就是将各种艺术形式固化应用在与日常生活紧密相关的设计中，使之同时兼具审美与实用的功能。也就是说，艺术设计是为人们的日常生活服务的，而且其服务的范围非常广泛，大到空间环境，小到衣食住行。在服务的同时，又具备审美的属性，能够使人们在生活的基础上实现“有品位”的生活，达到物质功能与精神功能的完美结合。艺术设计类专业是社会发展、人们生活水平提升的必然产物。

艺术设计类专业包括艺术设计传媒大类中艺术设计类专业下设的艺术设计、产品造型设计等目录内专业，还包括舞台艺术设计、商务形象传播、室内装饰设计等目录外专业。

近年来，随着社会的发展，社会对于艺术设计类毕业生有较大的需求。现阶段，我国绝大部分艺术类高职院校的艺术设计类专业均是由原中专的美术专业发展、衍生而来。在此基础之上，各学校依据自身表演艺术类专业的传统优势以及区域需求，开发出了多种形式的艺术设计类专业。如湖南艺术职业学院就设有人物形象设计（化妆与服装设计方向）、舞台艺术设计、影视灯光设计（舞台方向）、环境艺术设计、产品造型设计等专业；四川艺术职业学院设置有涵盖广告与会展、景观、视觉传达、工业产品造型、包装设计、建筑与装饰等内容的艺术设计专业。

（3）广播影视类专业。广播影视类专业是指以广播电影电视，以及现阶段网络等新兴媒体为载体而进行内容采集、技术制作等工作能力为培养目标的专业。现阶段，广播影视类专业包括艺术设计传媒大类下广播影视类专业中设置的广播电视技术、摄影摄像技术等目录内专业，还包括传媒策划与管理、网络新闻与编辑、数字传媒艺术、舞台影视技术等目录外专业。

随着现代媒体产业的迅速发展，社会对广播影视传媒类人才数量与质量的需求也在不断提升，越来越多的高职院校也都设置了各种广播影视类专业，其中艺术类高职院校也基于自身特色设置了相应专业，例如浙江艺术职业学院开设的影视多媒体技术、电子声像技术；湖南艺术职业学院开设的包括广播电视方向与影视编辑方向的编导专业、新闻采编与制作；河北艺术职业学院开设的电视节目制作、摄影摄像技术、主持与播音、影视广告等专业。

（4）具备艺术属性的非艺术类专业。这类专业主要是指除以上三种以各类艺术形式为基础的专业外的，具备艺术属性，或者与艺术专业有交叉内容的专业类型，高等教育界一般称其为具有艺术属性的非艺术类专业。具有艺术属性的非艺术类专业涉及面非常广泛，具体来说，此类专业包括以下两种类型。

第一种是指以艺术类相关专业为本专业研究或服务内容的专业，这类专业一般体现为为艺术类专业提供服务、支持与拓展的相关专业。这类专业包括文化教育以及与艺术设计相联系的大类下的相关专业，例如河北艺术职业学院开设的文化事业管理、文化市场经营与管理、会展策划与管理、音乐教育、计算机音乐制作；浙江艺术职业学院开设的文物鉴定与修复、社区服务与管理。同时也包括土建大类中的室内设计技术、环境艺术设计以及农林牧渔大类中的园艺技术、园林技术等各类专业。

第二种是在自身专业基础上，与艺术类专业组合而形成的具有自身特色的专业，其主要体现为将艺术能力作为其专业培养与今后职业工作的特色。这类专业一般体现为普通专业基础上的艺术类相关能力培养。此类专业分布较广，基本集中于文科类型的专业中，例如山西艺术职业学院开设的涉外导游，湖南艺术职业学院开设的酒店管理、导游，四川艺术职业学院开设的图书馆管理等专业。

2. 艺术类专业的特点

艺术作为一种独特的社会存在形式，直接决定了艺术类专业也具备了不同于其他专业的基本特点。

（1）专业培养目标须紧随文化艺术行业发展需求。艺术类专业人才的培养工作必须具有前瞻性，要实时根据文化艺术行业发展对艺术类专业人才的需求进行培养，否则可能造成整个培养工作的失败。

专业培养目标既包括专业培养的价值性目标，又包括专业培养的工具性目标。价值性目标主要是指艺术类高职教育到底是培养少数的"精英"还是多数的"大众"。很显然，随着社会的快速发展，以及高职层面艺术教育所面临的生源、学生素质等因素的制约，坚持原中专阶段的精英模式的教育显然已经不合时宜。相反，在专业教学过程中应该做到精英与大众的有机结合，通过分层教学的形式，为学生选择既符合自身条件，又能够为社会所需要的发展方向。

专业培养的工具性目标即指对学生具体能力的培养要求，这一目标同样需要与社会发展相同步。在制定这一目标时，应紧密结合行业、产业发展动态，依据用人标准，来制定各自专业的培养目标。

（2）专业能力，特别是核心能力要有个性。对于普通高职层次的专业来说，其能力培养的核心是动手操作能力，如对各种机械用具的操作能力、对各项具体工作的执行能力、对各种数据的分析和计算能力等。但是艺术类专业的核心能力则是在基本表演、设计、执行能力基础上的"创新"能力。

艺术贵在"异"，艺术工作者要有自己的特色、自己的风格、自己的创意，这正是自身在职场中能够生存的基础；如果只是一味地模仿、照搬他人的思路、创意，将注定不能获得顺利的职业发展。因此在艺术类专业学习过程中，要努力锻炼自己的基础能力，同时不断发现自己的特点，并使其与自己所学专业相结合，这样才能更快地找到自身职业定位，明确职业发展方向，取得事业上的成功。

（3）设置全真的专业实践环节。高职教育强调培养高级技术应用型人才，专业实践环节正是培养学生综合能力的重要手段和途径。但是，非艺术类专业大多强调仿真实践，如在校内采用校中设厂等形式引入操作设备供学生学习即可实现培养学生综合操作能力的目的。但是对于艺术类专业的实践来说，则必须是在全真的环境下进行训练。

艺术类专业不仅需要从业者具备娴熟的专业技巧，同时还要求其具备成熟的心理素质、灵活的应变能力等综合素质。而这些能力只能在舞台、剧场等全真的演出环境中才能培养出来。例如对于一名声乐演员来说，具备基本声乐演唱能力只是其工作的基础，面对各种类型的观众都能够充分发挥、面对各种舞台突发情况都能够沉着应对、能够与观众形成有效互动等各种舞台综合素质都需要在真实的环境不断进行积累和学习，才能逐渐培养出合格演员的基本能力与素质。

对于处在学习阶段的高职学生来说，应该创造及争取各种舞台演出实践的机会，只有在这种情况下才能学到在琴房、排练场和教室中学习和锻炼不到的知识与能力。

（4）对学生基本素质有特殊要求。艺术类专业特别是表演艺术类和艺术设计类专业的学习，对学生不仅有自身基本条件的要求，如舞蹈表演演员的选择一方面包括其身体基本条件如相貌、身高、身材比例的要求，另一方面也包括演员身体协调性、柔韧性、弹跳能力、音乐节奏感、对音乐的感悟及表现能力的要求等。而且还要有天赋的要求，如声乐演员一定是要对音高、音准、曲式、和声、调式有较高的辨识能力。这些外在或者内在的要求并非经过简单训练就能够达到。

（5）学生要具备传承和创造的意识与能力。从高等职业教育的基本理念来看，其教育工作的基本目的是使学生掌握一种工作能力。对于一般专业来讲，这种能力是一种“操作”能力，并不需要学历教学中所强调的大量的创新内容。而作为“天然”具备职业特征的艺术类高职教育在教学过程中则将传承与创新作为学生的重要能力进行培养。这主要是基于艺术的基本特征，即“艺术创造是永无止境的”，这种艺术创造是无法复制的。而非艺术类专业，如理工科类专业大多则是程式化的，一个工人也可以被机器所代替。①

（6）运用专业特色的学习方法。有学者曾经对艺术表演人才的成才条件进行了总结：首先要具有艺术学习的基本素质，即我们讲的天分。具有了对相应艺术形式的基本因素，有足够敏感度的人才能够具备进一步进行学习和提升的基础。其次要具有勤奋努力的态度。不同于其他专业，艺术水平提升过程没有捷径可走，只能通过“枯燥”的练习来实现提升的最终目的。最后要有名师的指导。由于艺术学习具有技术技巧性的基本要求，所以在技术提升的关键阶段一定需要有教师的点拨才能实现技术的“质的飞跃”。

在这里需要强调的是，艺术类专业的学习对勤奋、刻苦有着比其他专业学习更高的要求。以音乐表演类专业为例，一般在大学一年级主课为每周 1~2 节，在二年级、三年级主课为每周 2 节，仅靠课上最多两个小时的时间进行能力的训练和培养显然是不够的。因此在课程设计中，会设置有相应的足够的自习课程，以便于学生课下充分练习。当然除了表演类的专业，其他类型如艺术设计类的专业同样有这样的特点，在理实一体化课堂当中，教师讲授与学生的课堂练习的比例可以达到四比六，由此可见实践对学生自学与自我动手能力训练环节的重要性。

梅兰芳是我国著名的京剧表演艺术家。他 8 岁那年，曾跟一位有名的先生学戏。这位先生见他进步太慢，就说他不是学戏的料子，没心思再教他了。先生对梅兰芳说：“祖师爷没给你这碗饭吃，我也没办法。”但梅兰芳却下定决心，一定要学好戏，闯出个样子来。

后来，梅兰芳进了一个叫“云和堂”的戏班子拜师学艺。练跷功时，先生搬来一条板凳，上面放一块砖，让梅兰芳踩着半米多长的高跷站在砖头上，并要求一次要站一炷香的时间，中间不准休息。开始，梅兰芳一站到那么高的地方，心里就很慌张，站一会儿腰又酸，腿又疼。梅兰芳为了练出过硬的功夫，硬是咬着牙坚持着，连腿都站肿了。

经过苦练，梅兰芳的跷功大有长进，但他并不满足，想方设法要使自己的跷功更上

---

①　鲁雁飞、刘坚平、袁绍成：《高职表演艺术专业人才培养模式研究文献综述》，《职业与教育》2011 年第 11 期。

一层楼。冬天，他就踏上高跷，在冰场上跑。为此，他身上经常被摔得青一块紫一块。先生劝他休息几天。梅兰芳说："先生，您不是常说，练功练功，一日不练三日空吗？"

正是凭着这种顽强的毅力，梅兰芳终于成为一名蜚声海内外的京剧艺术大师。

由此，可以归结出一句话：艺术类专业的学习方法即为老师点拨下的坚持不懈的练习。通过对曲（剧）目的不断表演、对方案的不断修改、对作品的不断调整才能从"学徒"发展成"熟手"；而经过老师在关键点的提示与指导，则可能实现学生能力由量的积累转向质的提升。

二、什么是职业

1. 职业

职业是人们在社会中所从事的作为谋生手段的工作；从社会角度看职业是劳动者获得的社会角色，劳动者为社会承担一定的义务和责任，并获得相应的报酬；从国民经济活动所需要的人力资源角度来看，职业是指不同性质、不同内容、不同形式、不同操作的专门劳动岗位。简单来说，职业就是指社会公民参与社会分工，利用专门的知识和技能，创造物质财富、精神财富，获得合理报酬，满足物质生活、精神生活的工作。

社会角色多种多样，相应的职业类型也是丰富多彩。各个国家对于职业类型的划分不尽相同，但各种标准的划分方式都是为了能够更为便捷地对各种职业进行汇总和分析。

2. 职业需求分析

职业需求分析是从单个职业的角度出发，分析这一特定职业对其从业者能力与素质等方面的需求。从学校角度来讲，做好职业需求分析，能够有助于把握专业定位，做好人才培养工作；从学生角度来讲，了解职业需求分析，能够促进自身对职业所对应的专业与行业的了解，便于主动进行相关能力与素质的培养活动。

（1）职业能力需求分析。职业能力是人们从事某种职业的多种能力的综合，它表示的是一个人在既定的职业方面是否能够胜任，以及其在职业中获得成功的可能性。例如：一位歌唱演员只具有漂亮的声音是不够的，还必须具备相关的视唱、对歌曲的理解与把握、舞台表演等多方面的能力。职业能力由一般职业能力、专业能力与综合能力构成。

①一般职业能力，主要是指一般的学习能力、文字和语言运用能力、数学运用能力、空间判断能力、形体知觉能力、颜色分辨能力、手的灵巧度、手眼协调能力等。同时，作为职业人，需要与他人合作并适应环境才能够完成各项工作任务。因此，人际交往能力、团队协作能力、对环境的适应能力，以及遇到挫折时良好的心理承受能力都是职业活动中不可缺少的能力。

此种能力主要是由公共学习领域中的课程进行培养，这类课程主要包括思想政治理论课、大学语文、高职高专英语、计算机应用基础、体育与健康、大学生职业发展与就业指导等课程。同时，其他类型课程也会渗透相关能力的培养要求。

②专业能力，主要是指从事某一职业的专业能力。在求职过程中，招聘方最关注的就是求职者是否具备胜任岗位工作的专业能力。例如：去应聘教学工作岗位，对方最看重的是具备最基本的教学能力。

此种能力主要由专业学习领域的课程进行培养。该领域课程又可以分为两种类型：专业基础课程与专业核心课程。以音乐表演专业为例，专业基础课程包括视唱练耳、中西方音乐史、民族民间音乐、钢琴基础、形体等课程，所学课程主要培养音乐表演专业的视唱、理论基础等音乐素质能力；专业核心课程主要是专业主课、合唱、合奏等课程，此类课程主要培养音乐表演专业学生今后职业工作过程中的演唱、演奏等核心能力。

③职业综合能力，主要包括四个方面：跨职业的专业能力、方法能力、社会能力以及个人能力。

此种能力主要由综合实践学习领域中的课程进行培训，所学课程主要包括顶岗实习、毕业设计、毕业演出、毕业论文等，通过学生在完成仿真或全真工作的基础上来完成职业综合能力的培养。

除上文中所提到的学习领域及课程外，在艺术类高职院校的课程中还设有素质拓展学习领域，该领域中又分设了专业素质拓展及人文素质拓展两个子领域，其中各包含有相关不同的课程，此类课程即一般理解的选修课。该类课程主要是培养学生的综合素质，为学生今后二次晋升岗位与未来发展岗位提供支持。

（2）职业素质需求分析。职业素质是劳动者对社会职业了解与适应能力的一种综合体现。在职场中主要体现为从业者的兴趣爱好、能力水平、工作完成情况等多方面的内容。①

三、准确处理专业与职业的关系

在对专业与职业的了解中，不难看出专业与职业有密切的联系。那么它们之间究竟是什么关系？作为学生，应该如何准确把握和处理这二者之间的关系呢？

1. 专业与职业的关系

（1）一对一。这种情况最为简单，即一个专业方向对应一个职业目标。这类专业培养目标单一明确，所对应的职业技术含量比较高，也比较单一。这种关系可以先定目标，后选路线，在各种路线中选择求学成本最低的一条。这类专业和职业一般都适合于专业技术人员。

（2）一对多。这类专业一般是指人们常说的宽口径、厚基础的专业。它们所对应的职业目标有多个，例如音乐教育专业，它可以对应艺术学研究者，也可以对应文化艺术行业经营者、文艺类新闻记者、教师等。此种类型适合于在学业规划时先确定专业后确定职业目标的情形。

① 职业素质在本书中有专门论述，在此不再详细介绍。

（3）多对一。就是多种专业都可以发展到某一种职业的情形。这类职业一般对职业综合能力与素质要求较高，部分专业核心能力能够在工作后进一步完善和提升，如新闻记者、政府公务员等。与第二种类型相反，这种类型适合于先确定职业目标后确定专业方向的情形。

（4）无直接对应关系。在现实生活中，还存在着一种比较特殊的专业与职业之间的关系，即二者之间没有直接的对应关系。劳动者从事的职业与原所学专业没有联系，或者其对专业的掌握与提升活动仅仅是将其作为兴趣爱好对待，而并非视为职业进行经营。造成这种情况的原因是多方面的，有客观条件的限制，如人才过剩、需求萎缩等因素；也有从业者自身主观的兴趣、个人选择等因素。

2. 艺术类高职专业与职业的关系

艺术类专业的四种不同类型具有各自特点，其与学生未来职业的关系也是不尽相同。下面我们将根据艺术类高职的各专业类型来具体分析其与学生未来职业的关系。

（1）表演艺术类。就表演艺术类专业本身来讲，其与职业岗位之间应该是一对一的关系。但是基于高职教育层次与文化产业发展两方面的影响，现阶段高职表演艺术类人才要想在就业市场中能够占有一席之地，就需要能够拥有一对多的能力。

现阶段表演艺术类职业岗位的需求一般都包括演（出）、编（导）、教（学）、导（演）、创（做）等，除国有大型演出团体外，多数岗位都需要从业者具备上述两种以上的能力。从这个角度来看，这也是文化市场对文化人才提出的更高挑战，也是学校培养学生多种综合能力的必然要求，同时更是学生主动自我培养自身能力的基本方向。

（2）艺术设计类。从上文对艺术设计类下设专业的分析可以看出，此类型下属专业间的差距明显，同时各专业对应职业的能力要求也较为单一。因此，该类专业与职业多为一对一的关系。

艺术设计类专业所对应职业多为针对客户的不同需求进行个性化的设计工作，因此其职业对从业人员的素质能力要求表现在一方面要有突出的专业能力与创意创新能力，能够完成“独具特色”的设计作品；另一方面要有扎实的一般职业能力，特别是与人交流与沟通的能力，这一能力能够促进与客户间的交流沟通，能够完成“符合客户要求，令客户满意”的设计作品。

（3）其他专业。这里主要是指广播影视类专业与具备艺术属性的非艺术类专业，因为这两种类型中包含的具体专业非常多，而且可以进行统一分类，因此将其合为一部分进行论述。

作为培养高水平技能型人才为目的的高职专业，根据所培养的技能类型的不同可将众多专业整合为两大类：一种是如电视节目制作、影视广告、摄影摄像技术等以强调具体操作能力为主的技术型专业；另一种是如文化市场经营管理、图书馆管理、导游等以强调策划管理能力为主的执行型专业。

技术型专业与艺术设计类专业相似，其与职业一般也为一对一的关系，因此行业对其从业人员的能力要求就不再重复。

执行型专业与其对应职业多为多对一的关系。此类型职业对其从业人员的综合能力与素质要求较高，包括与人沟通交流的能力、文字运用能力、信息处理能力与计算机应用能力等技术能力，也包括专业策划能力、管理能力、服务能力等专业核心能力，同时还包括创意、创新等发展能力。

3. 准确处理专业与职业的关系

（1）建立专业认知。各高校在同一专业设置的基础上，由于办学条件、特色、师资等诸多因素的不同，相同专业的培养目标也是会存在较为明显的不同的，因此建立专业认知工作是进行专业选择、学习的基础。

专业认知是指学生通过多种渠道来获取对专业基本知识的全面理性的认识。专业认知包括对专业定位、培养目标、办学特色、师资队伍、就业面向等多方面的深入了解。学生在入学前后做好专业认知可以有效帮助自身选择合适专业、开展专业学习工作。

但是在现实生活中，各高校大都面临新生因对专业认知不清楚而产生的转专业、退学的申请。对于学生而言，一方面可以通过规定的途径重新选择合适的专业；另一方面也可以通过调整职业期望来提升对专业的兴趣度与认同感，以顺利完成专业的学习。

（2）调整职业期望。职业期望又称为职业意向，是劳动者对某项特定职业的向往与认知，即希望自己从事该项职业的意愿程度与态度倾向。职业期望能够直接影响劳动者对职业的选择，并且通过从事相应的职业活动影响其整个生活。职业期望是一个个体化的认知体现，但是它的形成不仅由自身的知识水平、人生观、世界观等内部因素决定，同时也由社会舆论、行业发展情况等外部因素决定。

适度的职业期望一方面能够与专业学习形成良性循环，形成共同促进、快速发展的局面；另一方面也有利于学生自己形成较为积极的学习与生活态度，能够以正确的心态面对在高校学习生活过程中的各种问题，以顺利完成学业，获得预期的职业岗位。

现阶段，我国艺术类高职院校中学生的职业期望普遍存在不同层次的偏差。以音乐表演专业学生来说，由于自身素质、专业定位等因素决定，大部分学生在求职过程中不太可能进入专业院团从事独唱、独奏的工作，而更多的是从事在社区、街道、厂矿的演出队从事合唱、合奏以及简单教学的岗位工作。因此，需要学生们随时调整职业期望，避免过高的职业期望给自己带来过大的压力、明显的挫折感等不良因素，以免影响到自己正常的学习进程。

（3）培养综合素质与能力。建立专业认知与调整职业期待，是处理好专业与职业关系的基本要求。要想在今后职业选择过程中立于不败之地，还需要在此基础上努力培养自身的综合素质与能力。

正如上文所提到的，专业与职业之间存在着一对一、一对多、多对一的关系，但是在实际职业工作过程中，并不只存在能够持续整个职业生涯的一种关系，甚至还存在着所学专业与职业岗位完全不相关的情况。以各专业的人才培养目标来说，最基本的培养目的是培养学生能够获得其初次就业岗位能力，进而具备晋升岗位能力，最后具有发展岗位能力。因此在学校的学习过程中，应该准确认识专业与职业的关系，同时还坚持“终身学习”的理念，努力不断提升自身的综合素质与能力，在今后的职业选择与发展过程中能够以“不变的”突出的综合素质与能力来适应“万变的”职场需求。

项目三　职业发展与成功人生

案例导入

行动是一切成功的根本①

1977年，黄豆豆出生在浙江温州的一个偏远山区。在他读小学二年级的时候，中国人民解放军某军区文工团到他的小学进行慰问演出。黄豆豆一下子被吸引住了，心里暗暗发誓，以后要当一名舞蹈家。12岁那年，黄豆豆考入上海舞蹈学校学习民族舞。黄豆豆在上海舞蹈学校民族舞科进行了六年的系统学习，经过刻苦训练，他的舞艺突飞猛进。多年的努力和付出也终于有了丰硕的回报：他的舞蹈《海燕》、《奔腾》荣获上海市首届民族舞比赛第一名；1993年在第15届“上海之春”比赛中获得优秀表演奖；也是那一年，一部《醉鼓》使年仅16岁的黄豆豆赢得了意想不到的荣誉——当时，有一批世界知名的舞蹈家组成的评委会对黄豆豆表演的评价是：“他是中国近年舞蹈教学中最可骄傲的作品。”看过黄豆豆的《秦俑魂》表演，当代舞坛最有权威的“洛桑国际芭蕾舞大赛”主席菲力迫先生曾满怀激情地评论说：“黄豆豆是在用灵魂演绎舞蹈，在用舞蹈表现灵魂，他将来必定是一名卓越的舞蹈家！”随后，他表演的《闪闪红星》、《苏武》、《粉墨春秋》等一系列作品所获得的巨大成功，更使他走出国门，走向世界。

案例评点：成功是每个人的梦想，可成功不是一蹴而就的，而是通过不断的磨砺、积累而获得，只要努力提高自身的智慧和能力，追求全面、均衡发展，您也一定能够构建成功而幸福的大厦。

大学阶段是人生发展的黄金时期，大学优质的教学资源会为大学生的成长、成才提供有利的条件。那么，如何使大学生活充实而丰富，为自己的职业发展与成功人生奠定良好的根基，是每一个大学生入校以后都要面临和必须解决的问题。

一、成功职业人生必备攻略

1. 成功的职业人生需要修炼的职业素质

职业素质是劳动者对社会职业了解与适应能力的一种综合体现。影响和制约职业素

① 童小娟：《行动是一切成功的根本》，《意林》（原创版）2011年第4期。

质的因素很多，如：教育程度、实践经验、社会环境、工作经历以及自身的一些基本情况等。一般来说，劳动者能顺利就业并取得成就，在很大程度上取决于本人的职业素质，职业素质越高的人，获得成功的机会就越多。

（1）不断学习、提高智商，是人生成功的基本条件。智商作为衡量人的智力水平高低的数量指标，综合反映了个体的观察力、记忆力、思维力、想象力、创造力以及分析问题和解决问题的能力。一个人到底会在自己的职业生涯中走多远，攀多高，很大程度上取决于他的学识延展到多远，积淀有多深。尤其是在就业市场严重处于“买方市场”的今天，如何较好应对激烈的职业竞争，创造更大的职业成就，养成勤于学习、善于学习的品质就显得至关重要。

俗话说，“天助自助者”、“机会只青睐有准备的头脑”。英国小说家狄更斯①就曾经做过一个形象的比喻，成功好比一架梯子，“机会”是梯子两侧的长柱，“能力”是插在两个长柱之间的横木。只有长柱没有横木，梯子没有用处。机会很难遇到，并且稍纵即逝。如果机会来了，你却没有准备好，使机会白白错过，岂不是非常可惜？因此我们要调整心态、提高能力，随时准备抓住机会！

（2）培养美德，坚守诚信，是人生成功的重要条件。科尔斯②说：“品格胜于知识。”可见，德是最重要的。一个有高德商的人，一定会受到信任和尊敬。因此就有了“得道多助，失道寡助”，“道之以德，德者得也”，就是告诉我们要以道德来规范自己的行为，不断修炼自己，才能获得人生的成功。一个具有良好德性水平或道德人格的职业人，不仅善于体贴、尊重、宽恕他人，而且善于以诚实、负责、平和、忠实、幽默的心态管理自我的情绪和处理人际关系，维系他人，从而被人信任，得到众人的帮衬。俗话说：“三人省力，四人更轻松，众人团结紧，百事能成功。”这更是奔跑在今天快节奏的职业生活道路上的我们，成功应对高负荷工作和复杂人际关系的“杀手锏”。同时，人际关系也是人生重要资源，良好的人际关系往往能获得更多的成功机会。权变理论代表人物之一弗雷德·卢桑斯③通过的大量调查，发现维护人际网络关系对成功的管理者贡献可以占到48%，对有效的管理者占11%。可见，在职场中，要获得较快的成长，仅仅埋头工作是不够的，良好的人际关系是获得成功的重要因素。现实中的大量事实说明，很多人的失败，不是能力的失败，而是做人的失败、道德的失败。

（3）笑面失败、完胜挫折，是人生成功的保障。成功的职业生涯要素之一就是在关键时刻做出正确的决定，这些关键时刻可能是我们在提交一份工作申请，或是争取一次晋升的机会，它们是我们的工作遇到困难，举步维艰的时刻。

美国物理学家普利兹尼，他小时候有一次物理考试只考了8分。然而，老师并没有嘲笑他，而是鼓励他，但普利兹尼仍有畏难情绪。于是，老师想出了一个特别的方法：

---

① 19世纪英国批判现实主义小说家。其作品注意描写生活在英国社会底层的“小人物”的生活遭遇，深刻地反映了当时英国复杂的社会现实，代表作品有《雾都孤儿》等。

② 科尔斯，哈佛大学教授兼精神病专家。

③ 国际著名管理学家，美国内布拉斯加州大学杰出教授。

下一次考试别的同学考60分及格，而普利兹尼只要考到9分就算及格。在下一次考试中，普利兹尼考了28分，算是及格了，但依然是全班最低分，似乎没有理由得到表扬，但老师又想到一个巧妙的办法：奖励进步最大的人。他将全班同学这次考试的分数减去上一次考试的分数，结果考28分的普利兹尼成了进步最大的人。在老师的巧妙鼓励下，普利兹尼对物理产生了极大的学习热情，最后成为了一位物理学家。①

看过这个实例，我们在慨叹这位教师教育智慧之余，不仅深深折服于逆商在人生成长中的独特魅力。其实，大凡事业有成者，多经历挫折，怀揣对知识的渴望、对理想的追求，发愤苦读，才赢得令人羡慕的财富和名誉。因此，许多事情没有成功，不是由于构想不好，也不是由于没有努力，而是由于努力得不够。

（4）勇于冒险，善于创新，是人生成功的关键。改革开放以来，随着中国特色社会主义事业不断向前迈进，时代精神不断被注入新的元素，改革创新逐渐成为新时期时代精神的核心。创新在改变我们的生活，也在改变我们对“创新”的看法。在职场中，“创新”不再只是蒸汽机、飞机的故事，不再只是为人们侃侃而谈的职场精英。国内权威人才媒体《职业》杂志与智联招聘网联合进行的“职场创新能力”调查显示：近86%的职场人士认为“创新是对现状的改变和优化，不一定要特别大的发明才是创新”。显然，创新更多的是指向一种态度、一种精神。也就是说，具有创新品质的人，不一定有惊天动地的伟大创举，也许只有立足岗位、积极探索、追求卓越的精神。所以，培养过人的胆识，树立勇于冒险的精神，是一个人驰骋职场、战无不胜的重要因素。任何时代，如果缺乏了敢于承担风险的胆略，就成不了气候。大凡成功者，都是具有非凡胆略和魄力的。新东方学校创始人俞敏洪有过这样一段话：哪怕是最没有希望的事情，只要有一个勇敢者去坚持做，到最后就会拥有希望。所以，当我们面对虚无缥缈、转瞬即逝的机会的时候，当我们苦战职场，屡战屡败的时候，要的不再是捶胸顿足的遗憾、怨天尤人的抱怨，而是一往无前的勇气和气概。

人的自由在于人的主动性，人的主动性在于向多种可能性敞开。假如你不尝试，你就不会知道自己到底要什么，更不会知道自己到底能做什么。毋惮初难，毋恃久安。一切生机全从行动中来，运动乃机会之母。在这样一个颂扬、推崇创新的时代里，职场竞争优势的秘密就是创新。当然，成功的人生没有定式，单靠成文的理论是解决不了实际问题的，还得需要悟性，需要灵商的闪现。不断学习、观察、思考，敢于大胆地假设，敢于突破传统思维。量子力学之父普朗克认为，富有创造性的科学家必须具有鲜明的直觉想象力。洗澡盆中溢出的水促使阿基米德产生灵感，发现了浮力定律；掉下的苹果启发牛顿发现了万有引力定律；苯环结构的发现缘于凯库勒②对于蛇首尾相连梦的思索，这些都是科学史上灵商飞跃的不朽例证。因此，即将迈向职场的大学生必须关注自身创

---

① 资料来源：阿里巴巴网，http://info.china.alibaba.com/news/detail/v0-d1026908819.html，2012年5月21日。

② 德国有机化学家，主要研究有机化合物的结构理论。在梦中发现了苯的结构简式，被称为一大美谈。

造、创新和创业精神的培养，不断提升科研能力和水平，只有这样才能创造出大量饱含价值、富有特色的科研作品，为人生的成才成功插上腾飞的翅膀。

（5）淡泊明志，提高心商，是人生成功不可或缺的条件。“志不强者智不达，言不信者行不果。”明确的奋斗目标对一个人智慧的发挥具有重要的影响。也就是说，人生是小志小成，大志大成。尽早制定出适合自己的职业目标，如同航程的尽头依稀可见的灯塔，指引我们在职业道路上越走越轻松，目标越来越清晰。许多人一生平淡，不是因为没有才干，而是缺乏志向和清晰的发展目标。俞敏洪曾告诫年轻人：在我们的生活中最让人感动的日子总是那些一心一意为了一个目标而努力奋斗的日子，哪怕是为了一个卑微的目标而奋斗也是值得我们骄傲的，因为无数卑微的目标累积起来可能就是一个伟大的成就。对于每个人来说，出生不是自己能够选择的，但是归宿却是自己抉择的，以何种姿态行走职场，获取多大的成就，是自己能够抉择的。所以，不管你的先天条件如何，只要你有远大的目标，并通过后天的努力获取达成目标的能力，你就会有所成就。有人说21世纪是一个“抑郁时代”，经济动荡，就业严峻，职场竞争是残酷的。人类面临着巨大的心理压力，所以，提高心商，维持心理健康，调试心理压力，保持良好心理状况和活力已成为时代的迫切需要。中国近代著名的政治活动家、思想家梁启超告诫后人：凡做事，将成功之时，其困难最甚。行百里者半九十，有志当世之务者，不可不戒，不可不勉。当我们投身职场，并为之拼搏努力的时候，每一个人都渴望成功，而成功越来越取决于一个人的心理状态，取决于一个人的心理健康。成功人士与失败者之间的最大差别就在于，成功人士始终用积极的思考、乐观的精神和辉煌的经验支配和控制自己的人生。失败者刚好相反，他们的人生总是困顿过去的种种失败与疑虑当中，无法自拔。所以，借用著名音乐家聂耳的话来警醒我们的青年人：“如果知道光阴的易逝而珍贵爱惜，不作无谓的伤感，并向着自己应做的事业去努力，尤其是青年时代一点也不把时光滥用，那我们可以武断地说将来必然是会成功的。”

2. 成功的职业人生始于规划

◎**案例**

鲁迅是我国现代最伟大的文学家、革命家和思想家，早年在日本仙台医学专科学校学习。

一天，在上课时，教室里放映的片子里一个被说成是俄国侦探的中国人，即将被手持钢刀的日本士兵砍头示众，而许多站在周围观看的中国人，个个无动于衷，脸上是麻木的神情。这时身边一名日本学生说：“看这些中国人麻木的样子，就知道中国一定会灭亡！”鲁迅听到这话忽地站起来向那说话的日本人投去两道威严不屈的目光，昂首挺胸地走出了教室。他的心里像大海一样汹涌澎湃。一个被五花大绑的中国人，一群麻木不仁的看客一一在脑海中闪过，鲁迅想到如果中国人的思想不觉悟，即使治好了他们的病，也只是做毫无意义的示众材料和看客。现在中国最需要的是改变人们的精神面貌。他终于下定决心，弃医从文，用笔写文唤醒中国老百姓。

从此，鲁迅把文学作为自己的目标，用手中的笔做武器，写出了《呐喊》、《狂人日记》等许多作品，向黑暗的旧社会发起了挑战，唤醒了数以万计的中华儿女，起来同反动派进行英勇斗争。直到生命最后的日子里，他仍夜以继日地写作。

我们的人生价值观决定了我们的生活态度，从而影响着我们的职业取向并引导我们做出各种职业选择，这种职业选择随之决定了我们的职业状况从而也决定了我们的生活方式，这种生活方式又最后决定了我们的人生幸福感。

对于即将走上社会的大学生来说，必须学习和深入思考的就是在找工作之前的职业兴趣与方向选择，换句话说，就是我需要制定一个什么样的职业规划？从微观角度来说，就是要准确分析自身最想要的是什么，最适合的是什么，最现实的又是什么，以便让自己在一个正确的职业规划基础之上做出更长远的选择，而不是急功近利。也就是说，职业规划深度在很大程度上影响着人生高度。科学合理的职业生涯设计能够确立人生的方向，提供奋斗的动力，不断塑造和充实着自我，科学评价和认识自我，准确定位职业方向，提升职业竞争力等，更好地推进目标的实现，使个人的事业获得成功。科学合理的职业生涯规划，能够实现知己、知彼，择优选择职业目标与路径，并结合高效的行动达成职业目标。它是学生成才的一种有效方法，是迈向成功的第一步。大学生要积极完成职业生涯规划的四个阶段，即自我的认知和职业探索阶段、职业目标的定位和行动计划的规划期、潜能开发和职业能力的提升期、职前实践与观念心态提升的就业准备期。只有这样，才能积极实现个人与社会发展的有机统一，实现人生价值。

当然，规划只是给自己目前一个看似合理的近期目标，让你前行，而最终人生这部列车开到哪里，还要取决于每个人自己的努力、执着，而不是选择了何种行业或者方向。外界能影响或能左右的，只是你的方向、跑道，是你上的那座山，而不是最终的高度。所以，我们在大学生活中不仅要努力完备自身职业的素能，更重要的是历练自身的精神品质，努力学会“装备人生”，即“为肩装备”，积极养成为领导分忧的意识；“为手装备”，努力提高自身劳动技能；“为心装备”，在能力所及范围内，做有意义的事情。

3. 成功艺术人生的至高境——德艺双馨

党的十七届六中全会提出，要引导广大文化工作者自觉践行社会主义核心价值体系，增强社会责任感，努力追求德艺双馨。胡锦涛同志在中国文联第九次、中国作协第八次全国代表大会上的重要讲话中，希望广大文艺工作者始终坚持德艺双馨，更加自觉、更加主动地承担起弘扬文明道德风尚的历史责任。这些要求，揭示了德与艺两位一体、密不可分的辩证关系，为广大文艺工作者坚守艺术理想、承担社会责任、实现人生价值指明了方向。作为艺术院校的学生要时刻牢记“八荣八耻”的指示精神，走德艺双馨的道路，做共产主义事业的接班人。作为艺术学子，必须提升自我，才能承担起人类灵魂工程师的美誉，提高人民精神境界的责任，培育社会文明风尚的光荣使命。

德与艺相辅相成、辩证统一。古人讲，“才者，德之资也；德者，才之帅也”。德是艺的灵魂，决定着艺的发展方向；艺为德提供支撑，是德发挥作用的基础。所以，立艺先要立德，人品决定艺品。德，就是个人品德、职业道德、家庭美德、社会公德、职业精神、价值取向、社会信誉以及理想信念等，是中华民族优秀传统文化和社会主义先进文化的集中体现，是文艺工作者立身处世之根、人格魅力之本。艺，就是艺术才华、艺术能力、艺术思想、艺术风格等，是艺术造诣的集中展现，是文艺工作者成就事业之基、艺术魅力之源。在艺术实践中，有德而少艺，对群众不能形成强烈的艺术感召力和影响力，德就难以彰显；有艺而少德，在群众中没有良好的形象和口碑，艺就难以真正被社会认可甚至还会成为反面典型；唯有德艺双馨，才能使高尚的人品和高超的艺品相得益彰、行之久远，受到群众发自内心的欢迎和喜爱。文以载道，以文化人。古往今来，凡是那些流芳百世、脍炙人口的经典名篇，无不以美的内涵和形式激浊扬清、陶冶情操；凡是那些受人尊敬、广为赞誉的名家大师，无不以精湛的艺术魅力和高尚的人格魅力为人师表、昭示后人。仅从近现代的文坛和艺术界来看，这样的例子就比比皆是。鲁迅以“横眉冷对千夫指、俯首甘为孺子牛”的精神，用匕首和投枪一样的笔锋铸造了“民族魂”；梅兰芳面对日寇的威逼利诱，毅然蓄须明志、息影舞台，表现出一代艺术大师的铮铮铁骨；抗美援朝期间，常香玉带领剧社走遍大半个中国，通过义演为前方将士捐献了一架战斗机，展示出高尚的爱国情怀；吴冠中一生不尚奢华、生活俭朴，却把精心挑选的几百幅画作以及多次作品拍卖所得，全部无偿捐赠……这些崇德尚艺的名家大师，以高尚的道德追求和高超的艺术造诣，诠释了德艺双馨的丰富内涵，树立了德艺双馨的光辉典范。他们的艺术历程和社会影响充分说明，德艺双馨是文艺家自己用人格品德、艺术实践铺就的人生轨迹，是历史和人民的客观评价，是文艺工作者追求的最高境界。

当前，我国经济发展，政治稳定，社会和谐，人民群众安居乐业，综合国力不断提升，国际地位显著提高，中国特色社会主义事业展现出勃勃生机，中华民族正昂首阔步走向伟大复兴。在这样一个历史性变革的伟大时代，文艺事业面临着难得的发展机遇，文化在推动经济社会发展中的作用日益凸显，人民群众的精神文化需求快速增长，科学技术日新月异，文艺创作环境更加宽松和谐。国运昌，文运兴。中华民族的伟大复兴必将伴随着民族文化艺术的伟大复兴。在这样一个文化建设的春天里，时代和人民呼唤更多无愧于历史、无愧于时代、无愧于人民的鸿篇巨作，期待涌现更多德艺双馨、深受人民欢迎和喜爱的艺术工作者。

二、肩负艺术使命，启迪人生成功

德国教育家、哲学家雅斯贝尔斯在《什么是教育》中曾经告诫我们：“今天我们关心科技人才的培养，但对此我们必须小心从事，因为我们为科技人才的匮乏而震惊，而其所造成的后果却变得模糊。培养出来的科技人员只是服务于某些目的的专业工人，他们并没有受到真正的教育。”“对整个教育问题的反思，必然追溯到教育的目标上去。……仅凭金钱我们还是无法达到教育革新的目的，人性的回归才是教育改革的真正条件。”马克思的人性观告诫我们，一个全面发展的人是人的自然属性、社会属性和精神属性的全面拓展，也即“全面占有自己的本质”，实现人性的全面提升。就高等职业教育来讲，在实现这一目的的过程中，应着重强调学生的交往与合作，职业道德与共同生存，自我意识与价值定向以及创造性和主体性等品质的培养与教育，使之成为有独立个性和创造精神的人。

在对职业教育目的的追求与探索中，人们越来越深刻地认识到艺术作为一种有效的手段发挥着不可估量的作用。首先，丰富多彩的艺术形式点亮了人生。生活中特色鲜明、艺术情趣高雅的活动，有利于人们兴趣爱好的培养、专业特长的提升，真正实现“以美载德，以美启智，以美健体”的理念，一切为了人类终身发展的理念，让更多的个体成就艺术人生。其次，诸多艺术家、表演者，用优美的舞姿、动听的歌声和坚强的毅力，诠释着人性的尊严、生命的价值和意志的顽强。激励我们要学习他们敢于直面职场中的磨难，永不言败的拼搏精神；关爱生命，启迪人生，呼唤真诚，让世界充满爱。所以，大量的优秀的艺术作品，是励志的良方、疗慰职场挫折的神丹妙药，凭借更多感性的形式、感性的力量，让人们深入作品内部，感受到来自心灵深处的感动与震撼。最后，善于在传统的艺术土壤中提取出能在当代社会中继续绽放光华的优质基因，让传统文化得以保护和延续的美好品质，成为激励众多职业人不断前行的思想动力。所以说，在这些创新与探索中获益的，不仅仅是艺术形式本身，而更多的是因为这些尝试而走近艺术、了解艺术，并因此获得更好的审美体验的观众。

在色彩纷呈的社会中，要保持一颗和谐宁静的内心，就必须有一种素养、一种境界、一种对艺术的追求，用艺术的思维启迪我们的心灵和人生。作为艺术高职院校的学生，我们肩负着服务大众的历史使命。努力学习，精益求精，尚美求新是我们的不懈追求。我们要善于用先进的思想引领人，以优秀的作品鼓舞人，用德艺双馨的艺术追求去服务民众，问鼎人生的辉煌。

模块小结

升入大学是对我们中学阶段学习成果的一个肯定，但同时这又是全新的开始。面对不同的学习环境、学习内容、学习方法、管理方式等诸多因素，如何准确地找准自身定位，对大学新生来说，尤为重要。

大学是我们接受高等教育的场所，大学有大楼、有大师、有大精神，在社会中承担着人才培养、科学研究、社会服务、文化传承等重要功能。艺术类高职院校因其自身明显的特色，在我国高等教育体系中占据着非常重要的地位。作为大学新生，要区分大学与中学阶段的培养目标与方式、学习特点、生活方式等诸多方面的异同，明确大学期间的主要任务：学会学习、学会做事、学会合作、学会发展。

专业是人才培养的平台与载体，专业的选择与学习对学生未来职业生涯的发展有着非常重要的影响。在实际生活中，我们选择的职业可能和所学专业完全对口，也可能不完全对口，甚至两者看起来毫无关联。作为大学新生，要准确客观地处理专业与职业的关系，掌握专业认知，调整职业期望，并且培养自身扎实突出的综合素质与能力，如此才能在今后的职业选择与发展中获得成功。

作为一名大学新生，应该找准适合自己的职业发展方向，合理规划自己的人生发展目标。特别是作为艺术类高职院校的新生，更是应该以国内外优秀艺术家的优秀品质作为自己今后学习和能力培养的目标。在大学生活中，要主动积极地健全人格，提升素质；修身立人；加强自律，优化团队；培养良好的道德习惯。在学习过程中，坚持通过优秀的艺术家、艺术形式来启迪自己的人生成功之路。

复习思考题

1. 大学与中学的不同之处有哪些？
2. 艺术类高职专业的分类、特点是什么？
3. 如何准确处理好专业与职业的关系？
4. 成功人生所具备的职业素质有哪些？
5. 如何完成由学生角色到职业角色的转变？

知识链接

裴艳玲的艺术人生①

随着老一辈戏曲艺术家逐渐离开舞台，长期扎根在河北戏曲艺术阵地的裴艳玲大师就越发显得弥足珍贵。

裴艳玲，全国剧协副主席、河北省剧协主席的梨园女武生。这位国宝级的演员，5岁登台，6岁唱红，13岁挑梁。她用艰辛的汗水练就了一身扎实的舞台功底，并从先辈那里汲取了丰富的艺术营养，经过融会贯通，终于成为一名文武昆乱不挡的好演员。红氍毹上，她塑造了一个又一个栩栩如生的人物形象；艺术长廊里，她演绎了一幕又一幕精美绝伦的动人画卷。她曾是《闹天宫》中一气拧了90个旋子的美猴王；是20世纪70年代把河北梆子艺术推向新高潮，饮誉全国的沉香；更是80年代把哪吒演绎得精彩又可爱的35岁的裴艳玲；也是把个先人（小生）后鬼（花脸）的钟馗演绎得有血有肉、令人折服的裴大师；是伴随着改革开放不断成长壮大的中国戏曲人的佼佼者。就是在戏曲热有些降温的当代，裴艳玲的戏曲也是演到哪里，哪里就会热起来。年过六旬的

① 刘杰：《裴艳玲的过去与现在》，参考了京剧艺术网，http：//www. jingju. com/news/detail/10181406558331903506. html，2012年5月8日。

裴艳玲还创排了一出新编历史故事剧《响九霄》，表演出神入化，以其高超的技艺、声情并茂的演唱、精湛独到的表演，将响九霄这位梨园领袖塑造得栩栩如生、光彩照人。她为当今梨园业者树立了艺术标杆，为演艺界人士树立了人生风标。她本人也凭借对响九霄这一艺术形象的成功塑造，把自己的事业推向了新的高峰。先后获得上海白玉兰“特别贡献奖”、中国戏剧“梅花大奖”（三度梅花奖）、第十三届中国戏剧节演员优秀表演奖第一名、文化部文华奖，当选2009年度河北十大新闻人物，在第20届中国金鸡百花电影节上《响九霄》捧得最佳戏曲片奖。裴艳玲常说：“戏是我的天，戏是我的魂，戏是我的梦，戏是我的根。”正因为如此，她才有骄人的业绩和荣誉，而她不张扬的低调人生，也要让德艺双馨四字再展光芒。

德艺双馨，不是沽名钓誉所能获得的，更不是经过炒作被推上光荣榜的。德艺双馨，是衡量一个艺术家艺术情操的标杆；是一个人经过若干年的思想修养和品质升华，再加之不懈的刻苦钻研、进取努力，使自身的技艺水平达到出类拔萃的高度。而她的信誉和声望，也得到民众的认可和赞许。德艺双馨者，是国家和民族的骄傲，是人民百姓中的精英，更是国家建设的栋梁。

技能训练

一、制定大学学习任务书

通过以下五个步骤，分层次制订自己在大学期间的学习任务书。

步骤一：分析自己的目标职业与现在所学专业的关系，找出与目标职业相关的其他职业岗位或岗位群。

步骤二：通过网络、图书、实地考察等多种途径分析步骤一中职业岗位（群）对就业人员的整体需求，并通过表格将其细化。

步骤三：对照职业岗位需求，分析自己现阶段已经具备的能力与尚有欠缺的能力。

步骤四：分析自己需培养和提升的能力、素质需要什么课程或环节进行支撑。

步骤五：针对不同的能力，对应不同的课程，制订专门的学习计划、方式方法等内容。

附：学习任务书（样表）

二、制作“十年远景书”

想象十年后，有一本杂志要写一篇关于你的报道，请你尝试写出这篇文章的概要，特别是你希望它突出的内容。

学习任务书

<table>
<tr><td colspan="4">所学专业：
理想职业/岗位：
相关岗位（群）：</td></tr>
<tr><td colspan="4">职业岗位需求</td></tr>
<tr><td colspan="2">知识需求</td><td>能力需求</td><td>素质需求</td></tr>
<tr><td colspan="2">项目</td><td>自身能力现状</td><td>所需支撑课程</td></tr>
<tr><td rowspan="9">优点</td><td rowspan="3">知识</td><td>1.</td><td>***、***、***</td></tr>
<tr><td>2.</td><td>***、***、***</td></tr>
<tr><td>…</td><td>***、***、***</td></tr>
<tr><td rowspan="3">能力</td><td>1.</td><td>***、***、***</td></tr>
<tr><td>2.</td><td>***、***、***</td></tr>
<tr><td>…</td><td>***、***、***</td></tr>
<tr><td rowspan="3">素质</td><td>1.</td><td>***、***、***</td></tr>
<tr><td>2.</td><td>***、***、***</td></tr>
<tr><td>…</td><td>***、***、***</td></tr>
<tr><td rowspan="9">缺点</td><td rowspan="3">知识</td><td>1.</td><td>***、***、***</td></tr>
<tr><td>2.</td><td>***、***、***</td></tr>
<tr><td>…</td><td>***、***、***</td></tr>
<tr><td rowspan="3">能力</td><td>1.</td><td>***、***、***</td></tr>
<tr><td>2.</td><td>***、***、***</td></tr>
<tr><td>…</td><td>***、***、***</td></tr>
<tr><td rowspan="3">素质</td><td>1.</td><td>***、***、***</td></tr>
<tr><td>2.</td><td>***、***、***</td></tr>
<tr><td>…</td><td>***、***、***</td></tr>
<tr><td colspan="4">课程学习安排</td></tr>
<tr><td>序号</td><td>课程名称</td><td colspan="2">学习计划</td></tr>
<tr><td>1</td><td>***</td><td colspan="2"></td></tr>
<tr><td>2</td><td>***</td><td colspan="2"></td></tr>
<tr><td>…</td><td>***</td><td colspan="2"></td></tr>
</table>

模块二

自我认知

——自我探索　生涯由我

【学习目标】

通过本模块的学习与训练，使同学们掌握自我认知的相关知识和技能，了解自我认知的概念、学会自我认知的方法、掌握职业自我的内容，能够对自我进行全面客观的认知，为做好职业生涯规划打下基础。

【技能知识点】

1. 自我认知的概念
2. 自我认知的目的
3. 自我认知的方法
4. 兴趣、气质性格、能力、价值观的基本概念及评定方法

项目一　自我认知的目的与方法

案例导入

成龙在1998年拍过一部电影《我是谁》。在片中，由成龙饰演的美国中情局特种兵杰克在一次执行任务过程中遭他人灭口却侥幸逃生，当杰克被当地的土著救活时，他因剧烈的碰撞而丧失了所有记忆，自己的名字、来历通通都一无所知，他逢人只会问“我是谁”。为了查明自己的身世，杰克回到了纽约。在剧中，有一幕非常震撼，那就是杰克站在楼顶大喊“我是谁”。这不仅仅是杰克的困惑，也是我们每个人必须面临的课题。

中国有句老话，“人贵有自知之明”；中国圣人老子说，“知人者智，自知者明”；古希腊哲学家苏格拉底曾提出一个著名的命题——“认识你自己”；在古希腊阿波罗神殿的两个石柱上，一个刻着“认识你自己”，一个刻着“毋过”，这两句名言象征人类最高智慧的神谕；印度也有句谚语说，“认识自己，你就能认识整个世界”。

案例评点：由此可见，无论在东方还是西方，自我认知历来都是一个重要甚至神圣的话题，那么自我是什么？自我认知的目的又是什么呢？自我认知与职业生涯规划又有什么关系呢？这将是我们接下来要阐述的话题。

【相关知识】

一、自我认知的目的

职业生涯规划主要解决的是职业的选择、职业的发展和职业的决策等几个方面的问题，这个规划主要是为了实现“人职匹配”，也就是通过对自我特质的认识、对工作环境及其性质的了解，在二者之间进行最佳组合，最终做出职业决定。职业指导之父——帕森斯也指出，明智的职业规划包含三个主要方面：对自我的兴趣、能力、需要、价值观及其他特质的了解；对社会职业岗位及其要求的认识；二者的结合并找出最适合自己发展的职业。

所以说，要想做出正确的职业生涯规划，首要的任务就是要对自我有深入而准确的认识和评估，也就是自我认知。自我认知是自我定位的基础，是个人职业生涯发展的起点，也是大学生认识自我并与社会建立良好关系的依据。只有认清自己的优势和劣势，才能驰骋于社会竞争的海洋。

1. 自我认知的概念

自我，是指个人的自我意识，是人脑反映自己以及与自己有关的各种信息的品质与特性，并了解这些信息对自己的意义的心理活动。包括个体对自己的心理特点、人格特征、能力、价值的评价等。个体总是利用一切感知觉进行自我观察，并通过思维对自己进行分析，最终形成自我意识。

自我有三个功能：首先，自我影响着人们对外界信息的加工和解释；其次，自我引导着人们的行为；最后，自我能够指导人们做出想要的决定。

自我认知是对自我的洞察和理解，包括自我观察和自我评价。自我观察是指对自己的感知、思维和意向等方面的觉察；自我评价是指对自己的想法、行为及人格特征等的判断与评估。

在职业生涯规划的过程中，我们就是要全方位地对自己进行观察，形成对自我的正确评价，最终找到自己的准确定位和发展方向，为自己的职业发展起到事半功倍的作用。

2. 自我认知的维度

自我历来是学者们的研究重点，不同的专家对自我有不同的划分。美国心理学家威廉·詹姆士把自我认知分为三个要素：物质自我，即自我的身体、生理、外貌等要素组成的血肉之躯；社会自我，即自己在社会生活中的名誉、地位、人际关系、处境等，也是自我在群体中的价值和作用、别人对自我的评价等；精神自我，即对自己智慧、道德标准、心理素质、个性的认识，如自我的能力、性格、气质如何。精神分析学家弗洛伊德把人分为本我、自我、超我三个维度。他认为最基本的一层是本我，是人的本能自我，遵循快乐原则；最高一层是超我，是理想自我，遵循道德原则；中间一层就是自我，是现实自我，遵循现实原则。在这个理论中，自我介于本我和超我之间，它通过后天发展，负责理智地调节本我、超我和外界三者的关系，现实地解除个体的紧张状态以满足其欲望。

在职业生涯规划中，我们主要从生理、心理、社会和理性四个方面对自我进行全面系统的认知。

生理自我：主要包括自己的相貌、身体等外在特征。虽然说外在条件不能决定我们的职业发展，但在某些艺术行业里，这一点还是非常重要的。比如说，舞蹈演员对于身高、臂展等生理条件的要求就非常严格。

心理自我：主要包括对自我的性格、气质、意志、情感、能力等方面的特征。一个人的心理特征对一个人的职业生涯规划具有非常重大的影响。以气质为例，以林黛玉为代表的抑郁质类型的人，整日悲悲切切，如果让他们去做推销工作，恐怕一件产品还没卖出去，自己就已经绝望至极了；而以张飞为首的胆汁质类型的人，如果让他们去做文秘工作，恐怕是很难安安静静整理一些文字资料的。所以，不同心理特征的人适合不同类型的工作，这在职业生涯规划过程中必须全面考虑。

社会自我：主要包括对自己在社会上所扮演的角色，在社会中的责任、权利、义务、名誉、自己对他人的态度以及他人对自己的态度等方面的评价。在职业规划的过程中，有很多同学都会考虑到父母的建议，因为我们不是孤立的个人，我们是家庭中的一员，要考虑家庭成员的需要，所以有些同学在选择工作时往往挑选离家近的城市，原因就是父母不想让自己离家太远。

理性自我：主要包括对自我的思维方式和方法、知识水平、价值观、道德水平等因素的评价。以价值观为例，有的同学想从事教师行业，是因为大家对教师都比较尊重，社会地位比较高，能够满足自己社会地位的需要。理性自我更能够帮助个体根据自己的实际情况进行综合分析，最终选择一条适合自己的发展道路。所以说，理性自我更侧重于对前三个自我的综合决策，只有理性分析个人风格才能做正确的职业选择。

3. 职业心理认知

《中国职业规划师（CCDM）认证培训教程》提出，职业心理是人们在职业活动中表现出的认识、情感、意志等相对稳定的心理倾向或个性特征。职业心理包含以下几层含义：职业活动伴随有共同的心理过程、职业活动中反映出个性不同和差异、不同职业阶段有不同的职业心理、不同的职业心理特点影响着人们的生活。

对于即将走上工作岗位的毕业生来说，正值职业生涯的重要抉择期，由此所引发的心理变化也会非常大，甚至会出现一些不良的心理状态，直接影响到我们的规划结果。所以我们必须对自己的心理状态和变化有非常清晰的认识，避免由此产生不良后果。艺术类大学生在职业选择阶段存在的不良心态主要有以下几种：

偏执心理：艺术类学生个性较强，在考上大学前就开始了数年的专业基础学习，加之大学时期的专业课程学习，他们非常希望能够找到一个可以学以致用的专业职位。但理想与现实往往存在着一定的差距，而他们不愿意调整就业目标，更不能接受所谓的“先就业、后择业”的观点，由此引发了一定程度的偏执心理。

依赖心理：由于艺术类专业是个需要高投入的专业，艺术类学生的家庭经济条件相对较好，而且父母对于子女的培养非常重视，为他们付出了较大的努力。他们的父母在为他们提供优越成长环境的同时，也使他们养成强烈的依赖心理，在很多事情上缺乏相应的分析和解决问题的能力。

自负心理：由于艺术类学生学习投入的高成本和艺术本身的高品位，对于某些艺术类大学毕业生因为所学专业的特殊性加之自身独特的个性，加之对于这部分学生的教育也大多属于精英教育，他们也总觉得自己比别人具有更多的优势，认为自己无论在哪方面都高人一筹。在这种心理支配下，往往对工作单位挑肥拣瘦。

我们每位同学在求职过程中都不免会出现这样或那样的心理问题，这是可以理解的，但我们要充分认识到这些心理变化。“觉察是改变的开始”，只要我们能够对这些心理现象有深刻的认识，就能够及时发现、及时调整，帮助自己在职业生涯规划的道路上畅通无阻。

二、自我认知的方法

自我认知的方法包括 360°评估法、橱窗分析法、自我反省法、专家咨询法、职业测评法等，下面我们具体介绍这几种自我认知的方法。

1. 360°评估法

360°评估法又称为多渠道评估法，是指通过收集与自己有密切关系的不同层面人员（如老师、家人、朋友、同学、社会人士等）的评估信息来全方位地评估自己。通过评估反馈，可以获得多层面人员对自己素质、能力等方面的意见，比较全面、客观地了解有关受评者的个人特质、优缺点等信息，作为自己进行职业生涯规划及能力发展的参考，如表 3-1 所示。

表 3-1　**360°评估表**

项目	优点	缺点
自我评估		
老师、领导评估		
父母、家人评估		
同学、朋友评估		
社会其他关系评估		
自我认知小结		

2. 橱窗分析法

橱窗理论是由约翰·鲁夫特和哈瑞·英格哈姆两位学者提出的。橱窗理论借助直角坐标系的四个象限来表示人的四个部分，它以别人知道或不知道为横坐标、自己知道或不知道为纵坐标，把自我划分为四个部分，即公开我、隐私我、潜在我和背脊我，如图 3-1 所示。

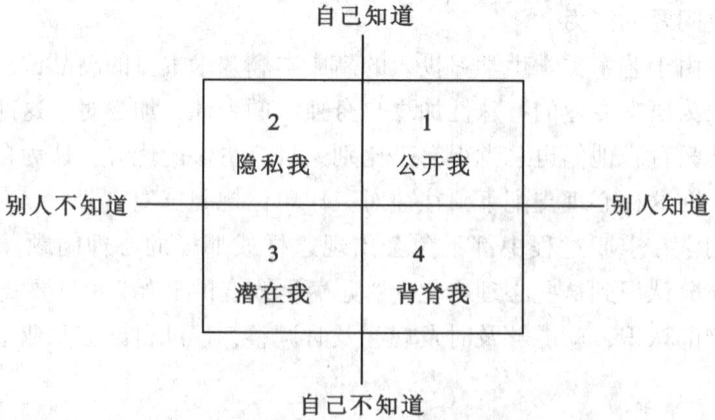

图 3-1　橱窗分析

橱窗 1：“公开我”，是自己知道、别人知道的部分，属于个人展现在外，无所隐藏的部分，比如个人的身高、年龄、学历、专业等。

橱窗 2：“隐私我”，是自己知道、别人不知道的部分，属于个人内在的私有秘密部分，比如一些往事或情绪等自己不愿暴露的缺点或不敢告诉别人的愿望、想法等。我们可以采取撰写自传或日记的方式来了解自我。

橱窗 3：“潜在我”，是自己不知道、别人也不知道的部分，这是有待开发的部分。著名心理学家奥托指出，人一生所发挥出来的能力，只占他全部能力的 4%，也就是说一个人 96%的能力还未开发。由此可见，认识、了解“潜在我”，是自我认识的重点之一。

橱窗 4：“背脊我”，自己不知道、别人知道的部分，犹如一个人的背部，自己看不到，别人却看得很清楚，比如口头语等。虽然我们自己不知道这部分内容，但是如果自己诚恳地征询他人的意见和看法，就不难了解“背脊我”。我们可以采取同自己的家人、朋友、同事等交流的方式，可以借助录音、录像设备。当然，要想获得这方面的客观信息，需要我们坦诚地面对他们的描述和评价。

通过这四个橱窗的分析，避免了对自己认识的单一性和片面性，可以全方位立体地了解自己，对任何事情都能做到胸有成竹。

3. 自我反省法

春秋时期，曾子就曾说过“吾日三省吾身”，意思是“我每天多次反省自己的言行”；古希腊哲学家苏格拉底也曾说过“未经反省的生活是无价值的生活”。所以说，反省对于加强自我了解是非常必要的。

可以找个安静的地方，沉静下来，认真回顾自己过去的经历，了解和分析自己的兴趣、气质性格和能力等，然后思考一下自己的未来，挖掘自己内心的需要。通过回忆那些对自己人生有重要影响的关键事件并进行反思与分析，比如高考的成败、专业与学校的选择等，将这些学习生活中已经发生过的关键事件一一进行分析，找出原因，这将有助于进行更深入的自我反省。同时，每个人也可以根据自己的实际情况，通过写日记的方式来进行自我反省。

4. 专家咨询法

通过与职业辅导师或职业生涯规划专家一对一地咨询，借助专家的专业知识来探讨我们兴趣、气质性格、能力、价值观等，形成一套有系统的计划，用来帮助个人的生涯发展。通过这些专业系统的分析，我们可以更准确、迅速地找到自己的职业生涯定位，并为自己的生涯发展指明方向。

5. 职业测评法

职业测评法是指运用科学的方法，对被测者的职业兴趣、职业性格、职业能力、职业价值观等方面进行测量和评价，目的是达到最佳的人职匹配。职业测评属于心理测验的一个分支，其中主要包括的心理测验有以下一些类型：职业兴趣测验、能力倾向测验、人格测验、动机测验等，我们熟知的霍兰德职业兴趣测验就属于其中的一种，将会在后面的章节中逐一进行介绍。

通过职业测评法，一方面可以进行为人择事的职业指导，通过测评被测者的个人特点，明晰被测者的优劣势，判断被测者与各职业类型间的匹配程度，为个人在职业和个人发展方向上提供建议；另一方面还可以进行职业选拔和安置。现在有许多企业、组织等也开始运用职业测评为招聘、考核、晋升等提供依据。

项目二　自我认知的内容

案例导入

从卡车司机到世界之王①

1997年，《泰坦尼克号》创造了全球18亿美元的票房，创造了史无前例的全球电影总票房纪录。2010年，号称史上最昂贵电影的《阿凡达》在全球公映39天后，终于以18.59亿美元打破《泰坦尼克号》保持了13年的影史全球总票房纪录。目前，《阿凡达》票房已轻松翻越惊人的27亿美元。而这两部影片出自同一位导演之手，那就是世界之王——詹姆斯·卡梅隆。

1954年8月16日，詹姆斯·卡梅隆出生在加拿大安大略省的一个中产阶级家庭，他的父亲是一名电气工程师，母亲是一名艺术家，这似乎注定他一生下来就会具有工程和艺术两方面的才华。少年时的詹姆斯·卡梅隆就具有非凡的工程才能和组织能力，他曾经带领小伙伴们制造过一个足以在地面上留下弹坑的抛石机，也曾用一艘自制的潜水艇把一只老鼠送到了尼亚加拉河底。在艺术方面，他曾和母亲学习过多年的绘画，并在家乡举办过画展，并且很小就开始写科幻小说，他12岁时所写的一部科幻小说被看做是他的科幻影片《深渊》的故事原型。在他14岁的时候，他看到了大师斯坦利·库布里克的《2001太空漫游》。当时詹姆斯·卡梅隆被惊呆了，在电影院里连续看了10遍之多，从此他心灵中萌发了制作电影的愿望。他开始用父亲的8毫米摄影机拍摄一些简陋的影片。

中学毕业以后，詹姆斯·卡梅隆被加利福尼亚州立大学的物理系录取，他很快就对大学的课程感到失望，跑出校园闯荡社会。他干过机械修理工，给别人开过大卡车。1977年，詹姆斯·卡梅隆看到了乔治·卢卡斯的经典科幻影片《星球大战》，他激动地意识到这就是他想要创造的东西。这使得詹姆斯·卡梅隆确立了自己的人生方向并开始为此忙碌起来，从未接受过专业训练的他开始到处寻找机会成为电影人，熟悉从镜头到摄影机导轨的各种电影制作器材，甚至和朋友制订了人生第一个拍摄计划，想要利用手头的设备和自制的模型制作一部10分钟的科幻影片！

1980年他得到了人生第一份电影方面的工作——为卡曼工作室的影片《星空大战》制作特技模型，第二年他就升职为这个工作室的另一部影片《恐怖星系》的第二小组导演和电影制作设计师。1981年，詹姆斯·卡梅隆的第一部导演作品《食人鱼2》问世，之后又

---

① 资料来源：百度百科，http://baike.baidu.com/view/1299460.htm，2012年5月11日。

拍摄了以自己的梦为原型的《终结者》，随着《异形2》、《深渊》、《终结者2》、《真实的谎言》等经典影片的问世，卡梅隆奠定了自己在电影界的位置。

1997年，詹姆斯·卡梅隆拍摄了著名的《泰坦尼克号》。一心追求自己心目中完美目标的他，在《泰坦尼克号》中得到了最高的体现，詹姆斯·卡梅隆亲自操办了几乎每一件事，从给特技人员画受力分析图讲解大船沉没的原理，到为片中的杰克提笔画素描。在拍摄过程中，詹姆斯·卡梅隆对演员和职员也非常严格。投资方的冷言冷语、手下的怨声载道、酷寒的海水，再加上拍摄过程中遇到的难以想象的困难，这一切使卡梅隆几乎到了崩溃的边缘，但他仍然坚持着，并且喊出了近乎悲壮的豪言壮语："泰坦尼克号可沉，《泰坦尼克号》不可沉!"詹姆斯·卡梅隆最终获得了第70届奥斯卡最佳导演奖。在颁奖晚会上，卡梅隆近乎疯狂地举起奥斯卡奖杯，大声说出片中的著名台词："我是世界之王!"

辉煌之后，詹姆斯·卡梅隆却出人意料地选择了"消失"，《泰坦尼克号》之后他一直没有推出大的银幕作品，直到2005年，他才正式宣布开拍他的新片——《阿凡达》，这是一部真人表演结合电脑CG动画的科幻片。2010年号称史上最昂贵电影的《阿凡达》在全球公映39天后，终于以18.59亿美元打破《泰坦尼克号》保持13年的影史全球总票房纪录。导演詹姆斯·卡梅隆轻松实现了自我超越，再次成为"世界之王"。目前，《阿凡达》票房已轻松翻越惊人的27亿美元，不出意外，这个数据将在未来很长的时间里被尘封，寂寞等待下一部惊世之作的出现。

总之，詹姆斯·卡梅隆是人类电影史上不可或缺的闪亮之星，指引并推动着电影艺术的发展。

案例评点：从兴趣上看，詹姆斯·卡梅隆14岁就对制作电影发生了兴趣并开始涉足，1977年在接触到《星球大战》后，更加明确了自己的发展方向。物理系大学生、机械修理工、卡车司机都成为他生命中的过客，电影才是他的终极理想。

从能力上看，父母的遗传和教育给了他艺术的灵感和工程的严谨，加上他与生俱来的组织能力，造就了他的在科幻电影方面无可比拟的优势。

从气质、性格上看，他具备了一位艺术家所具有的热情和冲动、偏执和疯狂，并且充满想象力和创造力，他的作品中有两部都是以自己的梦境为原型进行拍摄的。

从价值观上看，他一生都在追求完美，每部作品都讲究强烈的视觉冲击，他认为电影就要给人美的享受和震撼。

可以说，卡梅隆的职业生涯是成功的，他成功的秘诀就在于他选择了一条符合自身条件的发展道路，在这条道路上他一直充满激情并不断获得能量。

【相关知识】

在职业生涯规划中，首先要对自我进行充分客观的认识，下面我们就从兴趣、气质性格、能力和价值观四个方面对自我进行认知。

一、兴趣

1. 兴趣的概念

兴趣是人们探究某种事物或者从事某种活动的心理倾向，它以认识或探索外界的需要为基础。人对有兴趣的东西会表现出极大的积极性，并伴随产生某种肯定的情绪体验。①

兴趣可分为物质的兴趣、精神的兴趣和社会的兴趣。物质的兴趣与你的需要相关联，表现为对物质的迷恋和追求，例如购物；精神的兴趣主要是指对文化、科学、艺术的迷恋和追求，例如写作、绘画、书法、摄影、发明创造等；社会的兴趣主要是指对社会工作和组织活动的热情，例如志愿服务等。

兴趣又可分为直接兴趣和间接兴趣。你喜欢唱歌、跳舞，是因为这些活动本身对你有吸引力，通过这些活动你会获得愉快和满足，这种对活动本身的兴趣就是直接兴趣。你可能感到学外语是一件很枯燥的事情，但对它仍然兴致很浓，这并不是学外语本身会给你带来轻松愉快，而是因为外语作为一项工具，可以帮我们找到称心的工作，这种对活动结果的兴趣就是间接兴趣。直接兴趣和间接兴趣可以互相转化，也可以相互结合，从而更有效地调动你的积极性。

2. 兴趣与职业的关系

职业兴趣是兴趣在职业选择活动方面的一种表现，它体现了职业的多样性、复杂性与从业人员个性的多样性与复杂性之间的相互影响。通过对职业兴趣的分类，可以将个体归属到某种职业兴趣类型中，从而找到其适合从事的职业。②

兴趣对职业生涯的影响主要表现在三个方面：

（1）兴趣是职业生涯选择的重要依据。兴趣是强大的精神力量，可以使人集中精力去获得所喜欢的知识，启迪智慧并创造性地开展工作。当一个人对某种职业发生兴趣时，他就能全身心地投入；就能积极地感知和关注与该职业有关的知识、动态，并且积极思考；就能精神饱满、想象丰富；就能增强记忆效果，增强克服困难的意志。

（2）兴趣可以提高工作效率，充分发挥才能。在1960—1980年间，哈佛商学院对1500名毕业生进行研究，一开始将其分成两组：第一组，计划先赚钱，然后做自己想做的事，共1245人，占83%；第二组，先追求自己真正的兴趣，认为以后财源自然会源源而来，共255人，占17%。结果20年后，两组共诞生101位百万富翁，其中，1人属于第一组，100人属于第二组。结果分析显示，兴趣是激励行为的重要动力。如果一个人对其所从事的工作有浓厚的兴趣，就能够发挥自己全部才能的80%～90%，且长时间保持高效率不感到疲劳；而从事没兴趣的工作，只能发挥全部才能的20%～30%，

① 彭聃龄：《普通心理学》，北京师范大学出版社2001年版，第340页。
② 张厚粲：《实用心理评估》，中国轻工业出版社2005年版，第243页。

且容易感到筋疲力尽。①

（3）兴趣是保证职业稳定、职场成功的重要因素。对工作感兴趣，就愿意钻研，就会出成就，这正是兴趣的作用所在。从事自己感兴趣的职业，不但让你感到满意，而且能够让你的工作单位感到满意，并由此保证工作的长期性和稳定性。因此，兴趣是职场成功的一个重要因素，它能将你的潜能最大限度地调动起来，使你长期专注于某一方向，取得令人注目的成绩。

3. 职业兴趣的发展

人们关于职业的兴趣是随着年龄增长和教育程度的提高而发展的。职业兴趣的发展从职业兴趣发生和发展来看，一般要经历这样一个过程：有趣——乐趣——志趣。

第一阶段为有趣，这是兴趣发展的低级阶段，这种职业兴趣是短暂的，往往是转瞬即逝，带有盲目、易变和模仿的特点；第二阶段为乐趣，又被称为爱好，它是在有趣定向发展的基础上形成的，这种兴趣的特点是专一、自发和持久性；第三阶段是志趣，当一个人的乐趣与奋斗目标相一致时便形成了志趣，它是兴趣发展的高级水平，具有社会性、自发性和方向性等特点。

一些调查研究发现，儿童在9岁时就已经开始有关于职业的想法。这时，学校里就已经开始让儿童思考“我的理想”、“我长大做什么”等题目作文。在这些作文中，已经可以反映出儿童关于职业的朦胧的想法。对13岁少年的调查发现，他们的职业选择观念开始表现出一些特点，比如集中于体育、艺术、音乐、科学研究等有限领域。对17岁青年的调查发现，他们对各种职业所要求的生理、心理特点有一定了解，但还非常有限。而到了成年，多数人对各种职业的要求都有了较清晰的了解，同时还会考虑社会地位、个人能力水平等其他因素。

综上所述，找准职业兴趣是一个不断发展不断明晰的过程，也是一个从感性到理性的过程。作为即将走出校门的大学生来说，自己的职业兴趣也已经基本成熟，需要的就是要通过科学的方法将这种兴趣明朗化、清晰化，为自己的职业规划选择正确的方向。

4. 职业兴趣评定

兴趣测验是对职业指导有直接用途的工具之一。兴趣测验之所以对职业指导有直接作用，是因为通过兴趣测验可以测量出求职者未觉察的兴趣，或者证实求职者所谓的兴趣等，通过兴趣测验可以发现一个人真正的兴趣所在。正因为如此，兴趣测验越来越广泛地被应用到职业指导上，在诸如高考专业选择、人员安置、劝导改行等方面发挥了它特有的效能。

职业兴趣测验包括一些日常活动和事物的项目，求职者从中选出自己的爱好。其基本原理是：如果一个人表现出与某一职业中那些工作出色的人相同的兴趣，那么此人在这个职业中很有可能得到满足。主要的职业兴趣测验有霍兰德职业兴趣测评（SDS）、库德职业兴趣量表（KOIS）、斯特朗职业兴趣量表（SCII）、杰克逊职业兴趣调查表（JVIS）、生涯评估量表（CAI），其中以霍兰德职业兴趣测评应用最为广泛。

---

① 程良越、谢珊：《大学生职业生涯发展》，广东高等教育出版社2011年版，第25页。

霍兰德的职业兴趣理论主要从兴趣的角度出发来探索职业指导的问题，他明确提出了职业兴趣的人格观，使人们对职业兴趣的认识有了质的变化。霍兰德以职业兴趣理论为基础，先后编制了职业偏好量表和自我导向搜寻表两种职业兴趣量表。作为职业兴趣的测查工具，霍兰德力求为每种职业兴趣找出两种相匹配的职业能力，兴趣测试和能力测试的结合在职业指导和职业咨询的实际操作中起到了促进作用。直至目前，霍兰德职业兴趣理论仍是最具影响力的职业发展理论和职业分类体系。

二、气质与性格

《论语》记载：有一次，孔夫子与学生公西华正在座谈，子路来向孔子请教。子路问道："听到了就马上行动吗?"孔子答："有父兄在，为什么急于行动呢?"一会儿，冉由也来请教同样的问题，孔子说："听到了就马上行动!"公西华不明白教师为什么对同一个问题给予不同的回答，孔子解释说："子路总是好胜，我是有意让他遇事后退一步，冉由畏缩，我是有意鼓励他遇事极力向前。"孔子的因材施教充分证明了一点，那就是每个人都具有不同的个性特征。

《西游记》的故事大家都知道，四个个性迥异的人去西天取经，历经九九八十一难，终于修成正果。这师徒四人，唐僧安静稳定，寡言少语，注意力难转移而且很固执，但目标明确；孙悟空直率热情，精力旺盛，行动敏捷，易冲动；猪八戒则活泼好动，喜欢交往；沙僧自然是行动迟缓，孤僻，但善于观察到别人不容易察觉的细节。那么表现在他们四个人身上的这种不同到底是什么呢？为什么人与人之间会有如此的差异呢？这就是下面要阐述的内容。

1. 气质、性格的概念

（1）气质。气质是表现在心理活动的强度、速度、灵活性与指向性等方面的一种稳定的心理特征，也就是我们平时所说的脾气、秉性。人的气质差异是先天的，比如刚生下来的孩子，有的就爱哭好动，有的就非常安静。

气质说源于古希腊医生希波克里特的体液说，他认为人体内有四种液体：黏液、黄胆汁、黑胆汁和血液，这四种体液的配合比例不同，形成了四种不同类型的人。约500年后，罗马医生盖伦进一步确定了气质类型，提出人的四种气质类型是胆汁质、多血质、黏液质、抑郁质。

气质是人的天性，没有好坏之分，它不决定人的成就，也不具有道德评价的含义，它只是给人们的言行增添了某种色彩；但它对于人的活动还是有非常大的影响的，不同气质类型的人在面对同一件事情的时候，其态度、方法甚至是效果可能是截然不同的。苏联心理学家巧妙设计了"看戏迟到"的特定问题情境，对四种典型气质类型的人进行观察研究，结果发现，四种基本气质类型的观众，在面临同一情境时有截然不同的行为表现，气质使其心理活动染上了一种独特的色彩。胆汁质的人面红耳赤地与检票员争吵起来，甚至企图推开检票员，冲过检票口，径直跑到自己的座位上去，并且还会埋怨说，戏院时钟走得太快了。多血质的人明白检票员不会放他进去，他不与检票员发生争吵，而是悄悄跑到楼上另寻一个适当的地方来看戏剧表演。黏液质的人看到检票员不让他从检票口进去，便想反正第一场戏不太精彩，还是暂且到小卖部待一会儿，待幕间休息再进去。抑郁质的人对此情景会说自己老是不走运，偶尔来一次戏院就这样倒霉，接着就垂头丧气地回家了。

在现实生活中，并不是每个人的气质都只属于某一气质类型。除少数人具有某种气质类型的典型特征之外，大多数人都偏于中间型或混合型，也就是说，他们较多地具有某一类型的特点，同时又具有其他气质类型的一些特点。

(2) 性格。性格是指人们对现实和周围世界的态度，主要表现在对自己、对别人、对事物的态度和所采取的言行上。性格表现了一个人的品德，受人的价值观、人生观和世界观的影响，是在后天社会环境中形成的，性格有好坏之分，能直接反映一个人的道德风貌。例如，有的人对待工作总是一丝不苟，踏实认真；在待人处事上总是表现出高度的原则性，坚毅果断，豪爽活泼；在对待自己的态度上总是表现为谦虚、自信等，所有这些特征的总和就是他的性格。

(3) 气质与性格的关系：

首先，二者具有显著的区别：第一，性格与气质的性质是不同的，性格更具有社会的特点。第二，性格与气质的生理基础有所区别。第三，就气质与性格各自形成的特点讲，气质更多受到遗传因素的影响，而性格是在人自身与环境的相互作用中形成的，比气质更具有可塑性。

其次，性格与气质之间又是相互影响和相互作用的：第一，人的气质特征直接影响一个人的性格。同样是勤劳的人，具有多血质气质的人在劳动中容易表现为情绪饱满，精力充沛，而有黏液质气质的人则可能表现为踏实肯干，操作精细。第二，性格也会在一定程度上掩盖、改造气质，使其服从于实践要求的行为方式。长期从事需要精细操作、耐心坚持的性格特征的工作，有可能逐步改变胆汁质的冲动与多血质的注意力容易转移等特性。

2. 气质、性格与职业的关系

职业心理学研究表明，气质和性格影响着一个人对职业的适应性。一定的性格适合于从事一定的职业。不同的职业对人也有不同的要求。当前，越来越多的机构开始重视人力资源的合理使用。一方面，用人单位逐渐开始利用心理学相关知识进行人才选拔；另一方面，个人也越来越多地考虑自己的特点及职业要求。个体通过了解自己的气质特征和性格特点，可以扬长避短。比如，在性格分类中有外向型和内向型之分。一般来说，外向型性格的人更适合与人打交道的职业，比如管理人员、记者、销售、政治家等；内向型的人更适合有计划、稳定且与人接触较少的职业，比如会计师、统计员、资料管理员等。下面就与职业选择关系较大的几种分类模式作一介绍：

(1) 向心说。向心说是由瑞士心理学家荣格提出的，是按照个体心理活动倾向于内部或外部世界来确定性格类型的一种学说。心理活动倾向于内部世界的人，属于内向型，通常表现为做事谨慎、深思熟虑、沉静、反应迟缓、适应环境能力差。心理活动倾向于外部世界的人，属于外向型，一般表现为活泼开朗、热情大方、不拘小节、善于交际、易适应环境的变化。事实上绝对外向和内向的人极少，更多的是两种类型的综合体，即综合型。

从职业选择的角度来讲，内向性格的人一般有耐心、谨慎，适合做研究性的工作，如医生、科学家、机械师、编辑、工程师、会计师、技术人员、艺术家、打字员、程序设计师等；而外向性格的人爱好交际、善于活跃气氛，适合做与人交往的工作，如人事顾问、管理人员、律师、记者、政治家、警察、售货员、演员、销售人员、广告人员等。

（2）九型人格（九种性格）。关于性格的分类，流传最久也最有名的是“九型人格论”。九型人格又名性格形态学、九种性格，起源于中东阿拉伯地区，后来由西方的心理学家传到欧洲，再传到美洲，开始被人们所认识。九型人格论是一种更深层次去了解人、认识人的简单有效的管理工具。它按照人们惯性的思维模式、情绪反应和行为习惯等性格特质，将人分为九种，称为九型人格或九型性格。

①完美型：重原则，不轻易妥协，黑白分明，对自己和别人的要求都很高、追求完美。

②付出型：渴望与别人建立良好关系，以人为本，能够迁就他人。

③成就型：好胜心强，以成就来衡量自己价值的高低。

④感觉型：比较情绪化，害怕被人拒绝，觉得别人不理解自己，我行我素。

⑤思想型：喜欢思考分析，求知欲强，但缺乏行动，对物质生活要求不高。

⑥忠诚型：做事小心谨慎，不轻易相信别人，多疑虑，喜欢群体生活，工作尽心尽力。

⑦开朗型：比较乐观，喜欢新鲜感、爱赶潮流，不喜欢承受压力。

⑧领导型：追求权力，讲究实力，不靠他人，有正义感。

⑨和谐型：怕纷争，难以拒绝他人，祈求融洽相处，需花长时间做决策。

九型人格是一个精妙的性格分析工具，提示了人们内在最深层次的价值观和注意力焦点，使人明白自己的个性，也明白其他不同人的个性类型，为个人修养和自我提升、历练提供深入的洞察力。近年来，九型人格备受美国斯坦福等国际知名大学 MBA 学院推崇并成为现今最热门的课程之一，已风行欧美学术界和工商界。

3. 气质、性格的发展

由于气质在很大程度上受遗传因素的影响，所以在此我们着重介绍性格的发展。性格是在先天素质的基础上，通过后天的家庭、学校和社会环境的影响，经过个体实践活动和积极主动性才逐渐形成的。

（1）生理因素。生理素质是性格形成的自然基础，它为性格形成与发展提供了必要条件，具体表现在四个方面：

①相貌、身高、体重等生理特征。对于艺术生中的表演类学生来说，这些生理特征在一定程度上会影响到自己的生涯发展。

②生理成熟的早晚。成熟较早的学生爱社交，责任感强，较遵守学校的规章制度，容易给人良好的印象；成熟较晚的学生往往容易感情用事，责任感较差，不太遵守校

规，很少考虑社会准则。

③某些神经系统的遗传特性。比如多血质的人比抑制质的人更容易形成热情大方的性格。

④性别差异。男性比女性在性格上更具有独立性、自主性、攻击性、支配性，并有强烈的竞争意识，敢于冒险；女性则比男性更具依赖性，较易被说服，做事有分寸，具有较强的忍耐性。

（2）家庭因素。家庭因素对性格形成与发展有重要的影响。家庭是儿童出生后接触到的最初的教育场所，家庭所处的经济地位和政治地位、家长的教育观念和教育水平、家长的教育态度与教育方式、家庭的气氛、儿童在家庭中扮演的角色与所处的地位，等等，都对儿童性格的形成有非常重要的影响。从这个意义上讲，“家庭是制造性格的工厂”。

（3）教育因素。学校的教育对儿童性格的形成起主导作用。因为学校教育是教师根据教育目的对学生施加有目的、有系统、有计划的影响，而且是在学生的生活、学习的集体中，通过各种活动进行的。

学校教育对学生性格的影响是方方面面的，主要是通过学校的传统与校风，教师的性格、态度与行为，师生关系，学生所在班集体，同学之间的关系，学校组织的团队活动、体育活动、课外活动等渠道实现的。

（4）社会因素。社会因素对学生性格的影响主要通过社会的风尚、大众传媒等得以实现，如电脑、电视、电影、报刊、文学作品等。随着信息时代的到来，通过因特网传播的各种信息会对个体性格的形成产生了正面的和负面的影响，而且其影响是广泛而深刻的。这对教育工作者提出了新的研究课题，即如何引导、教育学生正确选择、利用网上信息，提高抵制不健康信息的能力。此外，报刊、文艺作品中的典型人物或英雄榜样也会激起学生丰富情感和想象，引起效仿的意象，从而影响性格的形成与发展。

（5）自我教育在性格形成中的作用。自我教育是良好性格形成与发展的内在动力。人有主观能动性，有自我调控能力，因此每个人都可以通过自我教育塑造自己良好的性格。俄国伟大的教育家乌申斯基认为，人的自我教育是性格形成的基本条件之一，因为一切外来的影响都要通过自我调节而起作用。从这个意义上讲，每个人都在自己塑造自己的性格。

4. 气质、性格的评定

对于每个人的气质、性格，除了根据其外在表现判断外，在心理学中已经有了非常科学的测评方法，其中一种主要就是通过自陈量表进行测量。自陈量表法就是让被试按自己的意见，对自己的特质进行评价的一种方法。自陈量表通常都由一系列问题组成，一个问题表述一种行为，要求被试按照自己的真实情形来回答。

对于气质的评定，基本上使用的是气质类型测验；而对于性格的测验则有很多种，主要有明尼苏达多相人格测验（MMPI）、爱德华个人兴趣量表（EPPS）、性格自测问卷（MBTI）及内外向测试等。对于这些评定的结果，我们也要有科学正确的认识：首先，气质本身没有好坏对错之分，而在工作或人际关系上，会有自己独特的优点，发挥不同的作用。其次，量表测评只能根据你在问题的回答的基础上判断你属于哪一种类型；事实上，最了解我们的还是自己。再次，我们可以根据自己的气质类型等去理解自己的行为，但不能作为做或不做任何事情的借口，不要让这些测验结果左右自己对任何事业、活动或人际活动的考虑。最后，不要对任何一种气质或性格类型有偏见，也不要借此对自己或别人进行定性。

三、能力

1. 能力的概念

能力是一种心理特征，是顺利实现某种活动的心理条件。例如，一位画家所具有的色彩鉴别力、形象记忆力等，都叫能力，这些能力是保证画家顺利完成绘画活动的心理条件。

能力表现在所从事的各种活动中，并在活动中得到发展。一个有绘画能力的人，只有在绘画活动中才能施展自己的能力；一个有管理才能的人，也只有在领导一个企业或学校的活动中才能显示出来。当一个人能顺利完成某种活动时，也就多少表现了他的能力。

心理学家对能力的结构提出了一系列的理论，主要有能力因素说和能力结构说，这其中影响最广泛的就是由美国心理学家加德纳提出的多元智能理论。他认为智力的内涵是多元的，它由 8 种相对独立的智力成分所构成。每种智力都是一个单独的功能系统，这些系统可以相互作用，产生智力行为。这 8 种智力分别为逻辑数学智力、语言智力、音乐智力、空间智力、身体运动智力、人际关系智力、内省智力和自然智力。“多元智能理论”被认为是人类智力认识上的一大飞跃。在过去的 20 年里，他和同事已经解决了智能的行为评估等一系列问题，用来实施多元智能化的个性教育。

2. 能力与职业的关系

能力不同于职业兴趣，也许你对某项职业特别感兴趣，但并不表明你具备从事这项工作的能力和特长。“金无足赤、人无完人”，无所不通的全才是不存在的。在工作中，每个人的能力特点是不同的，任何一个人都或多或少有自己的特长。比如，有的人口齿伶俐、善于语言表达，有的人善于理论分析，有的人善于实际工作。而各个职业所需要的能力也不同：如法官就要具有很强的逻辑推理能力，却不一定要具备很强的动手能力。在选择职业时，每个人都要对自己的能力水平做一个正确的分析，了解自己究竟具有什么样的能力，然后根据分析的结果量力而行。在现实生活中，有些人眼高手低，总找不到自己的位置，究其原因，往往都是由于自不量力，过高估计自己，即愿望远远超过本人力所能及的范围。

我们根据加德纳的“多元智能理论”，将他所描述的 8 种智力与相关职业进行匹配，具体如下：

（1）逻辑数学智力：运算和推理等科学或者数学的一般能力以及通过数理运算和逻辑推理等辨别逻辑或者数字模式的特殊能力、处理较长推理的能力。这种智力在侦探、律师、工程师、科学家和数学家身上有较突出的表现。

（2）语言智力：听、说、读、写的能力，表现为个人能够顺利而有效地利用语言描述事件、表达思想并与人交流的能力以及对声音、韵律、单词的意义和语言不同功用的敏感能力。这种智力在记者、编辑、作家、演讲家和政治领袖等人身上有比较突出的表现。

（3）音乐智力：谱写歌曲和器乐演奏的能力，包括感受、辨别、记忆、改变和表达音乐的能力，表现为个人对音乐包括节奏、音调、音色和旋律的敏感以及通过作曲、演奏和歌唱等表达音乐的能力以及对音乐表现形式的欣赏。这种智力在作曲家、指挥家、歌唱家、演奏家、乐器制造者和乐器调音师身上有比较突出的表现。

（4）空间智力：准确感受空间世界的能力，包括感受、辨别、记忆、改变物体的空间关系，并借此表达思想和情感的能力，表现为对线条、形状、结构、色彩和空间关系的敏感以及通过平面图形和立体造型将它们表现出来的能力。这种智力在画家、雕刻家、建筑师、航海家、博物学家和军事战略家的身上有比较突出的表现。

（5）身体运动智力：控制自己身体运动和技术性地处理目标的能力，表现为能够较好地控制自己的身体、对事件能够做出适当的身体反应以及善于利用身体语言来表达自己的思想和情感的能力。这种智力在运动员、舞蹈家、外科医生、赛车手和发明家身上有比较突出的表现。

（6）人际关系智力：与人交往的能力，表现为觉察体验他人情绪、情感、气质、意图和需求的能力并据此做出适当反应的能力。这种智力在教师、律师、推销员、公关人员、谈话节目主持人、管理者和政治家等人身上有比较突出的表现。

（7）内省智力：认识、洞察和反省自身的能力，表现为能够正确地意识和评价自身的情绪、动机、欲望、个性、意志，并在正确的自我意识和自我评价的基础上形成自尊、自律和自制的能力。这种智力在哲学家、小说家、律师等人身上有比较突出的表现。

（8）自然智力：认识动物、植物和自然环境其他部分的能力。这种智力在猎人、植物学家或者解剖学家等人身上有比较突出的表现。

3. 能力的发展

（1）能力发展的一般趋势和个体差异。能力发展的一般趋势如下：童年期和少年期是某些能力发展最重要的时期；人的智力在18~25岁间达到顶峰；成年是能力发展最稳定的时期，在25~40岁之间，人们常出现富有创造性的活动；能力发展的趋势存在个体差异，能力高的发展快，达到高峰的时间晚；能力低的发展慢，达到高峰的时间早。

能力发展的个体差异主要表现在以下几个方面：发展水平的差异、表现早晚的差异、结构的差异、性别的差异，其中结构的差异和性别的差异对于择业具有直接关系。对于性别差异的研究结果显示，性别差异主要反映在特殊智力中，比如女生言语能力普遍比男生好、而男生的推理优势更明显、男生的空间知觉和方位感更好。

（2）能力发展的影响因素：

①遗传。遗传对能力的影响主要表现在身体素质上，比如姚明的身高，身体素质是能力发展的自然前提，对能力的发展有重要影响。

②环境和教育。环境和教育对个人能力的发展也有非常重要的影响，我们熟知的“孟母三迁”的故事就很好地验证了环境对人的影响作用。有一名小提琴演奏家，她经常在家里给学生上课，而她一岁多的小女儿经常隔着书房的窗子看她上课，结果就在某一天，她突然抢着要妈妈的小提琴，居然也像模像样地拉了起来，当然，她还需要别人的帮助才能拿稳那把几乎和她一般高的小提琴。

③实践活动。在戏曲界有这样一句俗语：“一天不练手脚慢，两天不练丢一半，三天不练门外汉，四天不练瞪眼看。”所以说，人的各种能力除了有先天因素外，也非常需要后期的社会实践活动，也就是要多锻炼，能力是在使用中积累出来的，生物学中讲“用进废退”也是这个道理。

4. 职业能力的评定方法

对于职业能力，现在开始采用能力倾向测试的方式。因为能力倾向测试具有明显的预测性，所以近几十年间发展较快。例如 1941 年美国心理学家瑟斯顿发表的基本心理能力测验；1947 年美国心理公司出版，1962 年、1972 年两次修订的鉴别能力倾向测验；美国就业服务处编制的普通能力倾向成套测验等。随着企业、事业、机关对人才研究的深入和职位分类制度的建立，能力倾向测试的研究得到了很大的发展。在中国，最具代表性的就是公务员考试中的“行政职业能力测验”。下面给大家介绍一下美国就业服务处编制的普通能力倾向成套测验。

普通能力倾向成套测验，最初是美国劳工部从 1934 年利用了 10 多年时间研究制定的。它是对许多职业群同时检查各自的不适合者的一种成套测验。由于这套测验在许多国家被广泛使用，因而备受推崇。这套测验主要是实现对许多职业领域中工作所必需的几种能力倾向的测定。它由 15 种测验项目构成，其中 11 种是纸笔测验，其余 4 种是操作测验，两种测验可以测定 9 种能力倾向。这 9 种能力倾向对完成各种职业的工作都是必要的。

G-智能：一般的学习能力。对测验说明、指导语和原理的理解能力、推理判断的能力、迅速适应新环境的能力。

V-言语能力：理解言语的意义及与它关联的概念，并有效地掌握它的能力。对言语相互关系及句子和文章意义的理解能力，也包括表达信息和自己想法的能力。

N-数理能力：在正确快速进行计算的同时，能进行推理，解决应用问题的能力。

Q-书写知觉：对词、印刷物、各种票类之细微部分正确知觉的能力，能直观地比较辨别词和数字，发现有错误或校正的能力。

S-空间判断能力：对立体图形以及平面图形与立体图形之间关系的理解、判断能力。

P-形状知觉：对实物或图解之细微部分正确知觉和能力。根据视觉能够对图形的形状和阴影部分的细微差异进行辨别的能力。

K-运动协调：正确而迅速地使眼和手相协调，并迅速完成操作的能力。要求手能跟随着眼能看到的东西正确而迅速地作出反应动作并进行准确控制的能力。

F-手指灵巧度：快速而正确地活动手指，用手指很准确地操作细小东西的能力。

M-手腕灵巧度：随心所欲地、灵巧地活动手及手腕的能力。如拿着、放置、调换、翻转物体时手的精巧运动和腕的自由运动能力。

以上 9 种能力中的每一种能力，都要通过一种实践性测验获得。其中纸笔测验可集体进行。记分采用标准分数，各能力因素的原始分数转换为标准分数后便可绘制个人能力倾向剖析图，并与职业能力倾向类型相对照，被试者就可以从测验结果中知道能够充分发挥个人能力特性的职业活动领域。

四、价值观

◎案例

丛飞（1969—2006），原名张崇，生于辽宁省盘锦市大洼县庄台镇的农村，自小努力向上，是深圳著名男歌手，被评为 2005 年感动中国人物和 100 位新中国成立以来感动中国人物之一。

丛飞有“爱心大使”之称，他热心公益，义演 300 多场，义工服务超过6000 小时，无私捐助失学儿童和残疾人超过 150 人，认养孤儿 37 人，捐助金额超过 300 万元。可是，谁又知道，丛飞的家俭朴得令人难以置信，经济状况时常捉襟见肘。2003—2004 年间，为了在开学前筹齐助学款，他先后背上了 17 万元的债务。2005 年初，丛飞抱病参加了为东南亚海啸灾区的 6 场赈灾义演。那时，丛飞已经患上了胃癌，连食物都已经难以下咽了。然而，他却将用于治病的 1.5 万元钱捐了出去。2005 年 5 月，丛飞的病情迅速加重，而他却从大家捐给他治病的钱中拿出 2 万元捐到贫困山区。

2006 年 4 月 20 日，年仅 37 岁的丛飞不幸病逝。而按他遗嘱捐献的眼角膜让 6 个孩子重见了光明。丛飞遗孀邢丹于 2011 年 4 月 13 日晚遭遇意外不幸去世。邢丹的母亲在 2011 年 4 月 14 日已同意摘取邢丹眼角膜并作捐赠，完成其生前夙愿。

在我们身边有很多“德艺双馨”的艺人，他们不仅在艺术上有很高的造诣，同时还为社会奉献自己的力量，甚至有时候会牺牲一些既得利益。是什么支撑这些人默默的付出，那就是他们的价值观——付出、奉献、回报。

1. 价值观的概念及作用

（1）价值观的概念。价值观是指一个人对周围的客观事物（包括人、事、物）的意义、重要性的总评价和总看法。一方面表现为价值取向、价值追求，表现为一定的价值目标；另一方面表现为价值尺度和准则，成为人们判断价值事物有无价值及价值大小的评价标准。价值观往往是基于日常生活，而又集中体现在日常生活中，也就是我们说的“值不值”。

美国心理学家洛特克在《人类价值观的本质》一书中，提出了14种价值观，即成就感、对美感的追求、挑战、健康、收入与财富、独立性、爱、家庭与人际关系、道德感、欢乐、权力、安全感、自我成长、协助他人。价值观不仅指向一些有形的东西，还可以列出一些无形的价值取向，比如诚信、积极、热情、谦虚、礼貌、节俭、冒险、尊重、感恩、爱心、勤奋等。

在特定的时间、地点、条件下，人们的价值观总是相对稳定和持久的。但是，随着人们的经济地位的改变，这种价值观也会随之改变。例如，在我国封建社会，核心价值观就是"君君臣臣，父父子子"，是崇尚等级制的，所以才有"君叫臣死，臣不得不死"的愚昧行为。在我国现代社会，核心价值观是"民主、公正、和谐"，即建立人民当家做主、制度上保证公平正义、每个人都得到全面发展的和谐社会。随着我国经济的迅速发展和资本主义思想的侵蚀，在社会上也出现了"拜金主义"等错误的价值观。

一个人的价值观是在家庭和社会的双重影响下逐步形成的。一个人所处的社会生产方式及其所处的经济地位，对其价值观的形成有决定性的影响。当然，报刊、电视和广播等宣传的观点以及父母、老师、朋友和公众名人的观点与行为，对一个人的价值观也有不可忽视的影响。例如，现在很多电视节目中出现的"审丑"现象，也在一定程度上对青少年的价值观形成了不好的社会导向。

人们的生活和教育经历互不相同，因此价值观也多种多样。经过对社会上的各式人物的大量调查，对他们的价值观进行分类，最后形成了七大价值观：

理性价值观：以知识和真理为中心的价值观，具有理性价值，把追求真理看得高于一切。

美的价值观：以外形协调和匀称为中心的价值观，把美和协调看得比什么都重要。

政治性价值观：以权力地位为中心的价值观，把权力和地位看得最有价值。

社会性价值观：以群体和他人为中心的价值观，把为群体、他人服务认为是最有价值的。

经济性价值观：以有效和实惠为中心的价值观，认为世界上的一切，实惠的就是最有价值的。

宗教性价值观：以信仰为中心的价值观，认为信仰是人生最有价值的。

教育价值观：以对教育的价值关系的认识和评价为基础的行为取向标准。

（2）价值观的作用。价值观对人们自身行为的定向和调节起着非常重要的作用。价值观决定人的自我认识，它直接影响和决定着一个人的理想、信念、生活目标和追求方向的性质。价值观的作用大致体现在以下两个方面：一方面，价值观对动机有导向的作用，人们行为的动机受价值观的支配和制约，在同样的客观条件下，具有不同价值观的人，其动机模式不同，产生的行为也不相同，动机的方向受价值观的支配，只有那些经过价值判断被认为是可取的，才能转换为行为的动机，并以此为目标引导人们的行为。另一方面，价值观反映人们的认知和需求状况，价值观是人们对客观世界及行为结果的评价和看法，因而，它从某个方面反映了人们的人生观和价值观，反映了人的主观认知世界。

2. 价值观与职业的关系

（1）职业价值观的概念。职业价值观是人生目标和人生态度在职业选择方面的具体表现，是指一个人对职业的认识和态度以及他对职业目标的追求和向往。俗话说，“人各有志”，这个“志”表现在职业选择上就是职业价值观。也就是说，它表明了一个人通过工作所要追求的理想，是钱、权、还是自我实现等。它支配着人们的择业心态、择业行为以及对某一职业的价值判断等。

职业价值观包括三个方面：第一，发展要素，包括能满足兴趣爱好、工作有挑战性、能发挥自己才能、工作具有自主性、能促进个人发展等，这些项目都与个人发展有关；第二，保健要素，包括福利好、提供保险、收入高、交通便利快捷、工作环境优雅等，这些与生活水准有关；第三，地位要素，包括单位知名度、单位规模、较高社会地位等，这些与社会地位有关。

职业价值观具有四个方面的特性：第一，因人而异，每个人都具有自己独特的价值观和价值体系。第二，相对稳定，人的价值观一旦形成，便会相对稳定；但当自身条件和外界环境发生较大变化时，职业价值观也会随之改变。第三，具有阶段性，大多数人的职业价值观是具有阶段性的，特别是随着某一阶段的自身需求满足后，他就会产生更高层次的需求。第四，一个人的职业价值观不是唯一的。比如，择业时可能会有几个动机同时支配他的选择，从而使人常常为选择感到痛苦。

（2）职业价值观的分类。美国著名的心理学家奥尔波特经过研究，将职业价值观划为六个维度，后来经过职业专家的大量调查，在奥尔波特理论的基础上，从理想、信念、价值观角度把职业价值观进一步细分为九大类：

①自由型：不受别人指使，不愿意受人干涉，想充分施展本领。相应的职业类型有室内装潢专家、图书管理专家、摄影师、音乐教师、作家、演员、诗人、作曲家、编剧、雕刻家、漫画家等。

②经济型：认为世界上的各种关系都建立在金钱之上，包括人与人之间的关系，甚至父母与子女之间的爱也带有金钱的印记，这种类型的人确信金钱可以买到世界上所有的幸福。各种职业中都有这种类型的人，商人为甚。

③支配型：相当于组织的一把手，无视他人的想法，为所欲为，且以此为快乐。相应职业类型有广告宣传员、调度员、律师、政治家、零售商等。

④小康型：追求虚荣，优越感很强。很渴望能有社会地位和名誉，希望受到众人的尊敬；当欲望得不到满足时，有时反而很自卑。相应的职业类型有记账员、会计、银行出纳、法庭速记员、税务员、核算员、打字员、办公室职员、统计员、计算机操作员等。

⑤自我实现型：不关心平常的幸福，一心一意想发挥个性，追求真理。不考虑收入、地位及他人对自己的看法，尽力挖掘自己的潜力，施展自己的本领，并视此为有意义的生活。相应的职业类型有气象学者、生物学家、天文学家、药剂师、动物学者、化学家、科学报刊编辑、地质学家、植物学者、物理学者、数学家、实验员、科研人员等。

⑥志愿型：富有同情心，把他人的痛苦视为自己的痛苦，不愿做表面上哗众取宠的事，把默默帮助不幸的人视为快乐。相应的职业类型有社会学者、导游、福利机构工作者、咨询人员、社会工作者、社会科学教师、护士等。

⑦技术型：性格沉稳，做事组织严密，井井有条，对未来充满平常心态。相应职业类型有木匠、农民、工程师、飞机机械师、野生动物专家、自动化技师、机械工、电工、火车司机、公共汽车司机、机械制图人员等。

⑧合作型：人际关系很好，认为朋友是最大的财富。相应的职业类型有公关人员、推销人员、秘书等。

⑨享受型：喜欢安逸的生活，不愿意从事挑战性的工作。持这种价值观的人无固定职业类型。

不同时代、不同制度环境，甚至不同自然条件下的人们会有不同的职业价值观。即使是在同一个年代、同一地区的人，也会因各自的成长环境、教育背景、个性追求等的差异而各有所好。比如在20世纪60年代教师被称为“臭老九”，到了21世纪初，这一行业又被年轻人追捧；80年代个体户还不被看好，现在创业成了时髦。总的来讲，改革开放以来，人们的职业价值观的变化非常明显，一是从重理想向重现实的方向发展；而是从重义务向重利益的方向演变；三是从重集体向重个体的方向变化。价值观在传统取向与现代趋向之间寻求平衡，仍然是一个基本的特征。根据麦可思公司对2011届毕业生做出的调查显示：有过工作经历的2011届毕业生中，主动提出“分手”的98%是大学生，而不是雇主。最主要的离职原因是“个人发展空间不够”，第二位的则是“薪资福利偏低”，这充分说明，随着时代的变化，人们对于工作的要求已经不仅仅是谋求生存，个人的发展才是终极目标（见图3-2）。

3. 职业价值观的澄清

对自己的价值观有清楚认识的人在做生涯决策时有较少的困难。一些专家认为，最重要的价值观的澄清过程而不是价值观本身。他们确定了价值观澄清的七个步骤，将其分为三个阶段：第一阶段是选择一个价值观，包括你自由地选择一个价值观，不考虑他人的压力，也不考虑其他的价值观，然后思考每一个选择的后果。第二阶段是珍视你的价值观，包括珍爱和喜欢你的价值观，愿意在合适的时候向他人公开声明自己的选择。最后一个阶段是依照你的价值观行动，包括做出一些与你的选择有关的行为（例如投票），不断以一种与你的价值观选择相一致的模式行动。②

美国心理学家舒伯于1970年编制了一套WVI职业价值观测试量表，用来衡量价值观及工作的目标。量表将职业价值分为三个维度：一是内在价值观，即与职业本身性质有关的因素；二是外在价值观，即与职业性质有关的外部因素；三是外在报酬，共计13个因素：利他主义、美感、智力刺激、成就感、独立性、社会地位、管理、经济报

① 数据来源于麦可思公司发布的《中国2011届大学毕业生社会需求与培养质量调查》。

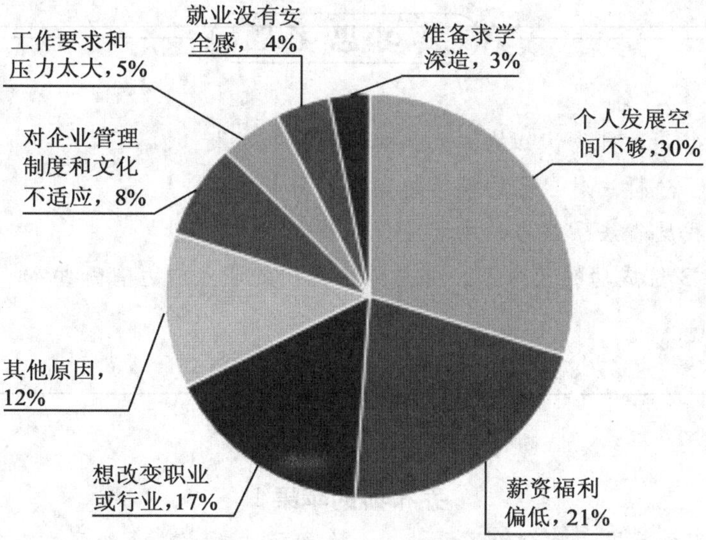

图 3-2　2011 届大学毕业生主动离职的原因分布①

酬、社会交际、安全感、舒适、人际关系、变异性或追求新意。

大学生必须正确了解自己的职业价值观，要对自身的需要进行梳理，因为这是个人职业生涯决策的依据，它反映了一个人在工作中最看重什么、最想要得到什么和最不在意什么。如果职业价值观与工作相吻合，那么在工作中个人就会百分之百努力；如果不吻合，除了个人感到疲惫和无助外，工作效率也会大大降低。所以，我们每位同学在进行职业选择时都要厘清个人职业价值观。

模块小结

我们自认为最熟悉的自己，其实也是最难认识的。这历来都是学者们研究的话题，在职业生涯规划中也不例外。如果一个人不能正确地认识自我，看不到自我的特点，那么在职业生涯规划的道路上将如盲人行路。在这一章，我们已经介绍自我认知的方法和内容，即运用科学的方法，对自己的兴趣、气质性格、能力、价值观进行全面的分析，为自己的职业之路打好坚实的基础。

① Robert C. Reardon，Janet G. Lenz，James P. Sampson & Gary W. Peterson：《职业生涯发展与规划》，侯志瑾、伍新春等译，高等教育出版社 2005 年版，第 23 页。

复习思考题

1. 运用至少一种自我认知的方法，对自我进行分析。
2. 使用橱窗分析法对自己的性格特点进行分析。
3. 使用自我反省法了解自己的职业价值观。
4. 列举2~3位成功的艺术家，并总结出他们的职业能力有哪些？

知识链接

乔布斯的苹果①

世界上有四个苹果，一个给了夏娃，一个给了牛顿，一个给了乔布斯，还有一个在你的手中。

史蒂芬·保罗·乔布斯（1955—2011），美国商业巨子及发明家，他是苹果公司的创办人之一，曾任该公司董事长及行政总裁等职位，亦是彼思动画制作公司的创办人并曾任行政总裁。

在他生活的年代里，乔布斯被认为电脑业界与娱乐业界的标志性人物，同时人们也把他视作Macintosh、IPod、IPhone、IPad等知名数码产品的缔造者。他曾7次登上《时代》杂志的封面，被认为当时全球最为成功的电脑科学家以及商人之一。2007年，乔布斯被《财富》杂志评为年度最强有力商人。乔布斯的生涯极大地影响了硅谷风险创业的传奇，他将美学至上的设计理念在全世界推广开来；他对简约及便利设计的推崇为他赢得了许多忠实追随者。

乔布斯的成功在于，他找到了且全身心投入自己的兴趣之中。

对于乔布斯来说，兴趣是创业的开端。儿时的乔布斯生活在著名的“硅谷”附近，也许受周围环境的影响，他对电子学情有独钟。19岁时，乔布斯进入了Reed大学，但只读了六个月便申请退学了。后来，他在斯坦福大学2005年毕业典礼上的演讲中这样说道：“我看不到其中的价值所在，我不知道我真正想要做什么，我也不知道大学能怎样帮助我找到答案。我决定退学，然后我可以开始去修那些看起来有点意思的课程。”

任何小的兴趣都是乔布斯成功的基石。乔布斯退学后，修读美术字课程，学怎样写出漂亮的美术字。“我学到了Sanserif和Serif字体，我学会了怎么样在不同的字母组合之中改变空白间距，还有怎么样才能作出最棒的印刷式样。那种美好、历史感和艺术精妙，是科学永远不能捕捉到的，我发现那实在是太迷人了”，谈到这段经历，乔布斯如

① 资料来源：百度百科，http：//baike. baidu. com/view/226002. htm。

是说，“当时看起来这些东西在我的生命中，好像都没有什么实际应用的可能。但是十年之后，当我们在设计第一台Macintosh电脑的时候，就不是那样了。我把当时我学的那些东西全都设计进了Mac。那是第一台使用了漂亮的印刷字体的电脑。如果我当时没有退学，就不会有机会去参加这个我感兴趣的美术字课程，Mac就不会有这么多丰富的字体，以及赏心悦目的字体间距”。

任何事物对于不同的人而言都有着各自的价值，盲目地效仿并不一定会获得同样的效果。这就好比让一个对学习毫无兴趣却对创业充满激情的人去接本，显然是浪费时间。找到自己的兴趣所在并从事它，是迈向成功创业的第一步。不要忽略你的兴趣，哪怕你现在觉得它微不足道，也许有天它会给你的人生带来巨大财富。积累任何与兴趣相关的知识或其他看似不相关的兴趣知识都会成为你创业道路上的基石。一个人对某一事物的热爱与好奇，能够促使他探索更多的知识、激发他最大的潜能，从而让他不断改进创新，走在行业的前端。乔布斯在电子产品领域有着诸多的新成果，他视自身为最狂热的使用者，更是最为渴望有新突破的电子产品消费者，这促使他不断创新，为自己的兴趣设计研发新产品新技术。乔布斯凭着对电子行业绝对的激情和狂热，改变了更影响了全世界的手机市场、个人电脑市场乃至整个电子行业。乔布斯让这个被咬了一口的苹果成为时髦的代名词，引领了一场触屏手机和个人电脑的革命。大学生创业也要选择自己最为感兴趣的行业，才有可能迸发出创新创业的激情与无限潜能，早日迈入成功的大门。

技能训练

一、20个我

采用“我是……的人”的句式，用20个形容词对自我进行描述，并运用360°评估法对自我进行认知，二者进行对比，你发现了什么？

二、兴趣探索练习

请具体、详细地回答下列问题。回答时特别注意问题的第二部分，即“为什么”感兴趣的部分。如有可能，请与一位同伴相互讲述自己对问题的思考和回答。同伴可以提问、帮助讲述的人发掘细节和原因。这个练习的目的是帮助你回忆并树立日常生活中有关个人兴趣的一些代表性事件、增进自我觉察，因此仔细思考和讲述的过程非常重要。

（1）我的白日梦：请列举出三种你非常感兴趣的职业（摒除所有现实的考虑）。这些工作中的哪些特征吸引着你？

____

____

（2）请回忆三个从事某件事情时令你感到快乐（满足）的经历。请详细地描述这三个画面，是什么令你感到如此快乐（满足）？

______

______

(3) 从小到大你担任过哪些职务？你喜欢的是哪些职务？不喜欢的是哪些？请具体说明为什么？

______

______

(4) 你最崇拜（敬佩）的人是谁？他对你产生了什么影响？你最像他/她的是什么地方？最不像他/她的是什么地方？

______

______

(5) 你最喜欢看哪些杂志？这些杂志中的哪些部分吸引着你？或者，如果你到书店看书，你通常会停留在哪类书架前（不是仅仅因为学习需要的情况下）？

______

______

(6) 除了单纯的娱乐放松以外，你最喜欢看哪几类电视节目？节目中什么吸引着你？

______

______

(7) 你喜欢浏览哪类网站？你喜欢看网站的哪部分内容？它们属于哪个专业？

______

______

(8) 休闲的时候，如果只是出于兴趣的考虑，你最想做什么或学什么？这里面又是什么吸引着你？

______

______

(9) 你最喜欢的科目是什么？为什么喜欢它（们）？

______

______

(10) 我们生活中都有过某些时刻，因为全神贯注于做某件事情而忘了时间。什么样的事会让你如此专注？

______

______

(11) 你的答案里面有什么共同点吗？是否可以归纳为主题或者关键词？你如何能够让这样的主题在你今后的生活中得到更充分的彰显？

______

______

说明：对最后一个问题的回答将有助于你总结和归纳前面所有的问题，并将你在日常生活中的一些表现与本单元所讲的职业兴趣挂起钩来。所归纳出的主题或关键词是你今后在作职业决策时需要尽可能纳入的一些关键因素。①

三、职业性格大汇总

在下表中呈现了一些性格特征描述，请写下你认为符合这些描述的职业，并评估自己与这些性格描述的吻合程度（1~5 计分，分数越高越符合）。

性格特征描述	适合职业	吻合程度
在新的和意外的活动或工作情境中感到愉快，喜欢有变化和多样化的工作，善于转移注意力		
愿意配合别人或按别人指示办事，不愿意自己独立作出决策		
适合连续从事同样的工作，按固定的计划或进度办事，喜欢重复的、有规律的、有标准的工种		
喜欢计划自己的活动和指导别人，在独立负责的工作情境中感到愉快		
在与人协同工作时感到愉快，善于引导别人，并希望得到同事们的喜欢		
在紧张和危险的情况下能自我控制，沉着应付，发生意外和差错时能不慌不忙出色地完成任务		
喜欢表现自己的爱好和个性，根据自己的感情做出选择，能通过自己的工作来表现自己的思想		
注重工作过程中各个环节、细节的精确性，愿意按一套规划和步骤将工作尽可能做得完美，倾向于严格、努力地工作，以看到自己出色完成工作的效果		
通过谈话或写作等使别人同意自己的观点，对别人的反应有较强的判断力，并善于影响别人的态度和观点		

如果你觉得上面所列的性格特征描述还不全面，你可以继续罗列一些。②

四、成就故事清单

请写下生活中有成就感的具体事件，然后对这些事件进行分析，看看其中都使用了哪些技能。请写出明确的时间地点，做了什么事情，取得了什么成就，遇到了什么困难，怎么克服的，回忆并尽可能写出细节。

列举的这些“成就事件”并非一定是工作上或学习上的，也可以是在家庭生活中

① 钟谷兰、杨丹：《大学生职业生涯发展与规划》，华东师范大学出版社 2008 年版，第 32 页。
② 顾雪英等：《当代大学生职业生涯规划》，高等教育出版社 2011 年版，第 95 页。

所发生的，如一次美好而难忘的自助旅游等。这些事可大可小，只要符合以下两条标准，就可以被视为“成就”：喜欢做这件事时体验到的感受；完成后觉得非常有成就，很自豪。如果同时还获得了他人的认可和表扬那就更好，不过这并不是最重要的。

在列举“成就”故事清单时，每一个故事都应当包含以下内容。

- 面临的障碍、限制或困难。
- 希望达到的目标，即需要完成的事情。
- 具体行动步骤，即是如何一步步克服障碍、达到目标的。
- 对结果的描述，即取得了什么成就。最好能够用某种方法衡量或以数据说明。

写出至少5个故事。两三个同学组成一组，逐一分析。找出每位同学在故事中重复出现的技能，就是喜爱和擅长的技能。将这些技能按优先次序加以排列，我们就可以看出每位同学的主要能力了。①

五、价值澄清

1. 活动目的

（1）激发学生思考自己的价值观念，学会抓住机会，不轻易放弃。

（2）帮助学生体验澄清自己的人生态度。

2. 活动时间

大约25分钟。

3. 活动道具

足够多的道具钱、不同颜色的硬纸板，拍卖槌。

4. 活动场地

室内。

5. 活动程序

（1）事前准备。将拍卖的东西写在硬纸板上（最好是不同的颜色），以增强拍卖的趣味性及方便拍卖进行。

（2）宣布游戏规则。每个学生手中有5000元（道具钱），它代表了一个人一生的时间和精力。每个人可以根据自己对人生的理解随意竞买下表中的东西。每样东西都有底价，每次出价都以500元为单位，价高者得到东西，有出价5000元的，立即成交。

爱情500、金钱1000、友情500、欢乐500、健康1000、长命百岁500、美貌500、豪宅名车500、礼貌1000、每天都能吃美食500、名望500、良心1000、自由500、孝心1000、爱心500、诚信1000、权力1000、智慧1000、拥有自己的图书馆1000、名牌大学录取通知书500、聪明1000、冒险精神1000。

由主持人或学生主持拍卖。

按游戏方式进行，直到所有的东西都拍卖完为止，然后请学生认真思考自己拍回来的东西。

---

① 彭贤、马恩：《大学生职业生涯规划活动教程》，清华大学出版社、北京交通大学出版社2010年版，第76页。

（3）讨论交流：

你是否后悔你买到的东西？为什么？

在拍卖的过程中，你的心情如何？

有没有同学什么都没有买？为什么不买？

你是否后悔自己刚才争取的东西太少？

争取过来的东西是不是你最想要的？

钱是否一定会带来快乐？

有没有一种东西比金钱更重要，或比金钱带来更大的满足感呢？

你是否甘愿为了金钱、名望而放弃一切呢？有没有比上面所说的这些更值得追寻的东西呢？

6. 注意事项

（1）在拍卖过程中，要注意纪律不能太乱，否则活动就成为乱哄哄的滑稽表演。

（2）有的同学可能会重复使用自己手中的代币券，主持人应该注意提醒这些学生购买所付出的钱不能超过5000元。

模块三

职 业 认 知

——职业探索　生涯准备

【学习目标】

通过本模块的学习与训练，要求同学们了解职业的相关知识如职业的分类、职业的发展趋势和职业资格证书制度，对职业有一个全面的认识，从而增强职业探索与环境分析意识；学习并掌握认知职业世界和分析职业环境的方法；重点掌握职业认知的方法与途径，提高职业认知能力，树立职业意识，为以后进行职业生涯规划打好基础。

【技能知识点】

1. 职业的内涵、职业分类的意义和方法
2. 职业的产生及发展的规律和趋势
3. 我国职业资格证书制度
4. 职业认知的内容、方法与途径
5. 艺术专业相关职业岗位及资格证书

项目一　职业概述

案例导入

五种家畜的职业选择①

上帝创造了很多动物，他要求这些动物到世上寻找自己理想的职业。牛觉得自己力量很大，肯吃苦，就找到农人，要求去拉车。可是牛拉上车后，农人觉得牛拉车拉得太慢，很不满意。正巧马也来到农人家，马说想试一试拉车，农人同意了。结果，马拉车迅疾如风，又快又稳，农人很高兴，于是就把拉车这个职业交给了马。牛很憨厚，它看到自己的职业被马抢去了，并不记恨马，于是它问主人还有什么别的职业，再苦再累自己绝不会有半点挑剔。农人说，耕田这活儿很不容易，没有动物肯干，问牛愿意不愿意干。牛身大体笨，在田里耕作，游刃有余。于是它每天总是全力以赴地把田耕好，农人感到很称心。

狗来到农人家，说要找活儿干。主人说，家里老鼠太多，简直成灾了，看你样子长得很凶，你就负责捉老鼠吧。可是老鼠身体小而且灵敏，狗看上去很凶却拿老鼠没办法，常常急得满头大汗也捉不到一只老鼠。狗心灰意冷了，心里想，自己真是什么事情也干不了。于是它要求晚上在农人家住一宿，等到第二天，就去别的地方找职业。晚上，有人来串门，他们在外面发现了狗，害怕得不敢进来，于是高声喊主人，主人出去将客人领到了屋内。主人想，既然别人都害怕狗，那么就让狗来看家好了，就问狗愿不愿意从事看家护院的职业，狗表示愿意。于是狗便放弃了晚上睡觉的时间，总是竖起警觉的耳朵，防范着不速之客。

这天，猫听说狗改行不捉老鼠了，干起了看家护院的职业。于是它抓住机会来到农人家，要求从事捉鼠的职业。农人一看猫长得瘦小，比老鼠大不了多少，说连狗都不能胜任捉老鼠的职业，你恐怕更不行吧？猫说捉老鼠是自己的看家本领。此时，猫听到了农人家里老鼠的嬉闹声，于是它飞身入室，很快就捉到一只大老鼠放到农人面前。农人一看猫身手不凡，于是就同意它去捉老鼠。

上帝在造动物的时候，突发奇想，决定造一个最聪明的动物，看将来会有什么结果，于是他精心造就了十分聪明的猪。聪明的猪觉得自己这么超凡脱俗，应该找一个世界上最好的职业。于是它来到农人家。猪说，我是上帝造就的最聪明的动物，你应当给我安排最好的职业。农人问，什么是最好的职业呢？猪说，这个职业是风吹不到，雨淋不着，时时能晒太阳，经常可以洗澡，工作十分悠闲舒服，啥也不用操心，每天还能吃得饱饱的，吃饱了还要睡懒觉。

① 任芳：《大学生职业发展与就业指导教程》，北京出版社2010年版，第2页。

农人一听，气得快要发疯了，想让猪另谋高就，又一想，猪看上去圆圆的、胖胖的，那肉一定很好吃。于是，同意让猪从事它所说的理想职业。农人给猪建起了猪圈，一日三餐全是好吃的。猪感到幸福极了，心想，还是聪明的动物吃香啊！

快过年了，猪长得又肥又壮，农人决定把它捉住宰杀，猪却蒙在鼓里，做着幸福生活的美梦。

案例评点：这个案例中五种家畜的选择过程及最后的职业选择告诉我们，不同的个体之间有着很大差异，人与人之间在兴趣、气质、能力、性格及价值观等方面的差异使人们选择职业时有所偏好，职业能力上分出高低。不同的职业对于从业者的能力、知识等要求也不一样，现代社会的职业种类众多，所以个人选择职业时，要考虑到人与职业的匹配，理想的职业选择就是选择和自己的自身条件相匹配的职业。

通过对案例的学习，同学们应当认识到，职业之间是有着巨大差异的，不同的职业其工作任务和行为模式也是有着巨大不同的，因而不同的职业满足不同的从业者需求。如果想要拥有成功的职业人生，就要考虑职业的内容、环境、要求及回报等方面与自身能力、兴趣等各方面情况是否相吻合。要做到这一点，即：正确把握自己的职业方向，就必须建立在对职业世界的了解基础之上。所以本模块的学习内容主要是带领同学们了解职业世界，了解职业的内涵与发展、种类及职业认知方法等。对职业知识、种类和有关信息了解得越全面，那么将来在对自己做职业定向时的范围就越广，也就越能选择到适合自己的、最为理想的职业，也就越可能拥有成功的职业生涯。

【相关知识】

职业不仅是人们谋生的手段与载体，而且也是人们实现人生抱负、获得人生成功的舞台。

一、职业内涵

1. 职业的定义

职业的概念由来已久，是人们在社会中所从事的作为主要生活来源的活动，通常也称为工作。但由于研究目的不同，学者们从不同角度、不同侧面对职业的内涵进行了不同的界定。从社会角度来讲，每一种职业都是一种社会分工，或者说，职业是社会劳动分工的必然结果；从个人角度来讲，职业是劳动者为社会承担一定的义务和责任，为社会作出贡献，同时获得相应的经济收入的工作机会和岗位；从人与人之间社会关系来讲，职业是劳动者扮演的各种不同社会角色，如舞蹈演员、教师、公务员等。

总之，职业一般是指人们在社会生活中所从事的以获得物质报酬作为自己主要生活来源并能满足自己精神需求的，在社会分工中相对稳定的、有收入的、具有专门技能的工作；它是对人们的经济状况、文化水平、生活方式、行为模式、思想情操的综合反映；它是一个人的权利和义务，也是一个人社会地位的一般性表征。

2. 职业的要素

根据职业的定义，职业由以下几个要素构成：

（1）职业名称：指职业的符号特征，一般用社会通用的称谓来命名，如医生、教师等。

（2）职业主体：指从事一定社会分工的劳动者，需具备承担该职业活动所需要的资格和能力。如医生需要取得执业医师资格证书，音响工作人员需要取得音响调音师职业资格证书方能从事相关工作。

（3）职业客体：指职业活动的工作对象、内容、劳动方式和场所等。

（4）职业报酬：指通过各种活动所取得的各种报酬，如工资、福利、保险等。

（5）职业技术：指劳动者在从事职业活动中所运用的自然技术、社会技术和思维技术的总和。它体现在人们从事职业活动时使用的工具、材料、工艺方法的运用，也包括尚未形成系统的经验。

职业要素体现了职业是社会与个人、整体与个体的联系纽带，社会整体依靠个体通过职业活动来推动和实现发展目标，个体则通过职业活动对整体作出贡献，并索取一定的回报以维持生活。整个社会因众多的职业分工和劳动者的工作而构成人类共同生活的基本结构。

3. 职业的特征

职业的特征反映了劳动者在长期的社会实践中所形成的与其他形式的社会活动相区别的本质属性。

（1）社会性：每一种职业都充分体现了社会分工，劳动者所从事的每项职业均为他人所需，并且与其他社会成员相互关联。社会成员在一定的社会职业岗位上为社会作出贡献，社会也以全体成员的劳动成果作为积累而获得持续的发展和进步。

（2）经济性：从个人层面上讲，劳动者通过职业活动获得一定的经济收入或报酬。可以说职业是个人获得经济收入的来源，是个人维持家庭生活的手段。从社会层面上讲，职业的分工是社会经济运行的主体，职业劳动所创造的社会财富，成为社会存在和发展的基础。

（3）技术性：职业的技术特征体现了职业的专业色彩。一个人无论从事何种职业都必须具备该职业所需要的专业知识和技术。如：大学生求职时岗位对学历、职业资格证书等的要求。

（4）规范性：职业的规范有以下两个方面的含义：一是劳动者从事的职业活动必须符合国家法律规定和社会伦理道德准则；二是劳动者本身应遵守的法律、法规，如某些职业的从业者应持证上岗，某些从业者在工作中必须遵守特定的法律、法规。

（5）稳定性：任何一种职业都要经历一个从酝酿到形成，从发展到完善再到消亡的变化过程。一般来说，构成职业生存的社会条件变化是比较缓慢的，职业的生命周期便相对具有稳定性。

（6）群体性：处于同一企业或同一部门的从业者，总会形成语言、习惯、利益、目的等方面的共同特征。实际上这点类似于形成群体文化，团队精神，从而不断产生群体认同感。

4. 职业的功能

（1）职业对个人的功能。职业是人们在社会中所从事的有稳定、合法收入的活动，它反映了一个人的社会身份以及在社会中所扮演的劳动角色。既是人们为社会作贡献、实现人生价值的舞台，也是人们谋生的手段。对于每个劳动者而言，职业对自身的发展有十分重要的作用。

①职业为人们提供物质生活的基本条件，是谋生的手段。人只有满足了衣食住行最基本的生活保障后，才能去从事其他各种各样的社会活动。职业是有报酬的劳动，是人谋生的手段。职业劳动因为岗位的不同、劳动复杂程度的不同、劳动技术含量的不同，所获得的报酬也不同，不同的劳动报酬成为劳动者及其家庭生活的主要经济来源，由此实现生存和发展的需要，获得个人及家庭最基本的安全感。同时，人们在谋生的过程中，通过职业活动为社会创造财富，为人类的繁衍提供保障。

②职业能满足人们的精神需要，促进个性的健康发展。人们从事各种适合自己条件的职业，并通过工作使自己内心感受到一种生命存在的价值意义，获得个人心理上的满足感。职业是个人获得名誉地位和权力、友谊、交往等精神需要的重要来源。人们按照一定的社会规范从事一定职业时，由于每种职业都有各自的活动内容和方式，必然对从业者的生理和心理产生重要影响。当职业能使人获得高度满足感时，人的劳动欲望就增大，精力旺盛，个性得到不断发展与完善健康发展；反之，当人对自己的职业满足感低下时，就可能发生要调动工作或转换职业的现象。

③职业是实现人生价值的舞台。职业能够使个体的才能得到发挥，满足个人对社会、集体、与单位的归属感，并提供个人为社会作贡献的场所。人生价值的实现离不开职业活动。职业规定了一个人的工作岗位及奋斗目标，个人只有以工作岗位为起点，才能实现个人与社会的融合。一个人只有将丰富的知识、熟练的技能出色地运用于职业活动，为他人服务，为社会创造效益，为社会作贡献，才能实现自己的人生价值，从而满足个人追求社会地位，被社会认可的需要。

④职业决定了人的社会地位。当人们在选择职业时，对职业最关心的除了物质报酬之外，在很大程度上便是关心自己将要从事的职业的社会评价如何。因为职业的社会评价，向人们展示的是职业的社会地位。尤其是在现代社会，人们有了更多选择职业的自由，职业的社会评价直接显示了个人的能力和社会地位。

职业的意义不只是表现在个人方面，职业还具有很重要的社会意义。职业满足了人的需要，保证了社会的稳定，为社会提供了人的物质生活和精神文化生活，从而促进了社会的进步和发展。因而，职业无论对个人还是社会，都具有十分重要的意义。

（2）职业对社会的功能：

①职业是社会存在的内容。职业作为一种社会存在，不仅是人的社会身份的体现，其本身也构成了人类社会存在的内容。职业分工及其结构，是社会经济制度及经济结构的重要组成部分，是社会经济发展水平的反映。人的职业劳动所生产出的社会财富，为社会的存在和发展提供了物质基础。

②职业是社会发展的动力。职业的社会运动，包括个人改善职业的向上流动、与社会经济结构相联系的职业结构变动，不同职业阶层间的矛盾冲突及解决等，它构成了社会发展与社会进步的动力。此外，人们为了追求好的职业而进行的人力投资，也成为推动社会发展的巨大动力。

③职业是人的重要生活方式。“安居乐业”是人们的共同愿望，政府为公众创造职业岗位，执行充分就业的政策，从其功能角度看，就是为了减少社会问题，达到社会和谐的目的。

二、职业的产生与发展

职业的产生和发展是人类文明的标志之一，是人类进步与发展的客观反映，社会分工的出现是职业产生的基础。

在原始氏族公社初期，生产力水平低下，劳动只是简单地建立在性别、年龄基础上的自然分工，成年男子外出打猎、捕鱼、制造劳动的工具；妇女做饭、管理家务，采集果实。这些劳动还不能称为职业，因为还没有出现固定从事某项专门工作的人群。随着生产力的发展，人类征服自然的能力不断提高，学会了训练动物和栽培农作物，出现了原始农业。随着长期狩猎实践，一部分人脱离了其他劳动，开始专门从事畜牧工作，畜牧业从农业中分离，实现了人类历史上第一次具有重大意义的社会分工。职业“初胚”由此产生。以后随着手工业和农业的分离，商人和商人阶级的产生，商业从农业中分离出来，完成了第二次、第三次社会分工，也就逐步出现了“单纯体力劳动的群众同管理劳动、经营商业和掌管国家以及后来从事艺术和科学的少数特权分子之间的大分工”，从而开始了脑力劳动和体力劳动的分工，职业得到初步发展。封建社会使职业得到了初步发展，随着社会农业经济和社会的发展，各种手工制造业、商业和自然科学、文学领域都有发展。职业类别中又出现了诗人、艺术家、文学家、科学家、医生、教师等。

职业是社会分工的结果，社会分工的发展决定和制约着职业的发展。随着科学技术的进步，生产工具的改进和生产的社会化，社会分工越来越复杂，越来越细致，专业化程度越来越高，职业门类也越来越多。18 世纪中期，全世界完成了三次产业革命和科技革命，人类进入现代工业社会，实现了机械化、电气化和自动化。随着科学技术的突飞猛进，生产力的不断提高，新技术、新工艺、新产品的不断出现，部分职业发生新旧更替，从而产生新的职业种类。例如：汽车的生产使社会有了汽车制造业、运输业和汽车修理业，同时出现了司机、汽车修理工、汽车工程师等多种职业，而马车、人力车逐渐被淘汰。

21 世纪人类科技全面进入信息化时代。信息化的发展给世界各国经济发展尤其是职业发展带来了诸多机遇，生产过程高度社会化，社会分工更加细化，形成了庞大的社会职业体系。目前，据有关资料介绍，世界上已有的职业种类已经超过万种，而且随着科技的进步还在不断增加。如计算机的出现使社会上产生了计算机生产企业和销售厂家，同时计算机维修人员、计算机软件设计师、文字录入员等多种职业应运而生。计算机产业的迅猛发展与各艺术学科相结合，也产生了如计算机音乐制作、动画绘制员、电声乐演奏员、音响调音员等新型艺术职业，而以前传统的舞台美术职业由单一的舞台绘景技术演变成了融合各种高科技手段的声、光、电组合的具有综合技能的舞台美术设计师。

综上所述，职业是在原始社会后期，在社会分工不断形成和发展变化的基础上产生的，并随着社会的进步、科技的发展而不断发展与变化。

三、职业分类

1. 什么是职业分类

世界各国由于经济发展水平不同，所产生的职业种类也各不相同。所谓职业分类，是采用一定的标准和方法，依据一定的分类原则，对从业人员所从事的各种专业化的社会职业所进行的全面、系统的划分与归类。职业分类包括职业划分与归类。职业分类的基本原则是以从业人员所从事的工作性质的同一性为依据，一方面是根据职业活动工作特征的相异程度进行职业的划分；另一方面是根据职业活动工作特征的相同程度进行职业的归类。

职业分类的基本方法是工作分析法，将任何一种职业活动，依据其工作的基本属性进行分析，按照工作特征的相异与相同程度进行职业的划分与归类。

职业分类的意义重大。作为国家经济发展的一项重要基础性的工作，涉及社会生活的各个领域，特别是对劳动力的管理具有直接的影响，具有很强的科学性。职业分类可以为开展劳动力需求预测和规划；进行就业人口结构和发展趋势调查统计与分析；为职业教育培训开展就业指导提供基础性依据。对于大学生增强职业意识，提高职业素质，也具有十分重要的意义。

2. 国际职业分类概况

美国是较早建立职业分类系统的国家之一，早在 1850 年，美国就模仿标准行业分类系统（Standard Industrial Classification，SIC），建立了包括 322 个职业的分类系统，随着科技进步发展，曾进行过多次修订。加拿大、英国、法国等也都相继根据自己国家职业的实际情况进行此项工作。由于各国职业分类标准不一，缺乏可比性，随着国与国之间人力资源流动频繁，各司其政的职业分类与标准越来越无法适应国际社会需求。因此，国际标准职业分类应运而生。

国际标准职业分类（International Standard Classifycation of Occupations，ISCO）是国际劳工组织（ILO）为给各国提供统一准则而制定的职业分类标准。早在 1923 年的第一届国际劳工统计学家会议上，人们就讨论了制定职业分类国际标准的需要。至1949年，这一项目正式启动。1958年《国际标准职业分类》初版发行，之后又经1968年、1988年、2008年三次修订，形成目前的最新版本《国际标准职业分类（2008）》（简称ISCO-08）。ISCO将职业区分为大类（Major-group）、小类（Minor-group）和细类（Unit-group），自ISCO-88起，又在大类和小类之间增加了中类（Sub-majorgroup），使分类更加细致完整。目前，各国家进行职业分类修订时，除进行职业内涵修订、增加新职业、删减消亡职业外，在分类与职业标准制定时均考虑到了与国际职业分类标准接轨。如2010年2月，新加坡职业分类最新版本SSOC2010出版，采用了国际标准职业分类2008（ISCO-08）的基本框架和原则。

3. 我国现行职业分类

（1）基本情况。1982年我国立足国情，借鉴经济发达国家的职业分类法，制定了职业分类标准和政策，主要有以下两种分类法：一种是国家统计局、国家标准局与国家人口普查办公室于1982年3月公布，供第三次人口普查使用的《职业分类标准》。此后的1986年和1992年国家统计局和国家标准局先后颁布了《中华人民共和国国家标准、职业分类和代码》与《中华人民共和国工种分类目录》。但限于当时的社会条件，上述分类并没有完全准确反映社会职业结构状况。社会主义市场经济体制的建立促使我国的社会经济和科学技术发展迅猛，经济领域发生了重大变革，对人力资源的管理提出了新的要求。根据劳动法第69条，“国家确定职业分类，对规定的职业制定职业技能标准，实行职业资格证书制度”的规定，1995年原国家劳动部、国家统计局、国家技术监督局联合成立了“国家职业分类大典和职业资格工作委员会”，组织了50多个相关部委机关从事职业分类的人事干部与专家学者近千人，经过调查研究，于1999年颁布了新中国第一部国家职业分类大典——《中华人民共和国职业分类大典》，以此作为劳动力管理的社会化、科学化和规范化的依据。

（2）《中华人民共和国职业分类大典》。《中华人民共和国职业分类大典》（简称《大典》）参照国际职业分类标准，从我国实际出发，按照工作性质同一性原则，对我国社会职业进行了科学划分和归类，全面客观地反映了现阶段我国社会的职业结构状况。《大典》是我国第一部对职业进行科学分类的权威性文献，将我国社会现有的职业分类的总体结构分为四个层次：大类、中类、小类和细类，依次体现由粗到细的职业类别。细类是我国职业分类结构中最基本的类别，即职业。根据我国国民经济现状，我国职业划分为8个大类、66个中类、413个小类、1838个细类。除掉起延续功能的“其他”职业，实际总职业量为1469个（见表2-1）。

表2-1　**中华人民共和国职业分类**

类别	名称	中类	小类	细类
第1大类	国家机关、党群组织、企事业单位负责人	5	16	25
第2大类	专业技术人员	14	115	379

续表

类别	名称	中类	小类	细类
第 3 大类	办事员和有关人员	4	12	45
第 4 大类	商业与服务人员	8	43	147
第 5 大类	农、林、牧、渔、水利业生产人员	6	30	121
第 6 大类	生产、运输设备操作人员及有关人员	27	195	1119
第 7 大类	军人	1	1	1
第 8 大类	不便分类的其他从业人员	1	1	1

从表中可以看出，除第 7 类和第 8 类外，职业数量最多的是第 6 类生产、运输设备操作人员及有关人员，占实际职业总量的 74. 8%，职业数量最少的是第 1 类人员，共计 25 个职业，占实际职业总量的 16. 7%。

职业从产生开始，一直处在不停地变化中。自 1999 年颁布《大典》之后，随着经济社会发展、科学技术进步和产业结构调整，我国社会职业构成和内涵发生了较大变化。为满足社会对新增职业的需求，并能及时对新职业进行确认及规范管理，自 2004 年原国家劳动和社会保障部建立了新职业发布制度，以增补本形式进行发布，截至 2009 年 12 月共计发布了 12 批 122 个新职业信息。但是由于随着科技进步与产业调整，一些传统职业的内涵发生了深刻变化；部分职业出现了整合调整，甚至消亡；而且就目前职业发展现状应用而言，原有《大典》层次结构不够合理，部分职业归类不当；覆盖面不全，内涵过时。为了进一步完善、优化现有职业分类体系，拓展延伸《大典》的使用功能，2010 年 8 月，人社部启动了《大典》修订工作；修订工作已于 2012 年 6 月完成，目前处于审定总结阶段。

（3）职业的行业分类。行业是指从事相同性质的经济活动的所有单位的集合；行业是采用经济活动的同质性原则划分的，即每一个行业类别都按照统一经济活动的性质划分。

原国家发展计划委员会、原国家经济委员会、国家统计局和国家标准局批准，于 1984 年发布，1985 年实施的《国家经济行业分类和代码》，并于 1994 年进行修订，2002 年颁布了新的《国民经济行业分类》国家标准，这项标准主要按企业、事业单位、机关团体和个体从业人员所从事的生产或其他社会经济活动性质的同一性分类，即按其所属行业分类，将国民经济划分为门类、大类、中类和小类四级，共有 20 个行业门类，95 个大类，396 个中类，913 个小类（见表 2-2）。

表 2-2　**我国行业门类**

序列	门类	序列	门类
1	农、林、牧、渔业	3	制造业
2	采矿业	4	电力、燃气及水的生产供应

续表

序列	门类	序列	门类
5	建筑业	13	科学研究、技术服务和地质勘察业
6	交通运输、仓储和邮政业	14	水利环境和公共设施管理业
7	信息传输、计算机服务和软件业	15	环境管理业
8	批发和零售业	16	居民服务和其他服务业
9	住宿和餐饮业	17	教育业
10	金融业	18	卫生、社会保障和社会福利业
11	房地产业	19	文化、体育和娱乐业
12	租赁和商务服务业	20	公共管理和社会组织

(4) 产业及职业类别。产业是国民经济活动最基本的类型。根据国家统计局1985年的划分标准，我国产业分为三大产业，即第一产业、第二产业、第三产业(见表2-3)

表2-3 **行业职业类别**

<table>
<tr><th>类别</th><th colspan="2">名称</th><th>行业简介</th><th>职业</th></tr>
<tr><td rowspan="5">第一产业</td><td colspan="2">农业</td><td rowspan="5">从广义上说，农业包括采集、种植、狩猎、捕鱼、畜牧在内</td><td rowspan="5">农、林、牧、渔业劳动者，管理人员，专业技术人员，技术工人等</td></tr>
<tr><td colspan="2">林业</td></tr>
<tr><td colspan="2">牧业</td></tr>
<tr><td colspan="2">渔业</td></tr>
<tr><td colspan="2">水利业</td></tr>
<tr><td rowspan="3">第二产业</td><td rowspan="2">工业</td><td>重工业</td><td>生产生产资料的工业：机械、冶金、电力、石油、煤炭、燃料、化工</td><td rowspan="3">(1) 经营管理人员。(2) 生产工人：工业部门的不同，每一行业的工人从事着不同工种的工作。(3) 工程技术人员：各个行业各专业领域的高级工程师、工程师、助理工程师、技术员等，负责产品的开发和研制、企业的技术革新，处理和解决生产中出现的技术问题。(4) 其他辅助人员：为生产和职业生活提供服务的人员</td></tr>
<tr><td>轻工业</td><td>生产消费资料的工业：纺织、造纸、食品、皮革等</td></tr>
<tr><td colspan="2">建筑业</td><td>房屋和土木工程建筑业（楼房、道桥，架线管道；建筑安装业：内部线路管道安装；装饰室内外装修；其他建筑业：土方，施工设备等</td></tr>
</table>

续表

类别	名称	行业简介	职业
第三产业	流通部门	商业、饮食业、交通运输业、邮政电信通信业、物资供销和仓储业	(1) 商业：主要职业有商业管理人员；购销人员等。(2) 交通运输业：主要职业有公路道路运输服务人员、铁路客货运输服务人员、航空运输服务人员、水上运输服务人员等。各类运输服务人员又分为若干职业。(3) 邮政电信通信业：主要职业有邮政业务人员和电信服务人员。(4) 服务业：包含各种类型的服务性职业，主要有服务员、厨师、导游、生活日用品修理人员等。(5) 金融保险业：主要职业有银行出纳、会计、信贷员、银行外汇管理员、精算师等
	服务部门	金融、保险、房地产业、公用事业、居民服务业、旅游业和咨询服务业等	
	科教文卫体育部门	教育、文化、广播电视事业、科学研究事业、卫生、体育和社会福利事业等	
	机关团体	国家机关、党群组织和社会团体等	

第一产业和第二产业是物质生产部门，第三产业是流通和服务部门。第一产业是基础产业，关系到人生存的基本需要，关系到国家的稳定；第二产业的发展水平是国家工业化与现代化程度的重要标志；第三产业的发展是建立在第一产业、第二产业基础之上的。

高职艺术院校毕业生既可以选择从属于第三产业的文化教育部门，也可以选择三大产业附属文工团、单位的宣传及工会部门。

四、职业的发展趋势

社会发展直接推动着职业的发展，职业的发展也对社会发展产生重要作用，同时对人们的择业观念也产生较大影响。大学生了解社会进步与职业发展变化情况和它的发展趋势及一般规律，对其树立正确的择业观念，切合实际地选择职业有着重要的意义。

1. 职业发展的总体规律

（1）职业分类在数量上由少到多，新职业出现的频率逐渐加快。在职业产生初期，种类少，发展缓慢。随着社会的发展，职业种类增加的速度逐渐加快。

（2）职业分工由简单到精细。职业的产生是社会分工的结果，社会分工有三个层次：一般分工、特殊分工和个别分工。一般分工区分出第一产业、第二产业、第三产业；特殊分工出现了不同行业；个别分工划分出职业岗位。如计算机出现后分化出不同职业岗位：计算机硬件维修人员、计算机软件设计人员、销售人员、网络维护人员、网页设计师等。

（3）职业活动的内容不断弃旧更新。同样的职业，在不同的时代，工作内容会有很大的变化；旧的业务知识、技术方法过时，被新的业务知识、技术方法所取代。如动画绘制员，职业产生初期工作技术基本为手绘，随着科技发展，目前该职业国家标准明确规定使用计算机、扫描仪、专业拍摄软件和视频捕捉卡等，其工作技术内容发生了根本性变化。

（4）职业对人的素质要求越来越高。职业内容不断更新和新型职业的不断产生，现代职业对从业人员素质提出了更高的要求。知识与技能越来越成为人们谋求职业和胜任职业的基本条件。除了专业越来越强以外，并开始向综合化、多元化方向发展。如：舞台灯光师从传统舞台照明的职业能力，到现在要求具备灯光照明艺术设计能力、运用电脑灯或灯群进行复杂编程能力，同时要求能够看懂建筑物图纸及电路图，具备熟练阅读相关设备外文说明书的能力等复合能力。

（5）第三产业的职业数量大量增加。随着科学技术水平的提高，不少职业的寿命相对缩短，职业之间的地位兴衰不断变迁，尤其是第三产业的职业数量增加迅速，就业人口显著增多。人社部发布的《2011 年度人力资源和社会保障事业发展统计公报》显示，2011 年全年城镇新增就业人员 1221 万人。全国就业人员中，第一产业就业人员占 34.8%，第二产业就业人员占 29.5%，第三产业就业人员占 35.7%。第三产业最能吸纳就业，从三大产业就业人员的比例来看，第三产业还有很大的发展空间（见图 2-1）。

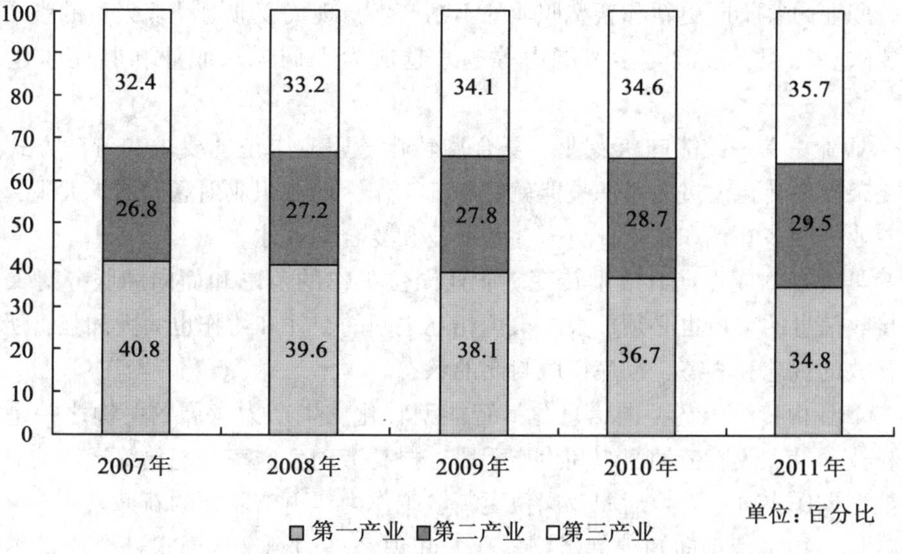

图 2-1 近五年全国就业人员产业构成情况①

从总体上说，职业演变受四个方面因素的影响：第一，生产力发展水平是决定和推动职业演变的根本原因。人们通过不断改进生产工具，开发生产资源，提高生产技术和

① 人民网，http：//politics. people. com. cn/GB/70731/18080302. html，2012 年 6 月 5 日。

生产组织管理水平，从而推动了生产力的发展，也推动了社会分工的变化。社会分工是产生职业的基础，因此，每次新的产业革命，必然伴随着职业的重新组合和大批新职业的产生。

第二，科学技术发明与广泛应用，是现代化社会职业迅速演变的重要原因。科学技术是第一生产力，当一个新的科技发明直接应用于生产或为人民服务时，必然与新材料、新工艺技术、新的经营管理相联系，同时也必然开发出相关的新职业。

第三，社会制度和管理制度的变革，促使一些职业演变。社会制度和管理制度的每一次变化，都会引起职业的变化，有的职业消失，有的职业新生，有的职业由盛转衰，有的职业由衰转盛。

第四，人们物质文化生活水平的提高，会促使直接为其服务的社会职业的产生和发展。如近几年发展迅速的服饰业、保健营养药品行业等。由于未来社会分工不断趋于精细，职业种类将越来越多，职业的知识含量和技术含量将不断增加，对职业劳动者的素质要求也越来越高。这就使得未来职业一方面专业性、技术性、技能性的特点越来越强，另一方面高素质、高能力、复合型的全面综合人才也将大受欢迎。

另外，随着全球经济一体化以及国际贸易的进一步发展，随之而来的国际上技术和劳务的交流也迅速发展。跨国公司的迅猛发展，使资本和劳务等以更大的深度在世界范围内流动，从而带动了对高能力的国际型人才的需求。

2. 职业变化对从业者的要求

随着职业内容不断更新和新型职业的不断产生，现代职业对从业人员的素质提出了更高的要求。知识、技能与学习能力等越来越成为人们谋求职业和胜任职业的基本条件。

（1）职业由单一技能向跨专业、复合型转化。职业岗位的要求和劳动方式逐步由简单向复杂方面转化。过去单一技能就能胜任工作，现在职业内涵发展扩大了，往往需要相关专业的许多知识和技能，更需要跨专业和复合型人才。

（2）职业由封闭型向开放型转变。职业岗位工作的范围和面向的服务对象越来越广泛，接收信息的渠道也必须加大，人们相互之间的交往和协作也大大加强，所以要求人们有开放的观念和心态，彻底摆脱封闭的状态。

（3）职业由传统工艺型向信息化、智能型转化。生产力发展的关键之一是提高职业岗位科技含量，改善劳动组织和生产手段，提高劳动生产率。能熟练运用信息管理方法的智能型操作人员，是今后职业岗位更新、工作内容更新需要的新型人才。

（4）职业由继承型向知识创新型转化。知识经济的到来，要求社会成员不断地树立创新意识，在自己的工作岗位上进行创造性的劳动。今后，只有创新型人才才能更好地胜任岗位职责。

（5）由服务型职业向知识技能化发展。第三产业在劳动数量增加的同时，对从业人员质量的要求也在不断提高，产生了知识型服务性职业，并成为吸纳劳动力的主要渠道。如传统的职业介绍演变为职业指导或猎头服务，实际上从原先的简单提供信息或中介活动发展为利用知识提供信息咨询服务。劳动力市场预测专家认为，未来的新职业会越来越多地出现在服务部门，特别是与健康、通信和计算机相关的行业。

3. 艺术专门人才职业需求趋势及高职艺术毕业生职业分析

随着文化体制改革的不断深入，原有的国有院团逐步改制，文化市场对艺术表演人才需求量逐渐增加。《中共中央关于深化文化体制改革推动社会主义文化大发展大繁荣若干重大问题决定》指出要加强和推动文化产业发展，并制定了一系列保障政策。目前，社会文化市场空前繁荣，多种形式文化场馆、文化演艺公司、青少年培训机构和设计公司如雨后春笋般出现，且形式异彩纷呈：有与旅游景点相结合的大型实景演出；有游乐场所大型主题演出，还有融入各种传统文化元素的主题组合或单元演出等。与此同时，根据国家关于大力发展公益性文化事业，构建公共文化服务体系，加快城乡文化一体化发展的精神，各省、市地区都在加大文化建设，推动文化繁荣发展。除艺术市场繁荣发展外，政府还大力加强基层文化建设，通过社区、乡镇、村文化馆站等文化建设，丰富老百姓的文化生活。

我国经济的发展也将使居民消费结构发生变化，娱乐消费有所提高。大量研究表明，当恩格尔系数到65%时，开始出现娱乐消遣消费，当恩格尔系数在50%以下时，此时消费呈持续增长势头，老百姓用以满足文化娱乐等需要的支出逐步提高，而作为文化娱乐的重要组成部分，文化艺术支出将有所增加。改革开放以来，我国城镇和农村居民家庭恩格尔系数已由1978年的57.5%和67.7%分别下降到2010年的35.7%和41.1%，恩格尔系数的下降势必将拉动文化市场的发展。另一方面人们也开始注重加强下一代的艺术修养，因此艺术培训市场更是一年比一年火爆。

文化市场的多元化发展，导致了对艺术人才的多元化需求。对于高职高专层面艺术院校而言既是机遇，更是挑战。高职院校艺术类生源水平较低，但师资水平较高，且均为以前各省艺术学校升格而成，专业教学底蕴深厚、理论教学稍显不足。面对现有文化市场，面对本科艺术类毕业生竞争激烈的就业市场，应做好市场调研，主动转型，其培养面向应当由原有专业演出的小舞台，转向社会文化生活的大舞台。目前各艺术高职类专业毕业生就业态势较好，艺术高职院校毕业生所属的“文化体育教育和娱乐业”的就业率在整体高职高专毕业生中排名第七。经分析，目前艺术市场整体人才需求趋势大致如图2-2所示：

（1）在推进社会文化市场繁荣的需求背景下，社会对艺术专门人才总的需求状况将呈现稳步增长的态势。

（2）城市对艺术培训师资的需求会日趋平缓，农村、偏远落后地区尚处“缺编”或“待补”状态。

（3）文化市场对复合型艺术人才的需求相对强烈。

（4）艺术专业就业现状出现极不均衡状态。如舞蹈表演类毕业生供不应求，而动画的本科专业则在麦可思调查2012年上半年的调查中列入红牌就业专业之列，属于低就业状态。

（5）随着科技水平的不断提高，艺术类新职业产生也层出不穷，社会需求强烈。

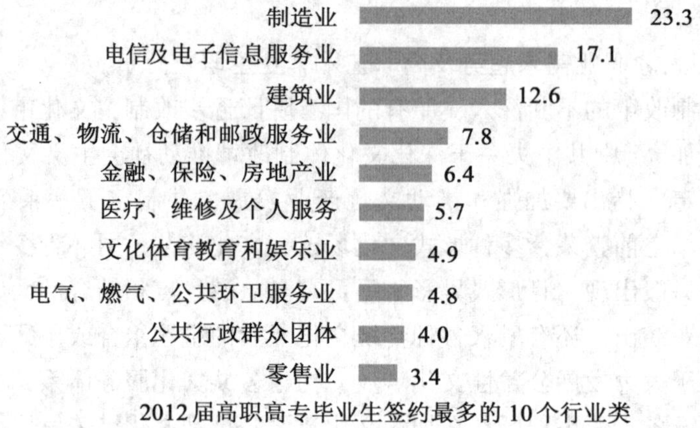

图 2-2　麦可思 2012 届大学生毕业流向月度跟踪调查（2011. 11. 23—2012. 2. 2 数据）①

如计算机乐谱制作师、钢琴调律师、会展策划师等职业需求量较大。

（6）文化创意产业化趋向明显，导致文化创意职业需求量增大，如工艺设计咨询、形象设计、影视创意等。

五、职业与职业资格

1. 职业资格

（1）职业资格。职业资格是对将要从事某一职业的劳动者所必备的学识、技能和能力的基本要求，反映了劳动者为适应职业岗位的需要而运用特定知识和技能的能力。

在通常情况下，职业资格包括从业资格和执业资格。从业资格是指从事某一专业（工种）学识、技术和能力的起点标准，也就是基本的标准。执业资格是指国家对某些责任较大，社会通用性强，关系到国家、社会公共利益的专业（工种），实行准入控制，是依法独立开业或从事某一特定专业（工种）学识、技术和能力的必备标准。如：医生、会计、电工等事关生命、财产安全的职业。职业资格分别由人力资源和社会保障部通过学历认定、资格考试、专家评定、职业技能鉴定等方式进行评价，对合格者授予国家资格证书。

（2）职业资格证书。职业资格证书是通过政府认定的考核鉴定机构，按照国家规定的职业技能标准或任职资格条件，对劳动者的技能水平或职业资格进行客观公正、科学规范的评价和鉴定的结果，是劳动者具备某种职业所需要的专门知识和技能的证明。

职业资格证书与某一职业能力的具体要求密切结合，反映特定职业的实际工作标准

---

① 腾讯空间，http：//user. qzone. qq. com/622007726/main？mode=gfp_ timeline，2012 年 2 月 10 日。

和规范以及劳动者从事这种职业所达到的实际能力水平。1998 年，我国正式确定了国家职业资格证书制度的等级为 5 个级别：国家职业资格五级（初级）、国家职业资格四级（中级）、国家职业资格三级（高级）、国家职业资格二级（技师级）、国家职业资格一级（高级技师级）。我国技术性职业的职业资格证书，分为“初级技能”、“中级技能”、“高级技能”，以及“技师”、“高级技师”5 种。

职业资格证书是国家对申请人（即劳动者）专业（工种）、学识、技术、能力的认可，是劳动者求职、任职、开业和用人单位录用劳动者的主要依据，也是境外就业、对外劳务合作人员办理技能水平公证的有效证件。

（3）职业资格证书与学历证书的区别。职业资格是对从事某一种职业所必备的学问、技术和能力的基本要求，反映了劳动者为适应职业劳动需要而运用特定的知识、技术和技能的能力。职业资格与职业劳动的具体要求密切结合，更直接、更准确地反映了特定职业的实际工作标准和操作规范，以及劳动者从事该职业所达到的实际工作能力水平。职业资格证书制度以职业分类，拥有职业资格标准，其考核考评是标准参照考试，即以国家有关部门颁布的职业标准来命题。职业资格证书是持有者具备某种职业所需要的专门知识和技能的证明，由人力资源和社会保障部统一印制，并按照国务院规定办理和核发。

学历证书是一个人接受教育的年限，所具有的文化程度或者学业程度的证明。学历文凭主要反映学生学习的经历，是文化理论知识水平的证明。学历教育以学科划分，拥有学科教育标准，其考核水平是以课程大纲要求为标准进行命题考试，不具有国家标准意义的针对性和统一性。

学历证书和职业资格证书密不可分，不同的职业对学历有不同的要求，获得职业资格的起点学历，至少是初中毕业，要获得大学教师资格必须是大学本科和本科以上学历。国家有关部门也明确规定学历认定是获得执业资格证书的必要条件。

学历不等于能力，随着职业资格证书制度的执行，教育部要求各院校，在完成正常教学计划的同时，进行相关的职业资格证书的考试、考核，鼓励学生获得职业资格证书。职业院校更是鼓励学生取得“双证”，一专多能，使毕业生在就业市场中更具竞争优势，实现学历和能力的统一。

2. 职业技能鉴定

（1）一般职业技能鉴定。按照国家规定的职业标准，通过政府授权的考核机构，对劳动者的专业知识和技能进行客观公正、科学规范评价与认证的活动。职业技能鉴定是国家职业资格证书制度的重要组成部分，职业技能鉴定分为五个级别：初级、中级、高级、技师、高级技师。

要想获得职业资格证书必须要通过职业技能鉴定，申报职业技能鉴定时，首先要申报职业的资格条件，确定自己申报鉴定的等级，如果需要培训，需到经政府有关部门批准的培训机构参加培训。

职业技能鉴定的主要内容包括：职业知识、操作技能和职业道德三个方面。这些内容是依据国家职业技能标准、职业技能鉴定规范（即考试大纲）和相应教材确定的并通过编制试卷来进行鉴定考核。

职业技能鉴定的方式分为知识要求考试和操作技能考核两部分。知识要求考试一般采用笔试，技能要求考核一般采用现场操作等方式进行。如考驾照，经鉴定合格者，由相关部门核发相应的职业资格证书。

人力资源和社会保障部为了保证鉴定质量，对一些从业人数多，技术要求比较高、社会需求量大的职业实行全国统一鉴定，每年的5月和11月被人力资源和社会保障部定为职业资格的统考月，届时人力资源和社会保障部统一领导，组织考试。考生可在当地有关部门办理考试手续，报名时按要求提供有关证件，如学历证明、身份证复印件等。

（2）文化行业特有工种职业技能鉴定。为适应社会主义市场经济发展需要，繁荣和发展社会主义文化事业，提高文化行业从业人员素质，2002年，人社部同意文化部成立文化部职业技能鉴定指导中心，开展文化行业特有工种职业技能鉴定工作。由文化部人事司负责综合管理和指导中心进行文化行业特有工种职业技能鉴定工作；文化部职业技能鉴定指导中心负责具体组织织实施文化行业特有工种职业技能鉴定工作，负责制定文化行业特有工种职业技能鉴定站建站条件和资格审查工作。目前，全国各省已有超过二十家文化行业特有工种职业技能鉴定站，面向本省文化行业开展职业技能鉴定工作。

3. 职业资格证书制度

（1）职业资格证书制度。职业资格证书制度是劳动就业制度的一项重要内容，也是一种特殊形式的考试制度，它是指按照国家制定的职业技能标准和任职资格条件，通过政府认定的考核鉴定机构，对劳动者的技能水平或职业资格进行客观公正的、科学规范的评鉴和鉴定，对合格者授予相应的国家职业资格证书，也是对劳动者取得什么证书、怎么取得证书、取得证书后的作用等一系列问题，所做的规定而形成的制度。职业资格证书制度由从业资格证书制度和执业资格证书制度组成。

职业资格证书制度遵循申请自愿、费用自理、客观公正的原则，凡中华人民共和国公民，以及获准在我国境内就业的其他国籍的人员都可按照国家有关政策规定和程序申请相应的职业资格。

（2）推行职业资格证书制度的意义。首先，它选拔和培养了一批市场经济需要的专业人才，并提高了从业人员的业务素质、职业道德水平和参与市场竞争的能力；其次，它促进了有关行业管理体制的改革，规范了市场经济秩序；最后，它推动了我国人才管理制度与国际接轨。今后我国将在许多领域加快实施职业资格特别是执业资格制度，并逐渐实现与世界各国进行职业资格互认，建立与国际接轨的完整的职业资格制度体系。

（3）就业准入制度。就业准入是指根据劳动法和职业教育法的有关规定，对从事技术复杂、通用性广、涉及国家财产、人民生命安全和消费利益的职业（工种）的劳动者，必须经过培训，并取得职业资格证书后，方可就业上岗的制度。实行就业准入的职业范围由人力资源和社会保障部确定并向社会公布。

国家对实行就业准入的具体规定：职业介绍机构要在显著位置公告实行就业准入的职业范围，各地印制的求职登记表中要有等级职业资格证书的栏目，用人单位招聘广告中也应有相应职业资格要求。职业介绍机构对介绍国家规定实行就业准入的职业，应要求求职者出示职业资格证书并进行查验，凭证推荐就业；用人单位要凭证招聘用工。从事就业准入职业的新生劳动力，就业前必须经过一年到三年的职业培训，并取得职业资格证书。对招收未取得的相应职业资格证书人员的用人单位，劳动监察机构将依法查处，并责令整改；对从事个体工商经营的人员，要取得职业资格证书后，工商部门才给予办理开业手续。

绝大多数职业资格证书证明的是从业资格，并不做准入控制，对从业技术复杂以及涉及生命财产安全和消费者利益的工种则实行就业准入制度，目前人力资源和社会保障部对 90 个工种实行就业准入制度。如高低压电器装配工、汽车修理工、中药调剂师等。

项目二　职业认知

案例导入

人的职业选择往往带有很大的偶然性，自己起初也不知道这辈子该干什么，从事某种职业之后，才感觉出不适应或者不喜欢。比如大家都知道，宋徽宗是个好画家，李后主是个好词人，但最后成为昏君或亡国之君，可以说是个不称职的国君。

晋惠帝司马衷有个儿子叫司马遹，是个聪明懂事的孩子。当太子后，却不爱读书，喜欢做买卖。他在宫里让人同他一起杀猪卖酒，竟锻炼到可以用手估掂肉的斤两，毫厘不差。这么好的营业员人才，偏偏去当了皇上，结果当得一塌糊涂，连小命也丢了。

明朝天启皇帝爱好盖房子，他亲自当木匠，操作斧锯凿削，活儿做得比正经木匠还好。他一天到晚都迷这个，从不厌倦。当他干活起劲时，最烦有别的事儿分心。魏忠贤就抓住了他这个特点，专门等他干木匠活时进来奏事。天启一听，就赶紧打发说："你们去办吧，我知道了。"于是大权旁落，最后断送了大明江山。

案例评点：上面的案例来自于真实的历史故事，案例中的主人公都在从事着他们不擅长的职业，不仅导致了自己职业生涯的失败，还给国家、民族带来了灭顶之灾。当然了，对于帝王而言，世袭制让他们别无选择地走上了帝位，对于不适合这一职务的帝王，自身与国家都面临着风险。

在现实生活中，个体的职业是可以选择的，职业生涯是可以规划的，因此如何避免自己职业生涯选择失败，是我们大学生通过学习应当能做到的。如果不能对即将选择的职业岗位做到正确认知，从而做出错误的职业定向与决策，将会同案例的主人公一样，拥有失败的职业生涯，使我们不得不重新进行职业选择，造成时间与精力的浪费。

【相关知识】

职业认知是大学生进行职业生涯规划、确定职业发展方向的基础，是进行职业定向的关键环节，对职业的认知不仅要停留在感性层面，还应深入了解，加强理性认识。大学生在制订职业生涯规划时，要清晰地认识职业环境。职业认知的内容包括所选职业的发展前景，需求情况、工作内容、对从业人员的素质要求等。

一、职业认知概述

1. 职业认知的概念

职业认知是指通过对客观环境等进行考察，了解职业分类、职业性质、组织情况，从而明确自己对职业的认识，获得这一认识的过程称为职业认知。

职业认知需要大学生对职业进行深入的了解。通常，人们对某个职业的初级认知只看到了其表层的东西，并不了解职业的性质及其工作的具体内容等。如演员，大家只看到了台上的风光，却没有看到台下付出的种种艰辛；航天员，看到他们在太空遨游，却体会不到多年体能、技能训练的严谨与刻苦。

2. 职业认知的意义

职业认知的意义简单来说就是作为求职者，更好地了解和认识相关职业。大学生的职业认知能力越强，越能准确、客观地结合个人实际情况，确定适当的就业期望，找到自己合适的工作，最终顺利就业。有的大学生对自己的专业、将来的就业方向、职业的情况很了解，这就使他们在大学学习过程中懂得轻重缓急，事半功倍地掌握相关技能。他们效率高、在求职时能力突出、目标明确，往往先于其他同学找到自己的职业归宿。如果对自己将来的职业方向比较模糊，了解的只是基本情况，职业与自己专业的相关性、自己的竞争力及将来具体做什么这些问题都没有答案，会导致部分同学在求职路上走弯路，投了无数的简历，却石沉大海。

了解和认识与自己相关的职业具有系统的方法，通过这些方法能够使你深度认识将要从事的职业。

3. 职业认知的原则

了解职业就要努力去研究其性质和内容，包括职业的完整性、特征性、应用性以及辩证性。完整性是对职业的描述应完整表达职业的所有要素，包括职业名称、职业主体性、职业报酬、职业技术。特征性指对职业的描述应具体反映该职业所具有的典型特征，从而体现某一职业区别于其他职业的特点。应用性是对职业的描述应为不同人员的应用服务，作为求职者，使用职业描述的目的就是为了有效地实现就业和规划好职业生涯发展。辩证性指任何职业对从业者都存在利与弊，对职业的描述应全面反映该职业对从业者的利弊。当对上述问题有明确的分析时，你离自己在职场中的成功就又进了一步。

4. 职业认知的内容

（1）职业名称：职业名称是职业的符号特征，它一般由社会通用称谓来命名。

（2）职业定义：职业定义是指对使用工具、从事的工作活动的说明。

（3）受教育程度：接受正规教育的年限。有些职业需要大学本科，有些则需要硕士研究生学位甚至博士研究生学位。

（4）职业资格等级：反映职业胜任程度。职业资格分五个等级，每个职业又有所不同。

（5）职业能力特征：从业者需要具备的能力要素。这是需要大学生重视的一项，它代表了你是否能胜任这个职业。

（6）职业人格特征：从业者需要具备的人格要素，这需要大学生在平时的生活中注意培养。

（7）技术技能：从业者所必备的知识、技能基本要求，需要掌握的基本操作技术。

（8）职业环境：工作场所的条件。这一项是很多求职者比较在意的，是求职者选择职业的重要参考条件之一。

（9）职业报酬：即工资，现在也包括福利、保险、住房公积金等很多项目。针对某一个特定职业来说，求职者如果能够了解这些职业描述内容，就能够有目的地选择职业目标、实现就业、选择培训和发展职业生涯。

认识和了解自己将来要从事的职业对大学生来说非常重要的，是整个职业生涯规划的必要条件。

二、职业环境认知

所谓职业环境认知，就是要认清所选职业在社会大环境中的发展状况、技术含量、社会地位、未来发展趋势等。进行职业环境分析的要求是通过职业环境分析弄清职业环境对职业发展的要求、影响及作用，对各种影响因素加以衡量、评估并做出反应。关注当前的热点职业、发展前景、社会发展趋势对职业影响，总的来说，职业环境认知包括两大方面的内容：社会环境分析和组织环境分析。

1. 社会环境分析

社会环境分析，就是对我们所处的社会政治环境、经济环境、法制环境、科技环境、文化环境等宏观因素的分析。社会环境对我们职业生涯乃至人生发展都有重大影响。通过对社会大环境包括国际、国内与所在区域 3 个层次的分析，来了解和认清国际、国内、区域的政治、经济、科技、文化、法制建设、政策要求及发展方向，以更好地寻求各种发展机会。

（1）社会文化环境因素。社会文化环境包括教育条件和水平、社会文化设施等，在优质的社会文化环境中，个人能受到良好的教育和熏陶，从而为职业发展打下坚实的基础。社会文化是影响人们行为、欲望的基本因素。社会文化反映着个人的基本信念、价值观和规范的变动。我国是一个人力资源大国，社会文化的复杂性决定了个人职业选择与职业发展要考虑组织所在地的文化因素。主要了解内容包括以下几个方面：①社会政策，主要是人事政策和劳动政策。②社会变迁，比如知识经济和信息化社会的发展，会对人的职业生涯发展产生较大的影响。③社会价值观，价值观会随着社会的不断发展和进步而发生不同程度的变化，从而会影响社会对人的认识和对职业的要求。④科学技术的发展，科技的发展会带来理论的更新、观念的转变、思维的变革、技能的补充等，而这些都是职业生涯规划中不可或缺的要素。

（2）人口环境因素。人口环境尤其是个人所在区域的人文因素对职业选择与职业发展有重要的影响。主要包括以下几个方面：

①人口规模社会总人口的多少影响社会人力资源的供给，从而影响职业选择和职业发展的机会。

②年龄结构不同年龄段有不同职业价值观，在收入、价值观念、生活方式和社会活动等方面都存在着差异。

③劳动力质量和专业结构影响职业选择和职业发展的机会。

④我国的城市化进程正在加快，劳动力正在由农业转移到非农业；由于户籍制度的改革，户籍对就业的限制已经放开，对就业市场造成了重大影响。

⑤人口统计数据表明，当前我国人口正在迈向老龄化阶段，这种老龄化趋势将推动医疗保健行业和社会服务领域的就业。

⑥近期就业和职业发展的机会主要还是集中于东部沿海地区，但近几年中央开发中西部地区的战略会对中西部的发展产生了一定的推动作用，就业需求增加。

（3）政治法律因素：

①法律环境因素指中央和地方政府的有关法律法规和有关规定。当今社会具有政治制度和法律制度，这种政治法律环境对职业选择和职业发展有重要影响。

②政治环境因素主要涉及国家的方针、政策，还包括教育制度、政治体制、经济管理体制、人才流动的政策等。

（4）经济环境因素。经济环境也是社会环境因素的一部分，主要包括四个方面：①经济形势，其对职业的影响最为明显又最为复杂。当经济高速发展时，组织处于扩张阶段，对人力资源的需求量增加。②劳动力市场供求状况，我国现在的状况是高级管理人才和高级技术人才不足，具有初级技能和无技能的劳动力供给相对充裕。③收入水平因素。④经济发展水平因素。

2. 组织环境分析

进行全面的组织环境分析是我们“知彼”的核心，因为选择将来就业的组织与自身命运息息相关。组织环境分析包括行业环境分析和组织环境分析：

（1）行业环境分析。行业环境分析包括对目前从事或拟从事的目标行业的环境分析。其内容应包括行业的发展状况、国际、国内重大事件对该行业的影响，目前该行业的优势与问题、行业发展趋势等。

在分析行业环境时，一定要结合社会大环境的发展趋势。由于科学技术的飞速发展，会使某些行业如同夕阳坠落，逐渐萎缩、消亡；更有许多极具发展前途的朝阳行业不断出现、发展。同时还要注意国家政策的影响，要了解国家对某一行业是支持、鼓励和引导，还是限制、控制和制约。要尽量选择有前景、发展空间较大的行业。例如，我国近年来重视低碳环保，推行可持续发展战略，保护生物多样性，在农业生产中控制化学制品的使用，开发“绿色食品”等，使环境保护产业如初生朝阳，充满生机，导致环保设备生产、环保技术咨询等行业迅速发展，提供了大量就业岗位。而这时如果不了解情况，为了一时利益，盲目进入那些污染后果严重的行业谋职，必将会给自己的职业生涯造成严重的不良后果。

（2）组织环境分析。组织环境分析包括：用人单位的声誉；组织实力；在本行业中的地位、现状和发展前景；所面对的市场状况；能够提供哪些工作岗位，是否与自己适合；有无良好的培训与发展机会；组织领导人及管理制度怎样；组织文化是否与自己吻合；福利待遇是否完善等若干方面。具体包括以下 3 个方面：

①实力。组织在社会中的地位和声望；组织目前的规模和活动范畴；组织的发展领域及发展前景如何；战略目标是什么；技术力量和设施情况；在本行业中是否具备很强的竞争力；组织目前的财政状况如何；要仔细观察是真正在“做大”、“做强”，还是空有其名；是否有长久的生命力；组织结构是怎样的，等等。

②组织领导人。组织主要领导人的抱负及能力是组织发展的决定性因素。个人在职场的发展潜力很大一部分来自于领导，很多成功的单位都有一位出色的领导人作为掌舵领航人。因此，要了解组织主要领导人是真心要干一番事业，还是想捞取名利；管理是否先进开明；有无战略眼光和措施；是否尊重员工。

③组织文化和制度。除很好的福利、吸引人的薪酬、舒适的工作环境和出色的管理之外，优秀的组织还会创造积极的组织文化，让员工感到快乐和受尊重，从而使员工更有创造性。员工与组织相互配合是否良好的关键在于组织文化。因此，在求职时选择适合自己的组织文化氛围是至关重要的。组织文化同自己的职业生涯密切相关，不同的组织文化对人的能力、行为特征、表现、人才类型的需求不同。因此，要对组织文化进行认真的分析和考虑。如果组织文化和自身特点不一致，将会影响自己的职业生涯发展。例如：组织强调创新变革，而你习惯墨守成规；组织强调团队合作，而你喜欢独自行动。在一个自己不认同的组织文化中工作，个人职业生涯很难得到正常发展。

组织制度涉及的范围比较广，包括管理制度、用人制度、培训制度等，应尽可能地了解这些信息，了解在组织结构上的特征与发展变化趋势，分析这种安排对自己的未来可能带来什么样的影响。特别要注意用人制度如何，能否提供教育培训机会，提供的条件是什么；个人发展前景提升的空间有多大；人才选拔制度如何；标准工作时间怎样，等等。

总之，通过以上分析，应梳理出一条清晰的线索，确定自己的职业生涯在这个组织中有没有足够的发展空间，衡量自己的目标能否在该组织得以实现的可能性。

3. 岗位环境分析

（1）岗位环境分析。它指对各类岗位的性质、任务职责、劳动条件和环境，以及员工承担本岗位任务应具备的资格条件所进行的系统分析和研究。岗位环境分析的主要内容如下：

①岗位工作内容是什么？

②岗位责任人是谁？

③工作环境条件。

④岗位操作规范及操作守则。

⑤岗位职业与任职资格。

⑥与相关岗位工作人员的关系要求。

以上内容可以通过岗位人物访谈、观察（观察岗位工作人员常态工作）等途径进行，同时，还可以通过人事部门为目标岗位制定的岗位说明书来进行认知分析，在直观感受的基础上，对岗位具体内容会有更全面、深入的了解与认知。

（2）岗位说明书。岗位说明书是工作分析的最终结果，又称为职务说明书，是通过工作分析过程，用规范的文件形式对组织各类岗位的工作性质、任务、责任、权限、工作内容和方法、工作条件、岗位名称、职种职级以及该岗位任职人员的资格条件、考核项目等做出统一的规定。

三、职业认知的途径与方法

职业认知不能仅仅停留在感性层面，还应当对职业进行深入了解。学习了职业认知的概念、内容同学们明白应当去了解职业的哪些内容，下面就要学习怎样增强对职业的理性认识，针对目标职业，采取怎样的途径与方法进行职业探索与认知。

1. 查阅

查阅是将个人希望了解的职业，通过网络、书籍、期刊及有关声像资料，进行初步查阅；选定各种职业后，进一步对其入门所需的基本条件（如学历、资格证书、身体条件等）进行查阅；通过查阅对做好职业工作所需要的知识、技能、生理条件及个性特征有初步的认识，对该职业生存的环境及发展前途以及个人循此发展可能取得的职业成就等形成初步印象。查阅方法的优点是方便、快捷、信息量大、成本低。

在查阅时关注职场方面的资源，了解职场和学校的区别，了解学生和职业人的差别，这样有利于目前的成长，避免挫折，少走弯路。

查阅时要注意条理性，以关键词为脉络组成关键词群从而建成你自己需要的体系；查阅所得资料要进行整理、甄别，以确保真实性和权威性；资料的保存要稳妥，可将资料存在 U 盘和电子信箱里；查阅得到的可能是间接的、隔离的信息，与现实感受可能有差距；资料积少成多后注意索引的应用；有些资料要注意其价值取向，只可以参考，借鉴其合理、合法、健康的部分内容。

2. 参观

利用各种机会到相关职业现场短时间（半天或一天）观察、了解。通过参观能够了解职业相应工作的性质、内容、职业环境及氛围，获得真实的职业感受。

参观法的优点是能得到切身的感受，其缺点是由于时间短，无法对职业的实质深入了解，易被营造的氛围迷惑。

利用周末的时间逛街或旅游参观容易接近的职位工作者，了解他们的工作性质、内容、职业环境和氛围，并争取记下笔记。

注意事项：观察时要保持与观察对象之间的距离，与其近距离交流时要顾及其情绪，注意换位思考，保持礼貌；遵守参观单位的安全纪律和单位规定的其他规范。

3. 实习

实习是一种比较全面的了解职业的方法。实习可以更深入、更真实地对职业的工作任务、工作要求、工作环境及个人的适应情况进行了解、判断，可以了解工作程序、报酬、奖罚、管理及升迁发展的各种信息，还可以通过与工作人员的实地接触，感受职业对人的影响以及人职和谐的情况。

4. 讨论

查阅、参观、实习会有一定的局限性，与别人一起讨论感兴趣的职业问题，共享职业认知成果，互相打消一些不现实或前景暗淡的东西，共同发现更多的发展方向。例如在宿舍中进行“卧谈会”，进行讨论交流。

5. 职业生涯人物访谈

指通过与一定数量的职场人士（通常是自己感兴趣的职业从业者）访谈而获取关于一个行业、职业和单位“内部”信息的一种职业探索活动。通过访谈，了解职业岗位的实际工作情况，获取相关职业领域的信息，进而判断你是否真的对该工作感兴趣，实际上是一次间接、快速的职业体验。对于没有工作经验和社会阅历的大学生来说，是了解职业的一个较好方法。

（1）操作流程：

①根据自己的兴趣能力，锁定自己想了解的职业岗位。

②寻找生涯人物。在自己想了解的每个职业领域寻找3位以上的在职人士作为生涯人物。生涯人物可以是自己的亲人、老师和朋友，也可以是其他人，还可以借助行业协会、同学会或某个具体组织的网页来寻找其他职场人士。注意：生涯人物的职业应是自己向往的。每个职业领域的生涯人物应结构合理，既有初入职场的人士，也有工作了一定年限的中高层人士；在正式访谈前，对生涯人物的信息掌握得越全面越好。

③拟订访谈提纲。结合目标职业信息设计访谈问题：行业、单位名称、职业（职位）、工作的性质类型、主要内容、地点、时间、任职资格、所需技能、市场前景、行业相关信息、工作环境、工作强度、福利薪酬、工作感受、员工满意度等。

④预约并实地采访。预约方式有电话、QQ、电子邮件和普通信件等，其中电话最好。预约时首先介绍自己，然后说明找到他的途径、自己的采访目的、感兴趣的工作类型以及进行采访所需要的时间（通常30分钟左右），确认采访的日期、时间和地点。

注意：联系前的准备要充分，电话联系时还应备好纸和笔，以备临时电话采访；联系时一定要有礼貌，时间要短。

访谈方式可以是面谈、电话访谈、QQ 访谈，最好选择面谈。面谈前，采访者一般可以用已经从其他渠道了解的生涯人物的一些情况，借此轻松打开话题，然后按设计好的问题开始访谈。访谈结束时，请生涯人物再给自己推荐其他相关的生涯人物，这样可以拓展自己的职业认知领域。

⑤访谈结果分析。在一个职业领域采访三个以上的生涯人物后，进行分析，确定自己是否适合这一行业、职业和工作环境，是否具备所需能力、知识与品质，形成书面总结报告，进而详细制订大学期间的自我培养计划。如果访谈结果与自己之前的认识出现严重脱节，就有必要进入另一个职业领域开展新一轮生涯人物访谈。

（2）生涯人物访谈提纲。在访谈中，大家可能提出的问题包括：

在这个工作岗位上，您每天都做些什么？

您是如何找到这份工作的？

您是如何看待该领域工作将来的变化趋势的？

您的工作是如何为实现组织的总体目标或使命贡献力量的？

您所在领域有“职业生涯道路”吗？

本职业需要什么样的人？

到本领域工作所需的基本前提是什么？

就您的工作而言，你最喜欢什么？最不喜欢什么？

什么样的初级工作最有益于学到尽可能多的知识？

本领域初级职位和略高级别职位的薪水是多少？

工作中采取行动和解决问题的自由度如何？

本领域有发展机会吗？

本工作的哪部分让您最满意，哪部分最有挑战性？

什么样的个人品质或能力对本工作的成功来讲是重要的？

您认为将来本工作领域潜在的不利因素是什么？

您在本领域工作曾遇到过什么样的问题？

对于一个即将进入该工作领域的人，您愿意提出特别建议吗？

本工作需要特别的知识、技能和经验吗？

这种工作需要什么样的教育或培训？

单位对刚进入该工作领域的员工提供哪些培训？

还有哪些方法能帮助我深入了解该工作领域？

您的朋友中有谁能做我下次的采访对象吗？

当我打电话给他（她）的时候，可以用您的名字吗？

根据您对我的教育背景、技能和工作经验的了解，您认为我在做出最终决定之前还应在哪个领域、什么样的工作上进行深入的调查研究呢？

（3）注意事项：

①采访前做好简单自我介绍的准备，访谈过程中生涯人物可能会问采访者的职业兴趣和求职意向。

②面谈前，应征求生涯人物的意见，视情况对谈话进行录音，或书面记录或不记录。

③面谈一定要守时、简洁，不浪费他人的时间。

④访谈结束后，对于不允许访谈现场记录的内容应迅速补记。

⑤采访结束后一天之内，要通过合适的方式表示感谢。访谈中要注意着装和仪表，态度和蔼、大方；要文明礼貌，措辞得体。尊重被访谈者，注意保护他们的信息安全和个人隐私。认真对待，不走过场，真正通过访谈达到探索职业的目的，为个人的职业定向和职业选择做准备。

⑥生涯访谈不能用来求职，也不能用来直接指导自己的行动。

（4）访谈实例：

系别：传媒系

专业：影视广告与设计专业

访谈人：李××

被访谈人：牛先生

教育背景：大学本科

性别：男

职业：广告公司创意总监

访谈时间：2012年4月4日

访谈内容：

问题1：我是学广告设计这方面的，请问这一专业的就业前景如何？

答：我已经毕业五年了，就我个人的观点来看，这个专业发展前景不错，工作并不太难找，毕竟社会经济发展越快，广告业也就前景更广阔，因为产品的销售离不开广告。

问题2：您是通过什么方式找到这份工作的？

答：用人单位在人才市场招聘，通过笔试、面试被录用的，录用后有三个月见习期，见习期结束后公司负责人认为我能胜任工作，才被正式录用。

问题3：您认为这项工作应具备什么样的素质、技能和经验？

答：从事这个职业必须有丰富的想象力，富有灵感，善于创新和寻找新方法，自信，警觉。最重要的是激情和灵感。作为一个设计者，必须具有十足的激情和源源不断的创新灵感才有可能做出好的成绩，才可能进步。还要有沟通、协调能力，组织能力，语言表达能力，还需要可迁移能力和领导沟通能力；要活学活用，随机应变，将所学全面的应用到工作中来，这样才是一个合格的广告设计人才，并且需要具备理解他人、细心指导的耐心。

问题4：您认为什么样的个人品质、性格和能力能更好地胜任这份工作？

答：本行业中最重要的体现是我们的保密职责，另外，还需要优异的绘画技能、美术鉴赏能力等。作风踏实，吃苦耐劳，组织纪律观念强，做事认真负责，具有这些素质对于这份工作来说也很重要。

问题5：目前大学生的综合素质普遍下降，您认为我们这个专业的学生应该从哪些方面进行培养才能更好地提升我们的素质？

答：现在网络十分发达，在学校可以多上网，以接触最新的信息，多学习涉及广告的知识内容等。在社会，尤其在有实习机会时，一定要跟周边的人学习，以人之长补己之短。

问题6：学校中的哪些课程对这个行业比较有帮助？

答：大学的课程体系还是比较科学的，不同的课程对自己能力的不同方面都有帮助的，像专业课直接培养我们的职业能力。但是大家应当清楚，书本知识的更新速度永远赶不上技术的发展，因此如果想在本行业继续发展，不能局限于书本学习，要多动手多实践，开拓视野，多关注目前本领域的新技术、新需求。

问题7：我们专业在大三的时候有实习，在实习之前我们需要在哪些方面有所准备？

答：首先，梳理自己已有的专业知识能力，客观地评价自己的优缺点，尽可能地做到扬长补短。其次，有目的地提前锁定一些目标实习单位，有针对性地进行一些关注和调研，做到有的放矢。最后，可以阅读一些人际交往或社交礼仪的知识，也可以向往届师兄师姐讨教实习的一些鲜活的经验，以利于较快地适应角色和心态的转变。

问题8：行业内，单位对刚进入该领域工作的员工一般是否进行培训？如果有，是哪方面的培训？今后还要求个人在哪些方面素质有所提高？是否有继续深造的机会？

答：每一个新进入的员工都会进行一系列相关的培训，内容主要是对新进员工培训设计软件、创新能力、企业文化培训等。

问题9：面对社会，我们憧憬又胆怯。您能给当代大学生一些建议，为日后在社会上立足，应该怎样度过大学生活？

答：首先，大一刚来的时候，自己为自己做一个大学生涯规划，以此作为自己的日常生活的一个约束。大学不仅知识内容、学习范围变大，更多的是体现在大学为学生提供了更加广阔的学习锻炼条件，所以要积极加入学校社团，珍惜学校组织的各种社会实践活动。

谢谢牛先生能在百忙中抽出时间来接受我的访谈！也十分感谢您对我们诚心的建议！谢谢！

四、职业信息搜集

职业信息的来源包括从出版物到实际的工作经历，下面列出了获得信息的各种渠道：

①出版物（书籍、报刊等）；

②视听材料（电影、电视、广告、磁带、幻灯片及类似的材料）；

③教育材料（书籍、工具书等）；

④计算机系统（电子信息库）；

⑤专家访谈（直接向行业代表提问）；

⑥模拟情境（角色扮演）；

⑦职业实验室（模拟工作情境）；

⑧直接观察（访问工作现场、现场观察）；

⑨直接的探索性工作经历（实习）；

⑩实际工作体验（实习、兼职工作）。

这个列表可以分为 3 大块。①~③的信息来源是被动的，通常在图书馆或职业资源中心找到；④~⑥需要在教室或职业中心与其他人进行互动；⑦~⑩则需要在实验室或实际的工作环境中观察、亲自尝试互动。

模块小结

职业是人们在社会中所从事的有稳定、合法收入的活动，是人们为社会作贡献、实现人生价值的舞台，也是谋生的手段。

职业具有社会性、经济性、合法性、技术性、规范性、稳定性和群体性的特点。经济性、合法性是职业这种特定劳动区别于其他社会活动的主要特点。

职业分类是采用一定的标准和方法，依据一定的分类原则，对从业人员所从事的各种专业的社会职业进行全面、系统的划分与归类。

职业资格证书制度是劳动就业制度的一项重要内容，有选择培养专业人员，提高从业人员业务素质、职业道德和参与市场竞争能力的作用，推动了人才管理制度与国际接轨。

大学生学习了解职业分类、职业发展趋势、职业资格鉴定等知识对将来做好职业规划、进行职业选择可起到良性的导向作用。

职业认知是指通过对客观环境等进行考察，了解职业分类、职业性质、组织情况，从而明确自己对职业的认识的过程。职业认知是大学生进行职业生涯规划、确定职业发展方向的基础，进行职业定向的重要环节。进行科学职业认知，离不开科学的方法与途径。要搜集职业相关信息，通过查阅、参观、实习、讨论、生涯访谈等途径完成对职业世界的探索与认知。

作为高职艺术院校大学生，要了解艺术职业发展趋势，关注人才市场对艺术人才需求动态变化，加强对目标岗位的职业认知能力，树立职业意识。在校期间根据自己的专业与兴趣，认真学习专业知识，让自己职业技能达到国家职业标准相应级别要求，为顺利走上职业岗位奠定基础。

复习思考题

1. 职业是什么？又是如何产生发展的？职业的发展趋势是什么？
2. 什么是职业分类，职业分类与分层的依据是什么？
3. 什么是国家职业资格制度？
4. 什么是职业认知？职业认知的内容、原则和方法是什么？
5. 请结合自己的学习和理解，谈一谈科学的职业认知对于大学生职业生涯规划起着什么样的作用。

知识链接

艺术类部分职业岗位简介

计算机乐谱制作师

以音乐理论为基础，运用计算机音乐软件及相关的设备从事乐谱输入、处理、传递的技术人员。

从事的工作主要包括：①计算机软件、音乐软件和乐谱制作设备的安装与MIDI文件处理；②谱面设计、乐谱输入与编辑；③作品排版、修饰与保存；④乐谱的一般打印和镜像打印；⑤对乐谱制作人员进行培训指导。目前，计算机音乐软件应用的日益普及，利用电脑软件制谱已在音乐创作、演出团体等领域被普遍采用。音乐出版物都由专业制谱人员制作完成，大多出版社的制谱工作已委托专业的制谱公司或制谱室来承担。

礼仪主持人

具有良好的文化、礼仪、民俗知识，在礼仪活动现场负责推进程序、调节气氛、沟通关系的专业人员。

从事的工作主要包括：①联络主、承办方，明确礼仪活动的各种要求；②参与方案的构思和撰写，承担细节的筹办；③导入、串联、收合礼仪活动各环节，推进活动程序；④与礼仪活动参与者进行交流互动，营造气氛。

舞台监督

在戏剧及文艺演出中，对综合艺术各部门舞台合成、彩排、演出进行监督管理的人员。

从事的工作主要包括：①了解导演演出艺术构思和综合艺术各部门的工作进程；②掌握综合艺术各部门的创作规律、特点和技术要求；③熟悉场地与场地空间及设备情况；④组织灯光、布景、道具装台对光，组织指挥布景道具变换，组织指挥灯光、效果配制；⑤配合导演完成合成、彩排；⑥演出期间组织指挥演出有序、安全、有效地进行；⑦记录整理演出中出现的问题，提出解决的意见和方案。

舞台灯光师

运用各类灯具和相关设备对戏剧、影视、歌舞厅等各类文化娱乐场所、建筑物外观、庭园绿地等进行艺术照明的人员。从事工作主要包括：①应用高级电脑灯或大规模电脑灯灯群的复杂剧目进行编程。②对复杂剧目或超大型演出中的灯光部门进行组织管理。③大型演出（如大型运动会开闭幕式演出等）中，完成灯光控制网络的配置设计，并组织和指挥相关人员实施。④剧目或大型演出中担任艺术照明设计。⑤在综合性主题公园或标志性景观中担任艺术照明设计。⑥能在大型剧场、大型文化设施的建造中，完成灯光系统的配置设计，并能对剧场建筑和舞台其他配置提出灯光方面要求和参数。

美工师

从事影视片等造型设计的艺术创作人员。

从事的工作主要包括：①进行影视片等的场景设计、人物造型设计、陈设道具设计以及镜头画面设计；②组织指导服装、化妆、道具、置景、绘景、特技美术、字幕等部门的工作。

化妆师

从事影视、舞台演出等演员造型设计并完成造型的人员。

从事的工作主要包括：①根据剧本内容、情节结构、演员形貌和总体造型的要求，设计人物的化妆造型；②指导制作化妆造型所需要的零配件；③实施面部化妆造型，肢体伤残造型，粘贴塑型面膜，配粘头套、发髻、胡须等；④试妆、定型。

电影电视演员

在影视片中，扮演角色，进行影视形象的直接体现和创造的人员。

从事的工作主要包括：①在导演的指导下，以自身的形象和语言表演文学剧本和分镜头剧本提供的人物形象；②在摄影棚或实景中，通过与各部门的合作将表演艺术与影视艺术紧密地结合起来。

录音师

从事影视片等声音录制的人员。

从事的工作主要包括：①在导演总的创作意图下，完成作片音乐、音响、效果、对话等的录音工作；②根据拍摄画面的要求进行前期录音、同期录音和后期录音；③进行全片最终的混录。

道具师

对影视片、舞台演出等道具进行美术创作和管理的人员。

从事的工作主要包括：①根据美工师总体造型设计意图，完成影视片等道具设计；②组织制作影视片等所需要的道具及陈设；③组织、收集或装置、置换道具。

装潢美术设计人员

对产品包装物作美化设计的专业人员。

从事的工作主要包括：①分析产品的市场商情、民族习俗和民族审美取向；②根据产品的形状、性能和特征进行包装物的设计；③运用计算机进行辅助设计；④监督、检查并完成产品包装装潢的制作。

技能训练

一、我的家族职业树：了解所有的家庭成员从事什么工作。

1. 在“树梢”处填上个人喜爱的职业（可填数种）。

2. 将家族中各人的职业分别填入树的枝干上（各枝干代表家庭成员，标出称谓），由于各人的职业可能有所变动，因此可同时填上目前职业与先前从事过的主要职业，并将与咨询对象有密切关系的重要人物圈起来。

3. 将家族人员职业的共同特点填在“树根”处。

4. 教师与同学（或者同学分组）共同讨论“职业家族树”，可以从下列问题引向深入。

（1）对家族中各人的职业有何感觉（骄傲、尴尬、羡慕、不屑等）？

（2）如何知道他们希望我选择何种职业？

（3）在兴趣、能力、体能、外貌等方面我与家族中谁最相似？他们从事的职业与我的爱好有何关联？

(4) 我的家庭对工作上最感满意的是什么（如休闲时间、生活条件、家庭气氛等）？

(5) 家族中哪些工作习惯与特质构成满意（或不满意）的因果关系？

5. 经过上述讨论，进一步探讨各种职业的特点与工作活动内容。

二、设计一份职业认知活动策划方案，并组织实施

内容包括：

1. 职业岗位认知：使用本模块讲解的方法与手段，进行岗位认知活动。

2. 在活动过程中，整理相关信息资料，做好书面记录。

3. 班级交流讨论。

4. 生涯人物访谈。

要求：

(1) 设计访谈对象。要求涵盖管理人员、目标岗位员工及该岗位往届毕业生。

(2) 问题设计针对性强，适合不同访谈对象，便于了解职业岗位情况。

注意事项：

(1) 访谈时注意着装仪表，谈吐、措辞得体。

(2) 访谈中受访者如果提出对访问问题的质疑，应遵照访问目的和该问题给出耐心的解释。

(3) 访谈时注意做好记录，避免漏问访问问题。

(4) 访谈完毕后应礼貌致谢受访者。

5. 活动完成后，撰写职业认知报告，并最终组织课堂交流活动。

理 论 篇

模块四

生 涯 理 论

——职业助跑　生涯启幕

【学习目标】

通过本模块的学习与训练，使同学们了解职业生涯的概念和分类，掌握职业生涯发展阶段和职业生涯选择的相关知识与技能，并能够活学活用，根据自己职业生涯发展的具体情况选用相应的理论对自己加以指导。

【技能知识点】

1. 生涯发展相关概念
2. 生涯发展阶段理论
3. 生涯发展彩虹图
4. 生涯发展选择理论

项目一 职业生涯概述

案例导入

郭蓉：用心歌唱①

郭蓉3岁那年，父亲送给她一把自制的简易小提琴。从此以后，郭蓉便与音乐结下了不解之缘。

3岁的郭蓉，每天早上5点就要起床，练一天的小提琴。父亲对郭蓉要求很严格。年纪尚小的郭蓉挡不住怕累和贪玩的心态，经常练了一两个小时后，胳膊和脖子"酸得不行"。"父亲用特有的招数训练我。"郭蓉说，冬天时节，父亲一大早会架上炭火，把猪肉切成几乎透明的薄片，放在火上烤，闻着香味，她就想起床了。这时父亲会发话：练一个小时琴，才有肉吃。回忆起童年趣事，郭蓉说，无论是做人还是拉小提琴，自己都深受父亲影响。

20世纪80年代初，李谷一、殷秀梅和关牧村等歌唱家的歌曲风靡一时，郭蓉常模仿、哼唱。年纪虽小，但郭蓉的音域宽阔，音量大，乐感好，引起了父亲的注意。父亲、郭蓉和她的弟弟、妹妹共4个人，组成了一个家庭演出队在四川各地演出。自带音箱、灯光和乐器，演出场地从中小学、矿场到体育场等。这个会拉琴、唱歌又好听的小姑娘，被当地人奔走相告，逐渐郭蓉一家人在四川小有名气。

一位记者告诉郭蓉的父亲东方歌舞团到成都演出的消息。父亲听到后，立刻推掉第二天的演出安排，带着郭蓉和她的弟妹辗转来到成都，找到时任东方歌舞团团长、著名歌唱家王昆。在王昆面前，13岁的郭蓉唱了一首《我爱你，塞北的雪》，拉过一段小提琴后，便离开了。令郭蓉没想到的是，她竟被东方歌舞团录取，并随即跟团参加了在成都的最后一场演出。郭蓉成为东方歌舞团历史上，唯一一经挑选就登台演出的演员。

东方歌舞团一行人回到北京后，王昆为郭蓉联系了一家小学，让她边学习边进行专业训练。歌舞团还特别为郭蓉开设了声乐、钢琴和形体等课程。郭蓉非常珍惜歌舞团提供的优越学习环境，经常通宵在琴房弹琴、练习发声，第二天一早还能照起不误，感觉当时有"使不完的劲"。每一次参加演出，郭蓉都会站在侧幕后仔细观察每一位歌唱演员的表演，边看边琢磨对方的演唱风格及对音乐的把控。常悟、常思考，让郭蓉从接收到的大量信息中，梳理出了自己对音乐的理解和感悟。十几岁的郭蓉，每次参加演出的节目都被安排在重要位置，一开嗓，常赢来满堂彩。

人生就是一条波浪线，有最高峰，也要面对最低谷。郭蓉认为，在这样的高低起伏中，要找到自己平衡的心态。刚20岁的郭蓉，歌唱之路正顺利向上走时，却突遭变故：东方歌

① 参见王培莲：《郭蓉：用心歌唱》，《中国青年报》2012年7月10日第1版。

舞团领导大换血。一心追求专业能力的郭蓉一夜之间被边缘化。郭蓉被劝改行或改做幕后。郭蓉回复领导："绝不改行。"

接下来4年中，郭蓉接不到团里的演出机会。曾经的独唱演员，还被安排为别人伴唱，尽管如此，郭蓉仍然很开心。别人看来不好的事，郭蓉能找到兴趣点：通过给别人伴唱，学会了和声。她说，无论身处何种环境，都要把自己的耳朵、眼睛和心打开，以学习态度看事情，许多负面的人和事，反而能成为你生命里的正能量。

1995年，一次无意间看电视，听到了歌曲《红旗飘飘》，歌词一时间抓住了郭蓉的心。郭蓉找到了词作者李杰，主动请缨演唱《红旗飘飘》。郭蓉用颇具冲击力的声音、宽广的音域重新诠释了《红旗飘飘》，同时把她擅长的小提琴加入其中，成为郭蓉特有的表演风格。这首歌引起了巨大轰动，也使郭蓉重新找回在东方歌舞团的位置。2010年，郭蓉担任东方歌舞团副团长。

案例评点：郭蓉是东方歌舞团一级演员、第十一届"中国青年五四奖章"获得者。她出生于音乐家庭，从三岁起就随父亲学习小提琴，十三岁时以拉小提琴而征服了考官，被中国东方歌舞团团长王昆看中。进团后，由于东方歌舞团的定位缘故，才使她转而主攻声乐。她的职业生涯经历了很多变化，在不同的阶段有不同的任务，也做出了相应的选择，正是因为正确的选择才成就了她的事业。那么，对于即将走上职场的我们来说，需要经历哪些阶段，又需要如何去选择，下面的理论将会给我们必要的指导。

【相关知识】

一、生涯和职业生涯

1. 生涯

在生活中我们经常会谈到"生涯"这个词，如运动生涯、演艺生涯等。"生"，即"活着"；"涯"，即"边界"。广义上理解，"生"，自然是与一个人的生命相联系；"涯"，则有边际的含义，即指人生经历、生活道路和职业、专业、事业。生涯主要是指个人通过从事某种职业所创造出来的一个有目的、延续一定时间的生活模式或历程。生涯不是随意、短暂的行为，也不简单地是一份工作，它是人们通过思考、计划、决策、行动而创造出来的，是人们的一种生活方式。生涯过程由时间——每个人生命的过程、广度——扮演角色的多少、深度——角色投入程度三个方面组成。

生涯具有方向性、时间性、空间性。每个人的职业生涯发展之路似乎是视而不见，但却如影随形，伴随着人的一生。一个人的生涯可能是不断去了解自己和完善自己，可能是去追求某种满足，可能是受到重要他人和社会现实的影响。生涯发展是纵贯一生的发展：从过去、现在到未来。每个人都从事着不同的职业和扮演着不同的角色，过去的点点滴滴都影响着现在和未来的发展。每个人在职业生涯的不同的年龄阶段，会扮演不同的角色，这些角色相互联系，相互影响，既包含职业，也包含很多生活中的角色，但是以事业的发展为主。

生涯具有独特性、主动性。每个人的生涯发展都是不可复制的，每个人的生涯发展都是独一无二的。如果以类似的顺序经历着类似的职位，不同的人可能有相似的生涯发展，但每个人的生涯发展又是独具魅力的。人的职业选择不能用好和不好来判断，每个人在同一个职位上的表现方式也不尽相同。但这并不是个人成功与否的标志，生涯的独特性才是职业生涯真正的价值。如美国前总统约翰逊和福特，都是工人出身，都担任过海军指挥官、国会议员、国会秘书长，但两个人在国会和总统任内的表现却不尽相同。在个人的职业生涯发展过程中，遗传因素、家庭环境、社会文化、政治、经济形式、机会因素等，都会影响到个人的职业生涯发展。但是近年来的心理学研究表明，人不是被动地受环境的制约，而是主动地去思考、去计划和行动，进而改变环境、创造环境，每个人都具有一定的掌控自己生活的能力。人有能力成为个人生涯的塑造者。

2. 职业生涯

所谓职业生涯，是指一个人一生连续从事和负担的职业、职位、职务的过程，是指人的一生中的职业历程。具体地讲，职业生涯是以生理开发、智力开发、心理开发、技能开发、伦理开发等人的潜能开发为基础，以工作内容的确定和变化，工作业绩的评估，工资待遇、职称、职务的变动为标志，以满足需求为目标的工作经历和内心体验的过程。

职业生涯作为个体最重要的人生过程包含三个维度：时间维度、范围维度、深度维度。时间维度，即一个人终其一生的职业过程，在人生的不同阶段、时期等连续的过程；范围维度，即一生所从事的职业；所扮演的不同角色；深度维度，即职业角色中投入的程度及个体对某职业、职位的影响程度（见图 4-1）。

一个人的一生可能在一个固定岗位上从事一种职业，他从事的职业范围是持续、稳定地沿着一定岗位序列发展的，可以称为传承性职业生涯，比如一位大学教师，他的职业生涯初期是助教、然后是讲师，接着又成为副教授、教授。相反当一个人所从事的职业范围由于个体或者环境的变化而变化，可能经历多个岗位、多个职业，甚至跨行业，可以称为易变性职业生涯。比如大学教师她首先从事教学工作，后又改为做行政管理工作，再后来考上国家公务员在政府机关工作。

作为概念，生涯与职业有很强的关联性，人的职业生涯占据了人生全部生活的主体，在其生涯中占据核心与关键的位置。职业生涯表示职业岗位的经历，职业生涯受各方面因素的影响，造成人们职业生涯的差异，有个人能力、心理、机遇方面的问题，也有社会环境的影响。一个人的工作经历若从后往前看，这是一个人一生中经历的职业、职位变迁的历程，是职业生涯；若从前往后看，这是一个人需要认真设计、好好规划的人生蓝图，是职业生涯规划；若从中间看，这是一个人的工作理想和人生追求、实现和体验的过程。对于正处在职业生涯探索阶段的大学生来讲，我们探讨职业生涯的目的就

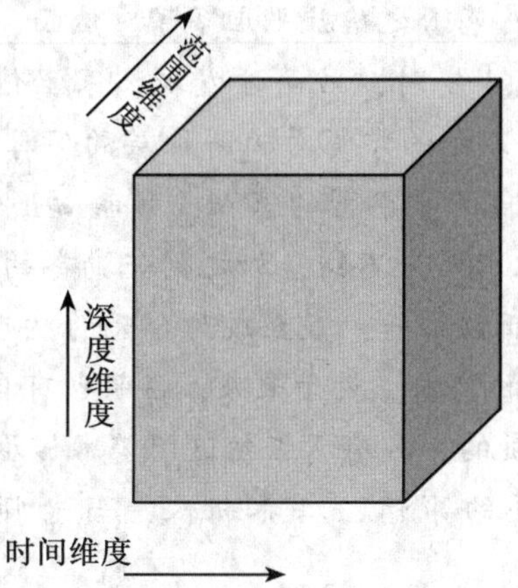

图 4-1　职业生涯的三个维度

是希望每个人要从现在做起珍惜当下，从现在向将来看，规划设计好自己的职业生涯，为实现自己的梦想努力不止。

二、内职业生涯和外职业生涯

◎案例

谁的青春不奋斗①

《疯狂的石头》导演宁浩、总政歌舞团青年歌唱家王宏伟、辽宁芭蕾舞团领衔主演吕萌与大家分享了他们的成长故事。

《疯狂的石头》让宁浩为人所熟知。从小他就想做个画家，然而高考体检时，他被查出色弱，在残酷的现实面前，他不得不暂时放弃了梦想。但他始终无法割舍对文化艺术事业的热爱，1997 年，宁浩揣着 2000 多元钱来到北京，追求他的梦想。对于宁浩来说，“金钱名利”只是个标签。“不管有没有奖杯，你是世界上跑得最快的那就是最快的。它就像衣服一样，是外在的。当你把事情做好了，这些东西会不期而至，用不着刻意为之努力。”

王宏伟的演艺之路同样一波三折。他生长在新疆北部，后来到乌鲁木齐读军校。1990 年毕业时，王宏伟留在乌鲁木齐，成为一名仓库管理干事。心怀歌唱梦想的他不放过任何机会，甚至曾经偷偷溜到北京参加歌唱比赛。眼看着许多同学、好友在事业上突飞猛进，王宏伟“非常着急”。但是他一直告诉自己：“我就是喜欢唱歌，我不能把这个梦丢掉。”直到 1997 年，王宏伟终于等来了机会，成为一名专职歌唱演员。“我一点都不后悔这十几年走的路。因为对于从事艺术工作的人来

① 摘自：《谁的青春不奋斗》，《中国青年报》2012 年 1 月 20 日第 1 版。

讲，这些挫折会让你的艺术作品呈现出和别人不一样的东西。”

相比较而言，吕萌的芭蕾之路就平坦多了。然而，年少贪玩的吕萌的成绩曾是班上的倒数第一。直到 14 岁时，吕萌才发现，家里值钱的东西都被父母变卖了。在 1995 年，每年将近两万元的学费对工薪阶层的父母来说是一笔巨大的负担。面对“砸锅卖铁”也要供自己学芭蕾的家人，吕萌心里特别难受，他暗下决心“既然干就要干出样来”。原本天分不错，加之刻苦勤奋的练习，不到半年，吕萌的成绩就从倒数第一变成了正数第一，直至成为今天的“芭蕾王子”。然而，芭蕾舞毕竟是一门吃“青春饭”的艺术。对于未来，吕萌也有自己的打算。“我也是从一个新演员到现在成为老演员的，我有责任把这门艺术传承下去。不跳舞的时候，我还是要做跟这个艺术有关的事情，培养新人，当老师、编导，做自己力所能及的事。”

三位嘉宾都在自己的职业生涯过程中克服了一些困难，最终走向成功。但之间的区别也是很明显的。宁浩克服了自身的生理障碍，王宏伟战胜了现实的艰辛，吕萌则是战胜了自己内心的惰性。我们可以看出，在职业生涯的道路上，阻碍来自于内部和外部两部分。同时无论外界的困难有多大，只要我们拥有坚定的信念和高超的本领，我们的理想终会实现。我们也由此引出了下面的内职业生涯和外职业生涯的概念。

1. 内职业生涯

内职业生涯是指一个人从事一项职业时所需具备的知识、观念、心理素质、经验、能力、健康状况、内心感受等因素的组合及其变化过程。内职业生涯各项因素的取得，可以通过别人的帮助而实现，但主要是靠自己努力奋斗而追求得到。内职业生涯的各构成因素内容一旦取得，别人便不能收回或剥夺。内职业生涯是真正的人力资本所在，提高内职业生涯而取得的工作成绩，会转化为外职业生涯。

在内职业生涯里，还要做一些细分。如果说知识、经验等一些因素还需要相对特定的环境才能发挥，就像阔叶植物一定要在温暖湿润的环境中才能生长，而有些因素，如积极正面的心态、自信、操之在我的观念和终身学习的能力等，仿佛是万能的种子，无论在怎样的环境中都能生根发芽。现在越来越多的企业认识到这一点，在招聘人、任用人和选拔人的时候，把更多的注意力放在这些“万能”因素上，而相对弱化既往的知识、经历和经验，所以才会有不拘一格降人才、大胆选拔，所以也才会有我们的成功地改换行业和成功改换职业的经历。内职业生涯因素匮乏的人总是担心自己找不到好工作，找到工作后担心下岗名单中会有自己的名字，担心自己的企业被别人吞并，担心自己不能晋升，担心未来没有保证，担心自己不能胜任。内职业生涯丰富的人会抓住每一次发展的机会，甚至能主动地为自己、为别人创造发展机会。

2. 外职业生涯

外职业生涯是指人从事职业时的工作单位、工作地点、工作内容、工作职务与职称、工作环境和工资待遇等因素的组合及其变化过程。外职业生涯的构成因素通常是由别人认可的和给予的，也容易被别人否认、收回或剥夺。比如，一名业务代表在应聘一家企业时，这家企业所提供的薪水不是他能决定的，即使他在进入企业之初的薪水很高，如果他不能给企业带来业绩，企业就可以随时降低他的薪水或辞退他。外职业生涯因素可能往往与自己的付出不符，尤其是在职业生涯初期，因此大学生们在职业初期，要做好心理准备，要有养精蓄锐的心态。有的人一生疲于追求外职业生涯的成功，但内心极为痛苦，因为他们往往不了解，外职业生涯发展是以内职业生涯发展为前提条件的。

3. 内职业生涯和外职业生涯的关系

内职业生涯和外职业生涯是个体职业生涯中两个不同的方面，二者之间关系密切，不可分割。内职业生涯的发展是外职业生涯发展的前提和基础，内职业生涯发展通常会带动外职业生涯的发展；外职业生涯的发展反过来又促进内职业生涯的发展。内职业生涯发展如何，是通过外职业生涯来体现和展示的。内职业生涯在人的职业生涯成功乃至人生成功中具有关键性作用，因而在职业生涯的各个阶段，我们都应重视内职业生涯的发展。尤其是在职业生涯早期和中前期，对于尚未毕业的大学生，或者是刚刚参加工作的新员工，一定要把对内职业生涯各因素的追求看得比外职业生涯更重要。

如图 4-2 所示，如果用一棵树来比喻内、外职业生涯，树干、树冠、树叶、果实等就像外职业生涯，根系就像内职业生涯。每个大学生都希望自己的职业生涯之树茁壮挺拔、枝繁叶茂、郁郁葱葱、硕果累累，但这样一棵参天大树不是凭空长成的，地下的庞大根系给了它强有力的支撑，汲取并输送着大树所需的营养。对自然界中的植物研究发现，环境越是恶劣，土壤越是贫瘠，越是需要更庞大的根系。在肥沃的土壤里，树根与树冠的比例约为 1∶1；在贫瘠的环境中，树根与树冠的比例可达到 3∶1；在沙漠地带，树根与树冠的比例会达到 5∶1。这是大自然的规律，是大自然的智慧，它给我们的启示是足够我们深思的了。

4. 正确处理内、外职业生涯发展之间的关系

有很多大学生在找工作的时候，对招聘单位的负责人说："一个月工资是多少？有奖金吗？有集体宿舍吗？"这些问题关心的是外职业生涯的内容。如果你这样问："你们单位需要什么样的员工？需要什么样的知识和技能？我能争取到什么样的锻炼机会？用多长时间可以达到公司对我的要求？"这些问题关心的则是内职业生涯的内容。我们应该把焦点放在内职业生涯的树根上，让自己的"树根"逐渐长得越深越长，才可以吸收更多的营养和水分，我们的职业生涯之树才会长出很多的枝芽、很多的花蕾，结出丰硕的果实。在职业生涯发展过程中要重视和发挥内职业生涯的作用，就外职业生涯对内职业生涯而言，适当超前一点工作会有动力、积极性高；如果内职业生涯比外职业生涯适当超前一点，工作时会有轻车熟路的感觉，得心应手、轻松愉快。只要同学们理解了关于内职业生涯和外职业生涯的概念与关系就会得知，只有不断地提高自己的专业能力和综合素质，提高自己的竞争力，才能使自己的职业生涯之树枝繁叶茂，果实累累。

三、职业生涯学习对大学生的意义

生涯学习源于西方教育者在 20 世纪 70 年代初提出的旨在解决学校教育与社会生活

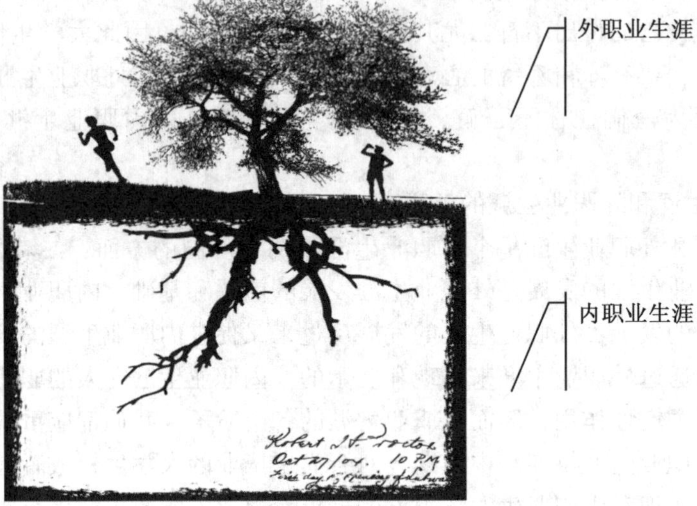

图 4-2　内职业生涯和外职业生涯的关系

脱节问题，引导青少年从升学主义转向个人设计与未来发展的观念。大学生接受生涯教育所获得的不应仅仅是职业生涯技能，更多的是对人生价值和生命意义的思考和追寻。在这个意义上说，职业生涯课程的学习是一种立足现在、回顾过去、面向未来的过程。大学生学习职业生涯规划这门课程，对自己的人生发展具有不可替代的积极作用。

1. 职业生涯是满足大学生人生需求的重要手段

马斯洛（Maslow）认为，人类的需要是分层次的，由低到高。它们是生理需求、安全需求、归属需求、尊重需求、自我实现需求。这些需求具有强大的驱动力，我们所做的事情正是为了满足这些需求。只有低层次的需求得到基本满足后，个人才能关注并致力于满足下一层次的需求。其中生理上的需要、安全上的需要和感情上的需要都属于低一级的需要，这些需要通过外部条件就可以满足；而尊重的需要和自我实现的需要是高级需要，他们是通过内部因素才能满足的。同一时期，一个人可能有几种需要，但每一时期总有一种需要占支配地位，对行为起决定作用。一个国家多数人的需要层次结构，是同这个国家的经济发展水平、科技发展水平、文化和人民受教育的程度直接相关的。在不发达国家，生理需要和安全需要占主导的人数比例较大，而高级需要占主导的人数比例较小。比如有些同学在报考专业和求职时，会比较重视专业的就业前景和工作的经济收入；而有些同学，可能更为考虑自己的兴趣和喜欢从事的职业。这些差别在很大程度上可以归结为他们所处的需求层次不同（见图 4-3）。

2. 职业生涯学习帮助大学生实现人生价值，促进全面发展

职业生涯学习是一个过程，学习的目的在于为人生设定目标，并找出为达成目标所需采取的行动方案。奥地利心理学家维克多·弗兰克（Viktor Emil Frankl）是奥斯维辛集中营少有的幸存者之一，并开创了心理治疗中的“意义疗法”。在生涯探索中，我们

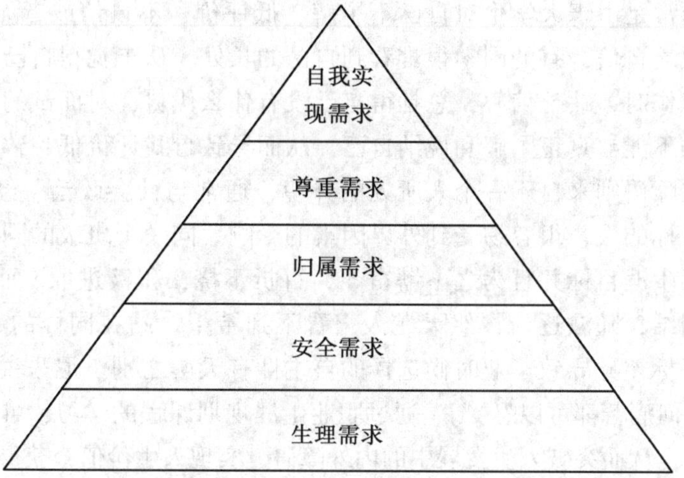

图 4-3　马斯洛需要层次

逐渐厘清生命的价值与意义，并且通过行动来实现我们的人生梦想。生涯学习和探索，就好像为飘忽不定的人生加了个锚，无论遇到什么风雨，我们的人生之船都有自己的方向而不会迷失。

米歇尔罗兹（Michelozzi）指出：生涯规划有突破障碍、开发潜能和自我实现三个积极目的，如图 4-4 所示。一个人最大的幸福，是能以自己选择的方式生活，择其所爱，爱其所择的结果，会让一个人表现出圆润、喜悦、智慧和充满创造力的气质。在生涯发展中，很多大学生对理想的追求和人生目标的设定充满疑虑。不少学生认为即使设立目标也是不现实的，因为计划不如变化快。这种想法有失偏颇，也太急功近利。

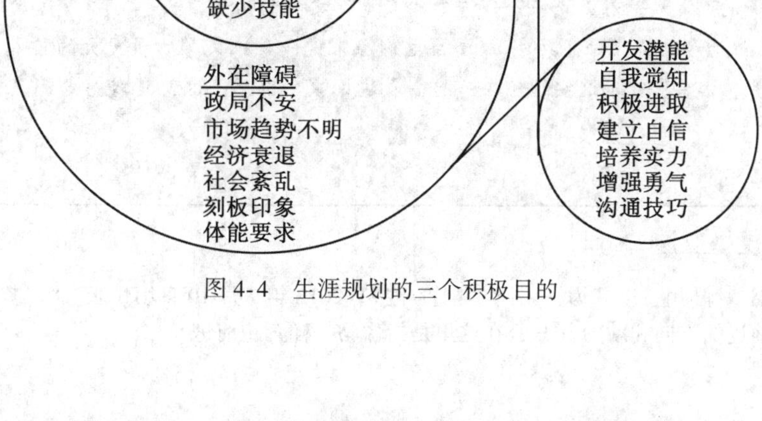

图 4-4　生涯规划的三个积极目的

影响大学生人生发展的原因通常有如图 4-4 所示的两种原因：内在障碍和外在障碍。内在障碍通常是由于大学生对自己不了解、低评价、不自信或者无安全感造成的。很多大学生都缺乏自信，有的同学很难看到自己的长处，从未觉得自己有用或有特别之处。所以在找工作时，缺乏信心，总觉得自己没有什么优势，对面试的结果有很坏的影响。这是典型的不能够真正了解和悦纳自己，从而导致自我评价低，致使找工作受到影响的情况。外在障碍则来自于一个人所处的环境，通常与社会政治、经济等形势有关。一个没有生涯目标的人，很容易受到外界因素的影响。同一个班级的同学，有人在大学期间就有清晰的生涯目标并且为之不懈奋斗，百折不挠，积极进取。而有的同学迷茫、困惑、抱怨、纠结，随波逐流，怨天尤人，看不到希望。站在同样的起跑线的大学生们，因为生涯目标差异导致毕业时候选择的自主性有天壤之别。尼采说："懂得为何而活的人，几乎任何痛苦都可以忍受。"通过职业生涯规划课程的学习，可以帮助大家设立目标、带来希望，从而突破人生发展中的内外障碍，实现人生价值，获得全面的发展。

项目二　职业生涯发展阶段理论

案例导入

陆川：以梦为马①

面对梦想，要坚持到底，只有不妥协的人，才能赢得最大的尊重。

"苍茫的草原上遍布牛羊的头骨，我手中拿着烧红的铁棍，挨个戳进头骨的眼窝，生出一缕缕白烟。"陆川描述的，是他曾经做过的一个梦。这位著名青年导演说，若要拍一部自传体电影，他想以这个超现实的梦境做开头。

许多年前，在如今繁华的北京劲松地区还属于城乡结合部时，16 岁的陆川花两角钱买了一张《红高粱》的电影票。放映结束后，他心中有一种"洪水溃堤的感觉"，几乎"傻在那了"。

受父亲的影响，陆川的理想一直是当个作家。中学时并不活泼的陆川喜欢在家翻看文学杂志和小说，常常一看就是一个下午。"我觉得文字的力量很大，可以表达我的内心。"陆川说："但是看过了《红高粱》，就觉得电影原来是一种比文学力量更大的艺术，可以将画面、声音、语言、音乐这些结合在一起去表达故事和情感，这就是我对电影产生兴趣的起点。"

① 黄丹羽：《陆川：以梦为马》，《中国青年报》2012 年 7 月 10 日第 1 版。"以梦为马"指把自己的梦想作为前进的方向和动力（马，在这里是指像马一样奔跑前进）。

高考时，陆川听从父亲的意见，考入解放军国际关系学院学习英语。虽然放弃了报考艺术院校的念头，他还是将一个色彩斑斓的电影梦深埋心底。毕业之后，陆川做起了保密工作。每天，他的任务就是听各种外文广播，然后把它们翻译出来。这样的日子一过就是两年。直到有一天，陆川骑着自行车路过北京电影学院，一纸告示吸引了他的目光："上面写着招研究生什么的，纸很破，但是我很激动，觉得自己的电影梦可以开始实现了。"

为了让梦想照进现实，陆川下了大工夫去准备考试。功夫不负有心人，陆川考上了北京电影学院。毕业后，他被分配到北京电影制片厂工作。可是接下来，他竟然3年都没有戏可拍。"因为一直没有什么机会，我就闷起头来写剧本、到处递剧本。电视剧《黑洞》就是在那个时候写出来的。"陆川说："还是会有点焦虑，因为不知道自己的梦想该如何实现。"

写出《寻枪》剧本后，陆川把黄页上的影视公司翻了个遍，拒绝了许多"买本子给别人拍"的要求，终于辗转得到了姜文的联系方式。在姜文和韩三平的支持下，陆川第一次真正当上了电影导演。"我还记得开机的时候，大家在院子里放鞭炮，我就看着他们，听着鞭炮声，还有点茫然：'啊？我这就当导演了？'"直到影片大获成功，陆川才找到了真实感："其实你努力做了，机会就会慢慢积攒。"

陆川是一个较真的人，在创作《可可西里》时，他前后去了可可西里六七趟，家里关于可可西里的资料堆起有半人高。"最后那趟去，我一直不停地流鼻血，身体已经不行了，头发大把大把地掉。""别人都觉得我对什么事都特认真，尤其拍电影的时候更是这样。"陆川说，"身边的朋友还会觉得我有点拧巴，凡事认死理，只要认定一件事是对的，就会一条道跑到黑"。

在陆川看来，所谓"成功"就是通过努力得到自己想要的东西，实现自己的梦想。"最重要的是要清楚自己真正想要的、想追求的是什么。不要人云亦云，然后要付出努力，去坚持追求。"

案例评点：我们可以看到，陆川的职业生涯目前经历了三个阶段：第一阶段是职业兴趣的萌发期，从对文学的兴趣开始转向对电影的兴趣；第二阶段是职业兴趣的蛰伏期，虽然没有选择艺术院校，但对电影的热爱一直深藏在心底；第三阶段是职业目标的实践期，为了自己的电影梦开始奋斗并取得了不错的成就。

也就是说，身处职业生涯的不同阶段，对未来和职业的想法和要求也不尽相同。我们要对自己的职业发展阶段有一个全面的了解，才能够知晓每阶段需要完成的任务并付诸实践。

【相关知识】

职业生涯发展是一个长期的、连续的、动态的过程。这个过程可以分为几个连续的、不同的发展阶段，且每个阶段的特点、职业发展任务不同，任务的完成与否直接影响后面阶段的发展。美国职业指导专家金斯伯格（Ginzbeng，E.）和舒伯（Super，D. E.）于20世纪40年代初提出职业发展阶段论，于50年代逐步形成了一套理论体系。这一理论以发展心理学为理论基础，综合差异心理学、职业社会学及人格理论的有关原理，从发展的观点来探究职业选择的过程，研究个体的职业行为、职业发展和职业成熟阶段，因而成为西方职业生涯规划领域中重要的理论学说。职业生涯发展阶段理论是职业生涯学习所要了解的一个重要内容，是指导人们实践行为的重要因素，了解和掌握好理论可以帮助大学生更好地做好职业生涯规划。

在西方国家，职业生涯发展阶段理论的主要代表人物有：金斯伯格、舒伯、格林豪斯、施恩等。金斯伯格的职业发展理论研究的重点是从童年到青少年阶段的职业心理发展过程，他将职业生涯发展分为3个阶段，即幻想期、尝试期、现实期，是初就业前人们职业意识或职业追求的变化发展过程。舒伯以年龄为依据把人的职业发展划分为5个大的阶段，具有较大的影响力。格林豪斯理论研究人生不同年龄段职业发展的主要任务，并以此将职业生涯划分为5个阶段。施恩根据人的生命周期的特点及不同年龄段所面临的问题和职业工作任务，将职业生涯分为9个阶段。在中国，孔子的人生七阶段划分法深深地影响着千百年来的炎黄子孙。这一划分法虽然不能认为是系统的完整意义上的职业生涯发展阶段理论，但对中国人的启示是很大的，对于大学生思考自己的职业生涯规划很有意义。

一、金斯伯格的职业生涯发展阶段理论

美国著名职业指导专家金斯伯格（Ginzbeng，E.）对职业生涯的发展进行过长期研究，对实践产生了广泛影响。1951年，金斯伯格出版《职业选择》一书，对青少年职业选择的过程与问题作了深入的研究，将职业生涯发展分为幻想期、尝试期、现实期三个阶段，认为职业在个人生活中是一个连续的、长期的发展过程。

1. 幻想期

它指处于11岁之前的儿童时期。儿童对大千世界，特别是对他们所看到或接触到的各类职业工作，充满了新奇、好玩的感觉。此时期职业需求的特点是单纯凭自己的兴趣爱好，不考虑自身的条件、能力水平和社会需要与机遇，完全处于幻想之中。

2. 尝试期

它指11~17岁之间，这是由少年儿童向青年过渡的时期。从此时起，人们的生理和心理在迅速成长、发育和变化，有独立的意识，价值观念开始形成，知识和能力显著增长和增强，初步懂得社会生活和生活经验。在职业需求上呈现出的特点是有职业兴趣，并能客观地审视自身各方面的条件和能力；开始注意职业角色的社会地位、社会意义以及社会对该职业的需要。但此时，由于长期处于学校学习，对社会、对职业的理解还不全面，对职业主要考虑的还是个人的兴趣，具有理想主义色彩。

3. 现实期

它指17岁以后的青年阶段。此时即将步入社会，能够客观地把自己的职业愿望或

要求，同自己的主观条件、能力以及社会现实的职业需要紧密协调起来，寻找适合于自己的职业角色。这时人们所希望的职业不再模糊不清，已经有具体的、现实的职业目标，表现出的最大特点是客观性、现实性、讲求实际。

金斯伯格的职业发展理论，研究重点是从童年到青少年时期职业生涯发展的不同阶段，也就是说，针对初次就业前人们职业意识或职业追求的变化发展过程研究，对进入职业角色后如何调整与发展职业生涯研究得不够。

二、舒伯的职业生涯发展阶段理论

舒伯是职业生涯发展研究领域最具权威的人物之一，是全球最有影响力的生涯发展研究者。根据布尔赫勒（Buehler）的生命周期和列文基斯特（Lavighurst）的发展阶段论，舒伯发展出一个新的诠释职业和生涯发展的模式。舒伯的理论主要包含以下内容：

1. 理论观点

舒伯从发展、测评、职业适应以及自我概念等领域入手进行综合研究，提出了一系列有关人—职关系的假设，成为职业发展的理论基础。这些主张如下：

（1）人的发展是前进的，一般是不可逆的；

（2）人的职业发展，由于具有一定的秩序与形式，是一个可以预测的过程；

（3）人的职业发展，是个人与环境相互作用的过程；

（4）自我概念从青年期以前就开始形成，进入青年期后进一步明确，逐步成为职业语言上的自我概念；

（5）现实的因素（个人性格特征的现实、社会存在的现实等）将随着人的年龄的增长，对人的职业选择起着越来越重要的作用；

（6）父母或长辈自小开始给予的“平等对待”态度，对个人作用的合理发展以及个人行为的一贯性与协调性产生影响（对个人的职业规划有相关作用）；

（7）个人从某种职业向另一种职业水平的移动（且是朝着上升方向的移动）及其速度，与个人的智力、家庭的社会经济水平与地位，个人的价值观、兴趣、处理人际关系的技能水平、社会经济的供需状况等有关联（职业变动的内因与外因）；

（8）个人选择的职业与自己的兴趣、需求、价值观、父母长辈的期望和平等对待状况，可利用的地域社会资源（如文化、教育设施等）、学历程度、所在地区社会的职业构成与职业动向、个人对职业的态度等有关（职业选择方向的因素）；

（9）各种职业对人的年龄兴趣、性格等特征类型具有相当大的通融性；

（10）个人能否从职业中获得满足感，取决于他是否找到了适合于自己的能力、兴趣、价值观、性格特征等的职业；

（11）从职业中获得满足的程度是与个人自我概念的实现程度成正比的；

（12）某一职业的从事者多数为男性或女性的话，那么该职业就可能成为其成员人格重整的焦点。

2. 五个生涯发展阶段

舒伯根据自己生涯发展研究的结果，参照布勒（bueller）的分类，将生涯发展阶段划分为成长、探索、确立、维持与衰退五个阶段，其中有三个阶段与金斯伯格的分类相近，只是年龄与内容稍有不同。

舒伯对人的职业发展过程，提出了以“成长、探索、确立、维持、衰退”为中心的五个阶段模型，每个阶段都有要面对的课题（见表 4-1）。

表 4-1　　生涯发展阶段及发展任务

阶段	阶段名称		年龄段	人生时期	职业上的发展课题
1	成长阶段	幻想期	4~10 岁	婴幼时期	• 自理能力提高 • 认同于同性别家长
		兴趣期	11~12 岁	儿童期	• 自我志向、能力的提高
		能力期	13~14 岁	少年期（青年前期）	• 集体计划协同合作的可能 • 选择适合自己能力的活动 • 对自己行为的责任感
2	探索阶段	探索期	15~17 岁	青年中期	• 能力与才能的进一步成长 • 学习计划的选择 • 独立性发展 • 适合专业、职业的选择 • 有关专业技能的发展
		过渡期	18~21 岁	中青后期	
		尝试期	22~24 岁		
3	确立阶段	试验—承诺稳定期	25~30 岁	成年前期	• 逐步稳定于一项职业 • 确立自己将来的保障 • 发现适当的晋升路线
		建立期	31~44 岁	成年中期	
4	维持阶段	维持期	45~65 岁	成年后期	• 整理成果，维持现有地位 • 为退休做准备
5	衰退阶段	衰退期	65 岁以上	老年期	• 逐步退休的适应 • 闲暇时间的充实与个人活动技能的学习 • 尽可能地维持自立的状态

（1）成长阶段：由出生至 14 岁，该阶段孩童开始发展自我概念，开始以各种不同的方式来表达自己的需要，且经过对现实世界不断地尝试，修饰他自己的角色。这个阶段共包括三个时期：一是幻想期（4~10 岁），它以“需要”为主要考虑因素，在这个时期幻想中的角色扮演很重要；二是兴趣期（11~12 岁），它以“喜好”为主要考虑因素，喜好是个体抱负与活动的主要决定因素；三是能力期（13~14 岁）：它以“能力”为主要考虑因素，能力逐渐具有重要作用。

（2）探索阶段：由 15~24 岁，该阶段的青少年，通过学校的活动、社团休闲活动、打零工等机会，对自我能力及角色、职业作了一番探索，因此，在选择职业时有较大弹性。这个阶段发展的任务是使职业偏好逐渐具体化、特定化并实现职业偏好。这阶段共包括三个时期：一是探索期（15~17 岁），考虑需要、兴趣、能力及机会，做暂时的决定，并在幻想、讨论、课业及工作中加以尝试；二是过渡期（18~21 岁），进入就业市场或专业训练，更重视现实，并力图实现自我观念，将一般性的选择转为特定的选择；三是尝试期（22~24 岁），生涯初步确定并试验其成为长期职业生活的可能性，若不适合则可能再经历上述各时期以确定方向。

（3）确立阶段：由 25~44 岁，由于经过上一阶段的尝试，不合适者会谋求变迁或作其他探索，因此该阶段较能确定在整个事业生涯中属于自己的“位子”，并在31~40岁，开始考虑如何保住这个“位子”，并固定下来。这个阶段发展的任务是统整、稳固并求上进。这个阶段细分又可包括两个时期：一是试验—承诺稳定期(25~30 岁)，个体寻求安定，也可能因生活或工作上若干变动而尚未感到满意；二是建立期（31~44岁），个体致力于工作上的稳固，大部分人处于最具创意时期，由于资深往往业绩优良。

（4）维持阶段：由 45~65 岁，个体仍希望继续维持属于他的工作位置，同时会面对新的人员的挑战。这一阶段发展的任务是维持既有成就与地位。

（5）衰退阶段：65 岁以上，由于生理及心理机能日渐衰退，个体不得不面对现实从积极参与到隐退。这一阶段往往注重发展新的角色，寻求不同方式以替代和满足需求。

3. 生涯彩虹图

从 1957 年到 1990 年，舒伯拓宽和修改了他的终身职业生涯发展理论，这期间他最主要的贡献是“生涯彩虹图”。它形象地展现了生涯发展的时空关系，很好地诠释了生涯的定义（见图 4-5）。

（1）横贯一生的彩虹——生活广度。在生涯的彩虹图中，横向层面代表的是横跨一生的生活广度。彩虹的外层显示人生主要的发展阶段和大致估算的年龄：成长期（约相当于儿童期）、探索期（约相当于青春期）、确立期（约相当于成人前期）、维持期（约相当于中年期）以及衰退期（约相当于老年期）。在这五个主要的人生发展阶段内，各个阶段还有小的阶段，舒伯特别强调各个时期的年龄划分有相当大的弹性，应依据个体的不同情况而定。

（2）纵贯上下的彩虹——生活空间。在生涯的彩虹图中，纵向层面代表的是纵贯上下的生活空间，由一组职位和角色所组成。舒伯认为人在一生当中必须扮演九种主要的角色，依次是：儿童、学生、休闲者、公民、工作者、夫妻、家长、父母和退休者。各种角色之间是相互作用的，一个角色的成功，特别是早期的角色如果发展得比较好，将会为其他角色提供良好的关系基础。但是，在一个角色上投入过多的精力，而没有平衡协调各角色的关系，则会导致其他角色的失败。在每一个阶段对每一个角色投入程度可以用颜色来表示，颜色面积越多表示该角色投入的程度越大，空白越多表示该角色投入的程度越小。它的作用主要是对自身未来的各阶段进行调配，做出各种角色的计划和安排，使人成为自己的生涯设计师。

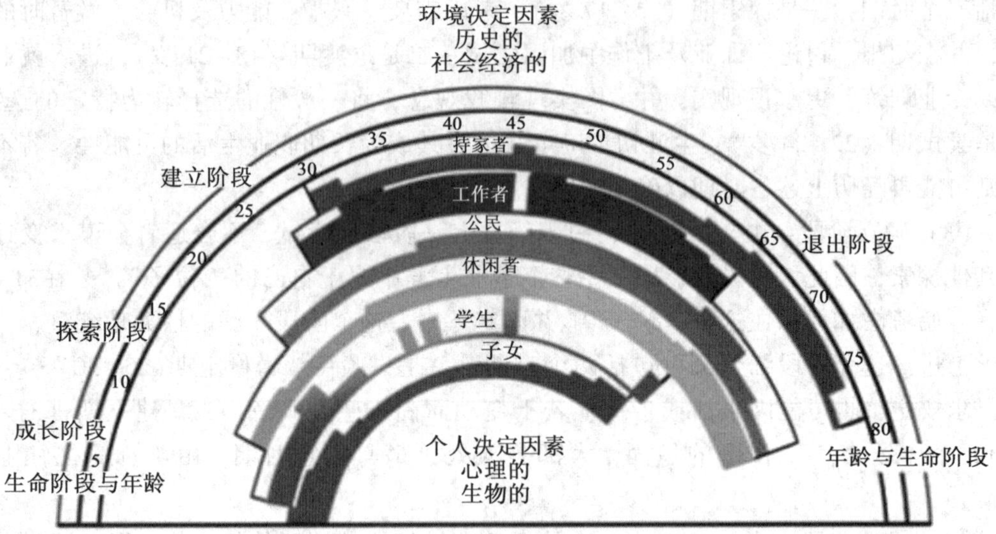

图 4-5　舒伯职业生涯彩虹图

"画生涯彩虹图"是一项很重要的活动，舒伯认为人的行为方向受到三种时间因素的影响：一是对过去成长痕迹的"审视"；二是对目前发展状况的"审视"；三是对未来可能发展方向的"展望"。这三种因素是相互影响的，过去是现在的成因，现在又是未来的基础。大学生在做生涯规划时，对未来的时间透视能力较为重要，一生生涯的彩虹图就提供了一个最佳的透视工具。实际绘制个人生涯彩虹图时，学生画出与其生涯发展有关的各种角色的起始与发展轨迹。透过这张彩虹图，我们可以帮助个体具体而清晰地了解不同的角色是如何构建其个人特有生涯类型的，不同的角色如何在不同的发展阶段出现，角色的组合如何合理安排才能达到最佳的自我实现。

三、孔子的生涯发展思想

孔子认为在人生发展的整个过程中都要顺时应天，做好自己该做的事情。在《论语·为政篇》中他自称："吾十有五而志于学，三十而立，四十而不惑，五十而知天命，六十而耳顺，七十而从心所欲，不逾矩。"这段话简洁有力地描述了孔子的生涯发展思想，以及在不同的时间的发展重心。这是对人生过程深刻的阐释，是中国最早关于人生发展阶段的思想。孔子以自己的经历告诫后人，人在十五岁以前应该好学，学思结合，学以致用，从而为实现个体人向社会人的转变做好准备；三十岁追求内在的独立，建立心灵内在的自信；四十岁不再为是非公平所困扰，淡定从容；五十岁不怨天尤人；六十岁能悲天悯人，真正地理解和包容别人的所思所为；七十岁建立内心的价值体系，将人生的种种压力转化，潇洒自如地应对世间所有的事情，以达到人生的最高境界。

孔子自述了他学习和修养的过程。就思想境界来讲，整个过程分为三个阶段：15

岁到40岁是学习领会的阶段；50~60岁是安身立命的阶段，也就是不受环境左右的阶段；70岁是主观意识和做人的规则融合为一的阶段。在这个阶段中，道德修养达到了最高的境界。这个与西方职业生涯理论的阶段论是类似的。其中"三十而立，四十不惑"尤为耳熟能详。30岁的人应该依靠自己的本领独立承担自己应承受的责任，并已经确定自己的人生目标与发展方向。简单一句话，30岁，人应该能坦然地面对一切困难了。"三十而立"告诉我们：处于职业生涯早期，核心是找到业绩贡献区。而"四十不惑"则明确显示：职场是有惑的。而我们要归纳惑的类型，分析惑的产生，专心致力于惑的解决。

孔子还非常注重对人生志趣的追求和探讨，对人生立志问题的认识极其深刻，《论语》中对"志"有多处论述，专谈立志问题的至少有11章，如"士不可以不弘毅，任重而道远"（《论语·泰伯篇》）。孔子还强调人要有高尚的情操，要严格要求自己，对高贵应"不为苟得"，对生死应"无求生以害仁"。他提倡顽强的奋斗精神，不计较生活的好坏和环境的优劣，要努力奋斗、绝不灰心，坚韧地"知其不可而为之"《论语·宪问篇》。另外，"志于道"（《论语·述而篇》）、"博学而笃志"（《论语·子张篇》）等论述，也都是积极人生观的体现。

对于今天的我们可以将孔子划分的人生阶段特征作为一面镜子，就像于丹所讲的，照一照自己的心灵，是否已经立起来了，是否少了一些凝思，是否已经通了天地之道，是否已经能宽容地去体谅他人，是否终于做到从心所欲。

四、大学生职业发展的阶段性任务

职业生涯是一个长期的发展过程，在不同的发展阶段，每个人有着不同的职业需求、人生追求和生活状态。对于具体阶段的划分，不同的专家、学者有不同的观点。但对大学生而言，正处于职业生涯的探索阶段，必须加快完成对自我和职业世界的认知，做出职业规划并付诸实践。大学阶段生涯发展的任务是：完善自我，从多角度了解自己和提高自己的综合能力和素质；进行职业探索，发展对工作世界的正确态度及了解工作的意义，获得个人与职业需求的平衡发展。进行生涯规划和实践，要做好学业规划、成长规划和实践规划，成为一个独立和全面的人，为就业和职业生活做好准备。

由于我国的社会文化传统和教育制度的原因，学生长期专注于学校学习，对社会、职业的了解还不全面，对职业主要考虑的还是个人兴趣，具有理想主义色彩。步入大学后，通过专业学习、社团活动、兼职实习等，通过在生活中各个场合的体验和与生活事件的互动，对生活和职业了解的深入，大学生对职业的选择和未来生活的选择，更趋于现实和理性。

大学新生经历了严酷的高考后，如愿地迈进了大学校门。很多大一新生在经历了短暂的放松后，陷入了迷茫和困惑，经历了或多或少的不适应。大学生要尽快适应大学阶段的生活和学习，完成从未成年向成年的转变，完成从依赖家人到独立生活的转变，完成从被动学习到主动学习的转变，尽早步入正轨。正如舒伯生涯彩虹图所示，大学生可能同时扮演着子女、学生、休闲者、公民、工作者、爱人的角色。各种角色之间是相互作用的，一个角色的成功，特别是早期的角色如果发展得比较好，将会为其他角色提供良好的关系基础。但是，在一个角色上投入过多的精力，而没有平衡协调各角色的关系，则会导致其他角色的失败。有些大学生专注于学业，而忽略了休闲生活和社会实践；有些大学生专心于个人的感情生活，而忽略了学业；有些大学生把更多的时间投入到实践中去，而忽略了专业知识的学习。希望各位同学能在大学生活中，能扮演好各种角色，为职业生涯的发展打下坚实的基础，获得圆融、富足、完满的人生。

“大学之道，在明明德，在亲民，在止于至善。”诺贝尔和平奖的获得者史怀哲在年轻时志向是：“30 岁以前为研究科学艺术而生活，30 岁以后献身服务人群。”他在 38 岁时获得医学博士，集哲学、神学、医学、音乐四个博士学位于一身，却决定到非洲投身于医疗服务。这一决定是将理想置于心中，从而成就了一位不朽的巨人。人生就是由一连串的抉择组成的，每个人时时都在做着选择，任何一种选择没有对、错之分。大学生们要力求配合个人的特质与抱负，斟酌社会环境的需要，成为自己生涯的塑造者。

项目三　职业生涯发展选择理论

案例导入

某艺术职业学院唢呐教师王某，毕业于天津音乐学院。王某在大学毕业时，有两个工作机会，一个是进入天津民族乐团做演员，另一个是进入大学做唢呐专业教师。当时天津民族乐团正在组织排练，年底将赴维也纳金色大厅演出，可以说这对于每一位学习音乐表演的人来说都是一个完成梦想的机会。然而，王某却毅然放弃了这个机会，最终走进了校园，开始了自己的教师生涯。

为何做出这样的选择？我们了解到，他自幼跟随一名大学唢呐教师学习专业，对于大学专业教师的工作性质有充分的了解。一方面可以将自己的技能传授给学生，见证他们的成长；另一方面，专业教师工作时间相对灵活和自由，这种工作性质正符合他向往自由的个性。而乐团的排练和演出都非常紧张，自己不喜欢这种被束缚的感觉。同时由于长年跟随自己的专业老师学习，已经将老师的教学理念和教学方法烂熟于心，也已经具备了作为一名教师的能力。

案例评点：在走进职业的过程中，有各种各样的选择，如何找准适合自己的路，是摆在我们面前的课题。案例中的这名王老师，就是对自己的兴趣、能力、价值观等有了充分的认识，选择了一条适合自己的道路。选择，不是凭一时的冲动，而是要根据一定的理论根据，采用科学的方法，做出最准确的判断。那么，我们该如何选择，又有什么样的理论可以指导我们进行选择呢？这就是下面将要阐述的内容。

【相关知识】

一、帕森斯的特性因素理论

帕森斯的特性因素理论又称帕森斯的人职匹配理论，特性因素论是最早的职业辅导理论，1909 年美国波士顿大学教授弗兰克·帕森斯在其《职业选择》的著作中提出了“人与职业相匹配是职业选择的焦点”的观点，他认为，每个人都有自己独特的人格模式，每种人格模式都有其相适应的职业类型。

该理论假设：个体差异是普遍存在的，每个人都有一系列独特的特性，这些特性可以客观有效地进行测量；不同职业需要具有不同特性的从业者；最佳的人职匹配是可以实现的；个人特性与职业要求之间的匹配越好，个人在职业上成功的可能性就越大。所谓“特性”，就是指个人的人格特征，包括兴趣、能力、气质性格和价值观等，这些都可以通过心理测量工具来加以评量。所谓“因素”，则是指在工作上要取得成功所必须具备的条件或资格，这可以通过对工作的分析来了解。

基于以上假设，该理论提出了职业选择的三大要素：第一，求职者的特性，包括身体状况、职业倾向、能力、兴趣爱好等个人资料；第二，各种职业的特点和对从业者的要求以及就业的机会；第三，人职匹配，即寻找个人特性和职业因素之间的最佳匹配模式。

以上三大因素决定了职业选择的过程包括个人特性评价、职业因素分析以及实现人职匹配的三个步骤。具体来讲，首先进行个人特性分析，评价求职者的生理、心理特性；其次分析各种职业对从业者的要求；最后进行人职匹配，即个人在了解自己特点和职业要求的基础上选择最佳职业。

人职匹配的类型主要分为两种：一是条件匹配，即所需专门技术和专业知识的职业与掌握该特殊技能和专业知识的择业者相匹配；二是特长匹配，即某些职业需要有一定的特长。如具有敏感、不守常规，有独创性，个性强，理想主义等人格特性的人，宜于从事审美性、自我情感表达的艺术创作类型职业。

特性因素强调个人的所具有的人格特征（特性）与职业所需要的素质与技能（因素）之间的协调和匹配。为了对个体的特性进行深入详细的了解与掌握，特性因素论十分重视人才测评的作用，职业指导是以对人的特性的测评为基本前提的。这一理论奠定了人才测评理论的理论基础，推动了人才测评在职业选拔与指导中的运用和发展。

二、霍兰德的人格类型理论

约翰·霍普金斯大学心理学教授约翰·霍兰德是美国著名的职业指导专家，他于

1971 年提出了具有广泛社会影响的"人格类型理论"，即"人格——职业匹配理论"，这是一种在特性因素理论基础上发展起来的人格与职业类型相匹配的理论。

霍兰德的理论体系认为：某一类型的职业通常会吸引具有相同人格特质的人，而具有相同人格特质的人对许多生活事件的反应模式也是相似的。他们创造了具有某一特色的生活环境，包括工作环境。霍兰德认为，在同等条件下，人和环境的适配性或一致性将增加个体的工作满意度、职业稳定性和职业成就感。

霍兰德生涯理论的基础主要由 4 个基本假设组成：①大多数人的人格特质可以归纳为 6 种类型，即现实型、研究型、艺术型、社会型、管理型和常规型；②工作环境也有 6 种类型，其名称及性质与人格类型的分类一致；③人们都尽量寻找那些能运用自己的技术、体现自己的价值和能在其中扮演令自己愉快角色的职业，例如一个现实型的人会尽力去寻找现实型的职业，其他几种人格类型和职业类型的匹配亦然；④一个人的行为表现是职业环境类型和人格类型相互作用的结果。如果知道自己的人格类型和职业类型，我们就可以预测自己的职业选择、工作变换、职业成就、个人竞争和教育及社会行为。①

1. 人格类型与特征要求

在现实生活中，我们会发现同一职业的从业者有着相似的人格类型和反应方式，如木匠手艺灵巧、律师能言善辩、演员表现欲强、会计计算精确，科学家不善于社交，诸如此类。霍兰德假定大多数人可以归为六种人格类型：现实型、研究型、艺术型、社会型、管理型和常规型。各人格类型有其相应的人格特质、兴趣和价值观。人们寻求足以发展其能力、展现其人格特质与价值观的环境。与人格类型相应的职业世界，也可以归纳为以下六种职业类型，如表 4-2 所示：

表 4-2 **霍兰德的职业类型**

人格类型	特征	喜欢的工作类型	职业
现实型	身体强壮、粗犷，稳健，擅长机械和体力劳动，具有较强的实践性	喜欢用手或工具制造或修理一些东西，愿意从事实物性的工作，喜欢从事户外工作或操作机器	制造、渔业、野生动物管理、技术贸易、机械、农业、技术、林业、特种工程师和军事工作等
研究型	聪明、好奇、有学问、具有创造性和批判性，具有数学和科学天赋等，喜欢独立工作	喜欢与思想有关的研究活动，喜欢研究需要分析、思考的抽象问题	实验室工作人员、生物学家、化学家、社会学家、工程设计师、物理学家和程序设计员

① ［美］Robert D. Lock：《把握你的职业发展方向》，钟谷兰、曾垂凯、时堪等译，中国轻工业出版社 2006 年版，第 99 页。

续表

人格类型	特征	喜欢的工作类型	职业
艺术型	善于表达，有直觉力，具有想象力和创造力，具有表演、写作、音乐创作和讲演等天赋和天生的审美能力	喜欢在写作、音乐、艺术和戏剧等方面进行艺术创作，喜欢将自己完全投入在自己所制定的项目中，会尽力避免过度模式化的环境	作家、艺术家、音乐家、诗人、漫画家演员、戏剧导演、作曲家、乐队指挥和室内装潢设计者
社会型	易合作、友好、仁慈、随和、机智、善解人意	喜欢与人建立关系、与群体合作、与人相处以及通话来解决问题和困难的工作环境	教学、社会工作者、宗教、心理咨询和娱乐
管理型	精力充沛、自负、热情、自信，具有冒险精神，能控制形势，擅长表达和领导	喜欢追求高收入，喜欢利用权力，关心地位，希望成就一番事业	商业管理、律师、政治运动领袖、推销商、市场经理或销售经理、体育运动策划者、采购员、投资商、电视制片人和保险代理
常规型	细心、顺从、依赖、有序、有条理、有毅力、有效率	喜欢规范化的工作或活动，希望确切地知道别人希望他们怎么样或让他们干什么，喜欢整洁有序	会计、银行出纳、图书管理员、秘书、档案文书、税务专家和计算机操作员

2. 劳动者职业性向类型与职业类型的匹配及模型

霍兰德认为同一类型的劳动者与同一类型的职业互相结合便达到适应状态，这样劳动者找到了适宜的职业岗位，其才能和积极性才能得以发挥。依照霍兰德理论，劳动者的职业性向类型与职业类型相关系数越大，两者适应程度越高；二者相关系数越小，相互适应程度就越低。

为了直观的阐明自己的意思，霍兰德设计了一个平面六角形的图形，这被称为霍兰德职业类型理论模型（见图 4-6）。

这个图的六个角分别代表六种职业类型和六种职业性向类型，六种类型的劳动者与六种类型的职业相关联，在图形上以连线表示。

连线距离越短，两种类型的人职相关系数就越大，适应程度就越高。当连线距离为零，劳动者类型与职业类型高度相关，统一在一个点上（即图中六个角顶端所示），表明某种类型劳动者从事相应类型职业，或者某类型职业有相应类型劳动者来担当。在此种情况下，人职匹配最相适宜，是最好的职业选择。

3. 职业选择时应遵循的原则

霍兰德模型中的六种职业性向并非完全独立。在一些性向之间，存在着重要的相关性。在这个六边形中，每种职业人格类型与其邻近的两种类型属于相近关系，与其处于

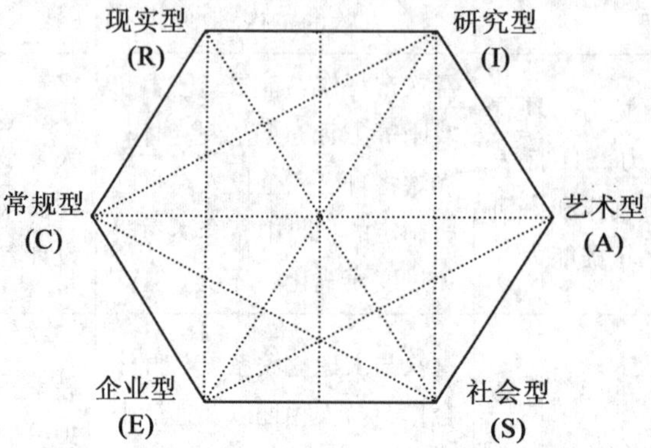

图 4-6　霍兰德六角形模型

次对角线上的两种类型属于中性关系，以其处于主对角线上的职业人格类型属于相斥关系。

模型的六角形状及上述劳动者人格类型与职业类型的关系表明，当人们无法在个人所偏好的部门找到合适的工作时，往往在六角形向邻近的部门找到的工作比与之位置较远的部门更能成为令人满意的选择。据此，霍兰德提出了职业选择时应遵循的几个原则：

（1）相宜原则。即每种职业人格类型的人适宜从事同种类型的职业。

（2）相近原则。即每种职业人格类型的人选择从事与人格类型相近类型的职业，比较容易适应。

（3）中性原则。即人们选择从事与人格类型呈中性关系类型的职业，经过艰苦努力，也较容易适应。

（4）相斥原则。即人们如果选择与人格类型相斥关系类型的职业，则很难适应。

其实，大多数人实际上都并非只有一种倾向，如果它具有的两种职业倾向是紧挨着的，那么他就会很容易选定一种职业。

然而，如果此人的职业性向是相互对立的，那么他在进行职业选择时将会面临较多犹豫不决的情况，这是因为他的多种兴趣将驱使他在多种十分不同的职业之间进行选择。霍兰德认为，这些性向越相似或相容性越强，则一个人在选择职业时所面临的内在冲突和犹豫就会越少。

4. 职业性向的测定与择业

个人可以根据职业性向测定结果的不同，选择相关的职业并制订相应的生涯规划。

在霍兰德看来，个体的人格类型是可以测定的。可以自测，也可以通过量表来测定。有些人的人格类型可能并不是非常清晰，但总与某一类型比较接近。同样，霍兰德认为，职业环境的类型也是可以区分开来的。在清楚地了解了人格类型和职业环境的类型之后，是可以使两者适当地配合的。但在实际测试中，很少有人属于其中某种单一类型，多数人属于其中几种的混合型。每个个体都会测得分数最高的某种职业人格类型，也有分数次高与之相近的职业个性类型。个体在选择职业时，可以选择与自己职业人格类型完全一致类型的职业；如果不能实现，也可以选择与之相近或成中性关系类型的职业，但尽可能避免选择与之成相斥关系类型的职业。

三、施恩的职业锚理论

1. 职业锚的概念

为了帮助人们进行更好地进行职业定位，美国著名职业专家埃德加·H. 施恩教授提出职业锚理论。施恩认为职业生涯发展是一个持续不断的探索过程，在这一过程中，每个人都需要根据自己的天资、能力、动机、需要、态度和价值观等慢慢地形成较为明晰的与职业有关的自我概念。随着一个人对自己越来越了解，这个人就会越来越明显的形成一个占主要地位的职业锚。

职业锚是借用船只停泊时所用的“锚”来比喻我们所要选择的职业。在这个词里，“锚”是停靠、是选择，是寻找并确定理想的职业。那么，船就是寻找职业的人，船只游历的区域是许许多多的职业种类或职业领域，抛锚的地方是自己一生最佳的选择。

2. 职业锚的类型

施恩教授最初的时候发现了 5 种职业锚，后来又总结出了 3 种，总共 8 种，其具体类型及特征如下：

（1）技术/职能型：追求技术和职能的不断提高，对自我的认可来自于自身的专业水平。通常不喜欢从事一般的管理工作，他们总是倾向于选择能够保证自己在既定的技术和功能领域中不断发展的职业。

（2）管理型：追求工作晋升，希望独立负责一个部门或是跨部门整合他人努力的成果，想去承担整体的责任，把事业的成功与否看做是自己的工作成功的标杆，认为技术职能性工作是通向管理层的必经之路。

（3）创造型：希望用自己的能力创建自己的企业、产品、服务，愿意冒风险并克服困难障碍，想在世界面前证明所取得的成就是靠自己的努力换来的。

（4）安全/稳定型：追求工作中的安全稳定感，他们为能预测到稳定的未来而感到安心。关心财务安全（退休金和退休计划），他们可以完成老板交代的工作，但不关心工作的具体内容。

（5）独立/自主型：希望随心所欲地安排自己的工作方式、工作习惯、生活方式。追求可以施展个人能力的工作环境、最大限度地摆脱组织的限制和约束，宁愿放弃提升和发展机会，也不放弃自由和独立。

（6）服务型：一直追求他们认可的核心价值（例如帮助他人），会一直寻求这种机会，即使变换职业和职位，也不会放弃其核心价值的追求，甚至拒绝变动或提升工作。

（7）挑战型：喜欢解决看上去无法解决的问题，战胜强硬的对手，克服无法克服的困难和障碍，需要新奇、变化和困难；不愿从事过于容易的工作。

（8）生活型：希望将生活的各个主要方面整合为一个整体；喜欢平衡个人、家庭、职业的关系；需要一个能够提供足够弹性的工作环境来实现这一目标。

3. 职业锚的实质

职业锚的概念来自于外职业生涯和内职业生涯的定义，内职业生涯关注个体的自我观和职业价值观，而其中最主要的成分就是职业锚。

（1）锚即核心职业价值观。职业锚是人们选择和发展自己的职业时所围绕的中心，是一个人在不得不做出职业选择时，始终坚持的职业中的最重要的内容和价值观。

（2）锚即个体职业自我观。职业锚是一个人“自省的才干、动机和价值观的模式”，它体现了个体的“真实的自我”。职业锚产生于早期职业生涯阶段，以一个人所获得的工作经验为基础，是一种从早期工作经历中逐渐发展形成的职业自我观，是个体对自己在成长过程中慢慢形成的态度、价值观、与天赋的自我认知。作为职业锚核心内容的职业自我观由自省的动机和需要、自省的态度和价值观、自省的才干和能力三部分组成。

总之，职业锚是个体自我观中的才干、动机、需要、价值观和态度等相互作用和逐步整合的结果，他强调个人能力、动机、价值观三个方面的相互作用和融合，而不是只重视其中的某一方面。职业锚是个人和工作情境之间早期相互作用的产物，只有经过若干年实际工作后才能被发现。一个人对自己的天资和能力、动机和需要以及态度和价值观有了清楚的了解之后，才会意识到自己的职业锚到底是什么。当你发现自己的职业锚时，你的职业便成为事业了，这就是发现职业锚的意义。

职业锚是变化的。虽然职业锚是个人稳定的职业贡献区和成长区，但这并不意味着个人的职业锚不是固定不变的。影响一个人职业锚的因素有天资和能力、工作动机和需要、人生态度和价值观等。其中天资是固定不变的，但其他因素有可能随着时间、地点等的变化而不断变化。

四、克朗伯兹的社会学习理论

约翰·克朗伯兹，作为职业生涯规划中社会学习理论的代表人物，提出了对职业选择的四种影响。

一是遗传素质和特殊能力。一些遗传素质，在某些程度内会影响或限制个人对职业或学校教育选择的自由。这些因素包括：种族、性别、外在的仪表和特征等。同时，某些特殊能力也会影响其在环境中的学习经验，伴随这些学习经验而来的兴趣与技能，对个人未来的职业选择将具有相当密切的关系。个人的特殊能力包括：智力、音乐能力、美术能力、动作协调能力等。这种因素对于艺术类的学生来说影响非常大。

二是环境条件。包括个人所接受的教育与训练、家庭背景、社会政策、社会变迁等非个人所能控制的因素，以及个人职业选择的具体领域等。如家庭背景包括父母所从事的职业及社会经济地位、父母的教育水准，以及家庭结构、父母期望等因素。社会政策与社会变迁则包括劳动法规和行业协会的规定、自然灾害（洪水、干旱、地震、飓风）、自然资源的供需情况、技术的新发展等。

三是学习经验。每个人有独特的学习经验，这在决定其职业生涯时扮演重要的角色作用；凡是成功的生涯规划、生涯发展和职业或教育的表现所需的技能，均能够通过学习经验而获得。

四是工作定向技能。即在上述各种因素的交互作用下，个人所获得的解决问题的技能、工作习惯、认知过程、情绪反应等，这些技能又会影响其他各项因素。

社会学习理论还指出，你的偏好折射了你所习得的反应。当你做与某项职业有关的事而得到正反馈如赞许、认可时，你会倾向于对该职业有所偏好。如果你美术得了 A，你会比得 C 的人更有可能想做美术家。还有一些其他的正反馈，如你所认为的成功人士所从事的职业，你敬仰的人鼓励你从事某项职业，或激起你对某些职业的正面评价和想象等。

社会学习理论应用于职业生涯规划的一个方面是，检测你在职业决策和求职时可能产生的一些棘手想法。这些想法近似于阿尔伯特·埃利斯所说的"非理性信念"和艾伦·贝克所说的"错误推理"。克朗伯兹建议你直面检测你对职业的想法是否有效、合理和正确。这一点可以自己完成，也可在咨询人员的帮助下进行。你可能有一些不利于自己的信念。不击溃这些理念，你可能会做出不现实的选择或者找不到有可能令你满意的职业。决策是带有压力的，有时甚至会很痛苦。你可能会在压力下变得死板或过于防范。与此相反，我们可以剖析自己，寻求职业指导，下决心做出选择。

下面列出了一些对职业决策和求职不利的想法。也许你由于曾感到挫折、失意、内疚、烦闷、易受攻击、无意义、厌憎和担忧而陷入不利于自己的思维模式，试试用更为理性和建设性的思维方式来重新建构这些想法。并请检查一下随时可能出现的这类想法。

- 我不知道我想做什么，这糟透了。
- 别人好像都有目标，都知道他们想从事什么职业。
- 会有一个专家或某种测试告诉我正确的职业（或专业）选择。
- 我在我向往的职业或专业上会以失败告终。
- 如果经济滑坡，我会找不到工作。
- 列出一堆职业来研究和选择完全是在浪费时间。
- 我必须找到唯一适合我的职业。
- 只要工作足够努力，我什么都能做。
- 一旦做出了职业选择，我就得一生坚持自己的选择。
- 世界变得太快，根本不可能规划你的职业。
- 没有女性（或男性）会从事这样的职业。
- 我不能为男性（女性）老板而工作。

你若有这其中的任何想法，都可以对它们提出质疑。你可以用几个关键问题来检查你的信念：

- 我怎么知道确实如此？

• 如果确实如此，我应该用哪些步骤来证明？

• 什么证据能说明与之相反的理念才是对的？

下面有一些可以对上述部分信念提出质疑的信息：

• 适合你的工作远不止一种；你可以找到成千上万的按相关兴趣、能力分组的职业。

• 不知道自己想做什么这很正常；一半以上的大学新生会改变求学目标，而通常人一生中平均要换 7~10 次工作。事实上，职业咨询师更愿意帮助那些职业目标不确定的人，因为他们更热衷于找出和探索备选的职业。

• 即使在困难时期，求职者也能找到工作。

• 很多人愿意在男性（或女性）老板手下工作。

• 很多人都曾被认为只适合于另一性别的职业上取得了成功。

等你想清楚了，你就能克服这些影响你职业规划的非理性信念。①

帕森斯的特性因素理论和霍兰德的人格类型理论一脉相承，都是先进行充分的自我探索，然后根据自我特性选择适合自己的职业，达到最完美的“人职匹配”，具有充分的前瞻性和预见性，能够起到事倍功半的效果。施恩的职业锚是个人和工作情境之间早期相互作用的产物，只有经过若干年实际工作后才能被发现。所以说，职业锚理论可以帮助人们在工作过程中根据实际情况，不断明晰，不断修正，最终找到适合自己的那个“锚”，并为之奋斗。社会学习理论更是在前三个理论上的充实和补充，他强调人们在职业生涯中不必拘泥于既定职业，可以在不断尝试各种性质的活动过程中，增加自己的社会经验，拓展自己的职业技能，为拓宽自己的职业生涯做好充分的准备。

这四个理论总体上都是讲选择适合自己的职业，但每个理论有所侧重。我们可以根据自己所处的职业阶段和实际情况，适时地选用相应的理论帮助自己，这样才能将理论转化为现实，真正为自己的职业生涯规划服务。

模块小结

职业生涯贯穿人的一生，大学就是这个生涯的重要转折点。如何找准自己的方向，选择一条光明之路，必须有科学的理论指导。在本模块中，我们着重介绍了职业生涯的概念和两种类型的理论，即阶段理论和选择理论。这两个理论一个是纵向的，一个是横向的，相互交叉，最终目的都是帮助我们进行科学合理的职业生涯规划。在每个人的职业生涯规划中，都会面临不同的阶段，也会面对不同的选择，尤其是对于即将步入职场的大学生来说，不妨将阶段理论和选择理论结合起来，活学活用，让这些理论真正成为自己职业生涯规划的指导。

---

① 【美】Robert D. Lock：《把握你的职业发展方向》，钟谷兰、曾垂凯、时堪等译，中国轻工业出版社 2006 年版，第 18 页。

复习思考题

(1) 我的职业生涯起点从何而起，大学生活应该怎么度过?

(2) 各种生涯发展的理论，在我的成长过程中是否能得到一些验证？在现在和未来的生活中，如何用这些理论来指导生活，从而让自己的人生更加精彩?

(3) 找出与自己所学专业相关的几种职业，了解该职业的要求、准入条件和发展规律。

(4) 测定自己的气质与性格类型，提出与自己的气质性格相匹配的若干职业。

知识链接

杨澜人生规划的成功学分析

由央视的名主持到远涉重洋的学子，再到凤凰卫视的名牌主持，最后到阳光卫视的当家人，杨澜的角色在不断地变化。而以一位文化经营商的身份出现在公众的视野里，则是杨澜人生最重要的一次角色转换。

坚持目标，不懈追求。杨澜的职业角色几次变化，但正所谓“万变不离其宗”，无论如何转，如何变，杨澜始终把自己定位为“传媒人”，聪慧的她很清楚自己适合做什么，所以从没有偏离做媒体这个大方向。而她的变化就在于她制定的目标层次一直在提高。杨澜在她的《凭海临风》一书中，曾写到了乘热气球的经历。热气球的操作员能做的只是调整气球的高度以捕捉不同的风向，而气球的具体航线和落点，就只能听天由命了。这正是乘坐热气球的魅力所在：既有控制的可能性，又保留了不确定性，所以比任何精确设定的飞行都要刺激。“其实人生的乐趣也是如此，全在定于不定之间，”杨澜这样认为。

学习充电，知识塑造。杨澜虽有很美丽的外表，但更看重以知识塑造自己的人生，杨澜选择出国留学正是为了对中西文化进行对比学习，通过不断学习和充实提高自己的思维能力。杨澜说，自己当时并没有多少钱可以出国读书，与正大集团总裁谢国民的相识使她圆了求学梦。1993年底，谢国民问杨澜有无留学计划。杨澜说自己走了就没有人做节目了。谢国民认真地说：“一个节目没有一个人的发展重要。你有很多潜质，如果不出去就可惜了。只要你考取一个好的名牌大学，我就赞助你，我给你学费。”杨澜坦言自己至今都非常感动。

开放视野，国际眼量。杨澜的思维意识是新潮的，也是中国电视主持人中为数不多的具有国际视野的电视人，这样的开放思维让杨澜具有强烈的国际背景。这个1968年出生的女性，作为电视节目主持人，曾走访了许多世界政要、科学家、艺术家、企业家、杰出华人、杰出女性，1996年他自己也被选入英国《大英百科全书世界名人录》，

1999年2月被《亚洲周刊》评为泛亚地区20位社会与文化领袖之一。2000年1月，她出资4000多万元入股香港上市公司良记集团，作为第一大股东担任集团主席。2000年3月，良记集团更名为阳光文化网络电视有限公司。2001年7月13日，在莫斯科国际奥委会第112次全会上，杨澜代表中国奥申委作文化方面的申办陈述，并亲眼见证了北京申奥成功。自2003年3月起，她开始担任中国人民政治协商会议第十届全国委员会委员。2005年，她开始主持针对中国都市女性观众的大型谈话节目《天下女人》，其人物访谈节目始终深受世界华语观众的喜爱。

财富人生，艺术人生。杨澜的事业虽然是商业产业，但也是文化事业，体现的是对文化的责任和对社会的责任。杨澜开办阳光卫星电视的一个目的就是做历史和人文，是对文化的一种贡献。她现在所有的电视节目都有很丰厚的文化含量，而没有浓厚的商业和金钱味道。杨澜热爱公益事业，对社会充满爱心，她曾获得万宝龙国际艺术赞助大奖的15000欧元奖金，对一般人来说这可能是一笔不小的数目，但对杨澜来说可能就不算什么了。不过大家还是很关心她是如何花这笔钱的，谁让她是公众人物呢？杨澜说，这笔奖金她将用于和中央芭蕾舞团共同创建一个青少年的现代芭蕾舞培训和演出计划，帮助那些在社会上和在家庭中遇到一些困难和困惑的少年。她认为在关心别人的同时也能感受到自己的价值和快乐。

具有知性魅力的杨澜，以她的动人、自信、优雅、阳光而成为东方现代女性的代表，向世界展示了古老而又现代的东方神韵。杨澜也是一个征服世界的流行符号和与世界沟通的密码。

【案例分析】

杨澜可以说是在中国知名度很高的文化名人，她集多种身份于一身，是文化名人，也是名主持、名电视人，还是著名的文化商业人士。杨澜并无显赫的家庭背景，走的也是大学教育就业的途径，他能实现从“丑小鸭”到“白天鹅”的转型，天分和机遇固然重要，但更重要的还是知识和意志，她所体现出来的职业素质改变了她的命运。杨澜的成功经验对现代青年有很强的启发和指导作用。①

技能训练

一、绘制我和家人的生涯彩虹图

1. 画出你的生涯彩虹图。想想过去近20年以来你的不同角色，每种角色投入的时间与精力；大学期间你想要完成的事情或目标是什么？未来10年在不同的角色上，你要完成的事情或目标是什么？想象未来的10年内你将会面临哪些事情？周围的环境如何？

① 姬振旗、周锋：《职业生涯发展》，高等教育出版社2011年版，第161页。

（1）未来10年内，我可能面临的事情：

____

____

（2）在不同角色中，我想要完成的事情和目标是：

角色	起止点及意义	何时加重或减少	主要任务是什么
学生			
工作者			
休闲者			
公民			
持家者			
孩子			

2. 为家人做一个生涯访谈，画出他或她的生涯彩虹图，请注意他们在不同阶段所扮演的不同角色，以及每种角色的投入程度，思考他们的人生经历对你有什么启发和影响？他们在人生发展的不同阶段所扮演的角色，投入程度如何？不同的角色对家庭、他们自己的职业、健康等有什么样的影响？

二、霍兰德职业倾向测验量表

本测验量表将帮助您发现和确定自己的职业兴趣和能力特长，从而更好地做出求职择业的决策。如果您已经考虑好或选择好了自己的职业，本测验将使您的这种考虑或选择具有理论基础，或向您展示其他合适的职业；如果您至今尚未确定职业方向，本测验将帮助您根据自己的情况选择一个恰当的职业目标。

本测验共有7个部分，每部分测验都没有时间限制，但请您尽快按要求完成。

第1部分　你心目中的理想职业（专业）

对于未来的职业（或升学进修的专业）你也许早有考虑，它可能很抽象、很朦胧，也可能很具体、很清晰。不管是哪种情况，现在都请你把你最想干的3种工作或最想读的3种专业，按顺序写下来。

1. ____________________________________

2. ____________________________________

3. ____________________________________

第2部分　你所感兴趣的活动

下面列举了一些十分具体的活动。这些活动无所谓好坏，如果你喜欢去参加（包括过去、现在或将来），就请在答题卷的相应题号上的“是”一栏的方框内打“√”，如果不喜欢就请在“否”一栏的方框内打“√”。注意，这一部分测验主要想确定你的职业兴趣，而不是让你选择工作，你喜欢某种活动并不意味着你一定要从事这种活动。答题时不必考虑过去是否干过和是否擅长这种活动，只根据你的兴趣直接判断即可。请务必做完每一题目。

（一）R型（现实型活动）

你喜欢做下列事情吗？

1. 装配修理电器
2. 修理自行车
3. 装修机器或机器零件
4. 做木工活
5. 驾驶卡车或拖拉机
6. 开机床
7. 开摩托车
8. 上金属工艺课
9. 上机械制图课
10. 上木工手艺课
11. 上电气自动化技术课

（二）I型（调查型活动）

你喜欢做下列事情吗？

1. 阅读科技书刊
2. 在实验室工作
3. 研究某个科研项目
4. 制作飞机、汽车模型
5. 做化学实验
6. 阅读专业性论文
7. 解一道数学或棋艺难题
8. 上物理课
9. 上化学课
10. 上几何课
11. 上生物课

（三）A型（艺术性活动）

你喜欢做下列事情吗？

1. 素描、制图或绘画
2. 表演戏剧、小品或相声节目
3. 设计家具或房屋
4. 在舞台上演唱或跳舞
5. 演奏一种乐器
6. 阅读流行小说
7. 听音乐会
8. 从事摄影创作

9. 阅读电影、电视剧本
10. 读诗写诗
11. 上书法美术课

（四）S型（社会型活动）

你喜欢做下列事情吗？

1. 给朋友们写信
2. 参加学校、单位组织的正式活动
3. 加入某个社会团体或俱乐部
4. 帮助别人解决困难
5. 照看小孩
6. 参加宴会、茶话会或联欢晚会
7. 跳交谊舞
8. 参加讨论会或辩论会
9. 观看运动会或体育比赛
10. 寻亲访友
11. 阅读与人际交往有关的书刊

（五）E型（企/事业型活动）

你喜欢做下列事情吗？

1. 对他人做劝说工作
2. 买东西与人讨价还价
3. 讨论政治问题
4. 从事个体或独立的经营活动
5. 出席正式会议
6. 做演讲
7. 在社会团体中做一名理事
8. 检查与评价别人的工作
9. 结识名流
10. 带领一群人去完成某项任务
11. 参与政治活动

（六）C型（常规型活动）

你喜欢做下列事情吗？

1. 保持桌子和房间整洁
2. 抄写文章或信件
3. 开发票、写收据或打回条
4. 打算盘或用计算机计算
5. 记流水账或备忘录
6. 上打字课或学速记法

7. 上会计课
8. 上商业统计课
9. 将文件、报告、记录分类与归档
10. 为领导写公务信函与报告
11. 检查个人收支情况

R型				I型				A型		
题号	是	否		题号	是	否		题号	是	否
1				1				1		
2				2				2		
3				3				3		
4				4				4		
5				5				5		
6				6				6		
7				7				7		
8				8				8		
9				9				9		
10				10				10		
11				11				11		
“是”的总数				“是”的总数				“是”的总数		

S型				E型				C型		
题号	是	否		题号	是	否		题号	是	否
1				1				1		
2				2				2		
3				3				3		
4				4				4		
5				5				5		
6				6				6		
7				7				7		
8				8				8		
9				9				9		
10				10				10		
11				11				11		
“是”的总数				“是”的总数				“是”的总数		

第3部分　你所擅长或胜任的活动

下面从6个方面分别列举一些十分具体的活动，以确定你具备哪一方面的工作特长。回答时，只需考虑你过去或现在对所列活动是否擅长、胜任，不必考虑你是否喜欢这种活动。如果你认为你擅长从事某一活动，就请在答题卷的相应题号上的"是"一栏的方框内画"√"；如果不擅长，就请在"否"一栏的方框内画"√"。注意，你如果从未从事过某一活动，那就请考虑你将来是否会擅长从事该项活动。请你务必做完每一个题目。

（一）R型（现实型能力）

你擅长做或胜任下列事情吗？

1. 使用锯子、钳子、车床、砂轮等工具
2. 使用万能电表
3. 给自行车或机器加油使它们正常运转
4. 使用钻床、研磨机、缝纫机等
5. 修整木器家具表面
6. 看机械、建筑设计图纸
7. 修理结构简单的家用电器
8. 制作简单的家具
9. 绘制机械设计图纸
10. 修理收录音机的简单部件
11. 疏通、修理自来水管或下水道

（二）I型（调研型能力）

你擅长做或胜任下列事情吗？

1. 了解真空管的工作原理
2. 知道三种以上蛋白质含量高的食物
3. 知道一种放射性元素的"半衰期"
4. 使用对数表
5. 使用计算器或计算尺
6. 使用显微镜
7. 辨认3个星座
8. 说明白血球的功能
9. 解释简单的化学分子式
10. 理解人造卫星不会落地的道理
11. 参加科技竞赛或科研成果交流会

（三）A型（艺术型能力）

你擅长做或胜任下列事情吗？

1. 演奏一种乐器

2. 参加二重唱或四重唱表演
3. 独奏或独唱
4. 扮演剧中角色
5. 说书或讲故事
6. 表演现代舞或芭蕾舞
7. 人物素描
8. 油画或雕塑
9. 制造陶器、捏泥塑或剪纸
10. 设计服装、海报或家具
11. 写得一手好文章

（四）S型（社会型能力）

你擅长做或胜任下列事情吗？

1. 善于向别人解释问题
2. 参加慰问或救济活动
3. 善与人合作、配合默契
4. 殷勤待客
5. 能深入浅出地教育儿童
6. 为一次宴会安排娱乐活动
7. 帮助他人解决困难
8. 帮助护理病人或伤员
9. 安排学校或社团组织的各种集体事务
10. 善察人心或善于判断人的性格
11. 善与年长者相处

（五）E型（企业型能力）

你擅长做或胜任下列事情吗？

1. 学校里当过班干部并且干得不错
2. 善于督促他人工作
3. 善于使他人按你的习惯做事
4. 做事具有超常的经验和热情
5. 能做一名称职的推销员
6. 代表某个团体向有关部门提出建议或反映意见
7. 担任某种领导职务期间获过奖或受表扬
8. 说服别人加入你所在的团体（俱乐部、运动队、工作或研究组等）
9. 创办一家商店或企业
10. 知道如何做一位成功的领导人
11. 有很好的口才

（六）C型（常规型能力）

你擅长做或胜任下列事情吗？

1. 一天能誊写近一万字
2. 能熟练地使用算盘或计算器
3. 能够熟练地使用中文打字机
4. 善于将书信、文件迅速归档
5. 做过办公室职员工作且干得不错
6. 核对数据或文章时既快又准确
7. 会使用外文打字机或复印机
8. 善于在短时间内分类和处理大量文件
9. 记账或开发票时既快又准确
10. 善于为自己或集体做财务预算（表）
11. 能迅速誊清贷方和借方的账目

R型				I型				A型		
题号	是	否		题号	是	否		题号	是	否
1				1				1		
2				2				2		
3				3				3		
4				4				4		
5				5				5		
6				6				6		
7				7				7		
8				8				8		
9				9				9		
10				10				10		
11				11				11		
“是”的总数				“是”的总数				“是”的总数		

S型				E型				C型		
题号	是	否		题号	是	否		题号	是	否
1				1				1		
2				2				2		

续表

S型				E型				C型		
题号	是	否		题号	是	否		题号	是	否
3				3				3		
4				4				4		
5				5				5		
6				6				6		
7				7				7		
8				8				8		
9				9				9		
10				10				10		
11				11				11		
“是”的总数				“是”的总数				“是”的总数		

第 4 部分　你所喜欢的职业

下面列举了许多职业，对这些职业的基本情况你或多或少都有所了解，并在此基础上形成了自己的评价态度。如果你对某项职业喜欢的话，请在答题卷的相应题号上的“是”一栏的方框内打“√”；如果不喜欢则请在“否”一栏的方框内打“√”。这一部分测验也要求每题必做。

（一）R 型（现实型职业）

你喜欢做下列事情吗？

1. 飞行机械技术人员
2. 鱼类和野生动物专家
3. 自动化工程技术人员
4. 木工
5. 机床安装工或钳工
6. 电工
7. 无线电报务员
8. 长途汽车司机
9. 火车司机
10. 机械师
11. 测绘、水文技术人员

（二）I 型（调研型职业）

你喜欢做下列事情吗？

1. 气象研究人员
2. 生物学研究人员
3. 天文学研究人员
4. 药剂师
5. 人类学研究人员
6. 化学研究人员
7. 科学杂志编辑
8. 植物学研究人员
9. 物理学研究人员
10. 科普工作者
11. 地质学研究人员

（三）A型（艺术型职业）

你喜欢下列职业吗？

1. 诗人
2. 文学艺术评论家
3. 作家
4. 记者
5. 歌唱家或歌手
6. 作曲家
7. 剧本写作人员
8. 画家
9. 相声演员
10. 乐团指挥
11. 电影演员

（四）S型（社会型职业）

你喜欢下列职业吗？

1. 街道、工会或妇联负责人
2. 中学教师
3. 青少年犯罪问题专家
4. 中学校长
5. 心理咨询人员
6. 精神病医生
7. 职业介绍所工作人员
8. 导游
9. 青年团负责人
10. 福利机构负责人
11. 婚姻介绍所工作人员

（五）E 型（企业型职业）

你喜欢下列职业吗？

1. 供销科长
2. 推销员
3. 旅馆经理
4. 商店管理费用人员
5. 厂长
6. 律师或法官
7. 电视剧制作人
8. 饭店或饮食店经理
9. 人民代表
10. 服装批发商
11. 企业管理咨询人员

（六）C 型（常规型职业）

你喜欢下列职业吗？

1. 簿记员
2. 会计师
3. 银行出纳员
4. 法庭书记员
5. 人口普查登记员
6. 成本核算员
7. 税务工作者
8. 校对员
9. 打字员
10. 办公室秘书
11. 质量检查员

R 型				I 型				A 型		
题号	是	否		题号	是	否		题号	是	否
1				1				1		
2				2				2		
3				3				3		
4				4				4		
5				5				5		
6				6				6		

续表

R型				I型				A型		
题号	是	否		题号	是	否		题号	是	否
7				7				7		
8				8				8		
9				9				9		
10				10				10		
11				11				11		
“是”的总数				“是”的总数				“是”的总数		

S型				E型				C型		
题号	是	否		题号	是	否		题号	是	否
1				1				1		
2				2				2		
3				3				3		
4				4				4		
5				5				5		
6				6				6		
7				7				7		
8				8				8		
9				9				9		
10				10				10		
11				11				11		
“是”的总数				“是”的总数				“是”的总数		

第5部分 你的能力类型简评

下面两张表是你在6个职业能力方面的自我评分表。你可以先与同龄人比较一下自己在每一方面的能力，然后经斟酌以后对自己的能力作一评价。评分时请在表中适当的数字上画圈；数字越大表示你的能力越强。

注意：请勿全部圈画同样的数字，因为人的每项能力不可能完全一样。

表 A

	R 型	I 型	A 型	S 型	E 型	C 型
	机械操作能力	科学研究能力	艺术创造能力	解释表达能力	商业洽谈能力	事务执行能力
高 中 低	7 6 5 4 3 2 1	7 6 5 4 3 2 1	7 6 5 4 3 2 1	7 6 5 4 3 2 1	7 6 5 4 3 2 1	7 6 5 4 3 2 1

表 B

	R 型	I 型	A 型	S 型	E 型	C 型
	体力技能	数学技能	音乐技能	交际技能	领导技能	办公技能
高 中 低	7 6 5 4 3 2 1	7 6 5 4 3 2 1	7 6 5 4 3 2 1	7 6 5 4 3 2 1	7 6 5 4 3 2 1	7 6 5 4 3 2 1

第 6 部分　统计和确定你的职业倾向

请将第 2 部分至第 5 部分的全部测验分数按前面已统计好的 6 种职业倾向（R 型、I 型、A 型、S 型、E 型和 C 型）得分填入下表，并作纵向累加。

测验	R 型	I 型	A 型	S 型	E 型	C 型
第 2 部分						
第 3 部分						
第 4 部分						
第 5 部分（A）						
第 6 部分（B）						
总分						

请将上表中的 6 种职业倾向总分按大小顺序依次从左到右重新排列：

______型、______型、______型、______型、______型、______型

最高分←______你的职业倾向性得分______→最低分

得分最高的职业类型意味着最适合你的职业。比方说，假如你在 I 型上得分最高，说明你适合做自然科学方面的研究工作，如气象研究、生物学研究、天文学研究等，其

余类推。现在，将你测验得分居第一位的职业兴趣类型找出，对照下面的职业索引，判断一下自己适合的职业类型。然后可与你前面的所填的三个最感兴趣的职业相对照异同。

如果最适合你的工作和你在第1部分所写的理想工作之间不太一致，或者在各种类型的职业上你的能力和兴趣不相匹配，那么请你参照第7部分——你的职业价值观来作出最佳选择。比方说，假如第2部分你在I型上得分最高，但第3部分你在A型上得分高，那么请参考你最看重的因素：假如你最看重（8）能充分发挥自己的能力特长或（2）工作环境舒适，那么A型工作最适合你；假如你最看重（10）能从事自己感兴趣的工作或（4）工作稳定有保障，那么I型工作最适合你；假如你最看重的是其他因素，那么请向A型职业方面的专家咨询，选择和你的职业价值观最接近的工作。

第7部分　你所看重的东西——职业价值观

这一部分测验列出了人们在选择工作时通常会考虑的9要素（见所附工作价值标准）。现在请你在其中选出对你最重要的2项因素，以及最不重要的2项因素，并将序号填入下面相应空格上。

最 重 要：____________________

最不重要：____________________

次 重 要：____________________

次不重要：____________________

附　工作价值标准：

1. 工资高福利好
2. 工作环境（物质方面）舒适
3. 人际关系良好
4. 工作稳定有保障
5. 能提供较好的受教育机会
6. 有较高的社会地位
7. 工作不太紧张、外部压力小
8. 能充分发挥自己的能力特长
9. 社会需要与社会贡献较大
10. 能从事自己感兴趣的工作

职业兴趣类型及对应的职业索引

（一）R（现实型）

木匠、农民、操作X光的技师、工程师、飞机机械师、鱼类和野生动物专家、自动化技师、机械工（车工、钳工等）、电工、无线电报务员、火车司机、长途公共汽车司机、机械制图员、机器修理工、电器修理工

（二）I（调查型）

气象学者、生物学者、天文学者、药剂师、动物学者、化学家、科学报刊编辑、地质学者、植物学者、物理学者、数学家、实验员、科研人员

（三）A（艺术型）

室内装饰专家、图书管理专家、摄影师、音乐教师、作家、演员、记者、诗人、作曲家、编辑、雕刻家、漫画家

（四）S（社会型）

社会学者、导游、福利机构工作者、咨询人员、社会工作者、社会科学教师、学校领导、精神病工作者、公共保健护士

（五）E（企业型）

推销员、进货员、商品批发员、旅馆经理、饭店经理、广告宣传员、调度员、律师、政治家、零售商

（六）C（常规型）

记账员、会计、银行出纳、法庭速记员、成本估算员、税务员、核算员、打字员、办公室职员、统计员、计算机操作员、秘书

模块五

职 业 定 向

——职业决策　成长导航

【学习目标】

通过本模块的学习，同学们要了解、熟悉职业定向与决策的基本内容、决策的不同风格类型，学习并掌握职业定向的基本原则与步骤、决策过程与方法，重点掌握决策的应用技术。请结合自身实际情况，运用定向与决策的理论与方法，合理、科学地确定自己的职业生涯发展方向。

【技能知识点】

1. 职业定向的原则、意义和方法
2. 职业决策的不同风格类型、职业定向决策影响因素
3. 职业决策的方法流程 CAVSE 模式
4. 目标的 SMART 原则
5. 职业决策的 SWOT 法和职业决策平衡单应用

项目一 职业定向

案例导入

2010年冬天，某艺术高职院校毕业生王慈顺利参军入伍，在换好军装临上火车前特意到学校，跟辅导员、就业指导人员、专业主课教师道别并表示感谢：谢谢老师们在校期间给予的帮助。

王慈同学，音乐系声乐专业学生，学习通俗唱法。该同学受母亲影响从小喜爱并学习体育舞蹈，在校学习声乐专业的同时，业余参加体育舞蹈培训，多次参加专业比赛并获奖，最高奖项为全国第四名；该同学平时喜欢自己练习写作通俗歌曲，辅导员发现后，经常安排其参加学院组织的各项演出活动，鼓励她演唱自编歌曲、表演自编舞蹈。辅导员与就业指导人员在与专业主课教师沟通的基础之上，对她的职业发展方向进行了多次定向分析：该同学先天嗓音条件一般，演唱的专业水平属于中等，不适合向声乐专业演员方向发展；外形条件在舞台上也不具备优势，既不属于传统美女外形，也不适合打造成通俗歌唱演员的前卫造型，做声乐演员劣势较为突出。同时优势也很突出：多才多艺，组织能力强，适合走群众文化的道路，既可参加群众文艺演出，又可组织策划活动，且具备做少儿舞蹈音乐启蒙工作的专业水平。辅导员老师对她的性格特质进行了分析，认为该生性格特质方面，吃苦耐劳，富有创新精神，但缺乏耐心，不适合做少儿教师。经过对其能力、特长、性格等方面进行综合分析，最终指导她将职业定向在群众文化等岗位类别的方向。

在北京军区到该生就读院校招聘文艺兵的考试中，该同学演唱了自己创作的歌曲，表演了自编舞蹈，获得了招兵军官的好评，考官兴奋地说：希望你顺利入伍，到部队后多给部队官兵创作歌曲。该同学顺利入伍，因为在组织大型师庆活动中表现出色，部队为该同学记功，并很快被提拔为士官。

案例评点：方向是指引我们前进的明灯，经过老师们认真分析辅导，王慈同学清楚地意识到了自己的优势与劣势所在，并在大学的学习过程中提前做好了职业定向及定向的准备工作，因而，在机会到来的时候，牢牢把握住了，并有了一个较高起点。职业的发展方向决定了一个人的未来，选择职业发展方向是人生中最重要的一件事。同学们，大学生涯已经开始一段时间了，你们为职业定向决策做好准备了吗？

【相关知识】

职业定向与决策是大学生职业生涯规划的重要环节，能不能做到准确定位，影响着目标确立的科学性与否，关乎大学生毕业以后是否能够顺利实现就业，并拥有成功的职业生涯。

一、职业定向概述

1. 职业定向

确定对自己来说比较适合的、理想的、将来要去争取从事的职业类型，并能专注于一个最有把握、最有优势和最有可能实现的目标，并为此采取各种行动，这就是职业定向。职业定向需要综合考虑自己的兴趣、能力、性格和职业世界的客观环境等因素，在知己知彼的基础上，对自己的职业发展方向进行科学决策。

2. 职业定向的意义

大学生职业定向就是要对过去进行自我深思回顾和将来自我设计展望，选择和确定自己的职业方向。职业方向反映了一个人职业生涯的动机，或称为主观愿望，职业定向是个人制定职业生涯目标、展现自我价值的前提。大学生处在生涯探索和生涯建立的转换阶段，因此，在职业发展道路上应当找准自己职业方向和定位，然后再谋求具体的职位。在大学期间应当进行良好的生涯规划，设计好阶段性奋斗目标，明确自己的职业生涯发展方向，不断完善未来职业生涯所需要的知识结构和专业技能，才能达到实现自我，成就人生的目的。

（1）职业定向为我们设定了奋斗目标。

> “请你告诉我，我该走哪条路？”
> “那要看你想去哪里？”猫说。
> “去哪儿无所谓，”爱丽丝说。
> “那么走哪条路也就无所谓了，”猫说。
>
> ——摘自刘易斯·卡罗尔：《爱丽丝漫游奇境记》

这个故事讲的是人要有明确的目标，当一个人没有明确的目标的时候，自己不知道该怎么做，别人也无法帮到你。当自己没有清晰的目标方向的时候，行动就会成为无效行动。在日常生活中，我们发现有很多人对于工作、事业都缺乏明确的方向和目标。没有目标就不知道道路在哪里，也就无法到达目的地。职业人生若想顺利走向成功，就必须有自己奋斗的方向，否则可能会南辕北辙，事倍功半。职业发展方向是个人职业发展的不竭动力和指路航标，它能够引导人们一步一步走向成功。

（2）职业定向可以增强我们的自律能力。职业定向不仅能够指引前进的方向，还能对自我起到约束作用。不少年轻人事业失败的一个根本原因就是精力过于分散。这是卡耐基在分析了众多个人事业失败的案例后得出的结论。个人的职业生涯如果方向总是在变动，你就不得不在各方向之间疲于奔命，最后的结果就是一个目标也实现不了。就像谚语中所说的：“同时追赶两只兔子的人，最后一只也捉不到。”在实施职业生涯发展的过程中，职业定向能促使你不断地进行评估调整，在确保职业生涯发展总体方向前提下，认真规划并度过每一个发展阶段，时刻约束着自己的职业生涯发展不会偏离方向。

（3）职业定向激励我们向着既定目标前进。职业生涯发展方向对个人有巨大的推进和激励作用，为了朝着理想的目标前行，每个人都要自觉提高个人的知识和能力。职业定向不仅能界定个人追求的最终结果，还能在整个人生旅途中起到激励作用。当个体拥有了职业发展方向，就会不断地鞭策自己、完善自我，向着目标不懈努力、奋勇前进。目标是一种外在的对象。它既可以是物质的，也可以是精神的或理想的对象。目标是一种刺激，是满足个人的需要的外在物，是希望通过努力而达到的成就和结果。合适的目标能够诱发人的动机，规定行为的方向。心理学上把目标称为诱因，由诱因诱发动机，再由动机到实现目标的过程称为激励过程；目标作为诱因对人们的积极性起着强烈的激励作用。

20 世纪 80 年代，美国哈佛大学的两位心理学家做过一项“幸福”的研究，研究对象是一些自称幸福的人。结果发现，感觉幸福的人们的共同之处不是财富，不是爱情，甚至也不是健康。他们有两个共同点：第一，明确地知道自己的生活目标；第二，感受自己正在稳步地朝着既定的方向前进。

人生就是不断选择的过程，我们成长过程中会面临无数次抉择，我们现在就读的学校、所读的专业，实际上就是过去选择的结果；我们现在的选择又在继续决定着我们的未来。职业定向是人生事业发展的关键点之一，直接关系到人生事业的发展顺利与否。只有找到最适合自己的职业发展方向，才能更好地掌握自己的命运，充分挖掘和发挥自身潜能，最大限度地实现职业人生的顺利发展。所以，清晰而长远的职业生涯目标激励着人们克服困难、排除干扰与诱惑，朝着明确的方向不懈前进，直到自己的理想实现。

二、职业定向原则

职业定向是对职业生涯发展中的事件进行决定和选择的过程，事关人一生的发展，不可能简单地做出决定，必须系统地思考，依据以下原则进行。

1. 符合自我需求的原则

职业定向要遵循符合自身需求的原则，它是指在选择职业方向时要适当考虑自己的兴趣爱好。兴趣是最好的老师，兴趣是人前进的动力；从事一项自己所喜欢的工作，能给人带来满足感。将兴趣与自己的生涯发展相结合，能激发起自己的工作热情，并能提升创造力。大学生要根据自己的爱好去设计职业发展方向，这样主动性将会得到充分发挥。兴趣爱好并不是先天具有的或既定不变的。心理学研究表明，兴趣是后天逐步培养的，是可变的。无论是在职业准备的学习期间还是走上职业工作岗位之后，人们都可以根据社会需要适时改变原来的职业兴趣，培养对社会需要的职业岗位的兴趣，最终培养成伴随自己终身的志趣。只有真正地热爱自己的职业，在倦怠或遇到困难时，才能保持旺盛的斗志与工作热情，即使困难重重，也绝不灰心丧气，而是百折不挠地继续奋斗，做出成绩。

2. 符合发挥自己优势的原则

职业定向要遵循发挥个人优势、人职匹配的原则。也就是要选择适合自己能力和气质性格特点的工作，因为只有这样才能扬长避短。尺有所短、寸有所长，每个人都有自己的长处，也都有不足之处，一定要选择最有利于发挥自己优势的职业，以利于在职业上能够顺利、出色地完成本职工作。个体在选择职业方向时，要评估自身素质，根据自身的特长和优势选择职业目标。

首先要发挥专业特长。任何职业都要求从业者掌握一定的技能，具备一定的职业能力。在进行职业选择时应考虑择己所长、发挥自己的优势，在今后的工作中才能如鱼得水、得心应手，充分发挥自己的聪明才智和潜能，顺利、出色地完成本职工作；也会使自己在职场竞争中处于有利位置，使未来的职业发展更加顺畅。其次要发挥能力所长。即便是同一专业的毕业生，各自能力也不相同，在同一专业对应的岗位群内，根据自己的个人素质能力，选择适合自己的职业岗位。这既是胜任工作的需要，也是发挥个人最大潜力、进行创造性劳动的需要。最后要考虑性格特点。要考虑自身性格特点，扬长避短，做到人尽其才，才尽其用。人与人之间存在着差异，每一个人和其他人在能力、性格、专业、气质等方面都是不完全相同的。只有根据自己具有职业竞争优势的真才实学、能力特长以及个性特征选择职业发展方向，才能够取得事业上的成功。

3. 符合社会需求的原则

大学生在择业时越来越具有更大的自主性和宽松的环境。择业者自主性的提高和宽松的环境，不仅有助于人才资源的合理流动和配置，有助于择业者按照自身的兴趣条件自主地选择职业岗位，同时有助于用人单位根据各自的需要选用人才。自主择业并不等于自由就业，更不等于完全凭借自身的兴趣与爱好跟着感觉走。

社会需要是出发点和归宿点，虽然大学生就业实行双向选择、自主择业，但自主择业是相对的，是有条件的，并非可以不顾社会需求。社会的发展、科技的进步、经济的繁荣，也都期望着合格的大学生去为之奋斗。职业定向要遵循依据社会发展规律、考虑社会需求的原则。在明确自己想干能干的专业领域和事业方向的同时，还应兼顾社会需求和未来发展前景等外在因素。我们在选择职业时，应积极把握社会人才需求动向，充分考虑某一行业或职业的现状及其演化，把社会需求作为出发点和归宿，以社会对个人的要求为准绳。既要看到眼前的利益，又要考虑长远的发展；既要考虑个人的因素，也要自觉服从社会需要，尽量把社会需求与个人愿望有机结合起来。

社会需求在不断演化，新职业在不断产生，旧职业在不断消亡，即便是同一职业其内涵也在发生着变化。因此在进行职业定向时，一定要分析社会需求，要有预见性，能够准确预测未来行业或者职业发展方向。在个人职业发展初期，由于自身竞争优势不够，常常不能很快找到自己理想的、有发展前景的职业岗位。在这种情况下，在一些基层的、与自己职业发展方向相关的、条件相似的工作岗位上工作一段时间，不断积累工作经验，加强学习，提高能力，可以为将来的进一步调整和发展做好准备，最后逐步实现自己的职业理想。

4. 符合利于自身发展的原则

进行职业定向要遵从适合自身发展的原则。成才是大学生的渴望，但往往会受社会时尚、从众心理、利益因素、职业声望等干扰，为某一个条件的满足，忽视有利于成才的原则，所谓“捡了芝麻丢了西瓜”，从而影响个人发展，因此在进行定向时一定要以利于事业发展利于自身发展为重。

在初次就业时，就希望职业所提供的各种条件如单位性质、工作地区和条件、生活待遇、晋升机会等都符合要求是很困难的，也是不切实际的。因此，在考虑选择职业因素时，要权衡利弊、分清主次，并对各种因素进行综合考虑和评估，以求得自身利益的最大化。

三、影响职业定向的因素

影响大学生职业定向的因素主要涉及以下方面：个人因素（遗传因素、兴趣爱好、个性特征、能力特长、所学专业）；家庭因素；社会因素（职业声望、经济报酬、机遇因素）。前一个是大学生个人的因素，属于职业定向的内因；而后一个是外部因素，属于外因。在作出职业定向决策之前，必须综合考虑这几个方面的信息。

1. 个人因素

（1）遗传因素。个人得自于遗传的一些特质。在某种程度上直接影响着个人职业的表现，或影响到个人所获得的经验。如在演员、空姐的职业招聘中，身高、相貌、体型、健康状况等先天因素起到了重要作用。

（2）兴趣爱好。兴趣爱好是人们力求认识、掌握某种事物，并经常参与该种活动的心理倾向，它是影响职业定向的重要因素。兴趣爱好是一种强大的精神力量，它能启迪智慧，能带给人不懈努力的激情。大学生如果能根据自己的兴趣爱好去设计职业生涯，会利于在工作中充分发挥主动性和创造性。美国著名原始派画家摩西奶奶说：“做你喜欢做的事，上帝会高兴地帮你打开成功之门，哪怕你现在已经80岁了。”她未曾受过任何专业训练，凭着对美的热爱，从77岁开始作画，80岁时（1940年）年在纽约举办个展，引起轰动，到101岁去世的20多年内共创作了1600幅作品。这个故事告诉我们有了兴趣爱好，工作将不再是一种负担，而是一种享受。因此，符合大学生兴趣爱好的工作，将保持他们工作的效率、长期性和稳定性。

（3）个性特征。每个人都有其独特的个性特征，个性特征有一定的可塑造性，但相当有限。大学生在选择职业时，绝对不能忽视个性类型的巨大差异，个性特征不仅影响着活动的性质，而且影响着活动的效率，如果一个人从事与自己个性特征相符合的职业，那么对个人来说，工作满意度最高、工作效率最高、流动率最低，职业发展前景也较为乐观。如果从事与自己个性特征不符的职业，则会满意度低，并且极容易发生倦怠，导致工作效率低下，甚至产生离职现象。

（4）能力特长。自身的能力特长是影响大学生成才的重要因素，是大学生理想就业的基本条件，也是用人单位挑选大学生的关注点。能力特长包括一个职业人所应该具备的各方面的能力，如学习能力、适应能力、人际沟通能力、抗压能力等。不同的职业类型有着不同的能力要求：科研类职业要求求职者具备很强的开发能力、搜集和利用信息的能力；政府机关公务员则更加强调交际能力、表达能力、独立工作能力和语言文字能力；艺术工作者更注重听音辨音能力、节奏能力及对事物的感知能力。能力可以通过实践来培养，大学生需要多参加社会活动，这样既能具备扎实的专业知识，又能具有一定的实际操作能力，能尽快胜任新岗位的工作。

（5）所学专业。兴趣和能力相似的学生，由于所学专业的不同，导致职业的选择千差万别。大学生具有某一专业的知识和技能，这是每个人的优势所在。每个专业都有一定培养目标和就业方向，这是大学生职业定向的基本依据。大学生迈入社会后的贡献，主要靠运用所学的专业知识来实现。同时还需要拓宽专业知识面，掌握或了解与本专业相关的知识和技能。

2. 家庭因素

决策关系人生的选择，无论是年轻人还是老人，家庭成员及与其他重要的人，都会干扰个体的职业定向。对大学生而言，由于年龄和社会阅历的原因，在定向过程中难以保持自己在形式和心理上的独立，往往受家庭因素、那些与家庭成员高度融合或密切相连的人的影响较深，不能单独做出某种选择。家庭成员的意见对大学生的职业定向的形成有着重要的影响。若家庭成员之间无法就义务、责任、价值观达成共识时，就会使个体决策出现问题。此外，同龄同学、朋友的影响也不容忽视，他们的职业心态、职业价值观、职业行为特点也会对个体产生影响。

3. 社会因素

职业声望是指人们对不同职业的价值评价，是社会成员对各种职业主观态度的综合。从社会角度而言，在一定历史时期一般存在着相对共同的基本职业价值观标准，并形成职业社会中特定的名次系列和职业声望尺度。职业声望不仅体现了职业的等级层次，而且影响着人们对职业的选择和社会的职业流动。同时，职业社会对各类职业所持的倾向性态度总会通过传媒、习惯、舆论等各种渠道渗透到大学生职业评价心理中，成为影响大学生职业定向的重要因素。大学生身处象牙塔，当对职业缺乏深入了解与切身感受时，职业声望影响会格外突出。职业声望较好的职业是个体获得心理满足并肯定自己的社会价值的必然选择。

经济报酬对于刚进入社会的大学生来说非常重要，因为独立生活的第一步就是要建立自身的经济基础，因而经济因素在当今大学生职业定向中扮演着愈加重要的角色，经济收入的高低是影响职业定向的重要因素。对于这一因素的理解，不能简单地与拜金主义、享乐主义相联系。从某种意义上看，它体现了大学生在经济方面实现自我价值的需要，包含着一种值得肯定的事业心。当然，大学生对经济报酬的考虑要综合市场、组织和个人三方面的因素，合理的薪酬可以从物质角度和精神角度同时激励大学生的工作积极性。

除上述几个影响因素之外，机遇也对职业定向有很大的影响。机遇就是契机、时机或机会，通常被理解为有利的条件和环境。机遇具有偶然性，也具有必然性。机遇是可遇而不可求的，一个适合的工作机遇不是每个人都有机会获得的，它随机出现，具有较大的偶然性。但是，机遇只为那些高素质的且有准备的人敞开大门。

项目二　职业定向决策过程与方法

案例导入

刘德华的选择

第一次要面对人生抉择是中五毕业那年，左手拿着无线艺员训练班的报名表格，右手拿着应届高等程度教育课程的报名表，顿时觉得自己的前途都掌握在自己手中。

要继续学业，还是去读艺员训练班？再念两年中学毕业后又何去何从？是再念大学，然后学士、硕士、博士这样一路念下去？还是选修艺员训练班有一技之长，将来无论条件符合与否，台前幕后也好，总算有门专业知识傍身？

一连串的问题此起彼落在我心中响起，魔鬼天使各据一方，展开辩论大会。

反反复复考虑，我把自己的优点和缺点逐一写在纸上，自己给自己理智地分析利弊；这样念书一直下去适合我的性格吗？我喜欢艺术工作吗？我喜欢什么样的人生呢？平稳安定，还是多姿多彩，充满挑战？

直到那一天才明白，人才是自己生命最大的主宰，向左走还是向右走。

都是自己决定的路，与天无忧。我的心做了我的指南针，只有它才会明白我要的方向，也是它让我选择了左手那张报名表格。

——刘德华：《我是这样长大的》

案例评点：柳青曾经在创业史中说过，人生的路很长，关键的只有那么几步。选择也同样，生活就是由一系列选择组成，在做出选择之前有一个重要的心理过程——决策。刘德华中五那年做出了对自身发展、对华人影视娱乐圈都影响十分重大的决策——放弃读书，选择了从艺的道路。其自身取得的成就也证明了当年决策的正确性。做出这一适合其自身发展的决策的背后是什么呢？缘于对自身优劣势、性格特点、兴趣爱好等各方面的理性分析，在理性分析的基础上选择了适合自身发展的道路。本模块的学习内容，就是告诉同学们面对职业选择的十字路口，如何运用相关的理论与工具，进行理性决策、科学决策。

【相关知识】

人生是一连串选择和决策的过程：从你早上起来要穿哪一套衣服出门开始，你就在选择；中午要去哪里吃饭，你又在选择；交往中你选择朋友，恋爱时你选择伴侣，工作前你选择职业等。约翰·坎贝尔曾指出："正是你在生活中每个环节的选择和决策塑造了你的人生，决定了你的成败。"

一、职业定向决策概述

1. 决策

决策是一种高级的思维过程，中心环节是抉择，指为了到达一定目标，采用一定的科学方法和手段，通过分析、比较，在若干种可供选择的方案中选定最优方案的过程。决策是人类活动中不可缺少的一种实践活动。大学生在面临毕业时，其所做出的决策是人生最重要的决策之一，所以要慎之又慎。

2. 决策的特征

（1）未知性、不确定性特征。任何一项决策活动都是面向未来的，都存在着一定的不确定性和风险性。这就要求决策者必须具有敏锐的洞察力和分析能力，决策行为必须富有前瞻性。由于决策所处的内外部环境是千变万化的，要真正掌握决策所需要的全部未来信息是十分困难的，因此完全准确的决策是不存在的，也是不可能的。如我们登山时遇到十字路口，即便是有向导地图册等材料，我们也不可能完全掌握各条路的所有情况，并且随着天气变化路况也会随之变化，进行综合考虑后做决策时也不敢保证，选择的道路一定最安全、障碍最小。

（2）一次性特征。决策追求一次成功，任何一项技术研究都允许反复实验和摸索，但决策不可以。"机不可失，失不再来"，决策多属一次性的，失败将导致显著的消极后果，损失将很难甚至无法挽回。大学毕业时是选择接着深造还是就业，决策是一次性的。选择了就业就不应为考试做准备，而考试也有时间限制，错过了就没有机会再作为全日制本科生进入本科院校进修。

（3）决策存在科学性。决策分类较多，但我们比较推崇的是科学决策。科学决策是决策者遵循科学的原则程序，依靠科学的方法和技术进行的决策活动。对于个人做决策来说，强调将决策建立在科学分析的基础上，从传统的依靠经验进行决策，转变为依靠科学分析进行决策，广泛运用科学技术决策的方法，将定性分析和定量分析结合起来，确保决策的正确性和可靠性。

3. 决策风格类型分析

在现实生活中，很容易发现不同的人使用不同的方法进行决策，每个人的决策风格都不尽相同，而且遇到重大的决策时往往使人在心理上产生紧张感。当一个人感到压力、焦虑，试图做出重大决策时，就逐渐形成了某种决策模式或风格。了解自己的决策风格，对职业生涯规划非常有帮助。

（1）最早研究决策风格的是丁克里奇（Dinklage），他在 1968 年将决策者分为 8 种风格类型：计划型、犹豫型、延宕型、麻痹型、冲动型、直觉型、宿命型、顺从型（见表 5-1）。

表 5-1　**Dinklage 分析的决策风格的 8 种类型①**

决定类型	说明	行为特征	好处
冲动型	决定的过程基于冲动，决定者将选择第一个遇上的选择方案，完全不考虑其他的众多选择机会	先做决定，以后再考虑后果	不必花时间搜集资料
宿命型	决定者知道做决定的需要，但自己不愿做决定，把决定的权利交给命运或别人，因此认为做什么选择都是一样的	听天由命，船到桥头自然直	减少冲突，不必自己负责任
顺从型	自己想做决定，但无法坚持己见，常屈服于权威者的指示和决定	别人都觉得好，我就觉得好	维持表面和谐
延宕型	知道问题所在，但经常迟迟不做决定，或者到最后一刻才做决定	急什么，明天再说吧	延长做决定的时间
直觉型	根据直觉而非理性思考做决定，不考虑外在因素	感觉还不错，就这么定了	比较简单省事
麻痹型	害怕承担做决定的结果，也不愿负责任，选择麻痹来逃避自己所做的决定	我知道应当怎么做，可是做不到	可以暂时不做决定
犹豫型	选择的项目太多，无法从中做出决定，经常处于挣扎的状态，下不了决心	我绝不能轻易决定，万一选错了，那就惨了	搜集充分完整的材料
计划型	做决定时会倾听自己内在的声音，也考虑外在环境的要求，能冷静客观分析利弊得失，然后做出适当且明智的决定	主宰权在我，我是命运的主人	主动积极，面对问题时可轻松解决

（2）目前使用较多的是哈瑞恩（Harren）在丁克里奇基础上所作的划分，提出 4 种决策风格：理智型、直觉型、依赖型和犹豫型。

①直觉型。直觉型以自己在特定情境中的感受或情绪反应做出决定。这种类型的人在做决定时相信直觉和感觉，关注内心感受和情绪反应，在信息有限时能快速做出直接的决定，发现错误时又能迅速改变决策。缺点是较为冲动，容易受主观因素的影响，不太乐意系统地收集相关信息，但他们能为自己的抉择负责。直觉型的决定是自发性的，在时间紧迫的情况下非常有用。

例如：小茹是一个漂亮聪慧的女孩，她在为自己做各种决定时，常常凭借自己的感觉或情感。小茹从小业余时间一直学习舞蹈专业，在高三时她毅然放弃推荐保送普通大

① 转引自吴芝仪：《我的生涯手册》，经济日报出版社 2008 年版，第 97 页。

学的名额，宁可辛苦复习，参加高考，就是为了圆自己“舞蹈家梦”。在她如愿以偿考入某舞蹈学院学习舞蹈专业后，在大学三年级，她又开始准备考研，跨专业考编导专业的研究生，原因是她感觉到自己更适合做编导。她常以迅雷不及掩耳的速度，在生涯抉择路口走自己的路，做出让周围人惊诧的决定。同时，她又勇于为自己的决定负责。

②依赖型。依赖型是指等待或依赖他人为自己收集信息并替自己做决定，往往不能承担自己做决策的责任。有的甚至到处求神问卜，找算命先生帮助。决策时未能系统地收集信息，决策较为被动与顺从，寄希望于他人的意见和建议，从而做出选择。对于此类人而言，社会赞许、社会评价、社会规范是他们决定的标准。依赖型决策者的决定省时省力，多依从父母长辈、亲朋好友的意见。他们的口头禅是：“爸妈（家人）叫我去……”、“我的男朋友/女朋友希望……”、“他们认为我很合适”、“他们认为我可以，……可是……”。在没有从他人那里得到大量的建议和保证之前，对日常事物不能做出决策；依赖于他人所得出的这些决策不一定适合自己，并且他人的决策也使自己很难单独展开计划或做事。

例如：某高校毕业学生小丽，从小受父母溺爱；父母包办了所有生活琐事，只让她专心学习。在考大学填报志愿时，小丽既不了解自己的兴趣、特长，也不打算动脑筋考虑这件事。父母认为女孩做老师不错，替其填报教育专业。在大学毕业学习中，小丽感觉到自己不适应做教师职业，不喜欢孩子同时也不敢站在讲台上讲课，向父母提出换专业，但父母不同意其转专业，小丽顺从父母意见读完大学。小丽的实习成绩一团糟，求职试讲时状态也很差，无法实现顺利应聘。在家待业一年后，小丽在父母的安排下进入某单位，做了普通文员。

③理性型。理性型决策注重逻辑分析，深思熟虑，能系统地收集充分的生涯相关信息，且冷静思考、理智判断分析各个选项的利弊得失，按部就班，以做出最佳的决定。此类决策结果较为合理，但花费时间较长，紧急关头可能错失良机。

人的知识有限，决策者既不可能掌握全部信息，也无法认识决策的详尽规律。人的计算能力有限，即使借助计算机，也没有办法处理数量巨大的变量方程组；人的想象力和设计能力有限，不可能把所有潜在备选方案全部列出，并且人的观念也会随着时间推移发生变化。因此，完全理性决策理论只是一种理想模式，不可能指导实际中的决策，理性型决策者应当考虑到这一点，所以应当做到合理理性决策，不要在外围因素方面耗费太大精力。

④犹豫型。此类型的人由于收集很多的相关信息，可能选择的项目太多，无法从中做出取舍。问东问西，但却常常处在挣扎、难以下决定的状态中。

例如：有位毕业生向老师和同学们反复求助：“我大学学习声乐专业，大学期间获过省内奖项，而同时喜欢和孩子在一起，考取了教师资格证书，现在面临毕业。现在有两种选择：进入目前想接收我的专业院团或到小学当老师，但是需要等编制。院团是企业编制，但适合我的个人发展。小学工作性质稳定，但会离舞台越来越远。大家帮我看看，我该如何选择？大家是如何理解的？”不善于自己做决策，或者怕做错了决定不敢选择这类毕业生属于典型的犹豫不决型。这样的思路会影响自己的职业生涯决策，对良好的决策产生消极影响。但此种类型的人优点应加以肯定，就是信息收集比较完整。

对照以上两种类型理论，看一下自己属于哪种风格类型。不同的决策风格都各有优劣，都可以在某种程度上满足决策者的需要，重要的是识别自身的决策风格，并有针对性地进行调整。

4. 职业决策

在日常生活中，我们会面临各式各样的决策情景。当决策的后果并没有对我们有太多不利的影响时，只要稍加思考，很快就能依照我们的需要或喜好做出选择。有的决策可能需要花些时间去考虑，而有的决策则必须慎重考虑，因为这种决策可能关系到一个人未来的发展前途，比如选择什么样的职业。

进行职业决策，关键的问题是要达到人的个性因素与职业因素的优化统一。人与职业是相互关联的一对范畴，个人对职业的选择，同时也是职业对个人的选择。着眼于两者相互适应，相互匹配，才能较好地完成职业的决策与选择。

职业决策有广义和狭义之分：广义职业决策是确定职业所进行的提出问题、搜集资料、确立目标、拟订方案、分析评价、选定方案、评估调整等一系列活动，也就是职业生涯规划的过程。狭义的职业决策是把决策理解为广义职业决策的一个环节，即做出从几个备选职业方案中选择一个的“确定”的环节。一个人在其职业生涯中经常会面临多重选择，这时就需要个人做出决定，即做出“职业决策”。职业决策，就是在辨析职业兴趣和评估职业能力的基础上，根据自身特点并结合社会（组织）需要，做出合适的职业方向选择。具体地讲，就是从两种以上可行方案中选择一个适合的方案的分析判断的过程。

职业决策是职业生涯规划中的前导部分。决策制定的可行性，直接决定着职业生涯规划是否成功。希望获得最理想职业发展目标，就需要认真地对自己进行完全剖析，知道自己希望得到什么，需要自己认真进行职业生涯决策，并制定出最合适的决策目标。职业决策是一个复杂的认知过程，通过此过程，决策者组织有关自我和职业环境的信息，仔细考虑各种可供选择的职业前景，做出职业行为的公开承诺。狭义的职业决策可由三部分构成，即明确目标、依据目标做出可选择方案、确定最终方案。因此，职业决策是一个过程，而不是一个简单的结果。

5. 职业决策的特点

（1）职业决策具有选择性。每个抉择情境都有两种以上的选择可能，决策者必须选择其一，对于每个决策所带来的后果，决策者都必须承担。

（2）职业决策具有优点及缺点，这些与人格特质及个人成熟度有关。事实上，每条路都会有挑战，每个人主观与客观认知的阻碍都不相同，是否走得过去，要看个人的抉择与努力。

（3）职业决策带有倾向性。你的倾向是保守路线，还是冒险路线？这就取决于你的风险偏好和性格，当然，高风险与高回报总是相伴随的。

（4）职业决策没有标准答案。职业决策通常都是在不确定的情况下进行的，每一个不确定性，都可能引发下一个不确定性。职业生涯的魅力就在于没有标准来衡量对与错。

二、职业决策的过程理论与方法

1. 职业决策的过程理论

在进行职业定向的重大决策时，为了降低风险，要充分考虑到决策所涉及的各个方面的因素，进行科学决策；科学职业生涯决策需要量了解、掌握生涯决策相关的理论与方法。认知信息加工理论（CIP 理论）可以在整个职业生涯决策制定过程中为人们提供指导。

（1）认知信息加工理论。20 世纪 90 年代初期，辛普森、彼得森和利尔敦等提出了从信息加工取向看待生涯问题解决的认知信息加工理论。CIP 理论与模型像一座金字塔，包含了做出一个职业决策所涉及的各种成分。该理论把生涯发展与规划的过程视为学习信息加工能力的过程。

如图 5-1 所示，从金字塔结构可以看出信息加工的职业决策的整个过程。顶端为执行加工领域、中间部分为决策技能领域（即我是怎样做决策的），位于塔底的是知识领域。决策技能领域即一般性的信息加工技能，也就是决策的 CASVE 循环。

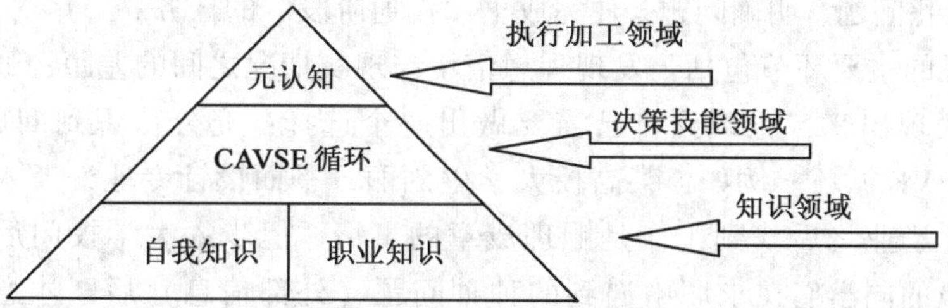

图 5-1　信息加工金字塔模型

（2）CASVE 循环模型及在职业决策中的应用。CASVE 循环包括五个阶段：沟通、分析、综合、评估和执行，CASVE 就是这五个词的英文单词首字母，它可以在整个职业生涯问题解决和决策制定过程中为你提供指导。CASVE 循环模型体现了决策过程的最大的一个特点：即职业生涯决策是一个持续不断的过程，而不是一个事件，它是整个事件的循环往复。这一循环如图 5-2 所示。

认知信息加工理论将决定看成是生涯发展的关键一环。该理论通过提出 CASVE 循环来表述个体如何做出决策的过程，也就是生涯决策是下面五个要素之间的往返循环过程。

①沟通（Communication）：识别问题的存在，找出差距。这是做决定的第一阶段所需具备的能力。在此，沟通的能力是让当局者清。这个阶段是个体“意识到问题的存在，自己需要做选择”的阶段。通常问题之所以会出现，是因为个体收到了关于理想与现实情境之间存在的差距信息，意识到“我需要做出一个选择”。解决问题的第一步

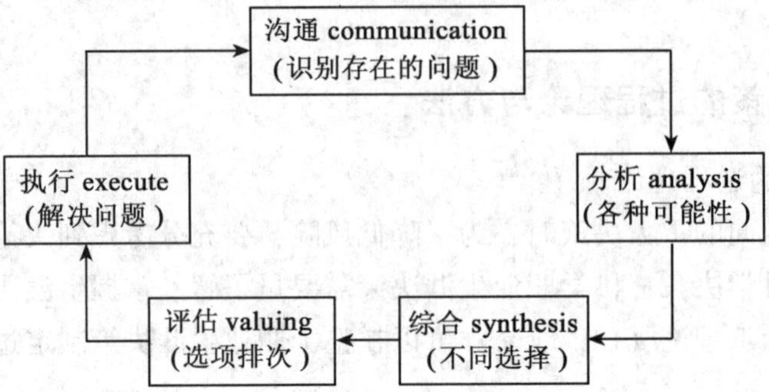

图 5-2　CASVE 循环模型

骤是了解所面临的问题，看清楚问题的真正所在。这些信息包括内部沟通和外部沟通两部分。内部沟通是对自身消极的情绪信号（不满、厌烦、焦虑和失望等）和身体信号（昏昏欲睡、头痛、胃部疾病等）所做出的反差距的根源，外部沟通包括父母对你的职业规划的询问，同学、朋友对你的职业评价，或者是杂志上关于你的专业正在处于低就业趋势的文章。这一步往往伴随着痛苦与焦虑，大学生会意识到应当从现在开始思考生涯的目标与意义，以及往哪个方向发展的问题，也开始准备行动。当所有的问题出现后，进一步细化问题、明确问题，便完成了“沟通阶段”的任务。

这一过程的主要环节包括：发现理想情境与现实情况之间的差距；通过内部信息和外部信息表现出来；意识到自己需要做出一个选择；充分认识到问题不能忽视；开始启动 CASVE 循环。例如：某高校大学生刘丽，平面设计专业，考入大学前天真地认为大学生毕业之后找到工作是顺理成章的事情。但步入大学校门后，听到来自媒体和高年级的同学们在求职中遇到的种种问题（外部信息）后，才意识到找工作不是简单的事情，而自己对此却一无所知（内部信息），开始考虑应当提前思考、准备。在这个阶段刘丽明白了自己需要对内外部差距进行思考并采取行动，即决策第一步——发现问题。

②分析（Analysis）：将问题各部分联系在一起。在沟通阶段，问题或差距已经产生，此阶段就是如何分析事理。如在生涯选择问题上，首先分析自己对自己了解的程度如何，对于将来的去向了解的程度如何。其次要把二者联系起来进行思考、分析、研究。本阶段应当对理想与现实之间的差距进行分析，要充分了解差距，将问题的各个部分联系起来，对现状进行总体评估，从而了解自己和自己可能的选择。此阶段的主要环节有：思考、观察、研究，更加具体地提出问题；了解自己和自己的各种选择；建立两个知识系统之间的联系，了解自己平时做出决策的方式。

充分了解问题或差距后，试着给自己提出以下一些问题：

要解决这个问题需要自己哪个方面的优势？

我确实需要做些什么才能解决这个问题？

为什么我有这样的感受？我了解环境的哪些方面？

我的家人、朋友、同学、师长如何看待我的决策？

做选择的压力从何而来？

接下来对这些问题先进行分析。

这是了解自己及自己各种选择的阶段。在这一阶段，生涯问题解决者通常会改善自我知识，不断了解职业世界和家庭需要。如刘丽在这个阶段开始思考自己的职业发展问题，开始收集自我的情况、职业环境情况还有可供自己利用的人脉关系情况，并对自己现状进行分析。经过分析，刘丽明白了自己虽然在职业生涯课程上学到了一些相关理论，但是对自我的认知不够深入、准确，即不清楚自己适合做美术教育、美术编辑、自由职业还是到设计公司等岗位发展；对职业世界的认识也不是很清晰，即不能清楚地了解以上工作岗位的环境和内容。简单来说，在分析阶段，作为职业决策者的刘丽，在努力了解造成第一阶段发现的差距的原因，即自我认知和职业认知都不准确。接下来，刘丽将通过以上自我提问环节充分了解这些因素，然后把各种因素和相关知识联系起来。例如，把自我知识和职业选择联系起来；把家庭和个人生活的需要融入到职业选择中。

应当注意的是，分析阶段是决策过程中最容易出现问题的阶段。许多人倾向于用简单化的方式得出结论，直接跳到行动步骤，这样决策时并未能真正厘清问题的关键，未能收集到足够的信息，决策也往往不能很好地执行。

③综合（Synthesis）：形成可以行动的选项。本阶段为综合阶段，分析阶段是用来知己知彼，综合阶段则是用来运筹帷幄。即找出差距的根源和成因之后，再去寻求消除问题或差距的行动方案。其核心任务是“确定我可以怎么样来解决问题”，这是一个扩大并缩小选择清单的过程。这份清单应该大致符合自己的性格、兴趣、气质、能力和价值观等个性因素。首先，尽可能多地找到消除差距的方法，发散性地思考每一种办法，甚至采用“头脑风暴法”开展创造思维。然后，缩小有效方法的数量，通常缩减到3~5个选项，形成我们自己的预期职业库，因为认知理论表明这是我们头脑中最有效的记忆和工作容量就是这个数目。在分析和综合阶段要考虑差距是否已经被消除了。在这个阶段，刘丽根据以前学到的职业认知的方法，多渠道地加强对职业世界的探索，列出了自己所感觉兴趣的职业清单：平面设计师、新闻单位美术编辑；运用自我认知工具，正确认识自己的能力、兴趣与人格特质，将以上信息进行整合，找出自己现状与备选职业的差距，从而制订出行动方案。

此阶段的主要环节有：综合细化；尽可能地拓展问题解决的选择项目；应用“头脑风暴法”；全面撒网；综合具体化；缩减选择选项到3~5项；各选项都要有助于问题的解决。

④评估（Valuing）：对各选项进行排序。评估就是一种抉择，抉择必须取舍。这一阶段需要对行动方案进行评估，从而做出选择。评估分为两个阶段：第一阶段，评估每一种选择对决策者和他人的影响；第二阶段，对综合阶段得出的各种选择进行排序。消除沟通过程中确定的问题或差距的那个选择就是最好的，应当排在第一位，次等的排在第二位。以此类推，决策者会选择一个最佳方案，应努力实施这一方案。

然而作为决策者，我们还必须考虑到，如果第一选择由于某种不可预知的原因不能顺利实施的话，还必须有第二选择。

此阶段的主要环节有：对本人和重要他人的影响；根据当事人的道德观念对每种选择进行判断；对个人而言什么是最好的；对重要他人而言什么是最好的；对自己所处的团体而言什么是最好的；对综合阶段作出的选择进行排序；选出自己的最佳选择。

在这个阶段，刘丽就自己的几个职业方向请教了家人和同学，但是感觉他们的意见指导性不强，于是她运用了 SWOT 分析法和生涯决策平衡单，针对自己的职业目标进行了分析和排序，选出了适合自己的最佳方案：平面设计师。

⑤执行（Execute）：形成目标计划并行动。在这一阶段，决策者将认知转换为有计划有策略的具体行动。在这一阶段，有一种与执行相关的特定活动：计划、尝试和申请。计划是制订个人获得教育和培训的计划；尝试包括通过实践活动、志愿者经历、兼职工作等以便获得更多的实施经验；申请包括填写申请表、报名及采取其他具体步骤实施个人有计划的行动方案。很多人都觉得在执行阶段制订行动计划是令人兴奋的和有价值的，因为他们终于可以开始采取积极行动去解决问题了。

根据评估结果，刘丽选择了最佳职业目标，同时根据职业目标，制订出自己的行动计划与方案。她根据本模块第三部分目标设立原则与实施中即将学到的内容，制订出自己在大学期间各阶段目标和学习行动计划，从而实现总体目标。当然，行动之后还需要进行检测，看行动结果是否有助于缩小理想与现实之间的差距。

此阶段的主要环节有：形成目标，并确定行动步骤以达到目标；以第一选择为目标重新建构计划；列出时间表、工作流程；进行压力和风险评估。

⑥沟通再循环：用事实和结果来反馈开始。CAVSE 循环是一个自身不断循环的过程，在执行阶段结束之后，又回到沟通阶段，以确定自己的选择是不是最好的——理想与现实情境之间的差距是否已经消除。这时候，需要问答以下问题：

事情是否已经发生了改变？

我的朋友和亲戚对我的选择有何反应？

我现在感觉怎么样？

我是否回避了某些应该做的事情？

如果原先在沟通阶段体验到的消极情感转化为积极的，那么说明 CASVE 循环的问题解决过程是成功的。这一阶段是了解自己是否做了一个好的选择的阶段。

此阶段的主要环节有：检验问题信号是否消失；问题解决过程是否成功，是否需要启动 CASVE 循环。在此阶段中，刘丽根据制订的学习行动计划实施后的情况，进行了评估，通过自己和同学家人的反馈，她意识到自己正一步步向职业目标迈进，认识到决策是科学的，计划是可行的。

总之，CASVE 循环是一个持续的过程，一个循环过程结束意味着另一个循环过程的开始。利用 CASVE 循环可以解决职业生涯问题，使职业生涯决策过程处于高效率运作状态。

（3）CIP 理论在应用中的优点与不足：

CIP 理论是一个整合的理论，可以融合职业生涯规划的很多理论，从而为发展领域研究者提供很好的视角，目前得到了广泛的认可与应用。同时，它还包含了职业生涯规划中最核心的决策领域，为规划与决策提供了科学、操作性强的方法，应用性很强。

不足的是，该理论基础源于认知信息加工理论，对职业生涯规划过程上的情感、直觉因素有考虑，但不够充分，但这些因素却在规划与决策中占有重要位置，个体在使用的时候应当考虑这些因素。

2. 职业决策的方法

人们每天都在做决定，有的决定无关大碍，如穿什么衣服、吃什么饭；但有的决定要慎重考虑，关系重大，如职业决策。对于不重要的事情，人们可以用自己习惯的决策风格做决定，而面对重大决定就需要采用科学的决策方法。这里主要介绍两种生涯决策的常见方法，即 SWOT 分析法和职业决策平衡单。

（1）SWOT 分析法。SWOT 分析法又称态势分析法，SWOT 是英文单词 Strengths（优势）、Weaknesses（劣势）、Opportunities（机会）、Threats（威胁）的缩写，最早是由哈佛商学院的安德鲁斯教授于 1971 年在其《公司战略概念》一书中提出的。安德鲁斯把面临竞争的企业所处的环境分为内部环境和外部环境，其中内部环境分析包括企业的优势分析和劣势分析，而外部环境分析则包括企业面临的机会分析和威胁分析。这种综合分析企业的内外环境，从而为企业中长期发展制定战略的方法，即 SWOT 分析法。近年来常常被用于生涯决策方法中。它是检查自己的技能、职业、兴趣，分析个人优点，评估出自己所感兴趣的不同职业道路和职业机会的有效工具，同时是利用内外因素追求目标的优秀决策方案。主要目的是通过分析组织和个人内部的优势与劣势，以及外部环境的机会与威胁来确定未来发展的策略。

运用 SWOT 法进行分析，就是将与自己需要解决的问题密切相关的内外环境优势、劣势因素罗列，并根据影响程度等排序方式按矩阵形式排列出来，然后应用系统分析的方法，把各因素相互匹配并加以分析，从中得出相应的对策。职业生涯决策的 SWOT 分析模型如表 5-2 所示。

表 5-2　**职业生涯决策的 SWOT 分析模型**

内部因素	优势（S） 指个体可控并可利用的内在积极因素 （1）工作经验 （2）教育背景 （3）丰富的专业知识和技能 （4）特定的可转移技巧，如沟通、团队合作、领导能力等 （5）人格特质，如职业道德、自我约束、承受工作压力的能力、创造性、乐观等 （6）广泛的个人关系网络 （7）在专业组织中的影响力 ……	劣势（W） 指个体可控并努力改善的内在消极因素 （1）缺乏工作经验 （2）学习成绩差，专业不对口 （3）缺乏目标，且对自我的认识和对工作的认识都十分不足 （4）缺乏专业知识 （5）较差的领导能力、人际交往能力、沟通能力和团队合作能力 （6）较差的寻找工作的能力 （7）负面的人格特征，如职业道德败坏、缺乏自律、缺少工作动机、害羞、情绪化等

续表

外部因素	机会（O） 指个体不可控但可以利用的外部积极因素 （1）就业机会增加 （2）再教育的机会 （3）专业领域急需人才 （4）由提高自我认识、设置更多具体的工作目标所带来的机遇 （5）专业晋升的机会 （6）专业发展带来的机会 （7）职业道路选择带来的独特机会 （8）地理位置的优势 （9）强大的关系网络 ……	威胁（T） 指个体不可控但可以使其弱化的外部消极因素 （1）就业机会减少 （2）由同专业的大学毕业生带来的竞争 （3）具有丰富技能、经验、知识的竞争者 （4）拥有较好的寻找工作技巧的竞争者 （5）名校毕业的竞争者 （6）缺少培训、再学习造成的职业发展障碍 （7）工作晋升机会十分有限或者竞争激烈 （8）专业领域发展有限 （9）公司不再招聘与你同等学力或专业的员工 ……

我们每个人都可以通过 SWOT 分析，清楚自己的优势和劣势及自己有哪些生涯发展机会等。从这个矩阵模型中，可以清楚地看到自己的竞争力和发展机会，从而能够确立适合的生涯目标；同时还能清晰地认识到自己的不足和外在的威胁，从而制定出相应的对策，即要发挥优势因素，克服劣势因素、利用机会因素、化解威胁因素制定相应的对策。

在完成内外因素分析和 SWOT 的矩阵构造后，便可以制定相应的对策。如表 5-3 所示：S、W 指内部因素；O、T 指外部因素。四种可能的对策选择为：SO 对策、WO 对策、ST 对策和 WT 对策。SO 对策是发挥优势利用机会的对策，即着重考虑优势因素和机会因素，目的在于努力使这两种因素都趋于最大。WO 对策力图通过克服弱点利用机会，即着重考虑弱点因素和机会因素，目的是努力使弱点趋于最小，机会趋于最大。ST 对策是考虑利用优势躲避威胁的战略，即着重考虑优势因素和威胁因素，目的是努力使优势因素趋于最大，威胁因素趋于最小。WT 对策基本上是防守性的，即通过使劣势最小化来躲避风险。考虑弱点因素和威胁因素，目的是努力使这些因素都趋于最小。

表 5-3　**内外环境及 SWOT 矩阵**

项目	优势（S）	劣势（W）
机会（O）	SO：发挥优势利用机会方案	WO：利用机会克服劣势方案
威胁（T）	ST：发挥优势避开威胁方案	WT：避开威胁克服劣势方案

在职业生涯决策中使用 SWOT 分析法会发现其有不足之处，有必要逐一采取相应的对策。

职业决策过程由一系列不断递进的阶段组成，是某个选择方案被选择、履行和不断调整的必然结果。但是，决策并不意味着最后的结果，一个决策者可能会从后面的阶段重新返回到前面阶段。因此，整个职业决策过程中充满动态性、连续性和发展性。从整个纵向的职业生涯发展过程来看，不同时期人们进行职业决策的内容又是不同的。在职业进入期，个体面临的是选择合适职业的任务；在职业巩固期，个体则需要适应和加强自己的职业素养；在职业维持期，个体主要是保持自己已经取得的地位，不断获取新的知识能力；在职业衰退期，主要是为退休后的生活作计划和安排。随着职业决策内容的转变，个体对自己的评估和对周围环境评估的重心也会发生变化。在实际的工作中，人们的每一次经历、每一种职业体验以及由于年龄的增长而引起的价值观和需要观念的改变，都会导致对自我重新认识，从而修正自己的职业目标，这样，职业决策的依据也就发生了变化。

SWOT 分析法本身是基于某个时间截面段的静态分析方法，在分析过程中做不到结合过去、现在和未来的发展趋势做出综合评判。而且在职业决策中实施 SWOT 分析，个体是依据自身已经存在的现实形态和观点来分析自我和周围环境，很少考虑到未来环境的发展所带来的可能机会和危险，从而导致个体忽略因动态变化带来的新的可能性。

在使用过程中要克服 SWOT 分析法静态性导致的不足，就应该重视信息的及时反馈，一方面要加强自我觉察能力，时刻站在未来领导的立场上衡量自身长处与不足；另一方面还需要密切注意市场环境的变化，通过网络、报纸杂志等各种媒介来追踪最新就业趋势、职业变化，指导个体根据环境变化来及时修正和调整自身的 SWOT 矩阵，从而做出更加准确的，适合自身、适合社会发展趋势的职业决策。

由于评价手段自身的主观性问题，也容易导致 SWOT 分析方法的准确性降低。心理学研究指出，人们往往会夸大自身优势，忽视自己的缺点，因而 SWOT 分析法会出现因主观性导致的缺陷。因此在进行 SWOT 分析时，个体可能会做出不太准确的自我评估，从而导致职业决策的失误，并且人格特征也会对 SWOT 分析的结果造成影响。例如：根据心理学中的情绪 ABC 理论，由于所持的信念不同，同样的一件事情发生在不同的两个人身上会导致截然不同两种情绪反应。因此，具有不同人格特质的评价者在面对相同的职业环境时可能会得出截然不同的分析结果。再者，在进行 SWOT 定量分析时，即便是相同职位和自身条件，每项因素配以的权重也会因为个体差异而产生不同。这些因素都会直接影响到 SWOT 分析的准确度，进而影响到个体职业决策的成功与否。所以个体在进行职业决策的过程中使用 SWOT 分析法时，最重要的是跳出自我。

首先，必须清楚地认识到，SWOT 分析法的使用只是为了帮助自己辨清自身的优势和劣势，其结果直接关系着自身未来的职业道路，意义非常重大。在评价过程中，个体应该尽量避免过度谦虚和过度理想自我，要客观面对自身的优势，同时还要敢于面对自身的不足，这样才能在职业规划中有一个良好的开始。在优势分析和劣势分析的开始阶段，可以尝试列举一些具体的词汇来描述自己，出现频率较多的特征词汇就构成了自身的优点和缺点。

其次，可以寻求外在资源的帮助。一方面，可以利用一些职业测评手段和个人特质诊断工具来帮助自己客观地认识自我、辨清外在机会和威胁；另一方面，还可以请教他人帮助诊断。在读书期间，同学和老师的评语，以及实践实习活动中，团队成员和同事对自己的评价统统都可以提供有价值的信息反馈。另外，也可以求助于职业辅导专家。

最后，在构建SWOT矩阵时，个体应该尽可能地参考该行业长期经营和管理所形成的每项评判内容的重要程度，或者参考职业生涯规划专家们的看法，而不能仅仅只凭自己的主观印象进行分析。

使用SWOT分析时，应该确保分析要素的准确性和新颖性。对使用的数据和资料进行充分的分析是SWOT分析取得实效的关键所在。而且，SWOT分析只是职业决策过程当中的一项实用技术，要想使职业决策最优化，仅凭SWOT分析是远远不够的，还要考虑到其他方法的综合运用，尤其是要对变化的市场环境和竞争环境时刻保持着比较清醒的认识。

【案例一】

王慈同学，女，某艺术高职院校声乐专业通俗唱法方向学生，在校期间专业学习良好但不突出，综合艺术素养较高。业余时间学习体育舞蹈，参加比赛获得过全国第四名，院系艺术活动的骨干，经常编排体育舞蹈类节目参加演出，业余时间曾经自己写过歌曲。性格活泼奔放，有较强组织能力，但缺乏细心耐心，无实际工作经验。

根据SWOT分析法，我们首先可以对此个案进行自身优势、劣势分析，以及周围职业环境的机会、威胁分析（见表5-4），然后在这些分析结果的基础上以此制定出各种相关策略。整合后最终确定这名同学应该谋取宣传、群众文化类岗位（现为某部宣传队文艺特长兵）。

表5-4 **王慈同学的SWOT分析**

外部环境分析	机会（O） （1）随着社会文化大繁荣工作推进，文化艺术人才需求量增大，增加了文化艺术人才的就业机会 （2）经济增长带动了国民收入的提高，老百姓用于文艺消费的支出也在增加，拉动了文化艺术的人才需求 （3）文化体制转型，各种私营剧院、演出、策划公司增多，逐渐占领文化娱乐市场的半壁江山，产生了较多的就业机会 （4）文化产业是朝阳产业，待遇优厚，前景广阔	威胁（T） （1）各专业性音乐学院毕业生增多 （2）有很多综合大学，包括理工院校均开办音乐专业，就业竞争激烈 （3）大专学历会导致失去部分较好就业机会 （4）文化体制改革，国有文化艺术单位改制，致使一些小的国有团体生存状态不佳，为了生存，一些具有丰富舞台经验的演员也在外兼职或寻求更好的岗位，增加了竞争压力

续表

内部环境分析	优势（S） （1）该生舞台表演经验丰富，职业能力较为突出，有原创歌曲写作经验 （2）有院系大型活动的策划节目编排经验 （3）多才多艺，除本专业知识扎实外，还会舞蹈表演与编导 （4）曾经获得过全国奖项，有一定影响力	优势机会策略（S、O） （1）一专多能的职业能力 （2）专业比赛获奖有很大说服力 （3）组织策划活动的工作经验 （4）对艺术的热爱与追求	优势威胁策略（S、T） （1）强调自身丰富的舞台综合表演经验 （2）强调大型活动的组织策划经验 （3）强调较强的学习能力和适应能力
	劣势（T） （1）高职学历层次较低 （2）没有丰富的社会阅历 （3）性格中缺乏耐心、细心	劣势机会策略（W、O） （1）利用较强的适应能力，加强对于性格中缺点的修正 （2）继续加强自己在艺术院校中的综合专业素养，同时加强音乐写作能力的培养	劣势威胁策略（W、T） （1）学习克制自己的冲动、急躁个性 （2）加强自己综合艺术素养的培养 （3）积极寻找能发挥自己特长的企事业单位或群众文化单位

经分析，王慈同学的努力岗位应当定位在宣传、群众文化岗位。如：大中型企事业单位的艺术团工作人员、宣传干事或者部队文艺兵，基层文化馆站的工作人员。在校期间，该生按照此决策结论努力学习锻炼，目前成功参军。

（2）职业决策平衡单。在进行职业决策时，有时需要在两个甚至两个以上不同的职业发展方向中选择，职业生涯决策平衡单可以通过打分量化的方式，帮助我们进行职业生涯目标决策。

职业决策平衡单是将重大事件的决策思考事项集中到四个主题上：自我物质方面的得失；外在物质方面的得失；自我赞许与否（自我精神方面的得失）；社会赞许与否（外在精神方面的得失）。个体在进行生涯决策时根据自身的不同，可以考虑不同的具体项目加以评价，从而得出不同选项决策目标的相应的分数。

职业决策平衡单的使用步骤如下：

第一，建立“职业生涯决策平衡单”。根据以上四个方面列出可能的职业选项，咨询者首先需在平衡单中列出有待深入考虑的潜在职业选项 3~5 个（见表 5-5）。

表 5-5　　　　**我的职业生涯决策平衡单①**

职业决策考虑因素		重要性的权数（1~5 倍）	第一职业方案		第二职业方案		第三职业方案	
			得（+）	失（-）	得（+）	失（-）	得（+）	失（-）
自我精神方面的得失	1. 成就感、能力、兴趣、社会声望等							
	2.							
	3.							
	4.							
	5.							
自我物质方面的得失	1. 收入、升迁、工作难度等							
	2.							
	3.							
	4.							
	5.							
外在精神方面的得失	1. 对父母、配偶的影响							
	2.							
	3.							
	4.							
	5.							
外在物质方面的得失	1. 家庭经济等							
	2.							
	3.							
	4.							
	5.							
加权后合计								
加权后得失差数								

使用说明：以下各项，根据对你的重要程度，在“重要性的权数”栏目下按-5~+5 打分，重要程度越高分值越高。表格中所列出的生涯细目如果不在自己的考虑范围之内，可以删掉，如果自己考虑的项目不在表格中，也可以加进来。

① 陈敏：《大学生职业生涯发展与管理》，复旦大学出版社 2008 年版，第 29 页。

第二，判断各个职业选项的利弊得失。职业生涯决策平衡单中提供咨询者思考的重要得失，集中于四个方面，分别是：自我物质方面的得失、他人物质方面的得失、自我赞许（精神方面）的得失、他人赞许（精神方面）的得失。考虑每个因素的得失程度给分，优势为得分，劣势为失分，计量范围为1~10分。

第三，各项考虑因素的权重。咨询者在各个方面的利弊得失之间，会因身处于不同情境而有不同的考量。因此，在详细列出各项考虑层面之后，须再进行加权计分。对每个考虑因素按照自己的情况设置权重，加权范围为1~5分。权重越大，说明越重视该要素。

第四，评分：计算出各个职业选项的得分。把各因素的权重和利弊得失分数相乘后再累加，计算各个职业选项的总分。

第五，排定各个职业选项的优先顺序。依据各职业选项在总分上的高低，排定优先次序，职业选项的优先次序可作为咨询者职业生涯决策的依据。

【案例】

某艺术高职院校音乐系声乐专业学生张珊，该同学声音甜美，外形秀丽，身材修长，普通话考试通过了一级乙等，喜欢朗颂、主持。结合该同学的具体情况，系就业指导教师及辅导员指导该同学经常主持系院的大型演出包括评估的学生专题研讨会，并联系传媒系，安排该同学进入播音主持专业辅修相关课程。该同学自身非常努力，很快成为学院主持人中的佼佼者。在就读期间，辅导员和系就业指导人员运用职业决策技术对该生的优劣势各方面进行了分析、指导，使该生在毕业时做出了科学合理的决策。

该生优势较为突出：外形条件和身高都不错，性格恬静温和，普通话等级考试通过了一级乙等，声音甜美动听，适合做主持、讲解等工作，同时因为声乐专业学生有形体课，严格的形体课训练使得该生主持时台风大方自然。

该生劣势：性格好静，思想传统，不喜欢舞台表演，声音条件虽好，但在声乐学习领悟力普通，专业发展前景不是很乐观。

毕业前红色圣地西柏坡和河北省军区同时录取了张珊，西柏坡纪念馆的工作岗位是艺术团兼职讲解员，省军区为干事，兼职艺术团声乐演员等。该同学处在人生道路的十字路口，也曾经困惑，在使用决策平衡单法进行权衡决策后，坚定地做出了自己的选择（见表5-6）。

三、目标设立原则与实施

目标对于职业生涯发展有着重要的指导意义，只有当个人在头脑中对自己的职业发展方向有清晰的概念时，职业人生才会有方向也更有意义。做好职业定向与决策，离不开设定科学、合理的目标。在通常情况下，采用目标设立的SMART原则来指导目标设立。

表 5-6　　　　**张珊的职业决策平衡单**

职业决策考虑因素		重要性的权数（1~5 倍）	应征入伍		讲解员	
			得	失	得	失
			+	−	+	−
自我物质方面的得失	1. 符合自己的理想生活方式	5		1		1
	2. 适合自己的处境	4	8		5	
	3. 有较高的社会地位	3	5		2	
	4. 工作比较稳定	5	4		3	
	5.					
外在物质方面的得失	1. 优厚的经济报酬	4	2		4	
	2. 足够的社会资源	5	8		6	
	3. 国家代偿学费	5	8		0	0
	4.					
	5.					
自我精神方面的得失	1. 适合自己的能力	4	8		6	
	2. 适合自己的兴趣	5	5		9	
	3. 适合自己的价值观	5		1	3	
	4. 适合自己的个性	4		1	9	
	5. 未来发展空间	5	9			1
	6					
	7.					
外在精神方面的得失	1. 符合家人的期望	2	6			1
	2. 与家人相处的时间	3		2		1
	3.					
	4.					
	5.					
加权后合计			264	20	207	15
加权后得失差数			244		192	
结论	经过平衡单分析：选择参军。该生参军后，在部队表现出色，并准备报考解放军艺术学院					

目标对于个体职业生涯发展具有重要的指导意义。然而，很多时候，大家忙忙碌碌，选修各种课程，参加各种活动，准备各样考试，却没有目标。很多大学生一方面感到迷茫；另一方面，却又不能停下来，花一点时间看清楚自己的方向，只是盲目地胡乱

奔跑。"忙——盲——茫"的现象在当代大学生中屡见不鲜，这种"边跑边看路"的做法无异于缘木求鱼。只有当个人在头脑中对自己的职业发展方向有清晰的概念，他的生命才会有意义和方向，而这也许是人生中最珍贵的财富之一。

（1）择业目标重要性的体现：

①指引自己的行为：找到满意的一份工作需要多方面准备，如何进行有针对性的准备，择业目标会有很大的帮助。曾经有个复旦的应届毕业生进入了全球前十名的咨询公司科尔尼，他说大二时就把进入战略公司作为自己的首选目标。从那时起他就非常关注全球前十名的战略咨询公司，如麦肯锡、科尔尼、波士顿等，经常浏览它们的网站，并且有意识地积累这个职业所需的能力与知识，最后如愿以偿进入了科尔尼。

②保持良好的心态：为了达成择业目标，可能你要付出很多努力，承受很多打击。明确的择业目标有助于保持良好的心态。

③做出明智的选择：有了择业目标，就可以少走弯路，目标实现过程中遇到需要决策的情况时，可以在目标的指引下做出明智选择。

（2）设立目标的 SMART 原则。目前，目标设立一般采用 SMART 原则，下面来看看如何运用这些原则来设立我们的职业发展目标（见表 5-3）。

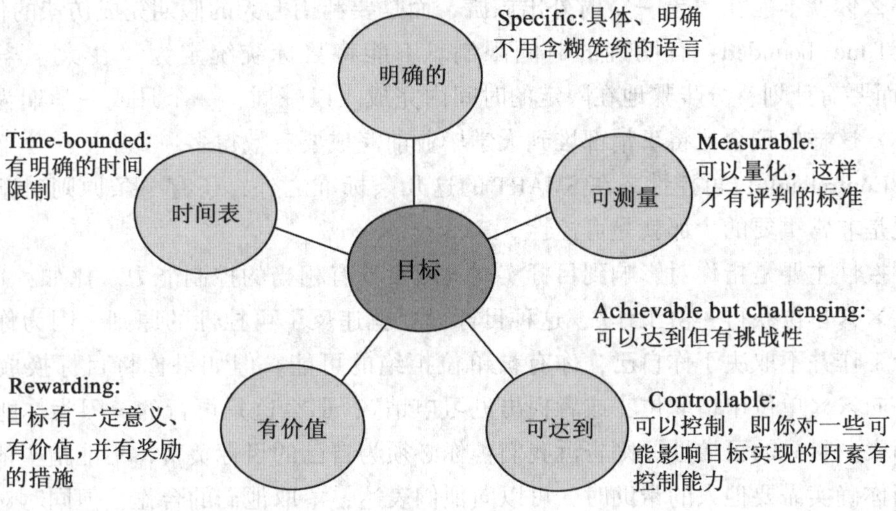

图 5-4 目标设立的 SMART 原则

①Specific：具体、明确。就择业目标来说，至少应包括想从事的职业、行业、单位类型、地域。对于大学生来说，确认从事的职业有着重要意义，因为工作一段时间后改变职业会很困难，换到更好的公司做相同的职业则容易很多。微软中国前总裁曾说：如果你毕业后暂时进不了微软，你可以先到一家哪怕只有几个人的小 IT 公司，以后还是有机会进微软的，但如果你进了联邦快递，就很难有机会进微软了。不同职业在不同行业的重要性是不一样的，所以我们要根据职业确定相应的行业。

②Measurable：可以量化。做到可量化，你才有一个可以衡量成功或者失败的标准，

从而可以准确地评价你是否实现了自己的目标。比如："加强社会实践"，应改为"在本月内，参加一个学生社团（摄影协会），并访谈两位摄影师"。比如：设定合理的期望收入，要了解地域、行业、职业、公司的相关情况。最好的办法是通过公司的内部员工，这个行业、职业的从业者加以了解。

③Achievable but challenging：可以达到但有挑战性。实现这个目标是现实的、可能的但又有一定难度。目标可望不可即，会令人望而却步，目标唾手可得，失去意义。目标应具有一定的难度，略高于我们现有的能力。这样我们才会付出努力，发挥自己的潜能。

比如说，如果你目前只是一个即将毕业学生只有舞台表演经验而无策划编导经验，却计划在两年之内就成为大型活动的策划或编导，这个目标也许就不那么可行；但如果你计划十年之内才可以尝试这项工作，那又缺乏挑战性，可能不太有激情去实现这个目标了。

④Rewarding：目标有一定意义、有价值，并有奖惩的措施。择业目标要同自身的兴趣、能力、知识或实践等具有相关性，这样在应聘时才会有竞争力。实现这个目标能带给你成就感、愉快感；反之，则会不仅缺乏成就感，更有可能在目标实现过程中发生中止或偏差现象。比如说，如果你没有按计划在本月内完成对两位艺术家的职业生涯访谈，那么你就不能在"十一"时外出旅游，而是要利用七天的假期完成访谈的任务。

⑤Time-bounded：有明确的时间限制。不能将目标统统定为"在大学毕业前完成"，而要有计划、分步骤地在限定的时间内完成。以一周、一个月或一学期为单位设立目标，这样处理会比将事情都堆到大学毕业前完成要有效得多。

⑥Controllable：可控性。在SMART的这几条标准之外，还有一条原则对于目标设立来说是非常重要的，那就是可控性。

可控性主要是指你对影响到目标实现的因素具有相当的控制能力。比如，"我的目标是在××单位获得一份工作"，这种目标设立就违反了可控性的原则。因为你能否获得这份工作并不取决于你自己，你有被单位拒绝的可能。但如果你将目标换成"在下周准备向××单位申请职位，或者提出见习申请"，那么这是可行的，因为你能控制相关的因素。目标的可控性原则告诉我们：你必须为自己的目标负责，不能指望他人来实现。当你确实需要他人的帮助时，可以向他们表达，争取他们的合作，但同时对这一期望不能看得过重，必须做好被拒绝的心理准备。确切地说，你能够控制的只有自身，因此你的目标设立时也必须完全"属于"你自己。

采用上述原则设立目标益处是：它使你的目标与计划有实现的可能，并且可以帮助你在一段时间之后回顾总结自己所取得的进步与不足，明确自己该干什么以及干得怎么样。

【案例二】

山田本一是日本著名的马拉松运动员。他曾在1984年和1987年的国际马拉松比赛中，两次夺得世界冠军。记者问他凭什么取得如此惊人的成绩，山田本一总是回答："凭智慧战胜对手！"大家都知道，马拉松比赛主要是运动员体力和耐力的较量，爆发力、速度和技巧都还在其次。因此对山田本一的回答，许多人觉得他是在故弄玄虚。

后来，山田本一在自传中揭开了谜底："每次比赛之前，我都要乘车把比赛的路线仔细地看一遍，并把沿途比较醒目的标志画下来，比如第一标志是银行；第二标志是一个古怪的大树；第三标志是一座高楼……这样一直画到赛程的结束。比赛开始后，我就以百米的速度奋力地向第一个目标冲去，到达第一个目标后，我又以同样的速度向第二个目标冲去。40 多公里的赛程，被我分解成几个小目标，跑起来就轻松多了。开始我把我的目标定在终点线的旗帜上，结果当我跑到十几公里的时候就疲惫不堪了，因为我被前面那段遥远的路吓到了。"①

这个故事使我们明白，目标是需要分解的，一个人制定目标的时候，要有最终目标，如成为世界冠军，更要有明确的绩效目标，比如在某个时间内成绩提高多少。最终目标是宏大的，引领方向的目标，而绩效目标就是一个具体的、有明确衡量标准的目标。当目标被清晰地分解后，目标的激励作用就凸显出来；当我们实现了一个目标的时候，我们就及时地得到了一个正面激励，提高了冲击下一个目标的自信心。

职业生涯目标同样，因而在制定职业生涯目标时，除遵循 SMART 原则，还应当考虑到阶段性目标与长远目标相结合。即制定长期目标、中期目标和短期目标。当我们将中长期目标分解成一个个短期目标时就有了具体的行动计划与步骤。

四、大学生职业决策常见问题的分析

随着全球金融危机的冲击，大学生就业难的问题日益加剧。如何根据自身特点和社会环境选择一个合适的工作，值得每一个大学生思考。而职业决策是否科学合理，将会在一定程度上影响大学生自身将来的社会地位、经济收入以及生活满意度。

1. 大学生职业决策的状况

大学生职业决策困难与决策风格有密切关系，关于职业决策困难的研究发现性别、年级、家庭收入状况等因素在职业决策困难上存在差异。国内有研究表明大学生职业决策状况有以下特点：

（1）在校大学生总体上处于职业未决状态，职业决策困难的总体等级处于中等水平。

（2）由于传统的性别观念和性别差异的期望造成女生比男生存在更多的决策困难：女生比男生更加犹豫不决，更缺乏准备性，而男生的职业认同感较高。女生在选择目标、解决问题方面感受到的困难显著大于男生。女性职业决策困难高直接导致低就业比例高于男性。

---

① 杨宜敢：《"山田本一"的启示》，《人民教育》2000 年第 1 期。

（3）年级差异分析表明：大学二年级是大学生职业决策困难的关键期，择业动机和职业决策意识都低于高年级，二年级是大学生职业决策发展的转折期。大学二年级学生刚刚解决了初入大学时对新环境的适应等问题，但还没有像三年级学生那样在现实中受到来自各方面的挫折与阻力，不像他们存在就业与考研以及各种就业渠道、各种性质的工作面前，犹豫自己的第一步应该迈向哪里，在这样的情境中，他们的职业选择动机自然相对较低。

（4）文科、理科的毕业生在职业决策过程中的困难感受无显著差异；家庭经济条件不同的大学生其职业决策困难存在显著差异，家庭收入越高困难越小。

（5）无工作经验的毕业生在选择目标、制订计划上困难更大。同等条件下，未接受过职业指导的学生比接受过职业指导的学生有更大的决策困难；职业适应水平越高，职业决策困难越小。

2. 大学生职业决策困难

职业决策困难就是指个人在职业选择（进入阶段或职业改变）过程中，面临最后决策时，不知道自己要从事什么职业或从几个职业中挑选一个时发生的困难。对职业决策困难进行研究，对于提高个体的职业决策水平，帮助个体更好地选择适合自己的职业有很重要的现实意义。

职业决策困难，包括例如缺乏决策准备、招聘信息短缺、缺少科学决策的相关知识、自我认知不足等。职业决策困难在整个决策过程中均有体现，包括职业生涯决策意识的困难、决策开始阶段的困难、决策过程中的困难、执行生涯计划的困难等（见表5-7）。

表 5-7　　**职业决策困难判断分类表**

困难类别	判断条目
意识的困难	A. 未察觉到做决定的需求
	B. 不知道做决定的过程
	C. 知道要做决定，但逃避承担决定的责任
收集信息的困难	A. 不充分、不一致的信息
	B. 因信息过量而感到决策困难
	C. 不知道如何收集资料，例如：如何收集、如何组织、如何评估等
	D. 因信息与个人的自我概念不一致而不愿意接受信息的有效性
产生、评估、选择替代方案的困难	A. 由于面临多重生涯选项而难以做出决定
	B. 由于个人的条件限制，如健康、能力、教育等，而无法产生足够的选项
	C. 由于害怕失败，害怕承诺等而产生焦虑感，无法做出决定
	D. 受人际关系，冲突，情境，资源等局限个人的选择
	E. 由于不知道评估的标准，比如性格、能力、价值等

续表

困难类别	判断条目
计划执行中的困难	A. 不知道形成计划的必要步骤
	B. 不知道在未来的计划中需要完成哪些事情
	C. 不愿意或无能力获得必要的信息以形成计划

3. 大学生职业决策困难的影响因素

（1）信息因素：

①信息缺乏：信息缺乏是个人职业生涯决策中最常见的障碍，主要表现为由于对相关职业的信息缺乏或不全面，不能做到科学评价该职业，从而造成决策失误。包括：缺乏决策过程的信息、缺乏自我信息、缺乏职业信息或缺乏获得信息的方式等。

②信息失当或信息错误：当个人进行职业生涯决策时所获得的信息是错误的，或信息失当，就会使决策缺乏可靠的依据，从而致使决策失误。

③信息过多：有时候信息过多也会影响正确的职业生涯决策，由于决策所获得的信息过多，有时反而会出现无所适从的局面。

（2）个人因素（决策技巧因素）：

它指存在于我们自身的导致决策困难的因素，很多时候我们并不清楚，对这些因素有较强的控制能力。这当中的阻碍因素导致不利于我们做出决定，或职业选择不顺利，或造成生涯发展困境长久无法突破。

这些阻碍因素主要包括以下 8 个方面：

①意志薄弱：个人生涯选择受到父母、他人影响的情形明显，往往会忽略真正适合自己的选择，或者虽有少数能立定志向的学生，但却因为不能持之以恒或失去毅力而放弃想要发展的方向。这时应当想一想：我的理想是什么？我的生涯目标是否投射了他人的期待？真正适合我发展的方向在哪里？哪些因素影响着我做出适当的决定？我应该坚持哪些部分？

②行动犹豫：虽然自己有想法与目标，但可能因为担心、害怕或缺乏信心等导致迟迟无法展开实际行动。这种只想、只计划却不能立即行动的人，属于“行动犹豫”类型。应当先建立信心，再利用有效策略进行自我督促和改善。

③信息探索不足：对目前社会或工作环境的信息太过缺乏，或不清楚信息取得渠道的人，属于“信息探索不足”类型。应学习信息探索的渠道与能力，强化信息的收集与了解，只有具备丰富的信息才能有进行有效的职业认知与探索。

④性格特质表现不佳：对于个性积极且有主见者，在生涯发展路上较容易为自己铺就一条适当的路。但有些人个性过于被动并且缺乏主见，或者平时没有规划的习惯，做任何事都抱着“船到桥头自然直”的态度，这种性格特质长久下来极不利于自己的生涯探索，属于“性格特质表现不佳”的类型。应当真切地面对并进行调整，才有机会

改变状态。

⑤方向选择未定：有些人平时缺乏理性思考，未来发展的方向模糊，无法明确地规划，也无法为将来做出预期努力，这是“方向选择未定”类型。这时应先多花时间去探索自己的兴趣、能力、社会现状等，先找出方向才不会做错选择。

⑥专业选择不当：若个人所学的领域能与自己感兴趣的专业或职业目标有所契合，那么将更有助于进入专业领域的生涯发展，然而许多大学生常因某些因素进入并非原先所期待的专业就读，属于“系（专业）选择不当”类型。这种类型应先给自己一些时间沉淀，再通过其他方法（如做兴趣测验、与师长讨论等）寻找合适系（专业），考虑转系、转专业、辅修专业、双学历等的可能性。

⑦学习状况不佳：在学生生涯中，学习是最重要的事情。如果人对所处的学习环境不满意，或学习心态不端正，则可能无法有好的学习态度，就会影响个人未来的发展，成为“学习状况不佳”类型。这时需要去觉察这现象背后的原因，在认知与行动上有所调整，才能自然地投入到学习中去。

⑧学习困扰高：许多学生会因为同学、老师互动状况不佳或异性交往等问题而明显影响个人大学生活状态，导致无法全心投入学习。恶性循环的最终结果可能使个人愈加无法达到自己理想的成绩，这是属于“学习困扰高”类型。须寻找困扰的来源或调整学习习惯，才不致错过适当学习时机。

4. 大学生职业决策阻碍省察

我们每个人在一生中，都可能因为一些阻隔因素的存在而使自己的职业生涯发展停滞在不好的状态。若能够提前去觉察这些因素是否存在，那么对自己的未来发展将会有很大的帮助。我们可以通过问自己以下这些问题，来省察这些阻碍因素：

（1）在我们个人或学生成长过程中曾经或目前出现过哪些职业决策阻隔因素？

（2）哪些因素对目前所学的专业有负面的影响？

（3）这些因素存在了多久？

（4）对于这些个人因素你个人曾想过要改变或克服吗？

（5）若这些因素一直保持下去，未来的蓝图将会如何？

（6）如果你发生改变，周围人的看法、感觉将是如何？

（7）他们可能会有哪些反应呢？

通过对职业决策阻隔因素的探索，可以帮助我们了解自己决策阻碍中可能潜在因素，从而进一步针对自己的困境加以突破，开创新局面。

模块小结

职业定向与决策是大学生整个职业生涯规划过程中非常关键的环节。职业选择是否适合大学生自身的能力兴趣特长，影响着大学生一生的职业发展方向。

职业定向过程是个人职业目标以及主客观条件谋求最匹配职业的过程，在这一过程中要充分考虑自身的性格、兴趣、特长专业等因素。大学生处在职业发展初期，做出适合自己的职业定向，对今后职业生涯发展起着重要作用。

职业决策是一个复杂的过程，要学习并培养科学、理性决策能力。职业决策是决定选择与放弃、向哪个人生方向前进的取舍，需要运用多种理论与工具进行分析判断。

SWOT 矩阵分析法是一种较客观而准确的分析自我的方法，通过分析内部优劣势因素，以及外部环境的机会与威胁来制定未来发展的战略。在使用过程中应注意避免其主观性和静态性带来的结果缺陷。在进行职业决策时，遇到两个或两个以上不同的职业发展方案的选择问题时，适合使用生涯决策平衡单，使用时仍然应注意主观影响。具体到决策过程，可使用 CASVE 循环模型，该模型包括 5 个阶段：沟通、分析、综合、评估和执行，可以在整个职业生涯问题解决和决策制定过程中提供指导。

目标 SMART 原则指出，职业目标对于职业生涯而言有着重要意义，目标制定需遵循以下原则：具体、明确；可以量化；可以达到但有挑战性；目标有意义、有价值；有明确的时间限制。

作为高职艺术院校大学生，应当充分了解社会文化大繁荣背景下的文化市场需求，在做好自我认知和职业认知的基础上，进行科学的职业定向，树立适合自己的职业目标并为之努力。当处在职业定向的十字路口时，结合自身情况，使用决策工具，进行科学决策，为以后职业生涯发展打下良好的基础。

复习思考题

1. 什么是职业定向？职业定向的原则、意义和影响因素分别是什么？
2. 什么是决策？什么是职业生涯决策？决策风格分别有哪几种？
3. 根据课后题和本模块内容，对比自己属于哪种决策风格类型，优势和不足分别是什么？
4. 什么是职业决策困难，造成大学生决策困难的原因都有哪些？
5. 运用 SWOT 矩阵对自己进行分析。

知识链接

生涯活动——生涯幻游①

设计理念结合音乐欣赏，透过幻游的团体活动，带领出心象视觉空间。并鼓励学生

① 资料来源：http：//ftp. klps. kh. edu. tw/topic/92_ 06/3/p3-2. htm，2012 年 7 月 12 日。

能于活动中来表达自己的梦想及与人分享。最后协助学生借由活动探索自己未来希望的生活形态，并且共同讨论实现梦想的具体步骤。

活动一：进行“生涯幻游体验”

请学生尽可能地放松并闭上眼睛。

请学生跟着老师的指导语，进入自己“十年后的某一天”，然后跟着音乐做自由联想，享受这美丽的一天。

引导语：

每个人心目中，会有各种职业梦想，如果不去考虑任何客观条件的制约，想一想，自己梦想的职业是什么？你是否能更具体想想自己十年后的模样？未来的生活会是什么情况？现在让我们一起穿越时光隧道，到未来世界去旅行！

(自我暗示放松训练+轻音乐)

(1) 我看到天花板的颜色是……

(2) 我感觉到地板的温度是……

(3) 我穿的衣服样式是……

(4) 和我一起吃早餐的人是……

(5) 我住的房子是……

(6) 我乘的交通工具是……

(7) 我的工作环境是……

(8) 同事们称呼我是……

(9) 我上午的工作内容是……

(10) 和我一起吃午餐的人是……

(11) 我下午的工作内容是……

(12) 我下班的活动是……

(13) 和我一起吃晚餐的人是……

(14) 我晚餐后的活动是……

(15) 对于一天的工作与生活，我的感觉是……

(16) 临睡前，我许的愿望是……

张开眼睛，随着音乐，用画笔来表达自己目前心中的感受或刚才幻游时心象图(严禁同学说话，以免破坏情绪)。

活动二：分享

请所有学生就他最喜欢的作品挑选排序（觉得画中的情境与自己的意境比较符合的），选出最受青睐的几件作品。

请选择此画的学生发表其为何选择此画的原因，再请原创者发表画中意境。

活动三：思考

请学生思考下表中不同生活形态对自己的重要程度，客观地思考自己要什么样的生活（见表 5-8）。

表 5-8 我喜欢的生活方式

（选择该项目的符合程度请在栏内打√）

	很重要	普通重要	稍微重要	不重要
住在空气清新的环境乡村				
住在生活便利的都市				
拥有宽广、舒适的生活空间				
居住邻居素质要高				
有充裕的工作闲暇做自己感兴趣的事				
可自由支配自己的时间				
每天准时下班，能自由支配金钱				
每天有固定的时间和家人相处				
家庭美满幸福				
居住在小孩上学方便的地方				
有崇高的社会声望				
担任高阶层的主管				
有很多忠诚的好友				
拥有丰厚的经济收入				
每天运动、锻炼身心				
和家人共享假期				
生活富有挑战、创造力				
贡献自己所能、参与社会服务				

整理自己认为很重要的生活形态项目，有哪些？

想一想，未来想要达到自己想要的生活形态，现在应当选定做什么职业目标？

通过生涯幻游，可以想象出未来十年内生活的理想画面。这里面既包含了工作内容，也包含了生活方式，而一天中做的事情和接触的人也彰显了我们的生活角色，因此可以为我们确定生涯目标提供有效帮助。

技能训练

1. 测一测你的决策风格类型

对于如何做决定每个人都有自己的独特方式，或者说独特的决策风格。那么，你是如何做决定的？让我们来测一下自己的决策风格吧！

你平时是如何做决定的呢？下面题目中的句子，是一般人在处理日常事务及生涯决定时的态度、习惯及行为方式描述。请阅读这些句子并填写右边的选项，注意每一个选项无所谓对错，只要符合你的真实情况就可以帮助了解自己的决策风格。当你完成下面的选择之后，将得分计算出来，看看你属于哪一类的决策风格（见表5-9）。

表5-9 **生涯决策风格类型测试表①**

序号	情景描述	符合	不符合
1	我经常仓促做出草率的判断		
2	我经常凭一时冲动做事		
3	我经常改变我所做的决定		
4	做决定之前，我从未做任何准备，也未分析可能的结果		
5	我常不经慎重思考就做出决定		
6	我喜欢凭直觉做事		
7	我做事时不喜欢自己出主意		
8	做事时我喜欢有人在旁边，以便随时商量		
9	发现别人的看法与我不同，我便不知该怎么办		
10	我很容易受到别人意见的影响		
11	在父母、师长或亲友催促我做决定之前，我并不打算做任何决定		
12	我常让父母、师长或亲友来为我做决定		
13	碰到难做决定的事情，我就把它摆在一边		
14	遇到需要做决定时，我就紧张不安		
15	我做事总是东想西想，下不了决心		
16	我觉得做决定是件痛苦的事情		
17	为了避免做决定的痛苦，我现在并不想做决定		
18	我处理事情经常犹豫不决		
19	我会多方收集做决定所必需的一些个人及环境的资料		
20	我会将收集到的资料加以比较分析，列出选择的方案		
21	我会衡量各项可行方案的利益得失，判断出此时此地最好的选择		
22	我会参考其他人的意见，再斟酌自己的情况来做出最适合自己的决定		
23	经过深思熟虑之后，我会明确决定一项最佳的方案		
24	当已经确定所选择的方案，我会展开必要的准备行动并全力以赴做好		

① 吴芝仪：《我的生涯手册》，经济日报出版社2008年版，第95~96页。

计分方法：选择符合的计1分，不符合的不计分。

生涯决策风格类型测试结果如表5-10所示：

表5-10　**生涯决策风格类型测试结果**

题号组	★1~6题组	●7~12题组	▲13~18题组	●19~24题组
得分				
决策类型	冲动直觉型	依赖型	逃避犹豫型	理性型

得分最高一组代表主要决策风格。

职业决策是一个由提出问题、搜集资料、确定目标、拟订方案、分析评价、最后选定等一系列环节组成的完整过程。在方案选定之后，要检查和监督它的执行情况，以便及时发现偏差并加以纠正。

2. 五步找出自己的职业方向①

通过五个步骤一步步地分析，帮助澄清职业目标选择，在分析中逐渐了解个人特点和职业机会，从而最终确立适合自己的职业发展方向。

步骤1　我是谁？通过对自己的理性分析，将所有自身的优势和不足一一列出。

优势：______________________________

不足：______________________________

步骤2　我想做什么？对自己的职业方向进行梳理：

①______________________________

②______________________________

③______________________________

步骤3　我能做什么？个人的职业定向终究是以自己的能力为基础，对自己的能力潜力做全面的总结。

①______________________________

②______________________________

③______________________________

步骤4　环境支持或限制我做什么？环境对职业定向与决策的影响可谓重大，因此要考虑本模块内容中所提到的所有的影响因素，然后梳理出环境支持或允许我做什么，及限制我做什么，写到横线上。

支持______________________________

限制______________________________

步骤5　我的职业定向是什么？明晰了前四个步骤之后，就可以通过决策方法与技术找出自己有利或不利之处，从而形成一个明确的职业目标。

---

①　姬振旗、周锋：《职业生涯发展》，高等教育出版社2011年版，第111页。

①____________________

②____________________

③____________________

3. 模拟 CASVE 循环在大学生生涯决策中的应用

(1) 沟通阶段：

事件____________________

朋友和亲戚的意见____________________

自己的感受____________________

回避自己的问题____________________

(2) 分析阶段：

自己和各种选择____________________

了解自己的性格是____________________

价值观是____________________

专业是____________________

(3) 综合阶段：扩大或者缩小自己的选择项目和选择列表，从众多选择中，找出适合自己价值观、兴趣的选择。

____

(4) 评估阶段：

评定选择等级____________________

选择对自己、自己家庭的收益____________________

(5) 执行阶段：

执行自己的选择____________________

计划____________________

尝试____________________

(6) 再循环阶段：

知道自己做出了恰当的选择____________________

事情是否发生了改变？____________________

我的朋友和亲戚对我的选择有什么反应？____________________

我现在感觉如何？____________________

我是否回避了某些应当做的事？____________________

4. 我的职业选择①

活动目标____________________

在进行职业选择时，有时候会碰到对两个甚至两个以上不同的职业发展方案，当需要进行选择时，通过小组讨论，明确你在选择职业时所考虑的因素及价值取向，这将有助于你进行职业选择。

---

① 陈敏：《大学生职业生涯发展与管理》，复旦大学出版社 2008 年版，第 107 页。

活动流程：

步骤一：分组，每4~6人为一组开始讨论，1人做记录，讨论时间为8~10分钟。

步骤二：讨论在升学或者职业选择时你考虑的主要因素是什么。

步骤三：每个小组选派一名同学将本组的结果告诉大家。

步骤四：由一位同学将大家发表的观点分类写在黑板上。

总结评估：

大学生在升学或者职业选择时考虑的因素很多，主要是自我和外在的环境因素。自我方面的因素主要有：能力、兴趣、价值观、心理需求（自尊、自我实现）、生活方式的改变、成就感、自我实现的程度、挑战性、社会声望的提高、发挥个人的才能等。外在因素主要有：升迁机会、工作环境的安全性、社会地位、工作环境、工作发展前景、工作内容、休闲时间、生活变化、对健康的影响、足够的社会资源、能提供培训机会、就业机会等。当然，作为一名大学毕业生，还应当考虑自己的社会责任、家庭责任和自己所肩负的国家繁荣富强的使命。

模块六

生 涯 规 划

——缜密规划　未雨绸缪

【学习目标】

通过本模块的学习与训练，要求同学们熟悉、了解职业生涯规划的相关知识和进行职业生涯规划的重要意义，掌握进行职业生涯规划的基本原则，重点掌握大学生职业生涯规划的基本步骤、方法，以及大学生职业生涯规划书的设计与撰写要求，能够根据个人实际情况对自己的职业进行合理的规划。

【技能知识点】

1. 职业生涯规划的基本概念
2. 职业生涯规划与人生需求的关系
3. 职业生涯规划的原则和基本步骤
4. 职业生涯规划的自我规划法
5. 职业生涯规划文案解析

项目一 职业生涯规划概述

案例导入

理性职业规划是事业成功的保障①

——比尔·拉福的成功之路

比尔·拉福，美国知名企业家，拉福商贸公司总裁。中学毕业之际，比尔·拉福立志经商。他的父亲是洛克菲勒集团的一名高级职员，父亲的职业熏陶了年少的拉福。拉福的父亲在商界打拼了多年，对商海中的事务了如指掌，深谙其中的奥秘。他发现自己的儿子机敏果断，敢于创新，有商业天赋，但尚未经历磨难，没有经验，更缺乏知识。于是拉福父子进行了一次长谈，在分析他当时的个人情况后，共同制订了计划，一起勾画出职业生涯的蓝图。拉福听从了父亲的劝告，中学毕业后考入麻省理工学院，并没有去攻读贸易专业，而是选择了工科中最普通、也最基础的专业——机械制造。这着棋很是绝妙，因为做商贸必须具备一定的专业知识，在贸易中，工业产品占据了绝大多数份额，如果不了解产品的性能、生产制造的情况，就很难保证贸易的收益。因此，具备一些工科基础知识是经商的先决条件。况且，工科学习不只是知识技能的培养，它还能帮助人们建立一套严谨求实的思维体系，训练人的推理分析能力，使之有一种脚踏实地的工作态度，这些素质对经商的帮助极大。比尔·拉福就这样在麻省理工学院学习了四年。他没有拘泥于本专业，还广泛学习了化工、建筑、电子等方面的基础知识，这些知识在他后来的商业活动中发挥了不可忽视的作用。

大学毕业后，比尔·拉福没有立即一头扎进商海。按照原先设定的计划，他开始攻读经济学的硕士学位。商业毕竟不是工业，这是一种经济活动，有其本身的规律和特征。无论是程序上还是原则、内容上都相当复杂，需要进行专门了解。在市场经济条件下，一切经济活动都通过商业活动来进行，不了解经济规律，不学习经济学知识，很难在商界立足。于是，比尔·拉福又考入芝加哥大学，开始了为期三年的经济学硕士课程的学习，这期间，比尔·拉福掌握了经济学的基本知识，深入了解了经济规律，懂得了商业活动的社会地位、作用，搞清了影响商业活动的众多至关重要的因素。他还特意学习了相关的经济法律。在现代商业活动中法律充当了至关重要的角色，没有法律保障，现代商业将陷入一片混乱。他执意学习微观经济活动的管理知识，而不是把主要精力用来研究理论经济学，那是职业经济学家的工作，他的志向不在此。因此比尔·拉福对会计、财务管理较为精通。这样几年下来，在知识上他完全具备了经商的素质。

① 薛立华、沈巧明：《大学生职业发展与就业指导》，北京大学出版社2008年版，第32页。

你也许会感到意外，比尔·拉福拿到硕士学位后，居然没有立即投身商海而是考了公务员，去政府部门工作。原来，他的父亲，这位老谋深算的商业活动家深知，经商必须有很强的交往能力，人际关系在商业活动中异常重要，要想在商业上获得成功，必须深知处世规则，充分了解人的心理特征，善于与人交往，能够给人以良好的印象，使人信任你，愿意与你合作。这种开拓人际关系的能力在学校里是学不到的，只有在社会上在工作中才能得到锻炼，而训练交际能力、观察人际关系的最佳去处就是政府部门。拉福在政府部门一干就是五年。这五年中，他从稚嫩的热血青年成长为一名老成世故的公务员。此外，他通过五年的政府机关工作，结识了一大批各界人士，建立了一套关系网络。他非常善于利用这些网络，这个网络能够给他提供丰富的信息，提供许多便利条件，这对他后来事业取得成功起了很大帮助。

五年的政府工作结束后，比尔·拉福已经完全具备了成功商人所需的各种条件，羽翼丰满了。于是他辞职下海，去了父亲向他引荐的通用公司熟悉商业业务。又经过两年，他已掌握了商情和商业技巧，业绩斐然。这时候他不再耽误时间，婉言谢绝了通用公司的高薪挽留，跳出来自己开办拉福商贸公司。功夫不负有心人，拉福的准备工作太充分了，他几乎考虑到每个细节，学会了商人应学会的一切。因此，他的生意进展异常顺利，拉福公司的成长速度出奇的快。20年后，拉福公司的资产由最初的20万美元发展到2亿美元，比尔·拉福本人也成了一个奇迹，受到众人的尊敬。

1994年10月他到中国进行商业考察，在北京长城饭店接受《北京青年报》记者采访时，谈起了他的经历。比尔·拉福认为他的成功应感谢他父亲的指导，他们共同制定了一个重要的职业规划，这个方案使他最终功成名就。

案例评点：畅销书作家、心理咨询与管理专家、也是全美最受欢迎的演讲家丹尼斯·魏特利博士说："冬天计划、春天播种、夏天耕耘、秋天收获，原本成功并不神秘，只不过该计划的计划了，按计而行，成功必会适时而至。"比尔·拉福的成功不是偶然而是必然！为实现自己的职业梦想，进行了长达14年的准备工作，几乎考虑到了每一个细节。这些源于他职业规划脉络清晰，步骤合理，充分考虑了个人的兴趣、素质，着重突出了职业技能的培养，这种职业规划在他的不懈努力下，终于变成了现实。也许他的这套生涯方案并不完全适合每个人，但却带给我们一个重要的信息：人生是可以设计的！只要你有信心、恒心加上科学的规划和设计，案例的主角也许就是明天的你。

每个人都想成就一番事业，然而成功者却是少数，多数人不能如愿。是这些人没有努力？没有奋斗？不是。不少人兢兢业业、辛辛苦苦干了一辈子，却一事无成，为什么呢？因为人生事业的发展需要技术和方法，这种技术与方法就是职业生涯规划。

机遇总是光顾有准备的人，面对竞争日益激烈的社会，如何在茫茫的众多职业中找到适合于自己生存与发展的职业，是我们走向社会之前需要认真思考、也是不可回避的重要问题之一。如果我们在走向社会前能够制定出适合自己发展的职业生涯规划，并有相应的实现步骤和措施，我们在未来的职业生涯中就会有明确的目标和动力，就容易向确定的发展目标努力，最终实现自身利益与价值，并为社会作出贡献。

【相关知识】

一、职业生涯规划的含义

1. 定义

职业生涯规划简称生涯规划①，又叫职业生涯设计，是指组织和个人发展相结合，在对个人职业生涯的主客观条件进行分析、测定、总结的基础上，对自己的兴趣、爱好、能力、特点进行综合分析与权衡，结合时代特点和社会的需求，根据自己的职业倾向，确定最佳的职业奋斗目标，并为实现这一目标找出可行的实现方法和途径，提出切实的实施办法和措施，制订严密的计划，做出行之有效的安排。

简而言之，职业生涯规划其实就是"人生战略设计"，是帮助个人真正了解自己，根据主客观条件筹划未来，设计出合理可行的职业生涯发展方向，从而确定自己一生努力的方向，定下事业大计。

总之，职业生涯规划要求在职业行动之前有一个深思熟虑的计划，其目的是要争取最大的收益，少走弯路，不走错路，避免走回头路，选择最佳的路径来实现职业生涯的成功，实现自己的职业理想，从而促进和推进其人生理想的实现。

2. 组成

职业生涯规划主要由两部分组成，一是目标确定与分解；二是实现目标的措施和安排。简单地说就是想干什么和怎么干；或者说是想得到什么，怎么得到。成功的职业生涯规划应该目标明确，切合实际，措施具体，科学可行，从而为职业理想的实现创造条件。

二、职业生涯规划的意义

一家企业的人力资源主管曾碰到这样的大学生求职者，令他哭笑不得。该大学生面对企业的招聘方，抛出的问题竟然是："你看我适合做什么？企业能给我提供什么样的职位？"这种对自我对岗位一无所知的求职者的存在，反映了目前大学生职业生涯规划缺失，是其自我价值迷失的真实写照。古人讲"凡事预则立，不预则废"，好的计划是成功的开始，不同的规划会有不同的结果，会形成不同的人生历程，职业生涯规划对大学生具有特别重要的意义。

---

① 钟谷兰、杨开：《大学生职业生涯发展与规划》，华东师范大学出版社2008年版，第32页。

1. 职业生涯规划有助于大学生确定职业方向和发展目标

职业生涯规划实行的先决条件就是进行自我分析，分析的目的在于认识自己、了解自己、估计自己的能力、评价自己的特长、确认自己的性格、发现自己的兴趣、明确自己的优点、权衡自己的优势，同时通过分析也可以确定符合自己兴趣与特长的职业发展目标，从而正确设定生涯路线，并制定规划，使自己的才能得到充分发挥，实现职业发展目标。职业生涯规划是学生成才的有效方法。面对社会的快速变迁，竞争的不断加剧，一些不能体察时代变化和环境变迁的人，往往会手忙脚乱，不知所措，造成内心恐慌，不知何去何从，其结果不仅事业无成，而且身心受到严重影响。因此在新时代变革中及早进行生涯规划，认清自己，并在自己内在潜能上不断探索和发展，才能掌握人生的方向，创造成功的人生。只有确立了明确的目标，才能有意识地收集有关材料，积累有关经验，创造条件为目标而努力。

2. 职业生涯规划有助于提高大学生的综合素质

职业生涯规划可以给我们灌输职业与事业的理念，促使大学生去考虑将来成为一名职业人所需要的能力和素质。它有助于学生多方面素质的培养。学生既要学习专业知识掌握专业技能，还要注意职业素养的培养；既要学习职业教育、创业教育、就业教育的很多知识，还要了解和把握社会政治文化建设的现状和发展趋势。因此，在树立人生的目标和主动实施的过程中，学生的思想素质、心理素质、文化素质、专业素质都会得到提升。

3. 职业生涯规划有助于增强大学生的主体意识

受应试教育的影响，一部分大学生主体意识欠缺，认为学习是为了老师、父母，却唯独没有考虑是为了自己今后职业发展的需要。职业生涯规划可以帮助大学生正确认识自己和完善自己，并为自己一生职业的发展和成功奠定良好的基础。同时，有助于大学生正确认识社会竞争和自身在社会中的价值，通过自我合理预期和择业，更好地实现自己的人生价值，促进社会的发展和进步。

4. 职业生涯规划有利于大学生的最佳定位

职业生涯规划的主要任务就是使自我特性与职业需求达到平衡，实现人职的最佳匹配。只有认识自我、了解自我，才能有针对性地明确职业方向，而不盲目化。认识自我是对自我深层次的解剖，了解自己能力的大小，明确自己的优劣势，根据过去的经验和精力，推断自己未来工作的方向，从而解决“我想干什么，我能干什么”的问题。自我认识一定要全面、客观、深刻，绝不能回避缺点，同时要探索外部的世界，包括行业的特性、所需的能力、就业渠道、工作内容、工作发展前景、行业的薪资待遇等，只有充分了解自己的优劣势，了解工作环境的要求，才能做到“知己知彼，百战不殆”，实现职业人生的顺利发展。

三、职业生涯规划的特点

掌握职业生涯规划的特点，对做好规划是有帮助的。职业生涯规划的共同特点是独特性、终身性、发展性、综合性。

1. 独特性

每个人都有自己的特点，有与众不同的成长背景和机遇，因此必须从自己的特点、特长出发来进行职业生涯规划。职业生涯规划因人而异。比如，比尔·盖茨投身于软件事业并成为世界首富，这是职业生涯规划成功的一个典型案例。人们将比尔·盖茨的成功作为理想追求是可以的，但创业过程和结果绝不可能和他完全相同，因为背景、文化、机遇已经不同，还存在着潜在的、看不见的各种因素的影响。人们可以学习他、超越他，但不能盲目模仿他。

2. 终身性

不仅大学生，每个人人生发展的全过程——从小孩到老人，都涉及职业生涯规划这一课题。只是有的人是自觉做的，有的人是无意识间完成的。小时候孩子们玩过家家时，有人爱扮医生，有人爱扮教师，有人爱扮解放军……这已经是职业生涯的萌芽。五六十岁的人一样有自己的生涯规划。有一位 60 岁的老人参加了生涯规划的学习，意识到自己虽然已经退休，但自己的生涯可能还有 20 多年甚至更长一些，她就参加了老年大学学习，实现自己的意愿成为画家。

3. 发展性

随着认知不断成熟，能力不断提高，世界不断变化，生涯也需要多次进行规划。如房地产大亨王石，大学毕业后当过兵、做过工人，还在政府机关当过三年公务员，收购过玉米，做过录像机生意，二十几年前，33 岁的王石只身从广州来到了深圳，这个和其他人一样带着淘金的梦想来到这片热土的年轻人，怀揣的只有简单的行囊和满腔的激情，23 年之后，他跻身于国内地产大亨之列。

4. 综合性

如果把生命看成一个横截面，每个人在某一阶段同时有多种身份。如一位某高等学校副主任，在单位主持工作时是领导，在与同事研究工作时是伙伴，在学生面前是老师，在"充电"时是学生，在家是家长，在孩子面前是长者，在他父母面前是孩子……所以在做职业生涯规划时要涉及工作、学习和生活的各个方面，具有很强的综合性。

四、职业生涯规划的原则

职业生涯规划的过程是个人探索自我、科学决策、统筹规划的过程。为了保证职业生涯规划的科学性和实用性，在制定时应遵循如下原则：

1. 激励性原则

在制定生涯规划时，要确立志向并制定发展目标。确立志向应"志当存高远"，不能"鼠目寸光"。志向和目标要具有一定的挑战性，要能对求职者产生一定的激励作用。

2. 客观性原则

制定生涯规划的一个前提和基础是对自我进行分析和评估。自我评估时应当客观正确、实事求是。

3. 适合性原则

世界上没有最好的职业，只有最适合自己的职业，做职业生涯规划时要选择适合自己的职业。

4. 可行性原则

在制定职业生涯路线时应根据自己的动机、能力和自身条件，制定切合实际、合理可行的职业生涯发展路线，充分发挥自己的优势和特长。

5. 现实性原则

在确定职业生涯总目标和各阶段小目标的过程中，要立足现实，符合实际。各种目标要清晰明确，实现的时间顺序要合理安排。职业生涯规划的总体设计要适应社会发展变化的趋势。

6. 实效职业性原则

制订具体行动计划时要周密、详细、具体可行、切实有效。在环境评估时应全面评价周围环境对个人职业生涯发展的影响。

7. 可评估性原则

职业生涯规划的设计应具有明确的时间限制或标准，以便随时掌握规划的执行情况，并适时对设计进行评估、检查和修正。

8. 可变性原则

职业生涯规划的反馈和调整要适当和灵活，不能全盘否定，也不能墨守成规。

项目二　职业生涯规划的步骤和方法

案 例 导 入

周杰伦的职业生涯①

——从服务生到乐坛巨星

你可以不喜欢周杰伦，但是你却不能不知道周杰伦。这个有点沉默、家世平平的歌手，用他的音乐席卷了整个华语地区，成为流行乐坛巨星。他的音乐风格灵动，开拓了流行音乐新领域，他在流行乐坛引领了“中国风”，甚至在某种程度上带动了中国古典文学的复兴。

① 参见《中国教育报》2009年3月25日第7版。

“每个年轻人至少听过10首他的歌曲，对于中国内地来说，他应该是继邓丽君后普及率最高的歌手。”在一次颁奖典礼上，司仪如是说。

穿过巨星耀眼的光环，我们看到了一个职业发展优秀的人。周杰伦的身上，到底有什么过人之处？又有什么可以运用到我们自己的职业发展上？

职业培养期：成绩平平的他，专注自己的音乐天赋

周杰伦，1979年1月18日于台北出生。爸爸是生物老师，妈妈是美术老师。从小，周杰伦对音乐就有着独特的敏感，听到音乐会随着节奏兴奋地摇晃，有时候一边看电视，一边戴上墨镜学高凌风唱歌。母亲见他在音乐方面很有天赋，毫不犹豫地拿出家里所有的积蓄，给他买了一架钢琴。这一年，周杰伦才4岁。

虽然是教师之子，周杰伦的学习却不尽如人意。小时候，成绩栏上红颜色比蓝颜色多，数学考试成绩经常在40分左右，只能用“对音乐有天分的人，好像数学都不太好”来安慰自己。英语老师甚至认为他有学习障碍。高中联考时，周杰伦的功课还是很差，只考了100多分。当时淡江中学第一届音乐班招生，周杰伦抱着试试的心理参加了考试，竟然考上了。

在高中能学习音乐，周杰伦幸福无比，他的音乐天赋和才华在这里得到了认同。他的高中同学回忆，那个时候，周杰伦弹钢琴唱歌和打篮球的样子迷倒了很多女孩子。虽然父母亲在他14岁时离异，但是躲在音乐世界的周杰伦却并没有受到大的冲击。他回忆说：“12岁到16岁的日子是我最开心的日子，音乐让我的心灵得到安慰。”周杰伦的高中钢琴老师说，周杰伦十多岁时已经培养出远远超越他实际年龄的即兴演奏能力——他将庄严肃穆的音乐变奏，以一种很有意思的方式重新演绎，听上去就像流行歌曲。

案例评点1：综观周杰伦的职业培养期——学生时代，有两点特别引人注目。首先是对自己音乐天赋的忠诚和投入。音乐对于他而言，与其说是一种兴趣，不如说是另一个世界。在这个世界里，音乐帮助他抵挡父母离异、成绩不好等所有的青春期的常见烦恼，让他自信健康地成长。一个人能够在自己的天赋中自由舞蹈，这无疑是一种幸福，这能抵挡住一切成长的动荡。爱因斯坦在这个年纪正幻想与光赛跑，傅聪则生活在小提琴音符中间……

其次是高中时代选择读音乐班，这是一个很重要的职业规划。高中时代是个人重要的职业培养和探索期，这个时候，孩子刚刚开始有社会意识，如果天赋在自己的小群体里获得认同，就会极大推动未来把这种天赋作用于社会的想法。如果周杰伦上的是普通高中，也许他的音乐才能只会变成一个差生聊以自慰的“小把戏”，而音乐班的氛围，让他的这种天赋很顺利地从个人兴趣发展成社会技能。

职业适应期：在当餐厅侍应生的日子，坚持音乐梦想

由于偏科严重，还屡屡挂科，周杰伦没有考上大学。是先择业还是先就业？这个问题被今天的大学毕业生千万次地问，当年的周杰伦也面临这个走出校门后进入职业适应期的经典问题。

如果择业，最吸引他的一定就是成为一名歌手，但一个普普通通的17岁的孩子，如何成为歌手？无奈的周杰伦几次碰壁以后，选择了在一个餐厅做侍应生——先生存，再谋发展。

在餐厅的工作其实很简单，把厨师做出来的饭菜送给女侍应生，再由女侍应生送给客人。即使是这样，周杰伦也没有离开自己的音乐世界，他带着一个随身听，一边工作一边听歌。

机会终于来了。老板为了提高餐厅档次，决定在大堂放一部钢琴，但连续尝试了几个琴师都不满意。周杰伦在空闲的时候偷偷地试了试，他的琴声震惊了不少同事，包括他的老板。老板拍着周杰伦的后背说：你可以在这两个小时不用干活了。

案例评点2：选择先去餐厅打工，是周杰伦的正确选择。好的职业规划强调先生存再发展：其一，完美的工作不是一下子就能获得的，需要长期的技能和经验的积累。这是一个漫长的时期，如何度过？先就业，让自己生存下来是关键。其二，大部分学生毕业的时候，最需要补充的不是专业能力，而是适应社会的心态。这堂心态课程可以在任何工作里面学到，往往比能力更加重要。因此，毕业后最好的职业规划选择应该是：找一份自己能做的工作，培养自己适应社会的心态。同时，注意培养进入理想工作的能力，把完美工作作为长期目标来努力。

试想，如果周杰伦坚持寻找自己喜欢的完美工作：唱歌。那么，他的音乐之路能坚持多久？没有经济支持，没有能够证明自己的履历，没有明确的方法和方向，最大的可能就是一个音乐梦想随之破碎无可修复。当前的大学毕业生中也有这样一些人：我要做管理，我要做导演，我拒绝做一份自己不喜欢的工作。于是，把自己塞进了现实与梦想的夹缝中间，动弹不得。他们忘记了，完美的工作是从不完美处开始的。

职业发展期：面对挫折不言败，历经风雨终成功

在餐厅里打工和弹琴让周杰伦慢慢开始有公众演奏的机会，也慢慢开始积累起自己的听众。如果没有那个意外出现，他也许会觉得，这样的工作还挺好的。但是，机遇从不会忘记那些执著于梦想的人。

1997年9月，周杰伦的表妹瞒着他，偷偷给他报名参加了当时台湾著名娱乐主持人吴宗究的娱乐节目《超猛新人王》。当时的周杰伦非常害羞，他甚至不敢上台唱自己的歌，只好找了一个朋友来唱，自己用钢琴伴奏。两个人的演出“惨不忍睹”。但主持人吴宗宪路过钢琴的时候，惊奇地发现这个一直连头也没敢抬的小伙子谱着一曲非常复杂的谱子，而且抄写得工工整整！他意识到这是一个对音乐很认真的人。节目结束以后，他问周杰伦：你有没有兴趣参加我的唱片公司，任音乐制作助理？

很多人往往把这一瞬间定义为周杰伦生命的转折点。因为他的过人天赋加上吴宗宪的慧眼识珠，周杰伦终于成功了！其实不然，因为通过短短的几秒钟看乐谱根本无法判断某人是否具有音乐天赋，真正让吴宗宪感动的是这个年轻人对自己乐谱的认真程度。打动吴宗宪的，与其说是才气，不如说是认真。很多时候，不管能力有多大，机会往往只选择那些认真对待自己工作的人，这本身是一种最重要的能力。

作为唱片制作助理，在负责唱片公司所有人的盒饭之余，周杰伦在那间 7 平方米的隔音间里开始了自己的创作生涯。半年下来，他写出来的歌不少，但曲风奇怪，没有一个歌手愿意接受，其中包括拒绝《眼泪不哭》的刘德华和《双截棍》的张惠妹。

吴宗宪有些着急，他决定给这个年轻人一些打击。他让周杰伦来到自己的办公室，告诉他写的歌曲很烂，当面把乐谱揉成一团，丢进废纸篓里。这是周杰伦在音乐道路上遭受的重大打击。然而，吴宗宪第二天早上走进办公室的时候，惊奇地看到这个年轻人的新谱子又放在了桌上，第三天、第四天……每一天吴宗宪都能在办公桌上看到周杰伦的新歌，他彻底被这个沉默木讷的年轻人打动了。

1999 年 12 月的一天，吴宗宪把周杰伦叫到房间说，如果你可以在 10 天之内拿出 50 首新歌，我就从里面挑出 10 首，做成专辑——既然没有人喜欢唱你的歌，你就自己唱吧。10 天之后，周杰伦安安静静地拿出 50 首歌，于是就有了周杰伦一举成名的专辑《JAY》。从这张专辑开始，周杰伦一发而不可收。

周杰伦从此进入他职业的第三个时期：职业发展期。从很多成功人士的经历来看，这个阶段的开始往往是由于链接到了业内的第一平台。周杰伦联系到当时的台湾娱乐界名人吴宗宪；王宝强在这个阶段开始拍《士兵突击》；爱因斯坦在这个阶段联系上了科学伯乐奥斯特瓦尔德；打工皇帝唐骏在这个时期写信联系到了比尔·盖茨；而比尔·盖茨在这个阶段正磕磕巴巴地在 IBM 的董事会面前展示了他的 Windows1.0。几乎每一个成功人士背后都有一个登上行业第一平台的故事。所以这也是职业规划的重要原则：进入行业内的第一平台，并展示自己。

案例评点 3：周杰伦的职业经历说来传奇，其实也普通。每个人进入职场的时候，都会遇到类似的问题。领导的批评，不被人认同……如何对待和处理这些问题，比问题本身更加重要。没有被上司的讽刺打倒的周杰伦，用更多的努力获得了认同。胜利者不一定总是赢的人，能够接受打击，能够更加积极对待事业，才能取得最终的胜利。

综观周杰伦的职业发展，经历了 3 个时期：在校学习期间的职业培养期，餐厅打工的职业适应期和之后的职业发展期，在每个时期，他都做了很好的示范。在职业培养期，他选择了专注自己的天赋，没有被“大而全”的教育模式平庸化。在职业适应期，他明智地选择了先就业再择业，先养活自己，再慢慢培养自己的能力，期待在最高平台展示的机会。在职业发展期，他调整好自己的心态，用认真、踏实的精神和态度打动公司的同时，也打动了所有的听众。这些道理都很简单，只是简单并不代表容易做到。周杰伦也许有一些你我没有的天赋，但是成功的路上绝对没有偶然。

【相关知识】

按照顺序和过程划分，职业生涯规划的基本步骤包括确定志向、自我评估、环境评估、职业选择、制订路线、确定目标、制订计划、评估与修订八个步骤。每个步骤既相互独立，彼此之间又紧密联系。

一、职业生涯规划的步骤

1. 确立志向

所谓志向，其实就是一个人的人生目标，是一个人对未来的憧憬中那些感觉最强烈的，随着自身成长不但不会衰减、忘却，反而会越发渴望实现的东西。从职业规划方面来讲，志向是一个人远大的职业理想，是事业成功的基本前提。一个人的人生航程以现在所处的位置为起点，准备到达的目的地所在的方向就是他的志向。志向的确定，就是人生目的地所在方向的确定。没有志向，事业的成功就无从谈起。常言说，“志不立，天下无可成之事”。确立志向是人生的起跑点，反映一个人的理想、胸怀、情趣和价值观，影响着一个人的奋斗目标及成就的大小。所以，在制定生涯规划时，首先要确立志向，而且要“志向远大”。这是制定职业生涯规划的关键，也是个人职业生涯规划中最重要的一点。

(1) 人生志向的确定首先应该与自己最核心的价值观和人生抱负、追求一致。要想清楚，今生今世你想干什么，有什么人生梦想。人生抱负与追求各不相同，古来圣贤皆“以天下为己任”，马克思是“为了全人类的幸福”，周恩来“为中华之崛起”而读书，而注重现实和个性的现代人则多以“生活富足而有意义”，“活得有尊严、有地位”，“自主而富有创造性”，“简约、安定、快乐”，“拥有学问，拥有财富”，“工作或事业成功”，“充分发挥个人潜能”，“能合理地挣取较多金钱”等为自己的人生追求。

(2) 人生志向的确定要与自己最强烈的兴趣相符合、最大优势的能力相匹配、最稳定的个性特征相协调。由于一个人的兴趣方向、能力特点以及个性特征等一般是很明确的，所以与这几个方面的协调和匹配要求在确定志向时也要尽可能地明确。如，想成为什么样的人？想成为哪一方面的专家、佼佼者？要明确，不能含糊其辞，如“演员”、“编剧”、“作曲”、“指挥”、“导演”、“设计师”、“舞美技术员”等。

2. 自我评估

古人云：“知己知彼，百战不殆。”这里说的是打仗。职业生涯也是一样，只有对自己和外部的情况做了深入的分析和了解以后才能做出正确的职业生涯决策和规划。也就是说，“知己”是进行职业生涯决策和规划的基础。

知己就是自我分析，自我认识。所选择的职业能否成功，一个很重要的因素是选择前对自我的了解程度。要选择适合自己的职业，必须对自己有一个全面、客观和深入的了解。在进行职业生涯规划的时候，重点是要了解自己在兴趣、性格、能力及价值观等方面的情况。

具体来讲，在兴趣方面，是要清楚了解自己喜欢干什么，最愿意做什么，做什么事情最能使自己身心愉快。性格方面，要了解自己是什么样的人，是内向的还是外向的。能力方面，自己能够干什么，有什么通用技能，有什么专业技能，有什么天赋的才能和自我能力倾向。价值观方面，明确自己想要什么，最看重什么，什么是自己最想要得到的，是金钱、亲情、地位，还是名声。在个人特质方面，还应了解自己适合干什么。在胜任力方面，要注意人、职相配，人、岗相配。资源方面，明确自己有哪些可以利用的资源，如社会关系、资金等。最后进行优劣势分析，对上述各方面因素进行总体评价，哪些是有利的，哪些是不利的。

总之，对自我的评估要全面、深入，要客观、正确。要通过自我反思、自我分析、他人评价、量表测量、实践验证等多种方式进行。其中他人评价要采取合适的方法，听取亲友、同学和老师的意见。经过自我评估，可以清楚自己的优势和劣势所在及自己有哪些发展机会。

3. 环境评估

（1）环境评估的概念。所谓环境评估，一是分析和评估自己职业发展的宏观环境及其发展变化趋势，二是分析和评估各种环境因素对自己职业生涯发展的影响。有一句广告词非常经典：“心有多大，舞台就有多大。”作为新时代的弄潮儿和主角的大学生们，从学校的“小舞台”到社会的“大舞台”，是否已经做好了充分的准备？如何在聚光灯下尽情地展示自己的才华和舞姿呢？对于这个“大舞台”自己又了解多少？

环境评估的主要目的，是通过对环境特点及其发展趋势的分析，评估自己职业生涯发展的机会，包括自己与环境的关系、自己在环境中的位置、环境对自己提出的要求以及环境对自己有利的条件与不利的影响等。只有对这些情况充分了解，才能做到在复杂的环境中趋利避害，使自己的职业生涯规划具有实际意义。

（2）环境评估的因素。包括：①政治因素。政治因素对个人职业生涯既有直接的影响，也有间接的影响。政治会影响到国家的经济体制以及企业的组织体制，因而对个人的职业发展会产生直接的影响。同时，政治制度和氛围会潜移默化地影响个人追求，从而对职业生涯产生间接的影响。

②经济因素。在选择职业的时候，必然会涉及对就业地域的考虑。就业所在区域经济发展状况会对个人职业发展产生很大的影响。

③文化因素。它包括就业区域的教育条件和水平、社会文化设施等。在良好的社会文化环境中，个人会受到良好的熏陶和教育，从而有利于个人职业生涯的发展。

④价值观念。生活在社会环境中的人，会受到社会价值观念的影响，包括社会主义

职业价值观的影响。社会价值观念、职业价值取向，正是通过影响个人的职业价值观来影响个人的职业选择。

⑤人才需求和供给情况。要调查分析社会各行业对人才的需求情况，自己目前具备的知识和技能是否为社会所需要，是否能达到社会的要求，自己应在哪些方面学习和提高才能适应社会的需求等。同时也要了解社会中各种需就业人才的数量、技能水平以及供求状况等，这实际是在分析人才竞争的状况，可以使自己了解竞争对手的情况，在竞争中取得优势。

⑥行业环境。行业发展现状和前景对企业的发展状况有直接的影响，进而也影响到个人的职业生涯发展。个人选择有发展前景的行业和职业，有助于个人职业目标的更好实现。

4. 职业选择

有哲学家说：你不可能同时跨入两条河流。诚然，在实际生活中，我们经常会体味到选择的困境，即选择的两难。比如说，你要看足球赛，那么你就不能去看棒球赛；你选择去参加朋友的聚会，你就不能和家人在一起；选择去夏威夷度假，就不能去阿拉斯加欣赏雪景。要不要转专业？要不要专接本？要不要出国深造？该做什么工作？等等，在要与不要之间探索你的决策技巧、决策风格。

职业选择就是确定所要从事的职业类型，对所立志向进行具体化和形象化。选择理想职业要能够合乎自己的兴趣、性格和能力，要能够适应环境的条件，顺应环境的变化趋势。所以，要正确地选择合适的职业，需要对自我分析和环境评估的结果，对主客观方面的优、劣势因素做出总结，然后在此基础上，评估并明确自己的职业发展机会。

5. 制订路线

就是制订职业生涯发展路线，是指一个人在选定职业类型之后，为了实现职业目标和职业理想所选择的路径。每个人都有适合其发展的路径，但每个人都彼此不同，谁也不能完全复制别人的成功之路。所以，在进行职业生涯路线选择时，要考虑自己的实际情况。一是目标取向，即个人希望向哪一条路线发展。主要以自己的职业价值观、理想和成就动机来确定。二是能力取向，即个人适合向哪一条路线发展，能够向哪一条路线发展。主要考虑自己的职业兴趣、性格、能力、特长、经验、学历等主观条件。三是环境和条件因素，即环境和现实条件支持你向哪一条路线发展。

职业生涯路线选择的重点是对生涯选择要素进行系统分析，在对上述三方面的要素综合分析的基础上确定自己的生涯路线。

6. 确定目标

确定目标是指确定在职业发展的道路上必须要达到的目标，包括短期目标、中期目标、长期目标和最终目标，也称为阶段性目标。长期目标一般为 5~10 年，中期目标一般为 3~5 年，短期目标一般为 1~2 年，短期目标又可细分为年目标、月目标、周目标、日目标等。阶段性目标由远而近，越来越清晰，越来越具体。

通过理性的抉择历程，在“知己知彼”的基础上，大学生就可以确定自己的目标，并制订行动计划了。大学生职业生涯目标要依据毕业后的打算和去向来定。一般来讲，职校毕业生的去向不外乎就业、专接本、留学和创业四大类，当然也可以是先就业再创业，或先读本再留学等。打算和去向不同，职业生涯的目标和规划也就不同。比如目标是就业，那就要树立正确的职业观，进行职业探索，扩大选择范围；就要制定学业规划，进行知识储备、能力准备、工作和实践经验积累、求职技巧准备等。如果目标是专接本，就要选择和了解学校、专业，了解考试流程，进行专业课、政治、计算机和英语的学习和复习等。如果目标是留学，要了解留学国家有关的政策和趋势，了解出国留学的信息和流程，准备足够的资金，准备通过外语考试等。如果目标是创业，就要培养创业素质，准备资金、技术、能力与经验等创业条件，掌握创业时机，把握创业方向等。

要有更辉煌的人生，就必须有一个需要努力才能达到的、令你心动的、充满吸引力的长期目标，并在生命中的每一个新的发展阶段，重新去审视和调整这个目标，追求一个全新的自我，全力以赴，实现自己的梦想。

7. 制订计划

（1）制订行动计划。行动计划和措施一般包括工作、训练、教育等诸方面。比如在工作方面，你计划采取什么措施，如何提高你的工作效率；在业务素质方面，你计划学习哪些知识，掌握哪些技能，如何提高你的业务能力；在潜能开发方面，你计划采取什么措施开发你的潜能等。所有这些方面，都必须要有具体的计划与明确的措施。

（2）对目标进行分解。目标要实现就必须对其进行分解，然后由小到大逐步实现。常用的目标分解方法为“剥洋葱法”。目标的分解过程就像剥洋葱一样，将总目标分解成若干个小目标，再将每个小目标分解成若干个更小的目标。职业生涯目标的分解需要遵守一定的原则。第一，小目标是实现大目标的条件；第二，大目标是小目标的结果，大目标是由小目标构成的；第三，小目标的实现之和一定是大目标的实现。

大学生职业生涯目标可以从时间和内容两个方面来进行分解。从时间方面来讲，大学生可以将自己的总目标分解为大一、大二、大三等不同学习时段的阶段性目标，也可以分解为每一个学期目标，每一学期期中、期末的目标，分解为每一月、每一周、每一天的目标等。通过分步骤、分阶段地，脚踏实地完成每一个学年、每一个时间段的阶段性任务和目标，从而最后实现自己的总体目标。从内容方面来讲，大学生可将自己的总目标分解为学业规划目标、生活成长目标、社会实践目标等不同内容和性质的目标。比如学业规划目标是专业课学习成绩优秀、其他相关科目学习成绩优良等；生活成长目标是体魄健美、心理健康、学会理财、懂得时间管理、人际沟通能力强等；社会实践目标是积极参与社团活动，见习、实习成绩优良，认识社会与职业等。目标明确之后，大学生可以将期望的目标与自己的现实状况进行比较，从中找出差距，并制定缩小差距的方案，即确定行动计划以及实现目标的各种策略、措施以及具体的学习计划、培训计划、求职计划、工作计划等。

（3）大学生学习阶段的基本任务和努力方向。在大学生职业生涯规划中，每个学生的具体措施、计划可能各不相同，甚至差别很大，但是在相同学习阶段的基本任务和努力方向上总体还是一致的。就基本任务来说，大学生在大一是了解自我，锁定感兴趣的职业；大二是有目的地提高自己的职业素养；大三是初步完成从学生到职业者的转变。就努力的方向来讲，大一为试探期，要进行自我探索，了解和认识自我；要初步了解自己所学专业以及对口的职业，特别是自己未来想从事的职业，刻苦努力学习，打好坚实基础。大二为定向期，要考虑清楚未来是深造还是就业，要基本确定职业方向，深入学习专业课程；通过参加学生社团等组织锻炼自己的能力，尝试与自己未来职业或本专业有关的兼职、社会实践活动，并正确处理好各种学生组织工作与学习的关系。大三上学期为冲刺期，要有意识地培养个人职业发展的核心技能，同时提高求职技能，收集用人单位信息，锻炼自己解决问题的能力。大三下学期是分化期，找工作、专接本、出国，不能犹豫不决。如果是就业，就要主动出击，积极应聘，做好人生的第一份工作，迈好职业生涯的第一步，顺利完成从学生到职业人的角色转变。在职业生涯规划的制定过程中，要注意各分解目标相互之间的关系。在时间上，要注意各阶段性目标难易程度的衔接，要注意层层递进，保证不断进步和发展；对于各不同性质和内容的分类目标，在实现的过程中要注意全面发展，齐头并进，不可有所偏废。

8. 评估与修订

评估与修订是指在职业规划制定之后根据实际需要在小范围内进行调整，使其更加符合现实情况和自己的实际情况，以促使职业生涯的顺利发展。

职业生涯设计的科学性是基于对被设计者自身及其所处外部环境的科学分析。随着时间的推移，当个体自身条件和外部环境发生改变时，就需要及时修正所设定的发展路径，甚至调整职业目标。因此，职业生涯设计不是一劳永逸的，它在个体的职业发展过程中需要不断调整和完善。成功的职业生涯设计需要时时审视内外环境的变化，不断对自己的设计进行评估和修订，并调整自己前进的步伐，这样才能适应社会和环境的发展变化，真正做到与时俱进。

职业生涯规划的调整修订可以是对职业类型和生涯发展路线的重新选择，可以是对人生目标或某个阶段性目标及其实施路径的修正，也可以是实施措施与计划的变更等。只要是合理的、实际需要的，都可以调整修正。在这里也要提醒一下，一般情况下，方法可以更改和尝试，但目标不宜轻易变化。成功的人总是在不断地变换和尝试新的方法，以达到自己的目的，实现自己的目标。而失败的人总想轻易地实现目标，一时实现不了就轻易地改变了目标，所以总是实现不了目标。

二、职业生涯规划的方法

1. 5W 方法

(1) Who am I?（我是谁?）

这是对自己作一个深刻的反思，全方位地认识自己。如对自己学历、所学专业、兴趣、爱好、动机、能力、特长、技能等做个全面的评估，逐一列出。可以运用前面学过的 360°评估法，就是借助他人对自己的评价来评估和认识自己。通过评估反馈，可以获得来自多层面人员对受评者素质、能力等的评估意见，比较全面、客观地了解自己的个人特质、优缺点等信息，作为自己进行职业生涯规划及能力发展的参考。也可采用橱窗分析法，把对个人要认识的内容比作橱窗，并把橱窗放在直角坐标中加以分析，借助直角坐标不同象限来表示人的不同部分的分析方法。

（2）What will I do?（我想做什么？）

这是对自己职业生涯发展的心理趋向的检查，指明了职业发展方向。通常说来，每个人在不同阶段的兴趣和目标不完全一致，甚至对立；而随着年龄和经历的增长而不断调整，最终锁定自己的人生理想。美国约翰·霍普金斯大学心理学教授约翰·霍兰德的六种人格类型理论可以帮助我们进行人职的最佳匹配。

（3）What can I do?（我会做什么？）

这是对自己能力和潜能的全面总结，一个人的职业最根本还要归结于他的能力，而他的发展空间的大小主要还要取决于自己的潜力。对潜力的了解可以从自身知识结构、学习能力、兴趣、沟通能力等方面进行重点认识。美国著名职业专家埃德加·H. 施恩教授提出的职业锚理论，就是根据人的天资、能力、动机、需要、态度和价值观等慢慢地形成较为明晰的与职业有关的自我概念，从而帮助人们进行更好的职业定位。

（4）What does the situation allow me to do ?（环境支持或允许我做什么？）

环境支持在客观方面包括本地的各种状态，如经济发展、企业制度、人事政策、职业空间等，人为主观方面包括同事关系、领导态度、亲戚关系等，应综合两方面加以分析。

（5）What is the plan of my career?（我的职业规划是什么？）

通过对上面五个问题的详尽回答，综合分析，便可找准自己的职业规划自我定位、职业选择和职业目标，最终形成有效的职业生涯规划。

2. 其他方法

除了这种方法外，我们还可以运用前面章节中学过的两种实用、简便的方法：

（1）SWOT 分析法，又称态势分析法，这是最著名、最基本，同时也是最有效的一种分析方法，是针对每个具体的职业方向来进行的，通过 SWOT 分析，能够较客观而准确地分析和研究一个对象的现实情况，可以清楚优势和劣势所在及自己有哪些发展机会等。

（2）生涯决策平衡单，在进行职业选择时，有时需要在两个甚至两个以上不同的职业发展方向中选择，它可以帮助我们通过打分的方式来量化各项职业选择方案，从而更好地做出职业生涯目标决策。

总之，在职业生涯规划中我们会在某一环节运用到自我评估的方法如 360°评估法、橱窗分析法、自我反省法、专家咨询法、人才测评法等了解自己；运用到帕森斯的特性因素论、霍兰德的人格类型论、施恩的职业锚理论、克朗伯兹的社会学习理论等进行职业选择；运用到职业认知、职业决策的理论和方法，学会职业决策和职业生涯规划的目标确定、计划实施和评估管理等。自我评估这方面的书籍和网站很多，均可以参阅，但在选择时要注意考察其科学性和实效性。

项目三　大学生职业生涯规划书的设计与撰写

案例导入

缺乏职业生涯规划　危害无穷

在成都市团委组织的一次大型招聘会上，毕业于成都某职业技术学院艺术设计系的赵勇，向四川某省级建筑装饰公司申请了一个室内装饰设计的岗位。赵勇学的是建筑装饰技术，大学成绩样样优秀，任本班班长，在校团委担任宣传部长。应聘该岗位，赵勇专业对口，五六年工作经历，有实际工作经验，按理说用人单位应该非常乐意接收。但是赵勇毕业后，根本没有设立自己的职业理想，更没有对自己的职业生涯去进行规划，而是哪门工作好找，哪门工作好挣钱，就干哪门。先后从事过医药销售、乐百氏营销、开办二手车专卖店等七八个工作，就是没有从事过老本行——建筑装饰设计的经历。招聘公司看到赵勇的工作履历后，只能为之惋惜。

案例评点：赵勇的事例，说明了很多高职大学生就业的盲目性给自己带来的危害。高职大学生就业缺乏职业生涯规划，随波逐流、随心所欲地找工作是万万要不得的。当今高职大学生应走出这一职业怪圈，充分利用高校毕业生就业制度改革东风，做好职业生涯规划，双向选择到最适合自己的工作，展示自己的平台，实现人生价值。

【相关知识】

一个人的职业生涯是贯穿其一生的整个漫长过程，要实现一生的职业规划目标，就必须在整体规划的基础上，进一步制定长期、中期和短期的规划。大学生职业生涯规划是结合大学生的学习生活特点及职业发展需要，以职业方向的确定和才能的积累为主要目的，进一步明确职业方向、学习专业知识和专业技能、培养职业素质、建立人际关系的一个以培训、提高为主的较为系统、全面、集中的职业发展规划。

一、大学生职业生涯规划书的基本内容①

1. 扉页

扉页包括题目、目录、姓名及基本情况介绍、年限、起止日期等。

① 职业生涯规划书参考范例见附录《舞动的奇迹——我的职业生涯规划书》。

题目的写法应反映职业生涯个性化的特征和时间坐标原则，主要包括：规划者姓名、规划年限、起止日期、年龄跨度。开始日期详细到年月日，截止日期可以到年。从题目可以看出职业生涯规划者是阶段性还是终身性。

2. 职业方向及总体目标

职业方向是对职业的选择，比如舞蹈家、杂技演员、歌唱家、音乐家、服装设计师、演出组织管理人员等，职业方向的选择反映职业生涯动机，或称职业的主观动机。

3. 社会环境分析

规划制定者通过对政治环境、经济环境、法律环境、职业环境等社会大环境的解剖，了解所在国家或地区的政治和经济发展趋势，所选定的职业在社会环境中的地位，社会经济发展趋势对此职业的影响程度。

4. 组织分析

组织的解剖包括以下内容：组织的发展领域；组织在本行业中的地位和前景；组织主要领导人的抱负及能力；组织制度；组织文化；组织用人制度；组织战略、组织文化、管理制度与个人的一致性程度；组织结构发展的趋势，与自身未来五年发展预计；组织所能提供的教育培训机构；职务变化与提升的可能性。

5. 自我分析：对家庭因素、学校因素、自身条件及性格、潜力等的测评结果

职业生涯规划要帮助个人真正了解自己，对自身的能力、潜力进行正确评估，并表明发展的预期目标。将自身条件、发展潜能、发展方向与环境给予的机遇和挑战相比较，最终达到匹配。同时，通过业绩评估和其他评价明确现有知识水平、专业能力、管理能力及身体健康状况等条件，通过潜能评价发现未来的潜能。

6. 角色及其建议：记录对自己职业生涯影响最大的一些人的建议

他人将在自身职业生涯规划中扮演的角色与功能，以及保持联系的方法、频率和目的，这些方面规划者应了然于胸。特别是家庭主要成员、同事、职业生涯规划专家等各方建议，虽未必赞同但须备录。

7. 目标定位以及目标的分解和组合：发展策略、发展路径

职业生涯规划目标是指可以预见的最长远的目标，可分为多项不互相排斥的目标，包括时间目标、职务目标、能力目标、成果目标、经济目标等，规划者应有重点有层次地突破。

8. 成功的标准

不同的人对于职业生涯的成功评价方式与标准各异，纵观起来，主要有以下两种：一种是为了事业可以牺牲健康和家庭，即将职业生涯成功定义为职业生涯成为个人事务和家庭生活保障的基础；另一种是个人事务、职业生涯、家庭生活共同协调发展，认为这才是职业生涯的真正成功。

9. 差距：即自身现实状况与要实现的目标之间的差距

规划制定者必须认真剖析职业生涯规划的目前条件与实现目标所需能力之间的差距，特别是在思想观念、专业知识水平、具体操作能力、心理承受能力与身体适应能力等方面的差距，找出差距，正确看待，并制定缩小差距的方法。

10. 缩小差距的方法及实施计划和方案

根据自身差距内容，实施不同的解决方案。根据目标差距和目标分解制定提高能力的具体内容及方式等，通过各种有效的方式，获得较大甚至根本性的改进，并且通过实践锻炼，争取改变工作方法和工作内容，达到能力和职业生涯规划相符的目的。

11. 评估调整预测：评估的内容、评估的时间、规划调整的原则

职业生涯规划是一个动态的过程，必须根据实施结果情况以及变化情况进行及时的评估与修正。

二、大学生职业生涯规划撰写的基本要求①

1. 资料翔实，步骤齐全

收集资料有多种途径，可以通过访谈、从报刊图书中摘抄、网上下载等方式获取资料，要尽可能注明资料的出处，并多运用图表数据来说明问题，以提高资料来源的可信度和说服力。步骤主要分为：①分析需求，分析条件和目标设定；②分析阻碍和可行性研究；③设计方案和提升（改变）计划；④制订详细的实施计划和措施。

2. 论证有据，分析到位

要了解有关的测评理论及知识，认真审视和思考自己的测评报告，并对照自我认识与测评结果的异同，分析与测评结果形成差距的原因，从而确定自我评估结果，达到"知己"。要厘清自己所处的地理环境（包括居住的地方、喜欢的地方、亲朋的意见等），明确自己最大的兴趣是什么，最喜欢与之共事的人的类型、最重视的价值与目标、最喜欢的工作条件是什么，再通过目前环境评估（社会影响、家庭影响、学校因素、就业形势等）和当前社会环境分析（组织环境分析、技术的发展、经济的兴衰、政策法规的影响等）来确定自己的职业方向，做到有理有据，层层深入。

3. 言简意赅、结构紧凑，重点突出、逻辑严密

语言朴实简洁，用词精练准确，行文流畅，条理清楚，这是最基本的写作要求。撰写时还应密切注意整篇文章的结构和重心所在。

职业生涯规划书一般包含对职业规划的认识、对自我的剖析、对所学专业的认识、对职业方向的探索及确定目标并制订计划这五个方面的内容。

在对这些内容进行分析阐述时，必须紧紧围绕职业目标这条主线来展开，从而体现文章论述的逻辑性和连贯性。要将重点放在自我评估、环境评估以及目标实施上。职业生涯规划是自己将来的规划，这个规划只有建立在对自我和职业的充分认识的基础上才能体现出它的科学性和可行性。

4. 目标明确，合理适中

撰写职业生涯规划书应围绕论述的中心展开，职业生涯目标不能过于理想化，应"择己所爱"、"择己所长"、"择世所需"、"择己所利"。职业生涯规划书撰写是否成

① 卓越思政网，http：//www.sxzzy.cn/szw/news/readnews.asp？id=297，2012年4月20日。

功，在很大程度上取决于有无正确适当、切实可行的目标。

5. 分解合理，组合科学，措施具体

目标分解、实现路径选择要有理论依据，而且备用路径之间要有内在联系性。目标组合要注意时间上的并进、连续，功能上的因果、互补作用，全方位的组合要涵盖职业生涯、家庭生活、个人事务等方面。

三、大学生职业生涯规划常见问题分析①

1. 认识自我中的问题

（1）缺乏个人志向。大多数学生都没有谈到这个问题。志向是事业成功的基本前提，没有志向，事业的成功也就无从谈起。立志是人生的起跑点，反映着一个人的理想、胸怀、情趣和价值观，影响着一个人的奋斗目标及成就。所以，在制定生涯规划时，首先要确立志向，这是制定职业生涯规划的关键，也是生涯规划最重要的一点。

（2）认识自我的途径单一。90%以上的学生都是通过职业生涯测评系统来认识自己。实际上除了通过测评外，还应有现任教师的评价，尤其是辅导员的评价；同学的评价，尤其是室友的评价；父母亲、兄弟、姐妹、亲戚的评价也是必不可少的。通过周围熟悉自己的人对自己的评价，以获得对自己比较客观的认识。可以采用面谈的方式或者问卷调查的方式来获得这些评价。大学生在制定职业规划时需要与周围的朋友、家人和专家多沟通，充分清晰地了解自己，并且听取他们的建议去反复修正规划，而不是单单自己一个想出来的。

（3）认识自我的内容不够全面。大部分学生只分析了个人的兴趣、爱好、特长、性格、价值观、个人的优缺点和个人的健康，没有谈到个人的情商。而这个因素对职业生涯有着非常重要的影响。

（4）兴趣、经验和能力的展示与未来职业目标关联度不大，未突出自己的职业能力优势。例如有人谈到兴趣爱好是旅游，但职业选择却是与旅游相差甚远的职业，如做大学教师。诸如此类的兴趣还有打篮球、打羽毛球、听音乐、看电视、上网、书法、跳舞、定向越野、绘画、文艺等。另外，多数人把自己的社会实践活动不加分别地列上去，多至20多项，而且没有任何评价，这些与未来职业没有实质上的关联。如未来职业是教授，社会实践是参加销售电话卡、书籍等；未来职业是总经理，社会实践是家教等。

正确的做法应该是兴趣、社会实践经验和能力的展示应与未来职业有一定的关联度。而且要认真地分析它们对未来职业有何帮助。如果没有，就没有必要列出来。有了职业生涯规划，学生的社会实践就不会盲目而会有所选择。

2. 环境分析中的问题

（1）环境分析只有普遍性没有特殊性。大部分人都介绍了家庭、学校、社会（政

① 郭潜深：《大学生职业生涯规划常见问题分析》，《柳州职业技术学院学报》2006年第3期。

策、法律）等环境对自己的影响。对家庭环境，着重介绍家庭经济情况的好坏、家庭期望，没有介绍家族文化。对学校环境，只简单介绍学校性质，没有介绍社会认可程度、校风、专业、专业主干课程及成绩，以及适应本专业的工作领域。

（2）注重行业发展趋势，关注职位能力不够。大部分学生对行业进行了比较详细的分析，诸如国家对该行业的政策扶持、行业发展潜力等，但对职位所需能力关注不够，即职位需要具备什么能力。要清楚未来职业的工作内容、工作环境、任职条件（所需的知识、能力、经验和证书等），以及相适应的职业兴趣类型。

（3）对行业、职位了解的途径单一。大部分人是通过互联网对行业、职业进行了解，认识单一。还可以通过多种途径，例如报纸、人才招聘会、行业展览会、专业协会、生涯人物访谈、访谈毕业的师兄师姐等。

3. 职业定位中的问题

（1）定位分析不明。大多数人没有谈到选择该职业目标的原因、达到目标的途径和达到目标所需的能力、训练和教育，也没有提到达到该目标可能得到的助力和可能遇到的阻力。

（2）专业与职业关联度小。部分学生在做职业定位时，并没有把自己的专业与能力和职业所需能力一一对应起来。抛开自己的专业，从事别的职业，不是不可以，而要具体分析针对自己所要从事的职业，自己在大学时期有没有这方面的知识储备？有没有这方面的社会实践？浪费自己三年所学，从事别的工作，要特别慎重考虑。不能仅凭个人喜好做出重大决定。

（3）目标订立过于理想化。大学生缺乏对行业、职位详细信息的了解，体验不到真实的职业环境，目标的订立有些理想化，而具体行动计划又脱离实际。职业规划中有远大的理想固然是好，但一味追求速成，会导致择业中眼高手低，结果反而是欲速则不达。学生最好根据自己的专业知识做出职业规划，最重要的是抱着积极而又务实的心态，接受从底层做起积累经验。

4. 计划执行中的问题

（1）计划可操作性不强。大学毕业后的计划只是对未来职业的各个岗位的具体描述，而且多是从互联网搜索得来的。没有请教在职人员来描述职业的实际经历。执行计划模糊，尽管有社会实践和读书计划，但是并没有定出时间，没有确定的社会实践的地点，计划读的具体书籍。计划中应包括采用什么措施来提高学习和工作效率，计划学习哪些专业知识、掌握哪些职业技能、提高哪些业务能力、采用什么方法来开发自己的潜能、如何提高自己的情商水平、如何坚持计划、计划遇到挫折怎么办等相应措施。

（2）重考证、轻实践。大多数学生特别强调拿到一些资格证书。但是大多数学生很少提到与职业相关的社会实践。社会实践对在校大学生非常重要，通过寒暑假期参加社会实践才能知道自己所学是不是将来职业所需，自己能不能胜任工作。如果不能，那么在校期间应该尽快完善这方面的知识。这对今后的大学生活有极大的指导作用。

（3）想当然的多，结合实际的少。许多大学生在制订计划时往往是想当然的多，大学生应该多和社会职场人士沟通、交流，获取足够的行业、企业和职位信息，这样就可以保证职业规划的社会性和可实施性。再结合自己的测评报告，发挥自己的长处，避免凭想象制订计划。

5. 反馈修正中的问题

（1）一部分学生缺少反馈修正这个步骤。没有通过评估自己的计划执行情况，然后再布置下一阶段工作的行为。应该养成坚持每晚反省一天的行为的好习惯。有些学生这部分过于简单化。这些学生只是提到如果未能按原计划实行，那么就从事别的工作，而且没有说明为什么选择这份职业作为自己的第二选择。

（2）计划与备用方案之间缺乏内在联系。大多数学生以为备选方案多多益善。不管前面做出了多少分析，总不忘记要在从事职业前，来一个参加公务员考试的备选方案。表面看起来是保险，实际上是浪费时间。有的同学无论从性格、气质还是专业方面都不符合公务员的要求。应根据自我发展变化与社会需求的变化，与时俱进，灵活调整，不断修正、优化职业生涯规划，主动适应各种变化，积极发展职业生涯规划。

模块小结

职业生涯是指与工作相关的整个人生历程，它几乎贯穿于每个人的一生，并且处于不断发展变化状态。

职业生涯规划简称生涯规划，又叫职业生涯设计，是指组织和个人发展相结合，在对个人职业生涯的主客观条件进行分析、测定、总结的基础上，对自己的兴趣、爱好、能力、特点进行综合分析与权衡，结合时代特点和社会的需求，根据自己的职业倾向，确定最佳的职业奋斗目标，并为实现这一目标找出可行的实现方法和途径，提出切实的实施办法和措施，制订严密的计划，做出行之有效的安排。

职业生涯规划的总体设计要适应社会发展变化的趋势。职业生涯规划的过程是个人探索自我、科学决策、统筹规划的过程。为了保证职业生涯规划的科学性和实用性，在制定时应遵循激励性原则、客观性原则、适合性原则、可行性原则、现实性原则、实效职业性原则、可评估性原则和可变性原则。

按照顺序和过程划分，职业生涯规划的基本步骤包括确定志向、自我评估、环境评估、职业选择、制定路线、确定目标、制订计划和评估与修订八个步骤。每个步骤既相互独立，彼此之间又紧密联系。

复习思考题

1. 什么是职业生涯规划和大学生职业生涯规划？
2. 职业生涯规划应当遵循什么原则？都包含哪些内容？
3. 职业生涯规划一般包括哪些步骤？各环节主要解决什么问题？

4. 大学生职业生涯规划书的基本内容是什么？

5. 撰写大学生职业生涯规划书有哪些基本要求？

6. 你是如何理解职业生涯的成功的？联系实际，谈谈你的成功标准是什么？

技能训练

活动一：我的大学三年职业生涯规划

1. 活动目标

大学生涯阶段发展任务，每个年级各有侧重，不尽相同，分年度列出规划重点和主要任务。

2. 活动流程

请和班主任、专业教师、相关行业（企业）工作人员交流，同时通过网络媒体了解相关知识，结合个人实际情况为自己制定大学三年的职业生涯规划。

要求：

(1) 结合自己的实际情况。

(2) 结合自己的专业和专业所属的行业背景。

(3) 要有明确的目标及阶段性目标。

(4) 要有切实可行的实施方案。

(5) 要有检查和反馈机制以保证规划实施的可操作性。

3. 活动步骤

步骤一 科学制定大学一年级的生活、学习和职业发展规划，明确大学三年的专业目标和职业发展方向

大学一年级，如何快速实现角色转变：________________

我的专业优势是：________________

我的职业兴趣是：________________

我的职业目标是：________________

我可以培养的能力是：________________

我大学三年的学习规划是：________________

我的职业发展规划是：________________

步骤二 大学二年级进行职业定位和职业体验，积累基本职业素质和技能

利用五步法找出自己的职业方向是：________________

我的专业优势是：________________

我已参加的社会实践（实习）是：________________

我参加的职业技能培训是：________________

我取得的职业资格证书是：________________

我对行业的认识是：________________

步骤三 大学三年级提升职业核心竞争力，顺利实现就业

我的就业目标是：________

我的毕业实习计划是：________

我的职业核心竞争力是：________

我在参加招聘面试之前，已做的准备是：________

我对走向社会的程度准备是：________

总结评估

大学专科生三年的职业生涯规划重点和主要任务①

阶段	规划重点	主要任务
大学一年级	明确大学三年的专业目标和职业发展方向，科学制定生活、学习和职业发展规划	1. 实现角色转变，思考大学与职业和人生的关系 2. 对自己的专业方向、职业目标进行深入了解和认识 3. 建立“自助式学习”模式：围绕自己的人生目标和职业方向，有目的地、主动地、有选择地学习和积累知识、能力 4. 制订清晰的学习和职业发展规划的具体步骤与实施计划
大学二年级	进行职业定位和职业体验，积累职业人应该具备的基本职业素质和技能	1. 制定清晰的职业定向，使学习更加有目标、有动力 2. 进行职业体验，深入了解企业。通过实习、实践等多种形式的职业体验，进一步分析和了解该行业和相关的职位，熟悉该职位所要求的职业技能和职业素质 3. 根据职业体验结果，进一步修订和完善之前的职业规划目标，有目的、有针对性地进行专业知识的补充和职业技能的专项培养和训练，不断提升职业人应具备的基本职业素质和职业技能
大学三年级	深入学习、强化和提升职业核心竞争力，准备择业面试，尽快实现职业化、社会化的转变	1. 深入学习。通过有规划、有目的的毕业前实习，逐步完成由校园到社会的过渡，实现由社会人到企业人的过渡 2. 优化、完善、提升职业的核心竞争力。职业核心竞争力包括：工作经验、团队精神、问题解决能力、相关的专业技能等内容 3. 认真做好求职的准备，有目的、有规划地设计自己的简历和求职书，同时注重面试技巧和面试礼仪

活动二：我的职业生涯规划方案②

1. 活动目标

了解职业生涯规划的过程，初步对自己的职业生涯进行思考，对自己进行初步的职

① 姬振旗、周锋：《职业生涯发展》，高等教育出版社2011年版，第32页。

② 魏澥、李广才：《大学生职业生涯指导——规划·发展·未来》，科学出版社2010年版，第29页。

业生涯规划。

2. 活动流程

请按照下面不同板块的内容，在相应的部分填上你的想法。

第一部分　自我分析

自己	我是：
	我不是：
价值观	我重视：
	我不重视：
兴趣	我的兴趣是：
	我完全没有兴趣的是：
能力与性格	我参加的教育与培训：
	我喜欢的科目：

点评：

①自我分析要清晰、全面、深入、客观，能清楚地认识到自己的优劣势；

②要将人才测评量化分析与自我深入分析综合客观地评价自我，职业兴趣、职业能力、职业价值观、个性特征分析全面、到位；

③要从个人兴趣爱好、成长经历社会实践中分析自我；

④自我评估理论、模型应用正确、合理。

第二部分　环境分析

家庭因素	家庭对我的影响是：
	家人对我的期望是：
社会经济因素	我期望的工作收入是：
	我期望的社会地位是：
阻力	我的职业发展中的阻力：
	我的职业发展中阻力的来源：
助力	我的职业发展中的助力：
	我的职业发展中助力的来源：

点评：

①环境分析要客观真实、实事求是；

②个人期望值要符合现实，不要盲目想象，要具有可实现性；

③职业发展路径要充分考虑进入途径、胜任标准等探索结果，符合逻辑和现实，具

有可操作性和竞争力。

第三部分　资源利用与经历的分析

教育和引导	目前得到的生涯规划的指导有：
	这些指导对我职业选择的作用是：
演讲座谈	对于我可能从事的工作，我参加过的学校组织的演讲、座谈、宣传活动有：
	这些活动中，我印象最为深刻的是：
参观访问	我曾正式或非正式地参观、访问、实习过的企业和事业机构有：
	这些机构中我很感兴趣、想进一步了解的有：
社会活动经历	我曾经参加过的各种社会活动及所担任的社会职务有：
	这些经历对我的未来发展的作用是：

点评：

①要了解社会的整体就业趋势，并且了解大学生就业状况；

②对行业的现状及前景了解要清晰，要了解行业就业需求；

③要熟悉行业的工作内容、工作环境、典型生活方式，了解行业的待遇、未来发展；

④对行业的进入途径、胜任标准要了解清晰，同时深入了解行业对生活的影响；

第四部分　我的职业目标

我的职业目标	对于以上问题，我的回答有无冲突之处：
	对于以上问题，我的回答有无相似之处：
	答题的过程中，我觉得自己哪一部分尚不够：
	我初步拟出的职业目标有哪些？
	拟出目标后，我该如何准备呢？
	我的备选目标是什么？

点评：

①职业目标确定和发展路径设计要符合外部环境和个人特质（兴趣、技能、特质、价值观），要符合实际、可执行、可实现；

②对照自我认知和职业认知的结果，分析自己的优劣势及面临的机会和挑战，职业

目标的选择过程阐述详尽，合乎逻辑；

③备选目标也要充分根据个人与环境的评估进行分析确定，备选目标职业发展路径与首选目标发展路径要有一定相关联系性。

请根据下面各项内容，制定你的短期、中期和长期职业生涯目标，并根据生涯计划表中的生涯要素和具体的时间，完成你的生涯计划的具体内容。请注意，你的时间和计划要具体，这样才能便于你检查、反馈和修正所制定的职业生涯规划方案。

短期生涯目标

大学期间，我的短期职业生涯目标：____________________

年龄阶段：____________________

主要工作内容：____________________

它吸引我的特点是：____________________

我在个性上可以尝试的改变是：____________________

我可以培养的生涯兴趣是：____________________

我尚需培养的能力是：____________________

我必须具备的其他条件是：____________________

我的短期生涯行动计划（含教育进修或培训）：____________________

中期生涯目标

专科毕业3~5年后，我的中期生涯目标：____________________

年龄阶段：____________________

主要工作内容：____________________

它吸引我的特点是：____________________

我在个性上可以尝试的改变是：____________________

我可以培养的生涯兴趣是：____________________

我尚需培养的能力是：____________________

我必须具备的其他条件是：____________________

我的中期生涯行动计划（含教育进修或培训）：____________________

长期生涯目标

工作5~10年后，我的长期生涯目标：____________________

年龄阶段：____________________

主要工作内容：____________________

它吸引我的特点是：____________________

我在个性上可以尝试的改变是：____________________

我可以培养的生涯兴趣是：____________________

我尚需培养的能力是：________________

我必须具备的其他条件是：________________

我的长期生涯行动计划（含教育进修或培训）：________________

生涯规划表——年度计划

时间 / 生涯要素	具体时间及计划内容					
	2012 年	2013 年	2014 年	2015 年	2016 年	2017 年
年度总目标						
教育准备						
兴趣培养						
能力培养						
工作态度						
人际经营						
家庭经营						
经济经营						

生涯规划表——月计划

1 年总计划	计划内容
1 月	
2 月	
3 月	
4 月	
5 月	
6 月	
7 月	
8 月	
9 月	
10 月	
11 月	
12 月	

3. 总结评估

职业生涯规划就是在掌握自己兴趣、爱好的前提下，在认真分析自己个人性格特征的基础上，结合自己的专业特长和知识结构，对自己未来的工作所做的方向性的规划方案。

按照时间分类的职业生涯规划的类型

类型	定义及任务
人生规划	整个职业生涯的规划，时间长至40年左右，针对整个人生的发展目标，如成为一个大型企业的顶层领导
长期规划	5~10年的规划，主要设定较长远的目标，如规划30岁时成为一家大型企业的部门经理，规划40岁时成为一家大型企业的副总经理
中期规划	一般为3~5年内的目标与任务，如规划从新员工成为一个企业业务部门的经理
短期规划	2年以内的规划，主要是确定近期目标，规划近期完成的任务，如对专业知识的学习，2年内掌握业务知识、加强人际交往、提升能力的情况等

职业生涯目标规划，应从一生的发展写起，然后分别写出10年计划，5年、3年、1年计划，以及1日、1周、1月计划，实行下去，直至实现你的1年目标、3年目标、5年目标、10年目标。

制定出你的人生发展目标，首先要确定今生你想做什么？想成为什么样的人？想取得什么成就？想成为哪一专业的带头者？这些问题确定之后，你的人生目标也就确定了。

制订出今后10年计划。10年是应该成就一件大事的，在这10年中，你希望自己成为什么样子？有什么样的事业？将有多少收入，要过上什么样的生活？你的家庭与健康水平如何？把它们仔细地想清楚，一条一条地计划好，记录在案。

制订出5年计划：定出5年计划的目的是将10年大计分阶段实施，并使计划进一步具体、详细，将目标进一步分解。

制订出3年计划：俗话说，“5年计划看头3年”。因此，你的3年计划要比5年计划更具体、更详细。因为计划是你的行动准则。

制订出2年计划：包括实现计划的步骤、方法与时间表，力求具体、切实可行。如果从现在开始制定目标，则应单独定出今年的计划。

制订出月计划：月计划应包括下月计划做的工作，应完成的任务、质和量方面的要求，财务上的收支，计划学习的新知识和有关信息、计划结识的新朋友，等等。

制订出周计划：计划的内容与月计划相同。重点在于必须具体、详细、数字化，切实可行，而且每周末应提前做好下周的计划。

制订出每日计划：取最重要的3~5件事，按事情轻重缓急，先后顺序排好队，每日按计划去做，可以避免“捡了芝麻，丢了西瓜”。

在进行职业生涯规划时，首先要实事求是，准确的自我认识和自我评价是制定个人职业规划的前提；其次要切实可行，个人的职业目标一定要同自己的能力、个人特质及工作适应性相符合。

素质篇

模块七

职 业 素 质

——德能兼备　职场取胜

【学习目标】

通过本模块的学习与训练，要求同学们熟悉职业素质的内容，掌握职业道德、专业核心能力、职业关键能力的内容，掌握提升职业素质的途径。重点掌握艺术类职业素质、职业道德的要求，能够自觉培养职业素质与职业道德，自觉加强通用职业关键能力的培养，提升素质，促进职场成功。

【技能知识点】

1. 职业素质、职业道德、职业意识、专业核心能力、职业关键能力的基本概念
2. 提升职业素质的途径
3. 艺术类职业的素质要求、艺术类职业道德的要求
4. 大学生职业道德的培养途径
5. 专业核心能力的培养
6. 几种通用的职业关键能力

项目一　职业素质概述

案例导入

改革开放以来，我国出国旅游的人数与日俱增。然而，国人却在美国、新加坡、日本等不同国家发现同一现象：很多景区都用中文写着“禁止触摸”、“禁止拍照”、“禁止喧哗”、“禁止乱扔垃圾”等。唏嘘愤慨之余，我们不得不反思国人的素质。在当今国际竞争日趋激烈及国际分工越来越细的“世界工厂”时代，素质不仅代表着一国的形象与实力，更决定着每个人的人生发展。

案例评点：素质不是天生的，而是通过后天的教育形成的。现代社会，劳动者素质的高低直接反映着该国的教育水平，并决定着该劳动者是否能够顺利就业、取得成就。对于职业院校的学生而言，提升个人素质，培养职业素质，是职业成功的前提。

【相关知识】

一、职业素质

1. 职业素质的概念

素质包括先天素质和后天素质，是在人的先天禀赋的基础上，通过社会环境的影响、教育的培养、自身的认知和社会的实践，逐步养成比较稳定的基本品质。

职业素质（Professional quality）是在劳动者先天素质的基础上，通过教育、训练和社会环境影响逐步建立起来的能够从事某一职业，并获得可持续发展的基本素养和能力。它是劳动者对社会职业了解与适应能力的一种综合体现，其主要表现在职业兴趣、职业能力、职业个性及职业情况等方面。

2. 职业素质的特征

（1）职业性。不同的职业，其职业素质也不相同。如对教师的素质要求，不同于对医务工作者职业的素质要求；对演艺人员的素质要求，不同于对建筑工人的素质要求。

（2）稳定性。人的职业素质不是短时间内形成的，而是在长期的执业过程中日积月累地形成的。它一旦形成，便产生相对的稳定性。例如一位戏曲演员，经过几年的演出实践，逐渐形成练功、表演、处理突发事件及与观众的关系等一系列职业素质，形成相对稳定的模式。当然，随着工作和环境的改变及个人主观观念的转变，这种素质还可能继续提高。

（3）内在性。职业素质不是外显的，而是通过职业人的行为显现出来的，它是职业从业人员在长期的职业活动中，经过学习、认识、体验、判断而形成的心理品质，因此具有内在性。例如，我们可能会对某人产生信任，这种信任不是源于此人的宣传，而是源于我们对此人的行为及其内在素质的肯定。

（4）整体性。职业素质是一个综合性的概念。一个人的职业素质好，不仅指他的思想政治素质、职业道德素质好，而且包括他的科学文化素质、专业技能素质好，甚至包括身体心理素质好。作为一名演员，如果他的专业技能素质好，但思想道德素质、科学文化素质差，就不能说这个人整体素质好。因此，整体性是职业素质的重要特点。

（5）发展性。人的素质是通过教育、自身社会实践和社会影响逐步形成的，具有相对性和稳定性。但是，社会经济和社会意识的发展对人们不断提出新的要求，不断提供更多、更新的社会实践，人们为了更好地适应社会发展的需要，必须不断学习，提高自己的职业素质。因此，职业素质具有发展性。

3. 职业素质的内容

职业素质由思想政治素质、文化素质、能力素质、身心素质四个方面构成。从整体上看，包括能力、健康、理念、人格四大要素，不同要素之间的组合形成人们各具特色的职业素质。

（1）思想政治素质。思想政治素质主要指人的人生观、价值观，包括思想认识、觉悟、方法等方面的素质。它是个人从事社会活动所必需的基本条件和基本品质，是职业素质的灵魂，起统帅作用。思想素质受客观环境如家庭、社会、环境等因素影响。

（2）文化素质。文化素质指文化知识、文化修养方面的素质，包括基础知识、专业知识和其他知识技能。文化素质是职业素质最基本的要求和核心内容。

（3）能力素质。能力素质包括适应能力、决策能力、创造能力、组织管理能力等，具体反映在社会交往能力、实际操作能力等方面。能力素质是职业素质的基础，是职业发展的关键。

（4）身心素质。身心素质指个人的身体素质和心理素质。身心素质是职业素质的基础和载体，是职业活动正常开展的保证。

◎小知识

素质冰山理论

美国学者斯潘塞提出“素质冰山”理论（见图7-1）：人的职业素质就像水中漂浮的冰山，水上部分（1/8）是显性素质，也是基础性素质，包括职业知识与职业技能，是外在表现，容易了解与测量，可以通过职业资格证书、学历证书或专业考试来证明，也容易通过培训改变和发展，但不能区分绩效优劣；水下部分（7/8）是隐性素质，表现为职业意识、职业道德、职业作风和职业态度的动机、特质、价值观等，它们不容易通过外界影响得到改变，但对人员的行为与表现起着关键性的作用，是鉴别优秀者和一般者的决定因素。因此，职业素质的培养应着眼于整座“冰山”，以培养显性职业素质为基础，重点培养隐性职业素质。

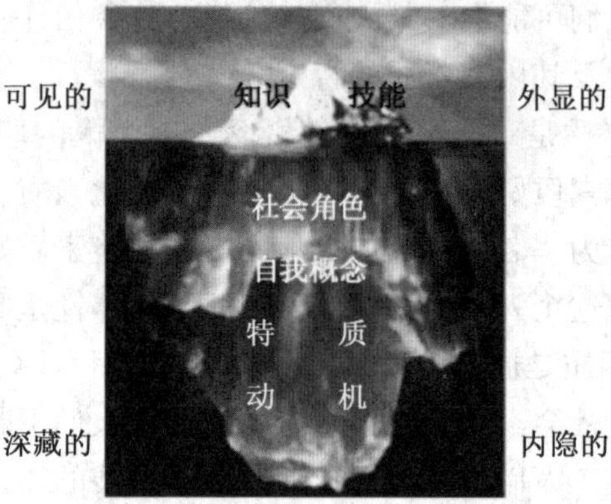

图 7-1 素质冰山模型

4. 艺术类职业的素质要求

艺术类职业与一般职业有共同的要求，也有其特殊性，一般来说，艺术类职业需要从业者具备以下素质：

（1）毅力。梁启超在《论毅力》中提出：“有毅力者成，反是者败”，“非至强之人，未有能善于其终者也”。毅力是一个人成功的坚实保障。尤其对于从事艺术行业的人来说，任何艺术成就的取得，无不需要付出比常人多几倍的辛苦和磨砺。“冬练三九，夏练三伏”，“台上一分钟，台下十年功”都诠释着毅力对于艺术工作者的必要性和重要性。

（2）观察力。法国雕塑家罗丹说过，“生活不是缺少美，而是缺少发现美的眼睛”，“艺术大师用自己的眼睛去看别人见过的东西，在别人司空见惯的东西上能够发现出美来”。观察力是一种看出对象本质的能力，也就是对当前事物进行分析和综合的能力。如果说生活是艺术的源泉，那么观察力则是艺术的触角。

◎案例一

有一次，法国著名作家福楼拜和莫泊桑在街上散步，迎面来了一辆牛车。福楼拜让莫泊桑以牛车为对象，写出七篇内容各不相同的散文来。见莫泊桑很为难，就启发他：“拉车的牛，早晨和晚上神态不一样；赶牛车的人，喝醉了和没有吃饱时对牛的态度也不一样；牛饿着肚子上山冈和饱着肚子走平路又有明显不同……这些不同的细节不胜枚举，就是写出一百篇散文来也不困难。”莫泊桑按照老师的指点，认真观察，刻苦训练，最终也成了著名的作家。

“世上没有两粒相同的沙子，没有两只相同的苍蝇，没有两双相同的手掌，没有两个相同的鼻子。”福楼拜的这句话强调了观察的重要性，这则故事也说明了同样的道理。不论是写作还是艺术，都需要在生活中进行细致的观察，才能准确地描摹出事物的形态。

（3）鉴别力。18世纪的德国诗人兼思想家歌德说过：“有想象力而无鉴别力，是世上最可怕的事。”鉴别力指对艺术作品的分辨识别能力，能够识别艺术的真伪，鉴别艺术价值的高低。有了鉴别力，才有欣赏力，才有对艺术的高品位追求。

伪艺术，是打着艺术的旗号而公然践踏甚至企图颠覆艺术的行径。伪艺术的泛起，一是因为炒作，二是因为利益诱惑，或为出名不择手段，或为金钱践踏艺术。艺术专业的大学生应自觉抵制伪艺术，这就必须拥有鉴别力，要在广泛观察与学习的基础上培养独立的思考力和判断力。从优秀的艺术作品中汲取营养，提升创造力，而不是标新立异，被利益和假象迷惑。

（4）想象力。没有想象，便没有艺术。艺术创作是艺术家对现实世界的一种艺术反映的活动，其艺术创作必须首先进行艺术构思，艺术构思的过程正是艺术创作者对当时的境况、情绪、心灵、情感、记忆以及想象等诸多方面的反映，在艺术构思中，想象和情感是艺术家在创作艺术品中所必须具备的条件。

想象力是人所特有的具有生命活力、能动性和创造性的心理功能，是通过联想、想象、幻想将各种相关形象、记忆表象加以整合以认识对象和创造新形象的能力。黑格尔认为，最杰出的艺术本领就是想象力。想象力是艺术创作的灵魂，艺术家正是通过想象力的发挥和延展，创作出真实而深刻的艺术作品。创作中的想象力作为一种极富创造精神的心理活动，具有高度的自由性和任意性，突出体现在超越了时空的奔突驰骋，无拘无束。

然而，想象力不等同于胡思乱想。要有丰富的想象力，首先要积累丰富的知识和生存经验；其次要保持和发展自己的好奇心；再次，应善于捕捉创造性想象和创造性思维的产物，进行思维加工，使之变成有价值的成果。当然，丰富的想象力还离不开开放的心态、与时俱进的思维和绵绵不绝的创新能力。

（5）创新能力。艺术是一门个性和创新的学科，没有了个性与创新，便没有了艺术。艺术的生命力就在于创新，唯有创新才能提炼出超凡脱俗的艺术精品、促进艺术的发展，传承艺术的灵魂。

创新能力是个性的体现，是在继承基础上的个性化再加工，同样需要渊博的知识和长久的积累、思考、探索。艺术院校的学生更应该在校期间就注意在继承的基础上进行个性的塑造与创新能力的培养。

（6）美学修养。认识、教育和审美是艺术的三大作用。艺术的本质在于美，美学是艺术的哲学。艺术工作者需要从生活中挖掘美、创造美、传播美，必须具备一定的美学修养。艺术高职院校的学生应从认识美、评价美、感觉美、鉴赏美、享受美、表达美、创造美等方面入手，参加各类艺术表演活动，多观摩、多思考、多体验，不断培养、提升自身的美学修养。

（7）对主流文化的把握。党的十七届六中全会吹响了文化改革发展的新号角，对推动文化大发展大繁荣提出了新的更高要求。精品纷呈、佳作迭出是文化繁荣发展的重要标志，而真正的精品应该与弘扬社会主流价值观相结合。主流文化是社会生活中占主导地位的文化，它体现出执政理念并承载着国家的文化利益的传播功能，是以符合社会进步和历史发展方向作为价值判断标准的。

文学艺术作品要高于生活，但其创作必须源于生活。没有丰富多彩的社会生活实践，就不会有丰富多彩的文学艺术作品。近年来影视剧行业层出不穷的宫廷剧、穿越剧、翻拍剧、谍战剧恰恰说明当今影视创作者生活实践的缺失，只能到历史中去寻找素材，脱离主流文化，创作的是影响大众审美、不符合社会需求的媚俗文化。

苏州大学文学院博士生导师、苏州市文联副主席朱栋霖教授说，文艺演出的目的，是在娱乐的同时提供审美鉴赏，从而提高观众整体的文明程度。古往今来，高雅的艺术都是文艺创作的主流，以此引导社会的审美鉴赏。人类文化遗产一直在昭示我们，优雅、健康、精致的艺术，使人从中获得提高和升华，更关乎民众整体文化素质的提高。这是艺术鉴赏的最佳状态，也应该是文艺界创作追求的目标。江西省文联副主席鄢平原说，文化艺术是灵魂的艺术，正因如此，文艺工作者在任何时候都不能忘却自己的社会责任，应该提高修养、力戒浮躁，做到言行一致、德艺双馨，以高度的责任感、使命感和良好的作风，坚定地做民族精神和社会主义核心价值的捍卫者。文艺工作者不能靠价值扭曲的噱头来谋取利益，而要用富有思想震撼力、艺术生命力和特色鲜明的佳作来赢得市场。①

文化是民族的血脉，承载的是民族精神与灵魂。把握主流文化并非抵制多元文化，主流文化的发展恰恰必须有多元文化的推动。作为未来艺术工作者的当代大学生们，应该了解并把握当今社会的主流文化，吸收借鉴多元文化的精华，努力创作思想性、艺术性、观赏性相统一，人民群众喜闻乐见的作品，以满足人民群众日益增长的对艺术作品的欣赏需求。

5. 提升职业素质的意义

对个人来说，提升职业素质是个人职业成功的关键因素。职业素质越高的人，获得成功的机会就越多，反之则越少。因此，良好的职业素质是职场制胜、事业成功的第一法宝，也是企事业单位人才选用的第一标准。

对企业来说，提升职业素质是企业生存与发展的基础，也是提升企业竞争力的关键因素。企业之间的竞争，归根结底是人才的竞争，而本质上是人才的职业素质的竞争。因此，职业素质高低已被当今社会公认为决定企业能否立足根基，能否提升竞争力，能否实现企业又好又快发展的关键因素。

对国家来说，国民职业素质的高低直接影响着国民经济的发展，也是社会稳定的前提。

---

① 《让“高雅”成为文艺创作主流》，中国文化传媒网，http：//www. ccdy. cn/xinwen/pinglun/201109/t20110926_ 33135. htm，2010 年 6 月 22 日。

因此，职业素质的提升对各类人群与部门，小到个人，大到集体、国家，都具有至关重要的意义。

6. 提升职业素质的途径

职业素质的提升不能单纯依靠哪一个人或部门，而是应该由学校、企业、个人共同协作完成。尤其是大学生个人要实现职业生涯规划，必须在在校期间就开始进行职业素质的培养。以职业发展为目标，制订合理的学习计划，注重能力的自我培养和职业素养的提升。

首先，要获取“显性素质”所需要的知识和技能，这是提升职业素质的基础。

学校的教学计划及专业培养方案可以帮助大学生获取系统化的基础知识及专业知识，大学生应充分利用学校的教学资源，认真完成学习任务，习得必要的知识。在知识更新频繁的时代，每一个社会成员的生存能力都将取决于其获取和运用知识的能力。因此，大学生还需要注重能力的培养，尤其要养成学习习惯，注重学习能力的培养。艺术院校的学生在校期间尤其要注意加强实践锻炼，积极参加各级各类演出和技能竞赛，将知识转化为能力，以能力的提升促进知识的学习，从而为将来的职业发展做好知识和技能储备。

不同的职业所需要的知识结构不同。如谈判人员需要构建 T 形知识结构，不仅在横向方面有广博的知识面，而且纵向方面要有较深的专门学问；科研工作者需要构建金字塔形知识结构，强调基本理论、基础知识的宽厚扎实、专业知识的精深；艺术院校的学生需要构建蜘蛛网型的知识结构，即以所学的专业知识为中心，与其他专业相近的、有较大相互作用的知识作为网状连接，形如蜘蛛网。具备这种知识结构的人才是当前最受用人单位欢迎的复合型人才。

其次，大学生还要有意识地培养职业道德、职业意识等“隐性素质”，这是职业素质的核心。

大学生尤其要注意独立性、责任心、团队意识、敬业精神等的培养，同时还要培养良好的心理素质，增强应对压力和挫折的能力，学会从逆境中寻找转机。

阚雅玲在《职业规划与成功素质训练》一书中提到对企业进行的一项调查，大多数被调查的企业认为大学毕业生最缺乏的职业素质排序情况如下：吃苦能力—积极心态—有效沟通—诚信素养—团队精神—人际关系—学习能力—时间管理—创新素质—人格魅力—个人自信—其他。

“隐性素质”中最核心的素质是职业道德，职业道德也是决定职业素质的基础性和关键性因素。因此，在提升职业素质的过程中，我们需要重点进行职业道德的培养与提升。

二、职业道德

◎**案例二**

一位年轻人到一家大公司应聘。笔试的当天，他发现众多应聘者中他的学历是最低的。他学的是成人夜校，而其他人学历最低的也是研究生。题目难度很大，年轻人虽无把握，但还是认真做下去。

考到一半，主考官手机突然响起，于是离开考场到屋外接电话。屋内没有了主考官，应聘者开始不安分起来，纷纷交头接耳。而这位年轻人没有任何动作，仍然安静地答题。这时坐在他旁边的一位应聘者侧过身对他说："哥们，别这么认真，赶紧抄点吧。"这位年轻人冲他一笑，没有回答，仍然自顾自地埋头答题。考试结束，这位年轻人已不抱任何希望，因为题目太难，他考得一塌糊涂！

谁知第二天却接到录取通知，让他准备上班。隔天他又高兴又惊愕地到了公司。一进办公室看到上司，觉得很面熟，好像似曾相识却不知在哪里见过。

这时他的主管上司微笑着对他说："你不认识我了吗？我就是那天坐在你旁边，提醒你可以抄一下的人啊。"

"士有百行，以德为先"，做事先做人，有德无才要误事，有才无德要坏事，德才兼备方成事。"德艺双馨"型的文艺工作者是艺术职业院校人才培养的目标。每个人的人生都应重点学会做两件事：一是做人，二是做事。做人要做有德之人，做职业人更应注重职业道德的培养。

1. 职业道德的内涵

在人类社会生活中，人们总是要根据社会的分工从事不同的工作，由此出现了以分工为显著特征的多种职业。不同的职业范围内，人们之间的关系具有不同的职业特点。为了保证职业活动的正常进行，每个行业都存在一些特殊的要求。人们在从事各种职业活动的过程中，逐渐形成思想和行为所应遵循的带有职业特点的道德规范和准则，职业道德便应运而生。

职业道德是社会道德的重要组成部分，它在调节人与人、人与社会的关系方面有着特殊的功能与价值。职业道德是调整职业内部、职业之间、职业与社会之间的各种关系的行为准则，它是从事一定职业的人们在其特定的工作或劳动中的行为规范的总和。它不仅是从业人员在职业活动中的行为要求，而且是本行业对社会所承担的道德责任和义务。

2. 职业道德的特征

职业道德体现了一般社会道德，一般社会道德寓于职业道德之中。职业道德作为道德的一个特殊领域和行为调节手段，有它自身的特殊要求，是一般社会道德所不能替代的。职业道德的特征有以下方面：

（1）历史继承性。职业道德是在特定的职业实践中形成的，从历史上延续下来的职业活动具有一些共同的性质和特点，因而职业道德也具有明显的历史继承性。这种历史继承性常表现为世代相传的职业传统，使人们形成比较稳定的职业心理和职业习惯。从事特定职业的人们在从先辈那里学习职业技艺的同时，也把与这些技艺紧密相连的职业传统、职业习惯、职业风格、职业品质继承了下来，使得不同时代的职业道德也有许多相同的内容，表现出特有的稳定性和连续性。

（2）鲜明职业性。职业道德与人们的职业活动紧密相连，具有职业特征。从事不同职业的人有不同的职业道德要求，每一种职业道德规范只适用于一定的职业活动领域，对业外人士则不具有道德约束力。如医生的职业道德规范是“救死扶伤”，教师的职业道德规范是“为人师表”。

（3）丰富多样性。职业道德的多样性是指职业道德规范的具体内容因职业的不同而有所差异。恩格斯说，每一个行业，都各有各的道德。有多少种职业，就有多少种职业道德。社会分工的多样性决定了职业的多样性，不同的职业担负着不同的职业责任和职业义务，因此决定了职业道德内容的多样性。同时，由于职业道德还随着社会的发展不断调整和补充，也决定了职业道德内容的丰富性。

另外，不同行业都根据自己的行业特点，制定本行业的行业公约、规章制度、行为守则等，将职业道德的基本要求规范化、具体化、通俗化，从而使职业道德在形式上也表现出丰富多样性的特征。

（4）纪律强制性。除了通过传统习惯、社会舆论和从业人员的内心信念对从业人员的执业行为进行调节之外，职业道德不同于一般社会道德的显著特征是其与职业责任和职业纪律紧密相连，具有一定的强制性和纪律性。当从业人员违反具有一定法律效力的职业章程、职业合同、职业责任、操作规程而给企业和社会带来损失和危害时，职业道德就将用其具体的评价标准对违规者进行处罚。轻者受到经济和职业纪律处罚，重者移交司法机关，接受法律制裁，这就是职业道德的纪律强制性表现。

3. 社会主义职业道德基本内容

2010 年 10 月，中共中央印发的《公民道德建设实施纲要》中指出：“随着现代社会分工的发展和专业化程度的增强，市场竞争日趋激烈，整个社会对从业人员职业观念、职业态度、职业技能、职业纪律和职业作风的要求越来越高。要大力倡导以爱岗敬业、诚实守信、办事公道、服务群众、奉献社会为主要内容的职业道德，鼓励人们在工作中做一个好建设者。”

职业道德在原始社会后期出现萌芽，在奴隶社会初步形成，在封建社会得到发展，在资本主义社会逐步成熟，在社会主义社会得到极大丰富和完善。因此，社会主义职业道德是在批判继承人类历史的职业道德优秀成果的基础上，在不断总结社会主义职业实践经验的过程中逐步丰富和发展起来的，是人类社会职业道德发展的新阶段。

在社会主义社会，由于各种职业的利益与社会整体利益在根本上是一致的，所以社会主义职业道德规范主要体现在为人民服务的奉献精神上。其基本内容有：

（1）爱岗敬业。爱岗敬业是社会主义职业道德最基本的要求，是从业者是否具有职业道德的首要标志。

爱岗，指热爱自己的工作岗位，热爱本职工作。只有热爱自己的工作才能在平凡的岗位上作出不平凡的事业。敬业，是指用极端负责的态度对待自己的工作，忠于职守、尽职尽责。爱岗和敬业是紧密联系在一起的，爱岗是敬业的前提，敬业是爱岗的具体表现，是对职业责任、职业荣誉的深刻认识。

爱岗敬业就是要做到“干一行，爱一行，钻一行，精一行”。爱岗敬业是服务社会、贡献力量的重要途径。人们要想有所成就，就必须把职业不仅当做谋生的手段，更要把岗位视为奉献社会的平台，在本职岗位上为社会创造财富，实现自身的价值。

◎案例三

著名评弹表演艺术家、“丽调”创始人徐丽仙①，49岁时不幸患了舌底癌，发现时已到中期，需要迅速住院治疗。为了能够继续表演，她毅然决定不动手术，选择保守疗法。得知自己患癌症之后，徐丽仙一直有个心愿，就是身体好些了，要举办一次告别演出。尽管徐丽仙的病情不断恶化，一度她的舌头已不能吃任何温热的食物，晚间又经常因疼痛而失眠，她还是在1981年3月29日坚持举行了“徐丽仙艺术流派演唱会”。为了给后人留下宝贵的音像资料，徐丽仙在最后的日子里坚持亲自录像。身体虚弱，10分钟就得换一身衣服。为了把口型对准，每唱一句唱词嘴里都要含一块冰，以减轻疼痛感。参加录制的人无不感动落泪，为她这种执着的敬业精神而感动。1984年3月6日，年仅56岁的徐丽仙永远离开了她所挚爱的评弹事业，离开了众多热爱她“丽调”的听众。她被人民称为“用生命歌唱的艺术家”。

（2）诚实守信。孔子曰“信则人任焉”、“人而无信，不知其可也”——诚实守信是中华民族的传统美德，更是我们做人的基本准则，也是社会主义职业道德的基本规范。诚实，就是忠诚正直，言行一致，表里如一。守信，就是遵守诺言，讲信誉、重信用，不虚伪欺诈，忠实履行自己承担的义务。诚实和守信是统一的，诚实是守信的基础，守信是诚实的表现。

◎案例四

孙可是苏州评弹学校2003级毕业生，著名国家级非物质文化遗产（苏州评弹项目）代表性传承人邢晏芝的徒弟。从学校毕业后在各类码头演出，仅一年的时间，便得到了大批老听客的拥护，被亲切地冠以“小邢晏芝”的称号。有一次在很偏僻的乡下演出，因为是冬天，宿舍条件差没有暖气，她被冻得重感冒，嗓子红肿、高烧不退。可是第二天的演出是半个月前就定好了的，连加座的票都卖光了。犹豫了一夜后，孙可还是决定坚持上台演出。演出时39°的高烧烧得她小脸通红，哑涩的嗓音使得演唱效果也不好。演出结束，她很真诚地向老听客们说明原因并道歉。

令她意外的是，老听客们竟然跟着她涌到了后台，送水果的、拿热水的、塞零食的、披衣服的……让这个初出茅庐的小姑娘感动得泣不成声。“是诚信让我赢得

---

① 徐丽仙（1928—1984），女，苏州弹词女演员，江苏苏州人，中国民主同盟成员。9岁随养母习弹词。15岁后在浙江一带演出。在“蒋调”、“徐调”基础上创“丽调”，擅演曲目有《罗汉钱》、《新木兰辞》等。

了听客”，孙可回忆起来深情地说。

诚实守信是各行各业的生存之道，是市场经济体制下人们在人际交往和经济活动中必须遵循的最基本的道德规范。对个人来说，诚信是高尚的人格力量；对企业来说，诚信是宝贵的无形资产；对社会来说，诚信保障着生产生活的秩序；对国家来说，诚信是良好的国际形象。一旦违背了诚实守信的原则，不仅正常的职业关系遭到破坏，利益遭受损失，而且会损害个人和集体的形象，从而阻碍个人的职业发展。

(3) 办事公道。办事公道是指在职业活动中，在办事情、处理问题时，站在公正的立场，公平合理，不偏不倚，坚持原则，按照同一原则和标准办事。办事公道是促进社会公平的基础，对营造公正、和谐的人际环境发挥着重要作用。

办事公道不仅是对持有一定权力的国家公务人员的要求，也是对每一个从业者的要求。无论是公职人员还是服务员、职员、演员都需要处理人与人之间的关系，也就必然存在着公道和不公道的问题。服务员能够对不同的顾客一视同仁、热情服务，是办事公道；演员能够不分酬劳和演出环境，以同样的演出质量服务群众也是办事公道。每个从业者能够在工作中公事公办、不徇私情，不讨人情、不走后门，不权钱交易，不以公谋私都是办事公道。

(4) 服务群众。服务群众是指全心全意为人民服务，一切以人民的利益为出发点和归宿。“我为人人，人人为我”，在社会生活中，人人都是服务对象，人人又都为他人服务。服务群众是社会主义职业道德与其他私有制社会职业道德的根本分水岭，是社会主义职业道德的基本要求，也是社会主义职业道德规范的灵魂。

服务群众是为人民服务思想在职业活动中的具体体现，表明了社会主义职业活动的目的。服务群众不仅是对党政领导机关干部的要求，也是对每一位从业者的要求。不仅是对服务行业的要求，也是对各行各业的共同要求。

◎案例五

2012 年 5 月 29 日中午，杭州长运司机吴斌驾驶大客车行驶于沪宜高速，途中被一个来历不明的金属片砸碎前窗玻璃后刺入腹部至肝脏破裂，被击中的一瞬间，吴斌本能地用右手捂了一下腹部，看上去很痛苦，但他没有紧急刹车或猛打方向盘，而是强忍疼痛让车缓缓减速，稳稳地停下车，打起双闪灯，拉好手刹，最后他解开安全带挣扎着站起来，打开车门，疏散旅客。他回头还对受到惊吓的乘客说：“别乱跑，注意安全。”做完这一切，吴斌瘫坐在了座位上。后被送往无锡中国人民解放军第 101 医院抢救，2012 年 6 月 1 日凌晨 3 点 45 分，因抢救无效死亡，年仅 48 岁。①

① 中国青年网，http：//news. youth. cn/wztt/201206/t20120604_ 2205245. htm，2012 年 6 月 4 日。

“中国最美司机”吴斌看似平凡的举动，却是在多年学习工作中养成的职业道德和高尚品格，在关键时刻体现出了强烈的社会责任感。吴斌用生命诠释了立足岗位、尽职尽责全心全意为人民服务的奉献精神，在危急时刻能够勇于担当、坚守岗位、舍己为人，事迹感人。人生价值只有在服务群众中才能得到实现。实现人生价值的舞台就是服务群众的工作岗位。“金杯、银杯不如群众的口碑”，只有做到全心全意为人民服务，得到群众的支持和拥护，我们的职业发展才更有意义，我们的人生价值才更能得到体现。

（5）奉献社会。奉献社会就是把自己的知识和聪明才智毫无保留地、不计报酬地奉献给社会，为人民、为社会、为国家作出实实在在的贡献。奉献社会是社会主义职业道德的本质特征，是社会主义职业道德的最高标准、最高要求和最终目的。奉献社会是一种无私忘我的精神，是职业道德的出发点和归宿，是每个从业者职业道德修养的最终目标。

奉献社会并不意味着不要个人的正当利益，不要个人的幸福。相反，一个自觉奉献社会的人，才能找到幸福的源泉。个人的幸福来源于对社会的奉献，对社会奉献得越多，个人的收获就越多、幸福感就越高。

在倡导奉献的同时，我们也要处理好奉献和索取的关系。全国劳动模范徐虎①说过“你不奉献，我不奉献，谁来奉献？你也索取，我也索取，向谁索取？”没有奉献就没有索取，正当的个人利益是奉献的前提，奉献是人生追求的最高境界。

4. 艺术类职业道德的要求

艺术工作者的职业道德与其他岗位职业道德相区别的显著特征是，它始终处于观众的监督之下，饱受人民大众的关注。因此，除了遵循社会主义职业道德外，艺术工作者尤其需要根据艺术行业的特点，加强艺术类职业道德修养。

（1）忠于道德。由于受到商品经济的冲击及多元文化思潮的影响，各类媒体网站不时爆出“某某演员被潜规则”，“某某演员涉黑”，“某某演员恶言相向保安、耍大牌”等新闻。五花八门的新闻背后指向的其实是艺术工作者的道德，尤其是职业道德问题。

◎案例六

道德指数榜②

2010年1月，备受关注的第三届华鼎奖中国演艺名人道德修养指数榜在北京发布，其中宋祖英、山西电视台专题主持人费婕、艺人韩庚分列五百艺人、一百主持人、一百新演员道德修养榜单之首。综合三榜，宋祖英道德素养满意度最高，苏

---

① 徐虎，男，1950年12月生，曾先后多次被评为上海市劳动模范、全国劳动模范，并被评为十五大党代表。徐虎在水电修理工的平凡岗位上，用“辛苦我一人，方便千万家”的精神，被誉为20世纪90年代的活雷锋。

② 中国新闻网，http：//www.chinanews.com/yl/yl-mxzz/news/2010/01-18/2078590.shtml，2010年1月18日。

州滑稽剧团团长顾芗垫底。

该指数榜发布之后，某门户网站出示了对该榜单的调查：70%的网友认为该榜单的真实性值得怀疑，21%的网友认为比较有信服力，9%的网友认为无所谓。有网友评论道，许多娱乐事件都足以表明，中国大陆的演艺圈是个有着特殊价值取向的圈子。在这个圈子中，普遍特别注重名气，却并不重视名声。比如，一些演艺名人在受到诱惑时，不惜以名声换利益，为虚假商业做代言；甚至当名气不够时，不惜以挑战道德的方式自我炒作，以丑闻助长名气。丑闻更易闻名，污名也是名气，这一“污名定律”已经由演艺界泛滥至文学圈，错位的价值取向对社会道德的负面影响日渐加深。所以让大家产生的最直接怀疑就是，该道德指数榜单会不会成为一些“道德污点”较深明星的“转运地”，表面是大张旗鼓的道德指数评比，背后却是肮脏的金钱交易。

“中国演艺名人道德修养指数榜”的设立初衷是为了警醒中国演艺名人不懈追求“德艺双馨”的境界。不论背后有怎样的“内幕”，其目标是值得推崇的。陈云①老首长曾对苏州评弹界提出“出人，出书，走正路”的要求，其中“走正路”正是对艺术工作者道德的要求。作为一名艺术工作者，忠于自己的道德信念，相信自己的道德价值判断，维持自己的道德底线，提升自己的道德修养是其艺术道路畅通的前提，也是其艺术生命力持久旺盛的保障。

（2）忠于艺术。由于受到市场经济的冲击，有些行业逐步背离了自己的行业目标，追求利益最大化。部分艺术工作者同样陷入这样的困境，在艺术与牟利之间选择了牟利，有一些艺术家更是降低了自己的人格来顺应市场。而利益是有限的，艺术生命才是长远的。

现在的画家也非常苦恼：买画的人不是懂画的人，懂画的人买不起画，有欣赏品位的人买不了画，因为现在价格太高了。所以我现在跟青年人说适可而止，能够通过这个市场行为得到一定的经济利益，保持你能够生活、能够继续创作就可以了，不要就为钱去画，那真的是把自己毁掉了。

——闻一多先生之子、著名油画家　闻立鹏②

忠于艺术，更要忠于内心的道德，忠于自己的职业规划，不为外界的干扰而改变或放弃。就像泰坦尼克号大船上的乐师们坚持到最后的演奏，就像尼古拉·阿尔图尔·兰波（法国著名诗人）不为生计放弃写作的执拗。艺术类专业的大学生尤其应具备长远的眼光，着眼于艺术的长远价值，忠于艺术，不要被眼前利益迷惑，选错方向。

---

① 陈云（1905—1995），伟大的无产阶级革命家、政治家，杰出的马克思主义者，中国社会主义经济建设的开创者和奠基人之一，党和国家久经考验的卓越领导人。

② 人民网，http：//www. mrysw. com/Article/mrft/201006/17091. html，2010 年 6 月 22 日。

（3）忠于观众。一名教师可以把课上到让学生有满足感愉悦感是教学艺术；一名园艺工作者可以将花园公园甚至是城市里道路上的绿化修剪得令人心旷神怡，是园艺的艺术；一名面点师可以把芝士奶油面粉植物油调和烘焙成色味俱佳的甜品，是美食的艺术；一名歌唱家可以用声音与旋律激起人们内心的共鸣，是歌唱的艺术。所有艺术的最终发展目的都是服务观众。因此，忠于观众、为观众奉献具有独特审美价值和思想内涵的艺术，应该是每一位文艺工作者工作的宗旨。

对于舞台艺术工作者来说，忠于观众还应做到不分演出对象、演出场地、演出报酬，一视同仁、保质保量地演出。当前不少年轻的演员按酬付劳的做法是违背艺术职业道德的，更是对观众的背离。

（4）忠于舞台。舞台是艺术工作者价值的实现场所，但舞台又不属于某个个人。对大多数艺术工作者来说，舞台是集体价值体现的场所，尤其对从事戏曲表演、舞蹈表演等艺术门类而言，综合艺术的集体性很强。在演出前或演出中难免出现一些意外的事故，如演员未到、受伤、生病及其他突发事故。这时其他演职员的行为就反映出他是忠于舞台还是忠于自身。戏曲界有一句谚语叫“救场如救火”，要求所有的演职人员要服从分配，把演出过程中（或临近开演之前）突然出现的事故，看成如救火一样的严重、急迫，因而也要求演员如救火一样义不容辞，奋不顾身，丢掉个人的私心杂念，从全局出发，维护艺术的完整性。多年来，这已成为戏曲演员的一种职业道德要求。

◎案例七

不少知名演员都有过救场的佳话。如首届上海白玉兰戏剧表演主角奖、中国戏剧“梅花奖”获得者上海沪剧院副院长马莉莉，1964年国庆期间，剧团在大华戏院演出《南海长城》，一位扮演甜女的演员突然生病，不能上台，开场前十分钟，马莉莉被指派顶此角色，好在她平时认真看排戏看演出，甜女的对白，舞台位置都知道，这角色不仅顶了下来，而且顶得很好，后来甜女的角色就由她演了。由于马莉莉扮相好，嗓音甜美，表演有悟性，得到了著名演员凌爱珍、袁滨忠等人的器重和栽培，逐渐在剧中担任比较重要的角色。

忠于舞台，不仅要有“救场”意识，更要有“补台”意识。双档演出时一方出了差错，另一方应及时圆场、弥补；歌唱演员唱错了调，乐队应及时跟上调整。一个团队，一个舞台，每个团队成员都能做到心往一处想，劲往一处使，互相支持、互相帮助，才能够给观众呈现最完美、最有生命力、最有价值的舞台艺术。

5. 大学生职业道德的培养

◎案例八

德国大哲学家康德，活了80岁，一生奉献于哲学。他每天走出朴实无华的书房，徒步到大学，忙于他的哲学研究，生活规律不曾稍改，真正做到了“数十年如一日”。他对“时间”的控制，有如一位科学家，分秒不差。他每天必在早晨5

点起床，晚上大约在10时就寝，这个严格的生活习惯，他始终严守不渝。康德严于控制时间的习惯，关键在于他有很强的自我控制能力和强烈的自律意识。良好的习惯一经形成就是终身受用的资本；反之，不良的习惯则会成为一生的羁绊，阻碍自己的发展。

职业道德的养成不是一蹴而就的。职业道德规范是职业对从业人员的具体要求和规定，要把这些要求和规定变成实际行动，大学生必须在校期间就注意职业道德行为的养成训练。大学生处在人生的十字路口，自我管理和约束能力相对较差，但具有很强的可塑性，若能从自己内心培植职业道德的土壤，建立长效自我约束机制，便能为培养良好的职业道德奠定基础。大学生们要在道德品质、思想意识方面进行“自我锻炼”与“自我改造”，需要从以下几个方面做起：

（1）立志。“有志者，事竟成”，成功属于目标明确，志存高远的人。要培养良好的职业道德，首先要树立做好本职工作、成为本行业优秀工作者的志向，树立坚定的职业道德信念。并把内心形成的职业道德，情感、意志和信念变成个人自觉的职业道德行为，指导自己的职业活动。

首先，要将职业道德知识内化为信念。信念是人们职业道德行为的强大动力和精神支柱，只有内化为信念的职业道德行为，才有坚定性和持久性。其次，要将职业道德信念外化为行为，在职业活动中始终不渝地遵守职业道德规范，履行自己的职业责任和义务。

（2）学习。学习首先是专业知识和技能的学习。专业理论知识和专业技能是形成专业信念和职业道德行为的前提和基础。从业者只有具备了扎实的专业知识、精湛的职业技能，他的职业道德才有用武之地，才能在自己的岗位上作出应有的贡献。

专业学习是获得专业理论和专业知识的基本途径，专业实习是了解专业、了解职业及其相关职业岗位规范，培养职业意识，养成良好职业习惯的主要途径。

另外，在专业学习和实习中，也要学习先进人物的精神事迹。在新时期，社会主义精神文明建设呈现出积极健康向上的良好态势，为人民服务精神日益发扬光大。社会职业道德风尚发生了可喜变化，涌现了“最美女教师”、“最美妈妈”、“最美司机”等精神楷模，为我们进行社会主义职业道德修养树立了榜样。大学生不但要向这些模范人物学习，还要向身边的老师、同学、工厂的师傅学习，学习他们的长处，克服自己的缺点，“取人之长，补己之短”，把职业道德境界提高到新的高度。

（3）慎独。“慎独”是指独自一个人在没有外界监督的情况下，也能自觉遵守道德规范，不做对国家、对社会、对他人不道德的事情。慎独既是一种道德修养方式，又是一种崇高的道德境界，标志着一个人的职业道德修养已达到高度自觉的程度。

◎案例九

山东省有一座四知庙，据说是纪念东汉名臣杨成的。杨成在赴任东莱太守时，路过昌邑县，县令王密深夜只身送上黄金10斤。杨成很生气，埋怨王密不该这样做。王却说，深夜无人知晓。杨成发火道："天知、地知、你知、我知，何谓无知者？"王密听后，惭愧而去。

杨成的故事就是道德修养中的"慎独"。作为当代大学生，能否做到"慎独"，以及"慎独"所能达到的程度，是衡量大家是否坚持自我修养以及在修身中取得成绩大小的重要标尺。"慎独"讲究不仅在他人面前、领导面前能按职业道德行事，即使在别人不知道的情况下，也能自觉地做好事，只有这样，才能在新形势下始终保持清醒的头脑，经受住各种考验，模范地遵守职业道德，做一个具备高尚职业道德品质的新型劳动者。

（4）内省。内省即在内心省察自己的思想、言行有无过失，是一种内心的道德修养。职业生活中的"内省"要求我们首先要敢于解剖自己，客观看待自己，勇于正视自己的不足；其次要勇于自我批评、自我检讨；再次要积极改正缺点、扬长避短，在实践中不断完善自己的职业道德品质。

（5）积累。职业道德最大的特点是自觉性和习惯性，这需要在日常生活中一点一滴地积累和培养。每位从业者都应有意识地在日常生活中培养自己的良好职业习惯，并让职业习惯积累成为自觉行为。首先，我们要从小事做起，严格遵守职业行为规范。其次，要从自我做起，从职业行为习惯训练抓起，自觉养成良好的职业习惯。

三、职业意识

1. 职业意识的内涵

职业意识是人们在特定的社会环境下和职业氛围中，对职业劳动的认识、评价、情感和态度等心理成分的综合反映，是支配和调控全部职业行为和职业活动的调节器，它支配着职业道德、职业操守、职业行为等职业要素。它包括诚信意识、创新意识、竞争意识、协作意识和奉献意识等方面。职业意识是从业人员的根本素质，是一个社会职业者必备的条件。

2. 职业意识的培养

职业是实现人生价值的舞台。大学生在校期间有效地培养自己的职业意识是很有必要的。

（1）培养奉献意识。职业意识是作为职业人所具有的意识，即主人翁精神。具体表现为：工作积极认真，有责任感，具有基本的职业道德。要真正领悟职业这一真谛，必须增强贵在奉献的意识。我们要进一步激发自己的爱岗敬业精神，全面提高无私奉献意识。

（2）培养素质意识。素质之于人，犹如水面上的冰山之于整座冰山，原来真正浮于水面的庞然大物只不过是它的小小的角尖而已。决定人成功的不仅仅是技能知识，更重要的是价值观、素质等冰山潜伏在水下的部分。品质的成熟铸就事业的成功，任何一个伟大的成功者首先都是一个伟大的"人"，要成功，首先就要学会做人，要不断地修炼自己。这就启示我们不仅要提高自己的技能知识，更要培养自己的综合素质。

（3）培养团队意识。所谓团队，就是经过格式化的模式，达到一定默契的队伍，否则只能叫乌合之众，是不可能有战斗力的。所以必须严格地要求，格式化地操作。单打独斗的英雄主义时代早已经过时了，很多情况下一个人孤军奋斗的结局总是以失败告终。在这个快节奏的时代，一个人的能力再好也有力所不及的时候。一项工作的完成往往是很多人共同协作的结果。职业活动中不仅需要竞争，还需要主动合作精神，竞争与协作相伴而生，相离而失。实践证明：一个人的职业活动，总是与一定的职业群体相联系，离不开同行业的支持与协作，特别是在生产力高速发展的今天，职业分工越来越细，劳动过程更趋专业化、社会化，需要加强联合。产业间相互依托、相互制约、相互促进的发展趋势，也要求一个单位内部部门之间、员工之间必须团结协作。

（4）培养竞争意识。竞争意识是个人或团体间力求胜过对方的一种心理状态。它能使人精神振奋，努力进取，促进事业的发展，是现代社会中个人、团体乃至国家发展过程中不可缺少的心态。在竞争激烈的今天，谋求一份好的职业必须要有竞争意识。

培养竞争意识首先要练就过硬的本领，积极获取各种职业资格证书；其次要树立良好的心态，遵守竞争规范；再次要选择良性竞争，避免不择手段的恶性竞争。竞争的目的是合作，最终是为了实现社会、国家和人民的利益。

（5）培养自律意识。“自律”是指在社会和集体生活中对法律法规和制度的自我服从。这种服从源自内心，是一种自愿的、自发的，甚至是自然的，不需要外在监督就能实现的行为。这是人格、人品及自身形象的真实反映，同时也是对他人、对社会、对公益的一种尊重。我们应该增强自律意识，自觉地以“八荣八耻”的要求作为行为准则，做到自律。

（6）培养创新意识。创新意识是一个民族进步的灵魂，也是国家兴旺发达的不竭动力。创新能力其实是一种综合能力，它要求具有强烈的创造欲、敏锐的观察力、准确的记忆力和良好的思维能力。要从传统的中庸观念中解放出来，对新思想持开放态度，积极思考尚未经检验的假设。创新意识的培养需要深厚的知识积淀，需要用科学的方法进行思考，更需要锲而不舍的毅力。

大学生在校期间，首先要掌握扎实的专业知识，做到对专业学习的历史和未来融会贯通，掌握不同专业的特点。其次要特别注意科学思维的训练。主要是发散性思维方法，即从不同角度、运用不同的方法解决同一问题。研究新情况，揭示新规律，创立新思想。

（7）培养学习意识。大学生的智力已趋于成熟。联合国教科文组织出版的《学会生存》一书中有这样一句话：“未来的文盲，不再是不识字的人，而是没有学会怎样学习的人。”这句话启示我们，在进行学习的过程中不但要重视学习本身，而且要重视掌握正确的学习方法，即学习“怎样学习”。只有具备学习的能力，才能不断进行技术的创新，适应时代的要求。学习包括更新自己原有的专业知识，掌握新技能，结合各门学科知识来发展和完善自我。大学生不但要“学会”，而且要“会学”，掌握正确的学习方法，把有用的知识转化为自身素质的提高，真正成为时代所需要的高素质人才。

没有正确的职业意识，就不可能有牢固的专业思想，职业意识的培养是前提。“今天学习不努力，明天努力找工作”，未雨绸缪是我们必须具备的一种心态。大学生在校期间，必须有意识地培养自己的职业意识，这样进入用人单位的时候才能体现出训练有素的一面，为自己的职业生涯开一个好头。多了解自己专业所对应的各类职业的要求和特点，以便能寻找到自己喜欢的职业，有明确的人生目标，从而为自己热爱的职业勤奋学习，早做准备，成就职业理想。

项目二　职业能力的培养

案例导入

西点军校：没有任何借口①

200 多年来，西点军校为美国培养了三位总统，五位五星级上将，3700 名将军及无数的精英人才。美国前总统罗斯福在几十年前就指出：“在这整整一个世纪中，我们国家其他的任何学校都没有像西点这样，在我们民族最伟大公民的光荣史册上写下了如此众多的名字。”

不但如此，更让人惊讶的是，大批西点军校的毕业生在企业界同样获得了非凡的成就。可口可乐、通用公司、杜邦化工的总裁都出身于西点。美国商业年鉴的资料显示，第二次世界大战以后，在世界 500 强里面，西点军校培养出来的董事长有 1000 多名，副董事长有 2000 多名，总经理、董事有 5000 多名。可以说，任何商学院都没有培养出这么多优秀的管理人才。

西点军校到底隐藏着怎样的秘密？其中全部的秘密就在于“没有任何借口”。“没有任何借口”是美国西点军校 200 年奉行的最重要的行为准则，是西点军校传授给每一位新生的第一个理念。它强化的是每一位学员想尽办法去完成任何一项任务，而不是为没有完成任务去寻找借口，哪怕看似合理的借口。它体现的是一种完美的执行力，一种服从、诚实的态度，一种负责、敬业的精神。在现实生活中，我们缺少的正是这种人：他们想尽办法去完成任务，而不是去寻找借口。

案例评点：找借口的直接后果就是容易让人养成拖延的坏习惯，缺乏创新精神和自动自发工作的能力，因此，期许他们在工作中做出创造性的成绩是徒劳的。借口会让他们躺在以前的经验、规则和思维惯性上舒服地睡大觉。借口给

① 参见《中国企业报》2011 年 8 月 9 日第 14 版。

人带来的严重危害是让人消极颓废，如果养成了寻找借口的习惯，当遇到困难和挫折时，不是积极地去想办法克服，而是去寻找各种各样的借口。这种消极心态剥夺了个人成功的机会，最终使人一事无成。

优秀的员工从不在工作中寻找任何借口，他们总是把每项工作尽力做好，最大限度地满足客户提出的要求，而不是寻找各种借口推诿；他们总是出色地完成上级交给的任务，替上级解决问题；他们总是尽全力配合同事的工作，对同事提出的帮助要求，从不找任何借口推托和延迟。

“没有任何借口”应该是每一名大学生都具备的优良品质，做到“没有任何借口”，就需要努力拓展职业能力。在走向社会之前，努力培养自己多方面的知识和技能、培养对社会的适应能力，对高职生来说是十分重要的。但能力的提高不是一朝一夕的事情，高职生必须尽早树立忧患意识，提高自己多方面的职业能力。

【相关知识】

一、职业能力

职业能力，是人们成功地从事某一特定职业活动所必备的一系列稳定的、综合性的个性心理特征。

◎案例十

据《胡润百富榜》2010 年的统计数据，姚明的身价达到了 10 亿美元；《福布斯中国名人榜》的数据，姚明 9 年来的收入已经超过了 20 亿元。这仅靠比赛和工资，是根本不可能拥有的。早在职业生涯规划初期，姚明及其背后传奇的“姚之队”就已开始染指商界。在还是休斯敦火箭球员身份期间，姚明就开始以授权、入股、代言等方式投资多种产业，其中涉及餐饮、音乐网站、健身俱乐部、酒店等。涉及行业之多，范围之广，资金庞大，虽然其中有成功也有失败，但一个亿万商业帝国轮廓已逐渐清晰。

可见，姚明就是一个品牌，并且这个品牌的价值已经超出了体育本身。商品品牌最基本的特征是质量保障，而个人品牌的基本特征是能力和素质保障。

职业能力与职业资格紧密联系在一起，具备相当的职业能力可以获得相应的职业资格，凭这个职业资格从事特定的工作，例如律师、会计、程序员、导游等。

《中华人民共和国劳动法》第 69 条规定：国家确定职业分类，对规定的职业制定职业技能标准，实行职业资格证书制度。今后将会有越来越多的工作都要具有相关的资格证书才能从事。

职业能力由两大部分组成，即专业核心能力和职业关键能力，如图 7-2 所示。

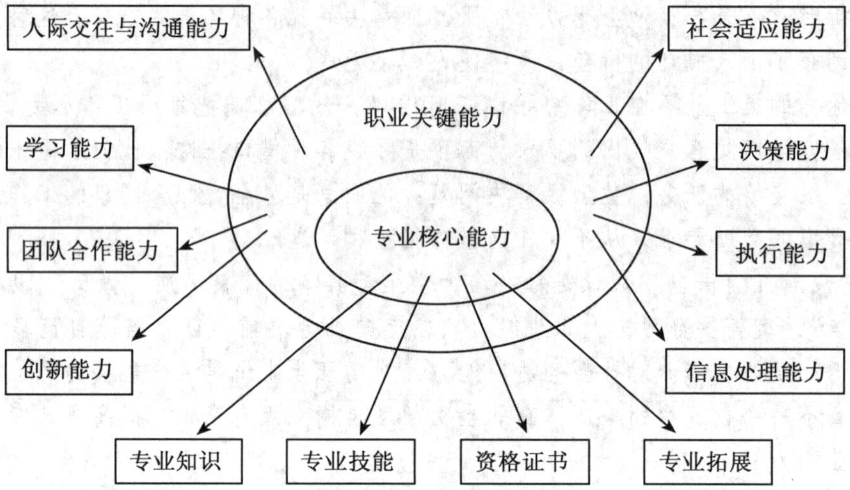

图 7-2　专业核心能力与职业关键能力

二、专业核心能力

◎案例十一

马蛟龙、陈世豪分别于2007年和2009年毕业于河北艺术职业学院舞蹈系，并均于当年以优异成绩考取了北京舞蹈学院。

刚刚接触舞蹈，马蛟龙和陈世豪便立志成为优秀的舞蹈家。为了这个理想，二人勤奋努力，主动学习。在基础知识方面，二人认真学习并拓展专业基础知识，如学习舞蹈发展的历史，艺术概论，熟悉各民族舞蹈的特点，学习掌握基础乐理知识、计算机基础知识和心理学及教育教学理论知识等。在专业核心能力方面，二人出色掌握了如下能力：①一定的舞蹈表演、编排能力；②一定的音乐欣赏能力；③从事舞蹈课堂教学的基础能力；④基本的专业业务自学能力。在职业关键能力方面，二人在如下方面进行了培养：①养成文明的行为习惯，良好的心理素质，健全的人格，正确的审美观念和一定的艺术鉴赏力；②锻炼较强的学习能力，树立终身学习观念，养成良好的学习习惯，思维力、理解力强；③能正确地认识和评价自我，择业就业观正确；能通过多种途径获得就业信息，并较准确地了解用人单位情况，在应聘活动中实事求是而又较好地表现自己；创业意识强，能充分发挥自己的长处和优势，成就自己的事业；④有较强的人际沟通、组织协调能力，能准确、清楚、流畅、得体地表达自己的观点和见解；能较好地理解和接受他人的不同意见；团结协作意识强，能克服人际交往的心理障碍，主动与他人协调沟通，共同完成工作任务。具备团队合作能力，社会责任感强等。

几年的学习时间里，马蛟龙和陈世豪注重能力培养并按照老师的指导，刻苦练功，仔细研究推敲舞蹈的一招一式，并用肢体将每一个舞蹈动作做到极致。寒来暑往，日积月累，二人在知识的海洋里不断汲取营养，在专业技能和文化功底上都有了长足的进步。

2006 年马蛟龙凭借出色的表演获得第八届“桃李杯”大赛中国舞少年甲组三等奖。2009 年，陈世豪以当代舞蹈作品《离开雷锋的日子》一举夺得第九届“桃李杯”大赛少年组金奖。升入大学后，二人仍是学校专业佼佼者，经常参与校内外各种赛事并屡获殊荣。2010 年，马蛟龙以优秀成绩留在北京舞蹈学院工作。

1. 专业核心能力的概念

专业核心能力，是指由一系列体现具体专业特点且与各专业课程相对应的知识、技能构成的能力组合。

专业核心能力是企业管理学科领域的一个概念，由著名经济学家普拉哈拉德①（C. K. Prahalad）和哈默德（Gary Hame）② 于 1990 年首次在《哈佛商业评论》提出。它是指人们掌握的具有竞争优势的、独特的情商、专业知识和不易模仿的专业能力，是人们可持续竞争优势与新事业发展的源泉。

专业核心能力是根据职业的特性、技术工艺、设备材料以及生产方式等要求，对劳动者的业务知识和技术操作能力提出的综合性水平规定。主要包括专业知识、专业技能、资格证书和专业拓展等。

2. 专业核心能力的特征

专业核心能力具有内在性、独特性和延展性三个基本特征。

（1）内在性。本专业的学生必须要掌握不同于其他专业的专业能力，这种能力将伴随其从事专业工作的全过程，它的强弱会直接影响其专业工作的成败。

（2）独特性。专业核心能力可以使竞争者无法模仿或模仿代价高昂，从而确保学生能在某一专业领域保持领先地位。

（3）延展性。专业核心能力可以确保学生能在专业的不同层次和方向找到其合适的位置。

3. 专业核心能力的培养

专业核心能力培养是高职高专教育的目标和特色，对于艺术类高职高专院校而言，专业核心能力无疑是学生今后人生发展的关键。专业核心能力从来不是孤立的个体，而是一个有机的整体。高职艺术院校学生应从以下方面入手进行专业核心能力的培养。

---

① C. K. 普拉哈拉德（C. K. Prahalad，1941—2010），核心竞争力理论的创始人之一，国际上公认的公司战略和跨国公司管理领域的专家。

② 加里·哈默（Gary Hame，1954—　），他和 C. K. 普拉哈拉德被公认是 20 世纪 90 年代最受人瞩目的商务学术论文撰写人。

（1）了解高职艺术院校专业课程体系。高职艺术院校的学习内容广、课程多。开设的课程分为公共学习领域（公共基础课）、专业学习领域（专业基础课和专业技能课）、综合实践学习领域、素质拓展学习领域（含专业素质拓展和人文素质拓展课等）。每一个层次或类型的课程均由许多课程综合而成。课程涉及的内容范围广，旨在达到让学生文化理论够用、专业技能突出、人文素质和修养较高的目的，使学生在专业发展过程中知识结构更加全面、合理。

高职艺术院校课程体系的主要特色表现在以下几个方面：

一是“高”，指课程的层次特色。高职艺术教育是高等教育，区别于中等艺术职业教育层次的基础教育。学生既要掌握“必需、够用”的理论知识，又要重视“创新、创造”能力的培养。

二是“职”，指课程的类型特色。高等职业教育与普通教育相比，更侧重职业技能、职业素质的培养。因此，教学目标着眼于学生就业，学生职业生涯发展，使学生既掌握精湛的技艺，又努力成为具有优秀品格，恪守职业道德，弘扬职业精神的优秀职业人才。

三是“艺”，指课程的专业特色、行业特色。在高职艺术院校，学生学习与艺术相关的知识和技能，今后从事文化或艺术工作，要依托艺术院校的表演、设计、传媒、管理等多学科专业设置和丰富的艺术生产资源优势，在真实艺术创作与生产情境下，学习专业技能，培养综合素质。

（2）掌握高职艺术院校“教与学”的规律。高职艺术院校课程教学除按教学大纲所规定的知识和技能要求，制订相应的教学计划，进行系统的、按照一定的顺序和结构进行教学外，为了使学生更好地掌握课程的内容，增强实际操作能力，在高职课程中，采取了“任务驱动、项目导向、讲练结合”的教学模式。通过精心选择课程项目、科学安排任务内容、合理采用教学方法，提高学生的学习与实际工作能力。这也正是高职艺术院校学生应掌握的“教与学”的规律。

任务导向教学模式有如下特点：

①确定未来典型工作任务为当前学习情境。按职业岗位需求，以真实工作过程为依据，序化相关理论、实训等教学内容，将理论与实践进行有机的融合，提炼出典型工作任务作为教学和学习情境。

②学习行动的目标在实际“情境”中完成。学生的学习任务就是未来职场工作任务，学生学习和教师教学均围绕实际“情境”展开。

③学生学习的过程就是完整的工作过程。高职院校围绕教学目标，设置不同的工作“情境”，营造真实的工作环境，引导学生学习，让学生在潜移默化中养成良好的工作习惯。

④学生是学习过程的主体。在任务导向教学模式中，学生在学中做，在做中学，是任务主角，为胜任角色，学生必须发挥主观能动性，通过学习理论、实训演练、顶岗实习等学习方式掌握完成工作任务目标所需的知识和技能，从而获得专业能力、社会能

力、学习能力。

⑤教师为学习过程的导向。在任务导向教学模式中，教师身份多变，既可是编剧，又可是导演，同时还可是组织领导、学生导师、专家评委等。在每个学习项目中，教师都要首先布置工作任务，提出目标要求，并在学习过程中，为学生提供辅导。

任务导向教学模式既培养了学生的学习兴趣和学习动力，又提高了学生的学习能力、实践能力和职业能力，有利于培养主动型、创新型和有可持续发展能力的职业人才。

如山西艺术职业学院把舞剧《一把酸枣》的创作与排练演出作为工作任务，贯穿于舞蹈教学的各个环节，使学生在这一剧目情景训练中掌握了舞蹈基本技能，培养领悟角色和表演意识，提升综合素质，学生通过多次舞蹈实践演出，基本掌握了作为演员的职业能力。

任务导向教学模式的特点也是高职艺术院校区别于普通院校表现在学习规律方面的主要特点。“以‘工学结合’为基本形式，并将其作为人才培养模式改革的核心要素，是高等职业教育作为类型而独立存在的显著特征。”① 作为一种特殊类型，围绕舞台，以表演艺术为主体的高职艺术院校，“学演结合”的形式十分强调艺术实践，不仅包括学生“情境”学习的实际行动过程、专业教育本身例行的专业汇报及毕业演出，还包括每年大量的实习实训或演出任务。不仅数量可观，艺术实践的内容和形式也非常丰富，高职生必须适应并熟悉艺术院校“教与学”的特殊规律。

(3) 掌握科学的学习方法。科学的学习方法不仅有助于在学习中少走弯路，还有利于培养和提升各种学习能力，提高学习效率和学习质量。

比起中学阶段，艺术院校学生要更加注重独立学习。自学时间和专业训练时间大量增多，学校为学生学习提供了非常好的环境，如有藏书丰富的图书馆，有设备先进的实训室，还安排了大量的教学实训、顶岗实习、社会调查、毕业设计等实践教学环节。这都要求学生能充分利用这些学习条件进行独立学习。教师对于学生帮助更多的是引导入门，修行多要靠自己。

艺术院校的学习方法和学习形式更加灵活。学习重在平时，重在过程，死记硬背的知识减少了，灵活应用的知识增加了。在学习中更注重能力的培养，尤其是艺术思维能力、技能的训练。学习不仅在学校，还有社会实践和企业顶岗实训的过程中。艺术院校学生在学习的过程中会发现，专业教学对实际操作能力的要求非常高，学生有相当多的时间是在实习实训中度过的。不仅要学会专业文化知识，还要求将所学知识应用于实践。知道了学习的知识是什么，要变成技能就要大量训练。这既是高职高专教育的重要特征，也是高职艺术院校学生的学习特点。

---

① 黄杭娟：《演学结合》，《中国高教研究》2009 年第 7 期。

三、职业关键能力

◎案例十二

“才女”这是怎么了？

小静，2010年毕业于某艺术职业学院美术系。在校期间，小静学习成绩出类拔萃，连年被评为校级三好学生、获得优秀奖学金，大三那年，还以全专业第一名的好成绩，评为国家三好学生。在老师眼里，她是一个“很有发展潜力”的学生。

毕业后，小静如愿来到了一家自己很满意的公司。然而，高强度的工作、与所学知识差距较大的岗位要求、复杂的人际关系、高昂的生活成本与微薄的工资收入压得她喘不过气来。“屋漏偏逢连夜雨”，在连续三次因业绩不佳被公司“炒鱿鱼”时，小静又出现了情感危机，相恋两年的男友离她而去。糟糕的心情和严重波动的情绪让小静一度难以自制，无法排解。她在网络空间中这样描述自己的心情：真希望忽然被同桌推醒——快醒醒，老师来了，上课了！——不禁泪流满面……

小静把这一切用“瓶颈”二字形容，她说：前途一片黑暗，根本看不到未来，站在人生的十字路口，不知何去何从。

上学期间本来还算优秀的小静，初涉职场，屡遭挫折，情绪无法排解，到底是哪个环节出了问题？

1. 职业关键能力的概念

职业关键能力是人们职业生涯中除岗位专业能力之外的基本能力，它适用于各种职业，能适应岗位不断变换，是伴随人终身的可持续发展能力，也是一种可迁移的跨岗位、跨职业的能力。

由于当今的职业和岗位都处于不断变化之中，一个人一生可能要从事多个职业。专业核心能力在你寻找第一份工作时起到至关重要的作用，但在人员流动过程中，社会适应能力、交际能力、团队合作能力等职业关键能力将会起到比专业核心能力更为重要的作用。

2. 职业关键能力的分类

从内涵和特点划分，职业关键能力可分为方法能力和社会能力两大类：

方法能力是指主要基于个人的，有具体和明确的方式、手段、方法的能力。它主要指独立学习、获取新知识技能、处理信息的能力。方法能力是劳动者的基本发展能力，是在职业生涯中不断获取新的技能、知识、信息和掌握新方法的重要手段。方法能力包括“自我学习”、“信息处理”、“数字应用”等能力。

社会能力是经历和构建社会关系、感受和理解他人的奉献与冲突，并负责任地与他人相处的能力。它是指与他人交往、合作、共同生活和工作的能力。社会能力既是基本生存能力，又是基本发展能力，它是劳动者在职业活动中，特别是在一个开放的社会生活中必须具备的基本素质。社会能力包括“与人交流”、“与人合作”、“解决问题”、“革新创新”等能力。

3. 职业关键能力的作用

对劳动者来说，掌握好关键能力，可帮助劳动者适应就业需要，在变化了的环境中重新获得新的职业技能和知识；可帮助劳动者在工作条件下调整自我、处理难题，并很好地与他人相处；同时，它是一个可持续发展的能力，有较好的职业关键能力，能适应更高层次职业和岗位的要求。在德语中，“关键”一词原意为“钥匙”，“关键能力”是“打开成功之门的钥匙”。职业关键能力是我们每个人成功的有效能力、基础能力，在现代社会，其重要性日益显现。

对企业来说，人力资源是第一资源，提升员工的关键能力是增强企业核心竞争力的基础。在激烈的市场竞争条件下，开发员工的“智能”是提高工作绩效、提高企业效益、增加利润的基础。事实上，不少的企业在招聘员工时，十分注重应聘者的职业道德和关键能力的素质，在企业的内训中，除提高员工的岗位技能素质外，不少企业越来越重视职业关键能力的培训。

对高等院校来说，培养毕业生的职业技能和职业素质，能使毕业生按照职业生涯的基本要求，明确职业能力的基本范围和能力点。在就业之前，强化职业关键能力的培训，能有效提高他们的关键能力，并通过职业关键能力的认证，更好地指导学生明确自己职业关键能力的发展目标，为自己满意工作和幸福生活奠定基础。

4. 几种通用的职业关键能力

（1）学习能力。学习能力是多方面的，它包括注意力、观察力、思考力、应用力、自觉力、记忆力、想象力、创造力等，它要求个人不仅要学习宽泛广博的知识，还要学会学习的方法，树立终身学习的理念，与时俱进。

◎案例十三

小欢，某高职美术专业大二学生，“90后”独生女，来自县城，高考分数全班总分名列前茅。性格偏内向、话少、朴素、懂事、有礼貌。大学一年内“挂科”三门，由2009级降级到2010级。

该生高考分数较高，在高中时期学习成绩优异，但进入大学后却一路下滑，直至降级。究其原因，便是她一直未能摆脱高中时的学习状态，且不能很好地适应大学里的学习方式。

在对小欢进行学习督促以及数次谈话过程中发现，该生学习成绩下降的原因如下：①性格内向、依赖性强。小欢家庭条件不错，父母开办公司，对她学习关心有加，对她生活无微不至，但过分的关心和关注使小欢有时候感觉无所适从。②缺乏明确的学习目标。小欢一直都没有属于自己的学习目标。无论小学、中学还是高中都是在父母的安排、设计和帮助下进行的，在这个过程中她始终是一个被动的接受者，并没有任何属于自己的想法和目标。而她父母对她的唯一要求也不过就是努力学习考上大学，此外并无其他要求。③缺乏有力的社会支持。进入大学后，小欢仍然过着衣食无忧的生活，使她忘记了立足专业，走向社会，在实践中奉献，在奉献中学习的重要性。

一个人的学习能力往往决定了一个人竞争力的高低。也正因为如此，无论对于个人还是对于组织，未来唯一持久的优势就是有能力比你的竞争对手学习得更多更快。一个组织如果想要在激烈的竞争中立于不败之地，就必须不断地有所创新，而创新则来自于知识，知识则来源于人。管理大师彼得·德鲁克说："真正持久的优势就是怎样去学习，就是怎样使得自己的企业能够学习得比对手更快。"学习也是一种生存能力的表现，不论处于职业生涯的哪个阶段，都不应该停止学习。如果停止学习，必定会落后于人，而在当今社会里，落后就会被淘汰。

提高学习能力的方法有：

一是明确学习目标。拉斯金①曾说："无目标的生活，犹如没有罗盘而航行。"当一个人不知道下一步要做什么的时候，他是颓废的。在同样艰苦的条件下，有的人萎靡不振，有的人却干劲十足，这便是目标的作用。一个有坚定目标的人，懂得人生的意义在于为自己的目标做出不懈的努力，用目标来引导自己的成长。学习目标是学习的出发点，确立具体明确的学习目标是每位学生的首要学习任务。目标越明确、越切合自己的实际情况，其学习行动的每一次努力越能够获得成功。

二是创造性学习。学习过程中独立思考，探索基本学法，勇于寻求新的理论，勇于提出自己的见解，不轻易放弃自己的看法，不人云亦云。创造性学习不仅强调学习的结果，更注重学习的过程。启发引导学生在知识的海洋里遨游，潜移默化地增长创造的才能。

三是拓展学习渠道，优化学习方法。在书本中学习，提高课堂学习效率；在实践中学习，在解决问题和矛盾的过程中，观察、思考、整理，获取经验教训。对信息进行搜集、整理、分析、归纳，并最终变成知识；在职场社交中学习，取人之长，补己之短，增长才干。

(2) 人际交往与沟通能力。人际交往与沟通能力是人生存能力中一种最重要的基本能力。它是指在与人交往的过程中，通过交谈讨论、当众讲演、阅读以及书面表达等方式，来表达观点、沟通情感、分享信息的能力，也是日常生活以及从事各种职业必备的社会能力。

◎案例十四

某大学生张海，经常与宿舍同学发生矛盾。大二期末考试期间，宿舍同学晚上十点练声乐、唱歌，还有的在楼道里练击打乐器，熄灯后在床上卧聊。他没当面制

---

① 拉斯金（Ruskin John，1819—1900），英国作家、艺术家、艺术评论家。他是维多利亚时代艺术趣味的代言人，也是天才而多产的艺术家，同时拉斯金的写作和哲学对艺术与手工艺运动有深远的影响。

止就直接给辅导员发信息举报，找系领导和宿管科，投诉宿舍同学晚间制造噪音、说话、玩游戏等，为此同学们对他意见很大。

但张海不知怎样与同学和舍友交流。对于舍友和同学议论的话题他认为没有必要议论。与人谈话时，他经常低头、吞音，表达不流畅，条理和逻辑不清晰。他不了解别人的想法，也不想去了解。在学习方法和复习方面也无法从别的同学那里获得启发，因此大三时成绩也出现了不及格。

提高沟通能力，应注重两方面：一是提高理解别人的能力，二是增加别人理解自己的可能性。那么究竟怎样才能提高自己的沟通能力呢？心理学家经过研究指出，在人际交往与沟通过程中，要注意把握如下原则：

①注意形象。要想拥有良好的人际关系和沟通能力，首先就要注意自己的形象。这一点其实很容易办到，只要穿着干净大方、仪容仪表和谐整洁、仪态得体即可。

②主动交往。主动和别人打招呼，要学会给予对方恰当的称呼，最好记住对方的姓名，并且要主动联系你刚刚认识的朋友。

③学会真诚的赞美。学会欣赏别人的优点并给予真诚的赞美，你会收到意想不到的效果。

④选择适当的话题。年长的朋友，可以和他聊聊他的家庭；年轻的朋友，可以和他聊聊他的家乡。谈起自己的家乡，谁都能有话可说，并且还能增加亲切感，这样一来，聊天的氛围就起来了。

⑤宽宏豁达。学会体察对方心理。常言道："大度集群朋。"做一个宽宏豁达的人是有一定难度的，但大学生在日常的生活、交往中一定要注重这种品质的培养，以求更好地适应生活、适应社会。

⑥掌握一定的社交技巧。交往中的技巧犹如人际关系的润滑剂，它可以帮助人们在交往活动中增进彼此的沟通和了解，缩短心理距离，建立良好的关系，如增强人际吸引力、幽默、巧妙批评、语言艺术等。对大学生来说，人际交往中要掌握的技巧主要是培养成功交往的心理品质和正确运用语言艺术。成功交往的心理品质包括诚实守信、谦虚谨慎、热情助人、尊重理解、宽宏豁达等。语言艺术的运用包括准确表达、有效倾听、文明礼貌等。

（3）社会适应能力。社会适应能力是指人为了在社会更好生存而进行的心理上、生理上以及行为上的各种适应性的改变，与社会达到和谐状态的一种适应能力。

◎案例十五

我适应能力太差了，不想活了！

我是一个刚刚上大学的新生，我实在无法适应集体宿舍的生活。

高一的时候住了一年的集体宿舍，那简直就是生不如死的日子。我勉强过了一年，最后实在不行了，搬出去住。高一虽然等于没读书，但我后面两年努力了一下就考上重点大学了。

可上了大学，我面临的问题又来了，实在难以适应那种生活！每天浑浑噩噩过日子，我自己都觉得自己不像个大学生！我甚至还看过心理医生，但效果不明显。要知道，上海的医院应该算是不错的医院了，我实在没办法了，父母也对我很失望……父母一直认定我交往能力差，我觉得这样说太绝对了，我很喜欢交朋友，跟正常人一样，我报过社团打过工，努力适应这个社会……哎，考个重点大学有什么用呢，我还是废人一个，叫我住两三天没问题，天天住？那还不如叫我去死！

案例中的这名同学就是社会适应能力差的典型，他已经熟悉和适应了把自己封闭起来的独立空间，惧怕与人相处，惧怕生疏环境。

社会适应能力包括以下内容：个人生活自理能力、基本劳动能力、选择并从事某种职业的能力、社会交往能力、用道德规范约束自己的能力。简言之就是指社交能力、处事能力、人际关系能力。社会适应能力是反映一个人综合素质能力高低的间接表现，是人这个个体融入社会、接纳社会能力的表现。

实现社会适应有哪些基本形式呢？

一是问题解决，改变环境使之适合个体自身的需要。

二是接受情境，包括个体改变自己的态度、价值观，接受和遵从新情境的社会规范和准则，主动地做出与社会相符的行为。

三是心理防御，个体采用心理防御机制掩盖由新情境的要求和个体需要的矛盾产生的压力和焦虑的来源。

提高社会适应能力有如下方法可供借鉴：

一是树立“四个学会”的发展观。即学会做人，学会做事，学会与人共处，学会学习。

二是全面发展自我能力。在大学期间，大学生应增进和发展多方面的能力，包括智力、体力、社交能力等，并学会管理情绪，发展成熟的人际关系等。

三是有计划、有步骤地实施科学有效的新生心理适应教育，使大学生尽快适应学校教育教学管理模式，加快角色的转变。

四是正确处理生活应激事件。针对大学生所面临的各种压力来源要有一个清楚客观的认识和充分的心理准备，树立迎接挑战，正视挫折，不断磨炼和发展的理念，降低心理的挫败感，采取更为积极主动的行动，更好地适应大学生活。

五是培养积极的应对挫折的方式。正确认识和对待挫折失败所带来的苦恼，认清问题，冷静分析，积极行动，寻求转机，走自己的成功之路。

（4）团队合作能力。团队合作指的是一群有能力、有信念的人在特定的团队中，为了一个共同的目标相互支持合作奋斗的过程。它可以调动团队成员的所有资源和才智，并且会自动地驱除所有不和谐和不公正现象，同时会给予那些诚心、大公无私的奉献者适当的回报。如果团队合作出于自觉自愿，它必将会产生一股强大而且持久的力量。

团队合作的六大原则是：

①平等友善。信任是联结团队成员的纽带，真诚是团队成员间相处共事的基础。即使你各方面都很优秀，即使认为自己以一个人的力量就能解决眼前的工作，也不要显得太张狂。要知道以后你并不一定能完成一切，要时刻牢记以平等友善之心对待团队的每位成员。

②善于交流。同一个团队内的成员之间会存在某些差异，知识、能力、经历造成在对待和处理工作时，会产生不同的想法。交流是协调的开始，把自己的想法说出来，听对方的想法，你要经常说这样一句话："你看这事该怎么办？我想听听你的看法。"

③谦虚谨慎。法国哲学家罗西法古曾说过："如果你要得到仇人，就表现得比你的仇人优越；如果你要得到朋友，就要让你的朋友表现得比你优越。"当我们让朋友表现得比我们还优越时，他们就会有一种被肯定的感觉，所以，对自己要轻描淡写，要学会谦虚谨慎，只有这样，我们才会永远受到别人的欢迎。

④化解矛盾。不要把与同事的小摩擦、小隔阂、小不快演变成大对立，甚至成为敌对关系。对别人的行动和成就表示真正的关心，是一种表达尊重与欣赏的方式，也是化敌为友的纽带。

⑤接受批评。从批评中寻找积极成分。如果同事对你的错误大加抨击，即使带有强烈的感情色彩，也不要与之争论不休，而是从积极方面来理解他的抨击。这样，不但对你改正错误有帮助，也避免了语言敌对场面的出现。

⑥创造能力。培养自己的创造能力，不要安于现状，试着发掘自己的潜力。一个有不凡表现的人，除了能保持与人合作以外，还需要所有人乐意与你合作。

（5）创新能力。创新能力是运用知识和理论，在科学、艺术、技术和各种实践活动领域中不断提供具有经济价值、社会价值、生态价值的新思想、新理论、新方法和新发明的能力。1998 年 11 月 24 日，江泽民同志在新西伯利亚科学城会见科技界人士时曾指出："创新是一个民族进步的灵魂，是一个国家兴旺发达的不竭动力。创新的关键在人才，人才的成长靠教育。"以此次讲话为契机，我国将大学生创新能力的培养作为教育改革的重要目标，在教育界引发了一次对创新能力的内涵、创新能力培养的影响因素以及方式方法的大讨论。

◎案例十六

创新是对生命、生活的观察①

——节选自杨丽萍接受中国网《中国访谈》专访

中国网：有一句话叫做：舞蹈是人类共通的语言。这句话在您的创作上也许是最好的体现。您的新作，《云南的响声》是《云南映象》的姊妹篇，它在叫法上是"大型衍生态歌舞集"，"衍生态歌舞"与"原生态歌舞"有什么样的差别呢？

---

① 资料来源：节选自著名舞蹈艺术家杨丽萍接受中国网《中国访谈》专访北方网，http：//news. enorth. com. cn/system/2011/01/19/005577420. shtml，2011 年 1 月 20 日。

杨丽萍①：基本上是我们这群后裔的人不是爷爷给我们的东西，也不是妈妈爸爸给的东西，不是从他们身上学来的，是我们创作出来的。他们本身也在创作，最早的声音是猴子叫，那是很多人创造出来的，所以我们不能停止，我们还要繁衍生息，我们有这个精神，有这个能力，像孔雀舞《雀之灵》这个作品和其他老师的作品不一样，和他们的跳法都不一样，这就是创作，最可贵的就是创作。接受是很容易的，只要你有感情，你懂，你就能把它接受过来，前辈的东西拿过来。我们有没有一个新的东西？它的根基还是在民族上，不会脱离，有命脉在里面，它不会说是跑差了，跑出一个非洲的舞蹈，或者是用一个电吉他作为我们舞蹈的伴奏，我们不会是这种发展，我们的发展是还在它的基础上。

中国网：比如会有哪些再创造，有哪些发明在里面？

杨丽萍：比如我们民间就没有拿簸箕，把一个节奏打出来。我们还有把葫芦当成衣服穿在身上，用葫芦抖，祖先也没有创造出来。还有7米长的笛子，长着叶子的笛子可以吹响，而且是男女吹。我们祖先发明的笛子只有这么长，可是我们的笛子有7米长。我觉得这个就是创造，没有的，地球上没有的东西，我们创造了，这就是不得了。

中国网：也就是说还是要有一个能力和特色在里面。

杨丽萍：没有才华的舞蹈家，她的作品可能就平庸，让人感觉太不新鲜了，太不生动了。

中国网：也就是说在传承的过程中可能会有一些更好的再创造。

杨丽萍：对，如果能再创造就太生态了，传承的基因和方式就更生态了。而不是戛然而止，我觉得戛然而止是消极的。

舞者杨丽萍从新的角度开拓了新的思路，创新不仅没有影响自己的舞蹈生涯，反而在自己的舞蹈之路上有了更高的超越，产生了意想不到的效果。如果我们在做好本职工作的前提下，尝试一个新的方向，换一种新的思维，也许收获的不仅仅是个人的新成就，你的新思路带来的社会效应也许是你自己根本无法估量到的。

创新是一切事物发展的本质，培养青少年创新能力既是实现中华民族伟大复兴的战略抉择，又是青少年自身成长成才的内在需要，作为大学生，该如何在未来的学习和生活中培养自己的创新能力呢？创新的源泉在哪？

第一，对所学习或研究的事物要有好奇心和兴趣。好奇心和兴趣包含着强烈的求知欲和追根究底的探索精神。谁想在茫茫学海获得成功，就必须有强烈的好奇心。正像爱因斯坦说的那样："我没有特别的天赋，只有强烈的好奇心。"

---

① 杨丽萍（1958—），云南洱源白族人，著名舞蹈艺术家，中国舞蹈家协会副主席、《云南映象》总编导、中国民族民间舞蹈等级考试专家委员会委员，被誉为中国五美人之一。以"孔雀舞"闻名，被誉为继毛相、刀美兰之后的"中国第二代孔雀王"，是国内第一个举办个人舞蹈晚会的青年舞蹈家。

第二，对所学习或研究的事物要有怀疑态度。怀疑是发自内在的创造潜能，它激发人们去钻研，去探索，所以怀疑是我们创新的出发点。许多科学家对旧知识的扬弃，对谬误的否定，都是从怀疑开始的。

第三，对所学习或研究的事物要追求创新的欲望和求异的观念。在学习和生活中，不“人云亦云”，坚持不懈地努力，勇敢面对困难，从多个角度思考，并把结果进行比较，往往会取得创新的成绩。

第四，在对事物的学习和研究中要有冒险精神。创造实质上是一种冒险，因为否定了人们习惯的旧思想。冒险不是那些危及生命和肢体安全的冒险，而是基于最大限度地挖掘自己创造潜能基础上的一种合理性冒险。

第五，对学习或研究要做到永不自满。俗话说“满招损，谦受益”①，当自己满足于已获得的成绩，就会停止创新，停止创造，甚至会招来损失和灾害。相反，如果时刻保持谦逊的态度，时时感到自己的不足，就一定能在不断的创新中获益。

(6) 决策能力。所谓决策能力，是指对未来行为目标的决断和选择的能力，也就是说为了达到一定的目标，在掌握一定量的信息和对有关情况进行深入分析的基础上，拟定、评估各种备选方案，并在决策的过程中选择最优行动方案的能力。

◎案例十七

小玲的烦恼

音乐专业毕业生小玲，三年高职主学声乐专业，学习成绩不错，在校期间获得过奖学金，担任过学生干部。性格温文尔雅，外表清秀端庄，而与比自己高一届的同学小杰的恋爱让她尤其心满意足。小杰也是声乐专业，毕业后分配到当地从事媒体工作，两个人期待着毕业后共筑爱巢的美丽图景。

2012年6月，小玲如期毕业，然而此时，她却犹豫不决。为了小杰，她什么工作都没找，甚至连专升本考试、大学生村官考试都毅然放弃，一心想去小杰的身边。可是，问题来了，小杰和他的家人无法为她找到工作，一时间也没有任何适合的用人信息，此时此刻，小玲的家人又以工作难以安排为由阻止她继续与小杰交往，并要求小玲回到农村老家，等待就业机会。小杰的家人也开始埋怨起她，担心她三心二意。毕业前夕，学校老师又找了小玲谈话，按她的专业和条件，留在省会发展会有更多机会。各种各样的选择和困难，一下来到她和小杰面前，让他们感受到了前所未有的压力，为此，一对小恋人也经常发生口角。

去小杰的身边吗？就业会顺利吗？他们两个还能走多远？

回老家吗？显然那是父母的期盼，可是，一想到回农村发展，她仍然心有不甘！

留在省会吗？小杰怎么办？家人怎么办？会有好的就业机会吗？

---

① 出自《尚书·大禹谟》：“满招损，谦受益，时乃天道。”意为自己满足已获得的成绩，将会招来损失和灾害；谦逊并时时感到了自己的不足，就能因此而得益。

……

专业不错，自身条件不错，发展前景光明的小玲，却苦恼万分，无路可走，进退两难。案例中，小玲有多次决策机会，也有多种决策办法，但她并没有冷静思考，科学决策，导致她苦恼万分。正确的行动源于正确的决策。在现实的生活和职场当中，决策无处不在，一个人的决策成功与否，可能会影响到他一生的发展，只有提高决策的科学性和合理性，提高决策能力，才能少走弯路。

决策能力包括以下几方面的内容：

①开放的提炼能力。它指我们能以开放的态度，准确和迅速地提炼出解决问题的各种方案的能力。包括两个基本要素：第一，以开放和包容的思想及态度获取尽可能广泛的决策方案，特别是不要局限于传统的解决办法之中；第二，对各种决策方案要进行提炼，以把握各种方案的本质和核心，正确地评估每个方案的条件及效果，分析各个方案实施的可能性。

②准确的预测能力。决策与预测是密不可分的，要具备卓越的决策能力，首先应具备准确的预测能力。预测是决策的基础，决策是预测的延续，正确的决策必须要有准确的预测，如果没有准确的预测，将会导致决策失误。

③准确的决断能力。即指能从众多的决策方案中选取满意方案的能力，以及危机时刻或紧要关头当机立断的决断能力。

决策能力的培养。主要可从以下几方面进行：

①养成做决策的习惯。决策需要承担风险，开始决策时难免作出错误的选择，但是，只要在51%的机会里判断正确就总比无所事事强得多。

②要养成思考设疑的习惯。对日常工作中遇到的每个问题多问几个为什么，考虑这样处理还会出现什么问题，然后从实际出发逐一加以解决。能够经常做到思考设疑，不但会防止决策工作中的简单粗率，而且能够激发创造力。通过多次实践会提高判断力，提高做出正确决策的能力，最终使绝大部分决策准确无误。

③尽快获取最佳信息材料。如果指望在获得足够多的信息量后才作决策，那么就只能是无限期的“守株待兔”。要善于搜集相关的信息，并对这些信息进行正确的分析与评价。做决策时只需要依据那些最精练、最有用的信息。

④尽可能多地提出各种不同方案供选择。不要期望能够找到“最优”方法。只需尽你所能，多找出一些解决问题的方案，并依其价值进行排序，从中选择尽可能好的方案。比如可以采取利弊权衡法，把各种方案的利弊写在纸上，有利因素列在纸的左边，所有不利的因素列在右边，用这种方法比较利弊得失，简单明了，非常便于作出决策。

⑤规定做出决策的最后期限。把问题的核心部分写下来，收集和分析有关这一问题的信息材料，给自己规定拿出决策的最后期限。这样做将有助于解决过分偏重于分析研究而一直畏缩不前的问题。要知道，一个善于决策的人，不是对事情有了百分之百的把握再去决策。决策总带有一定风险，事情都清楚了才去“决策”，算不上决策。条件完全具备之际，往往是最佳的机会消失之时，一味追求完善，就会坐失良机。

⑥立即采取行动。对待未来，没有现成的答案。每个方案在最初时都难免存在缺陷。对你将要做的事作出决断，然后立即动手做，在行动中不断完善方案。

(7) 执行能力。执行能力就是一种把想法变成行动，把行动变成结果，从而保质保量完成任务的能力。执行能力的强弱因人而异，同样一件事情不同的人去做，往往会产生不同的结果。执行能力包含三个要点：一是贯彻整体战略的意图，二是完成预定目标的能力，三是完成既定任务的程度。执行能力对个人而言，就是办事能力，对于团队而言，就是团队战斗力。

◎案例十八

小梳子　大能力

一群人去一家知名营销公司应聘。公司为了考验他们，出了一个实践题：要求应聘者每人各带一袋木梳在规定时间内到本地佛教圣地推销。很多人认为这是不可能完成的任务，离开了，最后只有小张、小王、小李三个小伙子留了下来。

小张在规定的时间内卖出了一把梳子返回。那是在山上，他遇见了一个头上长满牛皮癣的和尚，他轻松地说服和尚买下梳子，用来挠痒痒。小张很高兴，他觉得卖出一把已经很不容易了。

小王也回来了，他卖出了九把。他说服了寺院的总管事，为山上的九个寺院各买一把，放在香案上，香客上香前梳理一下头发，以示对佛祖的尊敬。小王也为自己的计策感到非常高兴。

最后回来的小李把全部梳子都卖出去了，而且带来了一大笔订单。小李是怎样完成任务的呢？原来，小李在接受任务的时候，下定决心完成任务，并为所有可能遇到的困难做好了充分的准备，他坚信，只要细心观察，果断决策，坚决执行，一定会完成任务。小李发现，寺庙的住持书法相当有功底，很多香客都去求字。小李对住持说："您这样做太辛苦了，山上的香客如云，您每天要写多少字啊？不如您在宣纸上写下'积善梳'三个字，再找工匠把字刻在木梳上，这样香客都能了却得到您墨宝的心愿，您的书法在世间也会流传得更多更广，寺庙的名声也会传播得更远，您又不必这么辛苦！"寺庙的住持被小李说服了，买下了他的所有木梳，同时和小李签下了今后定期供应合同。

后来公司把三个人全部留了下来。三年以后，卖出一把梳子的小张仍然在做业务员，每天辛辛苦苦挨家挨户去推销商品。卖出九把梳子的小王做了部门经理，小有成就。而小李则成为了中国东南地区的首席执行官，年薪100万元。

这个故事说明没有什么事情做不好，关键是你是否具有执行能力。事情还没有开始做的时候，你就认为它不可能成功，它当然不会成功；或者你在做事情的时候不认真，那么事情也不会有好的结果。没错，一切归结于执行，你对工作付出了多少，你对工作采取什么样的态度，就会有什么样的结果产生。

执行力差是一个团队最大的内耗，不仅会消耗单位大量人力、物力、财力，还会错过最佳的发展机会，影响单位的战略规划和发展。对于个人而言，执行力差表现在不知道干什么，不知道怎么干，敬业精神缺失，团队意识不强，工作作风飘浮，沟通不畅，职责不清。

提升执行能力有如下途径可供参考：

①明确任务。明确工作任务，理清工作范围，知晓工作重点。明确在任务中，你的期望是什么，当中可能会出现的问题是什么，你的优势和弱势各是什么。

②仔细沟通。在执行任务前，任务布置者与任务实施者双方要反复沟通，弄清任务要求；在任务实施进程中，也要随时就任务完成情况进行双向沟通，以实现效果最大化；任务完成后，也要对任务的完成情况进行反思和交流。

③鼓舞士气。任务布置者应对任务的可行性以及操作的难易性进行综合考量，任务布置者应随时鼓舞士气，提升任务完成效果。

④定期抽查。安排了工作，就必须定期抽查，一方面落实进度，保证时效；另一方面及时纠偏，保证质量。定期抽检不仅能提高工作质量，久而久之也会养成统一、合格的工作风格。

⑤全面检查。检查是最好的管理手段，通过全面的检查，发现问题，有针对性地开展培训。全面性检查会使团队水平整体提升一个台阶。

⑥带头行动。毫无疑问，下属最反感上司安排给他一项上司也无法做到的任务。比如要求员工不在办公室吸烟，而自己经常烟雾缭绕；要求员工按时上班，而自己却经常迟到；要求员工每周联系客户一次，而自己采取随机；要求员工每日记录工作日志，而自己不记录。带头行动要求任务布置者在一些需要带头的领域一定要以身作则，身教胜于言教，这是实现执行力的根本所在。

（8）信息处理能力。当前社会上的各类信息迅速膨胀，面对各类信息的庞大和无序，很多大学生往往无法判断和选用有用的信息，更不用说正确评价和筛选有价值的信息了。对特定范围内的信息，对信息的敏感度和信息的查找检索途径不清楚。因此，检索、处理信息能力是大学生综合素质高低的集中体现。信息能力就是人们获取、处理、传递、应用信息，然后把这些信息应用到实际工作中，并且在此过程中不断发展创新的能力。

◎案例十九

公司在报纸上刊登了一则招聘营销人员的启事，应聘条件、工资待遇等内容一应俱全，参加笔试、面试等要求也非常明确，可通篇启事从头看到尾，就是没有发现应聘的联系方法。真是咄咄怪事，招聘启事哪有不留联系方法的？

多数人认为这是招聘单位疏忽或是报社排版错误，于是，便耐心等着报社刊登更正或补充说明。但也有三位应聘者见招聘的岗位适合自己，便不去管是谁的疏忽：小王通过互联网搜索，输入公司名称，轻松地搜出了包括通讯方式在内的所有公司信息；

小张则立即通过114查号台，查出了该公司的办公电话，通过向公司办公室人员咨询，取得了联系方法；

小刘查找联系方式的办法则更是颇费了一番周折，他依稀记得该公司在某商业区有一个广告牌，于是骑车围着城区转了一下午，终于找到了广告牌，并顺藤摸瓜取得了公司的地址和邮编。

招聘启事刊登的第三天，多数应聘者正眼巴巴地等着从新来的报纸中找到有关更正和补充，但小王、小张和小刘三人的求职信及有关招聘材料已经寄到了公司人事主管的手中。

此后，人事主管与小王、小张和小刘相约面试。面试时，公司老总对三位小伙子的材料和本人表示满意，当即决定办理录用手续。三人为如此轻松应聘而颇感蹊跷：招聘启事中不是说要进行考试吗？带着这一疑问，他们向老总请教。老总拍着他们的肩膀说：我们的试题其实就藏在招聘启事中，作为一个现代营销员，思路开阔，不循规蹈矩是首先应具备的素质，你们三人机智灵活，短时间内能另辟蹊径，迅速找到公司的联系方式，这就说明你们已经非常出色地完成了这份答卷。

自第三次科技革命①以来，经济与科技以惊人的速度飞速发展，尤其是以微软、苹果为代表的计算机技术，推动我们进入了信息化时代。在这种背景下，信息意识的高低对一个人的发展尤为重要。而当今社会竞争压力越来越大，大学生面临着一毕业就失业的问题。若想在竞争残酷的社会中取得一席之地，就必须提高自身的信息意识，提高自己及时获取信息、分析信息、使用信息的综合能力。

培养大学生信息处理能力的途径：

①增强信息意识。大学生首先要认真学好信息检索这门功课，从一点一滴做起，树立明确的信息意识。每次去图书馆，或是浏览网页，要先确立自己的信息需求。人们的信息搜集活动是受信息需求驱使的，可以说信息需求越明确，行动目标越清楚，则信息行为越稳定、持久、效率越高。如果信息需求不强烈，那么获取信息的自觉性与主动性就较差，从而影响信息的获取、辨别、利用率。

②提高信息处理能力。大学生应主动学习、了解计算机文化，掌握计算机基本知识与技能，积极主动地学好如何有效利用图书馆的知识，加强与他人的沟通与交流，不断扩充自己获取信息的渠道。在面对复杂的信息时，要冷静分析思考，训练自己辨别信息、处理信息、利用信息与管理信息的能力。

③学习多门信息语言。语言是了解世界的工具，学生个人应该充分发挥自主性，通过多种途径学习，如旁听其他专业课程中的信息语言课、收听观看网上信息语言授课、去图书馆借阅相关信息语言书籍等等。只有掌握了与信息沟通的多种语言，才能在浩如烟海的信息资源中游刃有余，做到充分利用信息的境界。

④提高思维能力。相关调查显示，作为成年人的大学生，其思维能力还未得到有效

---

① 第三次科技革命是指20世纪中期人类文明史上继蒸汽技术革命和电力技术革命之后科技领域里的又一次重大飞跃。它以原子能、电子计算机、空间技术和生物工程的发明和应用为主要标志。

的提高。要想培养信息意识，提高思维的广度、深度、敏捷度、创造性是必需的。思维的广度指思维涉及面的广阔程度。若知识面不够广，思维涉及的领域就比较狭窄。思维越广阔，那么获取信息的渠道才有机会得到扩充。思维的深度是指在分析问题时，能够抓住问题的本质，获得对分析对象本质的、必然的规律性的认识。只有具备了深度与敏捷度较高的思维能力，信息的获取才会变得简单易行。创造性的思维指一种具有开创意义的思维活动，是用新的方法分析和解决新的问题。只有在具备了创造性思维的前提下，信息的价值才有可能增值。

⑤学校要加强对学生信息意识的宣传与教育。学校对学生的意识、行为有教育指导的责任。学校可以通过图书馆的宣传与教育来培养学生信息意识，还可在常规的课程和教学中对信息意识进行培养，把信息意识的教育与培养渗透到各种教学或以课程学习和真实的问题的解决当中。同时学校可根据学生不同年级、专业等的实际情况，举办多样性的信息知识讲座。

模块小结

本模块主要论述了职业素质与职业能力的内容，系统介绍了职业素质、职业道德、职业意识、职业能力、职业关键能力的内容、特征及培养方法，学生应重点掌握并培养艺术类专业学生的职业素质、职业道德，重点掌握学习能力、人际交往与沟通能力、社会适应能力、团队合作能力、创新能力等通用职业关键能力。本模块的学习将从思想上到能力上提升学生的职业素质，为职业成功指明方向、奠定能力基础。

复习思考题

案例分析：

一个旅行者在俄罗斯的土地上背着背包旅游，他被俄罗斯广袤无垠的土地震撼了，一边在赞叹着壮丽的风景，一边走在公路上。忽然，他发现了一个奇怪的现象：两个俄罗斯人在路边默默地进行一系列奇怪的活动——一个人在路边挖了一个坑，另一个人接着把坑填平。然后如此反复……旅行者十分迷惑，以至于对这个奇怪的活动的兴趣超过了壮丽的风景。他忍不住跑过去问道："你们在做什么？"两个工人回答道："我们三人在执行一项绿化计划，我负责挖坑，他负责填坑，但是今天负责栽树的那人病了！"

请分组讨论，这个故事对你有什么启发？我们该如何构建自己的团队？

请分组辩论，在当今就业压力巨大的形势下，艺术专业的学生应该"干一行，爱一行"还是"爱一行，干一行"？

知识链接

八类大学生最受用人单位欢迎①

“什么样的大学生，用人单位最欢迎呢？”北京高校毕业生就业指导中心日前对150多家国有大中型企事业单位、民营及高新技术企业、三资企业的人力资源部门和部分高校进行的调查问卷显示，八类求职大学生更容易得到用人单位的青睐。

一、在最短时间内认同企业文化

“企业文化是企业生存和发展的精神支柱。员工只有认同企业文化，才能与公司共同成长。”壳牌公司人力资源部的负责人介绍说：“我们公司在招聘时，会重点考查大学生求职心态与职业定位是否与公司需求相吻合，个人的自我认识与发展空间是否与公司的企业文化与发展趋势相吻合。”

同样，李宁体育用品有限公司的有关人士也表示：“我们招聘员工的标准之一，是要求对方能够与企业文化、团队氛围相融洽。这样的员工能够非常快地适应企业的环境，与企业共同发展。”

北京高校毕业生就业指导中心有关专家提示：“大学生求职前，要着重对所选择企业的企业文化有一些了解，并看自己是否认同该企业文化。如果想加入这个企业，就要使自己的价值观与企业倡导的价值观相吻合，以便进入企业后，自觉地把自己融入这个团队中，以企业文化来约束自己的行为，为企业尽职尽责。”

二、对企业忠诚，有团队归属感

问卷调查显示，国有企业、外资企业、民营企业的人力资源人士一致认为，宁可要一个对企业足够忠诚、哪怕能力差一点的员工，也不愿意要一个能力非凡但却朝三暮四的员工。

一家企业的人力资源经理认为，员工对企业忠诚，表现在员工对公司事业兴旺和成功的兴趣方面，不管老板在不在场，都会认认真真地工作，踏踏实实地做事。有归属感的员工，他的忠诚，最终会让他达到理想的目标，从而成为一个值得信赖的人，一个老板乐于雇用的人，一个可能成为老板得力助手的人。

北京高校毕业生就业指导中心韩春光老师告诉记者：“企业在招聘员工时，除了要考查其能力水平外，个人品行是最重要的评估方面。没有品行的人不能用，也不值得培养。品行中最重要的一方面是对企业的忠诚度。那种既有能力又忠诚企业的人，才是每个企业需要的最理想的人才。”

三、不苛求名校出身，只要综合素质好

吉通网络通信股份有限公司的人力资源人士表示，“我们公司不苛求名校和专业对口，即使是比较冷僻的专业，只要学生综合素质好，学习能力和适应能力强，遇到问题

---

① 刘声：《八类大学生最受用人单位欢迎》，《中国青年报》2005年2月1日。

能及时看到问题的症结所在，并能及时调动自己的能力和所学的知识，迅速释放出自己的潜能，制定出可操作的方案，同样会受到欢迎。”

问卷调查分析指出，“随着企业竞争的加剧，企业更加关注人才的质量。因为人才是创造产品、提供服务为企业赢得利润的主要因素。有些企业，尤其是技术含量不高的企业，不是只看重学生的学习成绩，而更看重学生的综合素质，这是现代企业的用人特点。个人综合素质比学历更重要”。

四、有敬业精神和职业素质

“现在有的年轻人职业素质比较差，曾经有一个年轻人，早晨上班迟到的理由居然是昨晚看电视节目看得太晚了。新来的大学生在工作中遇到问题或困难，不及时与同事沟通交流，等到领导过问时才汇报，耽误工作的进展，这些都是没有敬业精神和职业素质差的表现。”中关村电子有限公司的人力资源人士说：“企业希望学校对学生加强社会生存观、价值观的教育，加强对学生职业素质、情商、适应能力和心理素质的培养。有了敬业精神，其他素质就相对容易培养了。”

新华人寿保险公司人力资源管理人士说：“我们把高素质、忠诚负责的员工视为最宝贵的财富。敬业精神体现在责任感、主人翁意识、为做好工作而主动学习、注重细节、先付出后回报等方面。”

五、有专业技术能力

北京某科技股份公司人力资源部经理介绍说：“专业技能是我们对员工最基本的素质要求，IT 行业招人时更是注重应聘者的技术能力。在招聘时应聘者如果是同等能力，也许会优先录取研究生。但是，进入公司后学历高低就不是主要的衡量标准了，会更看重实际操作技术，谁能做出来，谁就是有本事，谁就拿高工资。”

北京高校毕业生就业指导中心专家告诉记者：“专业技能是技术含量高的企业很看重的用人标准，对专业人才的选拔可以说是精挑细选。”

六、沟通能力强、有亲和力

京东方科技集团人事部的负责人说：“我们公司认为，大学生最需要提高的能力是沟通能力。企业需要的是能够运用自己良好的沟通能力与企业内外有关人员接触，能够合作无间、同心同德、完成组织的使命和目的的人。”

“企业特别需要性格开朗、善于交流、有一个好人缘的员工。这样的人有一种亲和力，能够吸引同事跟他合作，给予他人帮助，通过他的努力，能够赢得更多的客户，使企业财源滚滚。”韩春光老师告诉记者。

七、有团队精神和协作能力

“金山特别欣赏有团队精神的员工，因为在软件开发和使用过程中，如果有一名员工在一个环节上出现问题，将会影响整个项目的进程。”金山软件股份有限公司人力资源管理人士说。

上海汽车工业（集团）总公司的人力资源人士认为：“从人才成长的角度看，一个人是属于团队的，要有团队协作精神和协作能力，只有在良好的社会关系氛围中，个人的成长才会更加顺利。”

八、带着激情去工作

“企业需要带着热情去工作的人!”京东方科技集团股份有限公司人力资源人士表示，“我们在对外招聘时，特别注重人才的基本素质。除了要求求职者拥有扎实的专业基础外，还要看他是否有工作激情。一个没有工作激情的人，我们是不会录用的。”

“热情是一种强劲的激动情绪，一种对人、对工作和信仰的强烈情感。”北京高校毕业生就业指导中心主任任占忠说，“一个没有工作热情的员工，不可能高质量地完成自己的工作，更别说创造业绩。只有那些对自己的愿望有真正热情的人，才有可能把自己的愿望变成美好的现实。”

技能训练

了解你的职商①

“职商”（Career Quotient，CQ）可由职业素养量化而成，是一个人职业生涯成败的关键因素。职商建立于智商和情商基础之上，却又高于智商和情商，包括一个人在职场中的应对能力、人生经验，以及通过这些综合能力在对职业发展进行判断中的准确性和契合度。一个人职商的高低是他在职场能否走得更远的关键，因此，要想成为一名优秀的员工就要具备上述综合能力。

假如你已经参加工作，下面有19道题，按照你当下的感受选择一个选项，用笔记一下，并计算总得分，通过这个小测验，让我们从一个侧面了解一下你的职商有多高。(A：8分；B：5分；C：3分；D：1分)

1. 每天上班之前，你面对镜子：
   A. 认真观察自己是否得体无误
   B. 露出一个大大的笑脸，鼓励一下自己
   C. 匆匆路过镜子，稍微看一下自己的脸是否还睡眼惺忪
   D. 根本没有心情照镜子，提起包就走
2. 你每天整理自己仪容的次数大约是：
   A. 每两小时一次，时刻保持自己的职业形象
   B. 休息的时候找个时间做个调整
   C. 除非有重要的场合要出席、否则不会去弄
   D. 根本就不会顾及这方面的事情
3. 你现在愿意在家办公吗？
   A. 不会，不希望自己脱离主流职场

① 威海信息港：《19道题了解你的职业智商》，http：//health. whinfo. net. cn/Article-1-2297(1). html，2012年8月12日。

B. 有些吸引力，但我还是不会选择，我要和社会保持亲切接触

C. 无所谓

D. 做梦都想，在家办公自由无拘束，多好啊

4. 工作时，你经常打电话或者上网找人聊天吗？

A. 根本没有时间来做这些

B. 偶尔会打个电话，多半有私事

C. 有空就打电话或上网

D. 几乎天天有一半甚至更多的时间泡在网上聊天

5. 你的办公桌上摆着什么？

A. 时钟

B. 鲜花

C. 照片或玩具

D. 全都是文件

6. 工作时你会陷入空想，这时，你会将工作搁置下来吗？

A. 从来没有，我是个实干家

B. 偶尔，当我太累的时候，可能会不自觉地发发呆

C. 有时候会突然陷入一种心境怀念感，但还不算太频繁

D. 经常陷入空想，几乎不能自我控制

7. 走在路上，你听到有钥匙落在地上的声音，你的直觉告诉你，那是：

A. 只不过是一种错觉，我这么严谨怎么会遗落东西呢

B. 只有一把钥匙

C. 两三把钥匙

D. 一大串钥匙

8. 年终发红利的时候，你：

A. 非常开心，又可以请客户大玩一通了

B. 对红包的厚度十分自信，这下要好好慰劳一下自己了

C. 紧张得像看成绩单，打开之前心里忐忑不安

D. 完全提不起兴趣

9. 和上司一起参加一个社交会，你的表现是：

A. 无拘无束，尽量表现自己的“八面玲珑”

B. 开始时可能矜持，但礼仪得当，能营造出和谐融洽的气氛

C. 腼腆，有些不知所措，但仍然能够主动打招呼说话，融入气氛

D. 十分谨慎，感到很不合群，几乎不太说话

10. 当你和上司的意见不一致时，你会：

A. 据理力争，坚定表现自己的立场，并且提高自己的声音

B. 以柔克刚，尽量提出双方都能接受的解决方法

C. 连续争辩，如果不行就保持沉默，一切让老板决定

D. 老板那么凶，我根本不敢和他提出会引起争议的问题

11. 如果你的大老板越过你的顶头上司直接向你布置任务的话，你会如何应对：

A. 尽善尽美地完成，牢牢抓住这个表现的机会

B. 谦逊地向顶头上司请教，并将功劳的一半分给顶头上司

C. 直接推给顶头上司

D. 大肆宣扬，借以炫耀自己受到了大老板的器重

12. 当同事在你面前议论其他同事长短，你会：

A. 表现出厌恶，可能会粗暴地打断他

B. 继续手中的工作，并婉转地提醒他现在是工作时间

C. 虽然不发表意见，但也凑凑热闹

D. 与他一起议论谁是谁非

13. 遇到有异性同事开过火的玩笑，你会：

A. 跟着一起开玩笑，谁怕谁啊

B. 用委婉的方式表达自己的不悦，让对方停止但也不伤和气

C. 忍气吞声

D. 立刻翻脸

14. 最近你常和谁一起吃晚餐：

A. 上司

B. 客户

C. 同事

D. 爱人

15. 面对工作中的压力，你如何调整心态呢？

A. 参加各种运动，彻底放松一下

B. 学做个小菜，比如糖醋排骨什么的，给爱人一个惊喜

C. 卸下工作时的模样，换张脸，出去和朋友疯狂

D. 整理房间，上上网，顺便为自己的发展找条后路

16. 你如何看待公司培训、集体旅游、奖金等福利的呢？

A. 我更愿意公司送我到国外进行培训

B. 旅游和健身我都喜欢，陶冶情操锻炼身体，而且可以学到很多东西

C. 不管是什么福利，公司提供的就要充分分享

D. 要什么福利，还不如兑换成现金

17. 对于各种情侣测试，你通常

A. 不屑一顾

B. 有时候测着玩玩，怀着美好的期望，但也不被结果左右

C. 虽然嘴上说不相信，但情绪很受结果的影响

D. 只要是这类测试都做，信则有，不信则无

18. 你有没有多次做过同一个梦的情况

A. 从来没有，我根本很少做梦

B. 好像有过，但我记不清楚

C. 明确记得有过，感觉很诡异

D. 经常做同一个梦，感觉很疑惑，有时也会很害怕

19. 你对冬天经常有的感觉是什么？

A. 年终年尾，一定要做好各项工作总结

B. 白雪飘飘，美不胜收，只是下雪了容易塞车迟到

C. 天气太冷了

D. 不喜欢冬天，心情和天气一样阴霾

测试结果：

1. 得 121~152 分：说明你是个工作狂，你是典型的职业强人。建议你不妨轻松一下，才会越活越精彩。

2. 得 93~120 分：说明你的职商很高，完全能够胜任目前的工作，你是一个聪明而能干的人，并且懂得爱惜自己。

3. 得 70~92 分：说明你是个注重生活的人。如果你暂时不想当老板，那么明年依然被大多数人羡慕，稳定而不太操劳。建议你不要轻易跳槽，当然如果有绝好的机会也不要放弃。

4. 得 43~69 分：说明你不太适合这个工作，或者你真的太不了解职场的规则。下一年度你可以多注意一些职场的新动态，不妨给自己一个重新开始的机会。

5. 得 19~42 分：不及格，你的职业简直病入膏肓！你极度不满意自己的职业，每一天简直像在为仇家工作。毫无疑问，没有再干下去的必要了，否则很可能染上心理疾病，立即鼓足勇气“跳槽”吧。

请结合你的“职商测试”结果，制订一个能有效提高你自身职业素养的实施计划。

模块八

能 力 管 理

——职场储备　笑傲人生

【学习目标】

通过本模块内容的学习与训练，使同学们了解自我管理能力对于个人职业生涯发展的重要意义，同时使同学们更新自我管理能力的观念、明确自我管理能力的目标、激发自我管理能力的活力，掌握进行时间管理、情绪管理、压力管理、人际关系管理、网络生活管理的技能，最终达到全面提升自我管理能力水平的目的。

【技能知识点】

1. 自我管理能力的内涵和相关理论
2. 时间管理的原则和策略
3. 情绪管理的内涵和方法
4. 人际关系管理的原则和艺术
5. 压力管理的内容和技巧
6. 网络生活管理的特点和策略

项目一　自我管理能力概述

案例导入

你年轻聪明、壮志凌云，你不甘心庸庸碌碌地了此一生，你渴望名声、财富和权力。因此你常在我耳边抱怨：那个著名的苹果为什么不掉在你头上？拿破仑能碰上约瑟芬，而英俊高大的你为何却无人垂青？

于是我想成全你，先是照样给你掉下一个苹果，结果你把它吃了。接着干脆让你做拿破仑，不过必须也得像对待他一样先将你抓进监狱，撤掉军衔后赶出部队，然后将身无分文的你丢到塞纳河边。就在我催促约瑟芬快马加鞭地赶到河边与你相见时，却听到扑通一声，你投河自尽了。

案例评点：每个秋天都会有苹果落下，但不是每个世纪都会有牛顿诞生，若你空有梦想，却没有对自我能力的认知和管理，当机会来临时，也只能任凭机会擦肩而过。一个人想要实现梦想，要做的不是祈祷和守株待兔，而是认知自己，认识自己的能力，学会自我管理。

【相关知识】

一、自我管理的定义

◎案例一

有伟大成就的人，向来善于自我管理。然而，这些人毕竟是凤毛麟角。但在今天，即使是资质平庸的人，也必须学习自我管理。

——彼得·德鲁克

现代管理学大师彼得·德鲁克提出了自我管理（Self-management）理论，虽然该理论的提出时间并不久远，但自古以来人们都在实施着自我管理，古人云“吾日三省吾身”，指的就是人们对自己所思所想所为的一种自我反思，从反思中总结得失利弊与经验教训，这本质上就是一种自我管理。每个人都是独一无二的个体，自我管理的目的也就是要发挥自身的特长，把自己的人生经营得多姿多彩，而不是去复制别人的平庸。一个有能力管好别人的人不一定是一个好的管理者，而只有那些有能力管好自己的人才能成为好的管理者。

理论层面上自我管理的定义，即利用个人内在力量改变行为的策略，普遍表现在减少不良行为与增加好的行为的出现。自我管理注重的是一个人的自我教导及约束的力量，亦即行为的制约是透过内控的力量（自己），而非传统的外控力量（领导、教师、家长）。自我管理的本质简单来说，就是采用一种适当的方法来组织自己，通过个体对自己本身的管理来过自己的生活，自己约束自己，自己激励自己，自己主导自己的人生，使其富有成效，被自己掌控的同时能感到充实快乐。

二、自我管理的内容范畴

◎案例一

别忘了真正去活

起初——我想上大学，想得要死；

随后——我巴不得大学赶紧毕业，早点工作，想得要死；

接着——我想结婚，想生小孩，想得要死；

再来——我又巴不得小孩快点长大，烦得要死；

之后——我每天盼着退休，盼得要死；

现在——我真的要死了；

忽然间——我突然明白了；

我忘了——真正地去活一回。

读完这段话，不知你作何感想，是认为生活本就是这样，还是感觉如梦初醒？人生不应该白生，生活不应该白活，我们应该思考自己到底要过怎样的生活和人生，而不应该一直活在这一秒的焦虑和下一秒的遗憾里。这就要求我们认清自己，自己的价值观、自己的能力、自己能做的事、自己想达到的成就，懂得自我管理的意义和范畴。

既然自我管理如此重要，那么自我管理到底应该管理哪些内容呢？除了我们平时经常提到的时间管理、压力管理、个人品牌管理、人脉管理等，从职业生涯发展的全过程来看，自我管理的范畴涵盖的具体内容见表8-1。

表8-1　**自我管理的内容范畴**

目标管理	人生规划，相当于企业管理中的“企业战略”
时间管理	为了有效地执行人生规划
潜能管理	挖掘激发自身不断发展的机会和可能

续表

健康管理	身体是本钱，是一切发展的根本
心理素质管理	心态塑造、意志磨炼、情绪管理、压力管理等
个人品牌管理	修养提升、习惯养成、形象管理、性格培养等
个人知识管理	知识的获取、整理、更新、分享、应用与创新
个人能力提升	学习能力、表达能力、运动能力、思维能力等
人脉管理	或称人脉经营
情感管理	亲情、友情、爱情的维系与发展

首先，对自己的人生必须要有一个明确的规划，并要通过自律和对时间的妥善安排以确保人生规划的实施，即目标管理和时间管理；其次，人生一切的梦想、愿望和追求都不能脱离载体而独自存在，所以要管理好自我发展的载体，包括革命的本钱——身体和快乐工作的基础——好的心态和情绪，即健康管理和情绪管理；再次，实现自我竞争力提升的关键是个人品牌价值的提升，所以要管理好自己的品牌，即个人品牌管理；接着，要想不断地攀登人生的高峰，就必须不断地充实完善自己，不断地积累知识和提升能力，即个人知识管理和个人能力提升；然后，人不能脱离群体而独立存在，因此自我管理绝对不能忽视人际关系的管理，尤其是要维护好我们的亲情、友情和爱情，即情感管理和人脉管理。

三、大学生自我管理的内容和意义

1. 大学生自我管理的内涵

在现代社会中，管理无处不在，无时不在，管理已成为人类社会活动中不可缺少的一部分。正如彼得·德鲁克所言，无论是有伟大成就的人，还是资质平庸的人都必须学会自我管理。大学生作为一个处于发展和学习阶段的群体，任何一方面能力的欠缺都可能导致职业生涯发展受阻，因此，激活大学生的自我管理意识，提升其自我管理能力意义重大。

大学生的自我管理就是在适应所处环境、建立清晰目标的前提下，通过不断地自我认识、自我教育和自我调控，充分实现、挖掘和利用自身及周边一切可以利用的资源，充分发挥自己的心理潜能，使自己的职业生涯规划得以顺利实施，并最终实现自我。①大学生进行自我管理不仅指学习方面的管理，还包括大学生活的规划，制定长远的奋斗目标，充分运用自身的时间、身体、资源、价值观等，实现自我认识、自我计划、自我激励、自我约束、自我控制，以促进自我发展的一系列管理过程。

① 姬振旗、周锋：《职业生涯发展》，高等教育出版社 2011 年版，第 169 页。

2. 大学生自我管理的意义

如果我不能做好自我管理，我就会失去自我；
如果我不能做好自我管理，我就会随波逐流；
如果我不能做好自我管理，我就不会获成功！

自我管理能力是大学生综合素质的重要组成部分，目前的在校大学生主体为备受关注的“90后”，他们大多是第一次独立面对和处理自己生活、学习中的事情，自我管理经验非常缺乏，自我管理水平较低，表现为学习缺乏动力和明确的目标，不懂规划自己的职业生涯，很容易出现盲目从众、没有远大抱负、贪玩丧志等现象。自我管理能力水平的低下，可能会严重影响大学生的学习和生活，更甚者会做出违反法律和道德的行为，比如校园暴力、偷盗、沉迷网络或色情等，对大学生的健康发展造成不可挽回的后果。可以说，大学生学习成绩的取得、学习态度的形成、学习习惯的培养以及各种道德品质和人格的塑造，都要通过自我管理才能最终内化为大学生的素质。因此，提高大学生的自我管理能力意义重大，势在必行。

3. 大学生自我管理的主要内容

从自我管理的范畴可以看出自我管理的内容是很丰富的，包括目标管理、时间管理、身心管理、压力管理、人际管理、知识管理、个人品牌管理等许多方面。根据大学生所处成长阶段和面临环境的特殊性，这里主要从时间管理、情绪管理、人际关系管理、压力管理和网络生活管理五个方面来探讨提升大学生自我管理能力的可行路径和有效方法。

（1）时间管理。任何人要很好地完成工作就必须善用自己的时间，因为如果没有时间，计划再好，目标再高，能力再强，也是空谈。时间是如此宝贵，每个大学生都必须学会时间管理。

（2）情绪管理。人们常说，一个具有好脾气的人更容易成功，因此做情绪的主人是十分重要的。情绪与我们的生活、学习、人际交往、个人发展密切相关，优化和管理好自己的情绪，是每个大学生健康成长，走向成功的保证。

（3）人际关系管理。一个懂得处理人际关系的人，不仅会拥有和睦的家庭，融洽的同事朋友关系，而且一般在社会上也有很好的地位，受人尊重。“朋友多了路好走”，这是一条不变的真理，建立良好的人际关系是每个大学生都应该努力的方向，能否处理好人际关系，对于个人职业的发展和未来事业的成功至关重要。

（4）压力管理。现代人无时无刻不生活在压力之中，工作上的压力、家庭上的压力、情感上的压力、经济上的压力、人际关系上的压力等，这多重的压力交织在一起给人们的身心健康和职业发展提出了严峻的挑战。当代大学生也普遍感受着压力对自身生活和发展的影响，因此对于大学生来说，了解自身压力状况，学会压力管理是很必要且重要的。

（5）网络生活管理。在当今的网络社会中，网络渗透到人们生活的方方面面，改变着人们的生活节奏和方式，并且对人们的学习、工作、生活和心理健康产生着越来越明显的影响。网络文化的特点也决定了它对大学生的影响是多层次、多角度的，也必然产生积极和消极两方面的影响，这就要求大学生学会理性看待和利用网络，进行科学的网络生活管理。

项目二　大学生的时间管理能力

案例导入

一道假设题

毕业典礼上，导师给大家出了一道题：假如银行每天都拨给你一笔钱，数额是8万元，要求你在一天之内花完它，否则银行将追回余款。不过，无论你能否用完这笔钱，当第二天来临时，你仍然会再次收到8万元。如此循环往复，只是银行方面有权在某一天终止这项服务，但你不会知道具体的期限。现在的问题是，你将如何在有效期内支配这笔钱？

有人说把钱用于环游世界，有人说把钱用于美食，也有人说去搞投资或者发展慈善事业，甚至还有一个女生伤透脑筋后说干脆不要这笔钱，省得每天为花钱痛苦。大家嬉笑起来，说那一种痛苦才叫幸福，可惜这只是假设。

导师收敛笑容，正色道："这并不是假设，我们每个人都拥有着这笔财富。其实这笔'巨款'还有个零头，应该是86 400元，它就是我们生命每天所走过的时间：24×60×60=86 400秒！好好享用这笔巨款吧，它对你们每个人都是公平的！"讲台下顿时鸦雀无声，所有学生琢磨着这个比喻，陷入了思考和感叹……

案例评点：时间对于每个人来说都是公平的，我们注定无法预测和改变生命的长度，但至少可以拓展其宽度，提升其精彩度。人生本身就是一笔巨款，善于管理时间的人才能不枉此生，活得精彩。

【相关知识】

一、认知时间管理

世界上最快而又最慢，最长而又最短，最平凡而又最珍贵，最容易被人忽视而又最令人后悔的，就是时间。

——高尔基

洗手的时候，日子从水盆里过去；吃饭的时候，日子从饭碗里过去；默默时，便从凝然的双眼前过去。我觉察他去的匆匆了，伸出手遮挽时，他又从遮挽着的手边过去，天黑时，我躺在床上，他便伶伶俐俐地从我身上跨过，从我脚边飞去了。等我睁开眼和太阳再见，这算又溜走了一日。我掩着面叹息。但是新来的日子的影儿又开始在叹息里闪过了。

——朱自清《匆匆》

1. 时间管理的含义

时间是最公平的，无论男女老少，贫富贵贱，所有人每天都只有 24 小时，一分不会多，一秒不会少。对时间的不同态度必然造就不同的人生过程和成就，当你经过慎重分析好不容易确定了自己的人生目标，那现在最需要的是什么呢？答案是：时间。确切地说是：对时间的管理。要进行职业生涯规划，实现人生追求，就必须学会时间管理。

时间管理就是通过制定合理的目标，科学地安排工作计划，按任务的轻重缓急有效地利用时间，尽量使完成目标的任务量最大化而时间支付量最小化。如何才能使用较少的时间完成更多的工作，这是时间管理的最高原则。做好时间管理可以给我们带来诸多益处，包括提高学习和工作效率，得到更多的休息机会，使生活更精彩丰富，为实现远大人生目标赢得更大的空间和机会等。

2. 时间管理的对象

时间管理的对象就是时间本身，要真正地了解时间并管理时间，就必须先对时间的特性有一个深刻的认识，一般来说时间具有以下四个基本特征：供给上的无弹性，时间对每个人的供给量是固定不变的，在任何情况下既不会增加，也不会减少；无法蓄积，时间无法被积蓄累积，它就像泼出去的水一样一去不回，无法节流；无法取代，任何计划的执行都依赖于时间的承载，它是任何活动进行所不可缺少的基本资源；无法失而复得，时间无法像其他物质资源那样修复或重生。时间的四个基本特性告诉我们，时间是一个固定量，无法开源、无法节流，无法取代，更无法复制，任何外在力量都无法使它改变。我们要做的不是改变时间的长度，而是拓展时间的宽度，最大限度地利用时间。

二、时间管理的常见误区

时间管理的本质是主动、有效地控制时间，做时间的主人。时间管理的目的是在单位时间内，争取效率和效果的最大化。看似简单的道理，在生活中却并非每个人都能科学地管理和利用时间，常见的时间管理中存在的误区主要有以下几种：

1. 误区一：学习、生活缺乏计划

尽管每个人都懂得计划的制订能给任务的完成带来好处，但还是有相当部分的人从来不做计划或是不重视做计划，陷入无计划导致的时间极大浪费和效率的极度低下，主要体现在以下几个方面：

- 目标不明确；
- 没有进行任务归类的习惯；
- 做事缺乏轻重缓急的顺序；
- 没有时间分配的原则；
- 有任务时不假思索就动手，然后遇到困难时就逐渐泄气；
- 精力很容易被分散，做事情三心二意；
- 喜欢一气呵成地将一件事做完，如果不能就失去动力和兴趣；
- 喜欢在两件甚至以上的任务之间跳来跳去，结果都进展缓慢甚至毫无进展。

作为在校大学生，大家可以反思一下自己的时间是怎么浪费的，是否总是在学期初踌躇满志，可在没有任何具体计划和实际行动的情况下已经到学期末了。而无数次的实践证明，任何人要想在工作中有效率，在事业上有发展，就必须制订计划，因为我们只有根据实际制订计划，并定期审视做出必要的修正和调整，才能找到最佳途径、事半功倍地完成工作。而如果所有工作都是处于无计划的执行中，则一切行动将杂乱无章，事倍功半，甚至最终走进死胡同。

2. 误区二：学习、生活无章法导致效率低下

当你的老师或同学向你索取一件物品时，你能否在第一时间从容不迫地拿给他？当你需要一份学习资料时，是否需要把电脑里的文件夹翻个底朝天？如果答案是否定的，那么只能说明你的生活和学习都很没有章法，无章法主要体现在以下几个方面：

- 事必躬亲，时常卷入不属于自己分内的事务中；
- 沟通不良；
- 做事情很随意，任何行动都是时断时续；
- 做事情常常是眉毛胡子一把抓，结果都忙不过来；
- 学习或生活中过于注重细节，事事过问，事事关心；
- 学习或生活中无目标，无计划，主次不分，本末倒置，终日埋头于无关紧要的事务中；
- 物品摆放无序，电脑内文件夹杂乱。

据统计，一般公司职员每年要花费6周左右的时间在寻找乱放的东西上。这就意味着，人们每年可能会因不整洁或无条理的习惯损失近20%的工作时间。与之类似

的是，许多大学生在学习、生活中常常处于忙碌且混乱的状态，看似很勤奋很忙，但由于缺乏章法和条理，导致时间大量浪费，因此要节约时间就应该养成有条理的好习惯，凡事明确责任、懂得拒绝、学会授权，学会把书籍、文档或物品归类摆放整齐，以便在需要时可以很快找到，从而将主要的精力和时间放在更重要的事情上。

3. 误区三：时间观念差导致时间控制不够

人们常常因为时间观念差导致时间控制不够，时间观念差主要有下述表现：

- 上课、开会、活动、约会等经常迟到；
- 经常对自己要做的事需要的时间估计不足；
- 常常是因为行动太迟而不能在规定时间内完成任务；
- 习惯拖延时间；
- 不擅处理不速之客的打扰；
- 不擅处理无端电话的打扰；
- 泛滥的“会议病”困扰。

无论是在大学期间，还是在以后的职业发展中，对于一个渴望成功的人来说，时间观念差都是一个足以致命的缺点，因为你的一次面试迟到，可能会错失一份好的工作；你的一次约会迟到，可能会失去一个好的朋友；而你的一次拖延，甚至可能会导致一个大项目的失败。

4. 误区四：进取意识不足导致学习和生活无动力

我们经常说：“人最大的敌人就是自己。”有些人之所以能够让时间白白流逝而毫无悔痛之意，正是因为其自身缺乏进取意识，缺乏对工作和生活的责任感和认真态度，主要表现在以下几方面：

- 任务总是不设最后完成期限；
- 常把任务拖到最后才动手，虽能按时完成，但质量较低；
- 个人态度消极；
- 做事拖拉，找借口不做事情；
- 整日唏嘘，做白日梦；
- 在学习过程中闲聊。

如果我们一直处于迟钝的时间感觉中，生活和学习都既无压力也无动力，那是一种可怕的状态。有多少大学生觉得时间可有可无，不愿面对学习生活中的具体事务，沉溺于“天上掉馅饼”的美梦中。这种心态是不可取的，因为你在浪费时间的同时，也在丧失宝贵的机会，随时可能被日新月异的社会所淘汰。

三、时间管理的原则和策略

1. 时间管理的原则

（1）用“四象限原理”规划时间。人可以试着用“有所为，有所不为”思想来指导规划自己的人生和时间，因为总是有些事情不去做才有时间做好其他的事，这就需要我们将事情分出轻重缓急，在时间管理上叫做“四象限原理”（见图 8-1）。

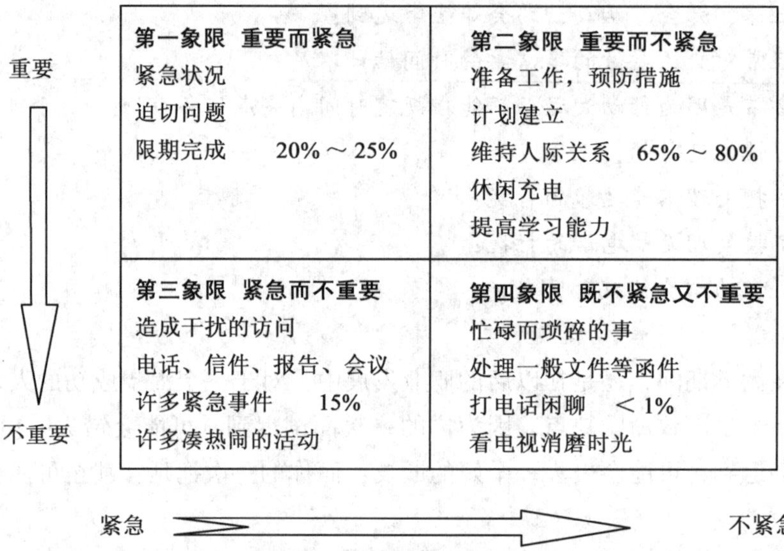

图 8-1 时间管理四象限图

时间管理四象限原理指导我们将事情按照紧急和重要程度的不同，分为四个区间，对待这四类事情的原则是：先做第一象限，后做第二象限，少做第三象限，尽量不做第四象限的事。在这里要强调的是：关注第二象限，因为成功的人往往都把焦点放在重要但不紧急的事项上。根据人们的成功经验，时间在四个象限的分配比例为：第一象限重要而紧急的事比例为 20%~25%；第二象限重要而不紧急的事比重为 65%~80%；第三象限紧急而不重要的事比重约为 15%；第四象限既不紧急又不重要的事则只占 1%不到的比重。

（2）用“二八法则”分配时间。

◎案例二

无处不在的 20%和 80%

在商界和人们的生活中，到处存在这种现象，只要细心观察，你就会发现：

——20%的产品或 20%的客户，为企业赚得约 80%的销售额；

——世界上大约80%的资源，是由世界上15%的人口所消耗；

——世界财富的80%，为25%的人所拥有；

——80%的电话都来自于20%的老朋友；

——80%的看电视时间都花在20%的节目上；

——80%的看报时间都花在20%的版面上。

以上数据告诉我们，不要平均地分析、处理和看待问题，生活、工作和管理中都要抓住关键的少数，要把主要精力花在解决主要问题、抓主要项目上，以达到事半功倍的效果。

“二八法则”又称80/20法则、犹太法则、帕累托法则，其内涵为如果把所有的工作内容按照实际价值列举出来的话，我们会发现80%的价值都是由20%的工作产生的，而剩下的80%的工作只能产生20%的价值，即小部分的工作决定了大部分的工作成效。按照二八法则，我们可以将以前时间的付出与回报做一个全面的、理性的分析，找出时间使用的误区，使自己能够在20%的时间里创造出80%的价值和成就，而不是做一个穷忙族。

大学生在校的学习时间是短暂又宝贵的，应避免将时间和精力花在琐事上，要学会抓主要矛盾，不能既想在所学专业上有所发展和成绩，却又无节制地花费大量时间和精力在娱乐休闲活动上。一个人的时间和精力是非常有限的，要想真正“做好每一件事情”几乎是不可能的，要学会合理分配时间和精力。

（3）用“ABC控制法”使用时间。要有效的使用时间就必须订出工作优先级别系列，以事情的重要性来划分事情的优先性。ABC控制法就是以事务的重要程度为依据，将待办的事项按照由重到轻的顺序划分为三个等级，然后按等级依次完成任务的做事方法。这种方法可以有效解决因日常事务繁乱而陷入混乱的状况，使学习、工作和生活中的活动在有条不紊中进行。

我们还可以灵活运用ABC时间管理法，如果认为三个级别不足以涵盖工作的具体情况，也可以再加两个级别，即D级事务和E级事务，五级事务的处理原则是：

A级工作为最重要且紧迫必须立刻完成的任务；

B级工作为中等重要，但有较多的缓冲时间；

C级工作是费时的例行日常工作、琐事或其他无足轻重的事；

D为授权（Delegate），将紧急但不重要的工作分派给适当的人执行；

E为删除（Eliminate），没有时间做的工作，又找不到人立刻处理，就直接删除。

对于大学生来说，ABC时间管理法的优点在于，它剔除了我们对每项任务附带的个人情绪，可以让我们理清思路，知道优先做什么，重要在哪里，不至于一味按照自己的喜好来做事或者不知从何下手。

2. 时间管理的有效策略

（1）目标合理，计划清晰。职业生涯的成功大大依赖于清晰的目标，在目标的指引下，人就不易失去理想，也不会再盲目浪费时间。没有目标是时间管理的大忌，目标越明确，注意力越集中，我们就越容易在时间的选择上作出明智的决断，正所谓在对的时间做对的事。

目标设定后的下一步就需要制订计划，计划就是为可预见的事态系统地构思出一个草案来，制订一个有期限的书面计划是提高效率、管理时间的有效办法。作为高职院校的学生，更应该根据目标制订清晰可行的专业技能训练计划，如可以在每晚认真拟订第二天的学习训练计划，包括明天应该完成的任务、可能遇到的状况及应对策略等，可以说计划得越周详，训练任务完成得就会越好，专业技能也就提升得越快。

（2）利用个人能量周期，适当的时段做适当的事。研究证明，人的生理和心理曲线都呈现出高低起伏的波动状态，要达到事半功倍的效果就要了解自己的能量周期，依据自己能量的高低潮不同来安排适当的事情，这是提高时间效率的重要诀窍。每个人都有自己的最佳工作或学习时间即黄金时间，如有些人的黄金时间是早上 9 点至 11 点，有些人却可能是晚间 9 点至 11 点，因此，必须根据自己的习惯合理规划时间，才能真正对时间进行有效的安排。比如作为舞蹈专业的学生，可能你一天精力最旺盛的时间段是在上午，那么你就应把难度最大的技巧训练安排在上午，而在一天中精力最差的时间段，你就可以去做一些常规的恢复性训练等。

（3）学会说“不”，控制打扰。众所周知，老好人往往是方便了别人却郁闷了自己，而且很重要的是浪费了自己的许多宝贵时间。他们认为在朋友、领导面前说“不”总有些难为情，但说“不”是每个人的权利，你可以说：“这不是我负责的工作，我还有分内的事要忙。”“不”本身并没错，但是要学会拒绝，在自信果断的同时讲究技巧。

此外还要学会有效地控制和排除打扰，因为打扰是有效利用时间的主要威胁，它使人精力分散、效率降低，这一点对需要专门时间来进行专业训练的艺术类学生来说尤为明显。可是有些打扰又无法避免，对此可以采取一些措施使其降低到最小限度，如告诉来访者自己能提供的时间或直接告诉其自己在忙，稍后再安排见面时间，或打电话时设定期限，告诉对方自己能谈几分钟。

（4）合理安排零星时间。

每天花一点钟看 10 页有用的书，每年可看 3 600 多页，30 年可读 11 万页书，11 万页书足可以使你成为一个学者了。可是，每天看三种小报也得费你一点钟的工夫；四圈麻将又得费你一点钟的光阴。看小报呢？还是打麻将呢？还是努力做一个学者呢？量变引发质变，人生靠的就是对零碎时间的使用，积少成多！

——胡适

时间往往不是一小时一小时浪费掉的，而是一分钟一分钟悄悄溜走的，同样，成功不是一蹴而就的，也是一点一滴的时间和努力累积起来的，因此，要想有所成就，就得充分利用零星时间，从用好眼前的每一分钟做起。对大学生来说，零星时间主要包括学习的间歇、用餐时间、上课或下课路上的时间、晚上睡觉前的时间等，一天的零星时间可能有限，但一周、一年的零星时间加总起来的数量却是惊人的。下面介绍几种有效利用零星时间的技巧：

①压缩式技巧：压缩式即把零星时间压缩到最低限度，使一项活动尽快转为另一项活动，免去很长的过渡时间。比如每天等到吃饭时间再放下书本，这样就可缩短等候的零碎时间。

②嵌入式技巧：嵌入式就是在空余的零碎时间里加进充实的内容。比如当你坐车的时候，可以思考一些问题，背一些单词，打电话联系朋友等。

③化零为整式技巧：化零为整式就是把零碎时间集中为一个整体。如把每天上午、下午、晚上都安排的半个小时运动或娱乐时间，集中到晚上的一个半小时里，会省去很多过渡的零星时间。

④并列式技巧：并列式即在某项松散活动进行期间，同时开展另一项活动。例如吃饭、散步、逛街时，都可以适当地一心两用，想想当天所做的工作或学习的内容等。

（5）给自己设限，消除拖延症。拖延就是明明知道应该去做什么，但迟迟不做。拖延是一种危险的恶习，对每个渴望成功的人来说，拖延是最具破坏性的敌人。有一句话“最消磨意志、最摧毁创造力的事情，莫过于拥有梦想而不开始行动”，正说明了拖延的危害。要消除拖延，就要给自己设限，给每件任务设限，因为有期限才有紧迫感，有紧迫感才能养成做事的节奏感。可以说，设定期限是时间管理的重要标志。

此外，应用六点工作制来克服拖延症也被实践证明是一个可行且有效的办法。六点优先工作制的具体应用步骤如下：

①写下第二天要做的全部事情；

②化整为零，把大的、艰难的任务细分为小的、容易的部分；

③按事情的重要顺序，分别从“1~6”标出六件最重要的事情；

④和拖延做斗争，从现在开始做。每天一开始，请你全力以赴做标号为“1”的事情，直到它被完成或被完全准备好，然后再全力以赴做标号为“2”的事情，以此类推。

项目三　大学生的情绪管理能力

案例导入

被苍蝇击倒的冠军

1965年9月7日，世界台球冠军争夺赛在美国纽约举行。路易斯·福克斯的得分一路遥遥领先，只要再得几分便可稳拿冠军了。

而就在这个时候，一只苍蝇落在了主球上。此时路易斯并未在意，一挥手将苍蝇赶走了。可是当他俯身准备击球的时候，那只苍蝇又飞回到主球上来了。在观众的笑声中，路易斯又去赶苍蝇，情绪也受到了影响。而更为糟糕的是，这只苍蝇好像是有意跟他作对，他一回到球台，它就又跟着飞回到主球上来，引得周围的观众哈哈大笑。

路易斯的情绪恶劣到了极点，终于失去了冷静和理智。他愤怒地用球杆去击打苍蝇，不小心碰动了主球，裁判判为击球，他因此失去了一轮机会。本以为败局已定的对手见状信心大增，愈战愈勇，最终赶超路易斯，夺走了冠军。

第二天早上，人们在河里发现了路易斯·福克斯的尸体——他投河自杀了！

案例评点：无敌冠军竟被一只小小苍蝇击倒，真的很可悲，其实这本是完全可以避免的。当愤怒来临的时候，只要善于自我克制，做情绪的主人，不要让冲动把自己带到爆发的边缘，就能化愤怒为力量，化危机为机遇。

【相关知识】

一、认知情绪

1. 什么是情绪

你现在的心情如何？是欢乐、烦恼、生气、担心、害怕、难过、失望或者是平静呢？也许你会因看到阳光普照而心情愉快，也可能因为细雨绵绵而心情低落；你也许因为逃课没被点到名而高兴，然而考试快到又让你焦虑；谈恋爱的你心花怒放，失恋的你却又垂头丧气……情绪是个万花筒，而它们似乎也为我们的生活增添了许多色彩。人类有数百种情绪，中国人常说的喜、怒、哀、惧、爱、恶、欲七情都是情绪，而情绪的复杂程度远远超过语言所能及的。《牛津词典》对情绪的定义是：心灵、感觉或感情的激动或骚动，泛指任何激越或兴奋的心理状态。情绪可以说是一种主观体验，是人们在心理活动过程中对客观事物的态度体验。

◎**案例三**

据史料记载，伍子胥在过韶关时陷入进退两难的处境，结果因极度焦虑而一夜间须发全白。

情绪：“极度焦虑”，**结果：**“一夜间须发全白”。

《三国演义》中的周瑜才华出众，机智过人。但诸葛亮利用其气量狭小的弱点，巧设计谋，气得他断送了风华正茂的性命。

情绪：“过于生气”，**结果：**“断送了风华正茂的性命”。

《儒林外史》中的范进，多年考不中举人，直到50多岁时终于听到自己金榜题名，“喜极而疯”。

情绪：“过分高兴”，**结果：**“喜极而疯”。

这三则材料可以看出不同的人面对不同事件会有不同的情绪产生，而不同的情绪也会对人的发展产生不同的影响。

2. 情绪的功能

任何时候，一个人都不应该做自己情绪的奴隶，不应该使一切行动都受制于自己的情绪，而应该反过来控制情绪。无论境况多么糟糕，你应该努力去支配你的环境，把自己从黑暗中拯救出来。

——罗伯·怀特

月有阴晴圆缺，人有喜怒哀乐，但这并不意味着我们是情绪的奴隶，任它支配自己的行为，如果说情绪是奔腾的“洪水”，那么理智就是一道坚固的“闸门”。请记住，其实情绪本身并无是非好坏之分，每一种情绪都有它的价值和功能。情绪的功能主要有以下几个方面：

（1）自我防御功能：当受到威胁时，人产生恐惧以应对，当发生利益冲突时，人产生愤怒以应对，这些情绪反应都表现出非常明显的自我保护倾向。

（2）社会适应功能：情绪能使个体针对不同的刺激事件产生灵活自如的适应性反应，并调节或保持个体与环境间的关系。例如，羞怯感可加强个体与社会习俗的一致性，同情、友爱等能起到构建和保持社会关系的作用。

（3）强化功能：当出现突发紧急状况时，消极的情绪，如愤怒和恐惧能唤起大脑的警觉水平；而积极的情绪，如高兴和兴奋，能使一个人的感觉变得敏锐、思维更加灵活，有助于一个人内在潜能的充分展示。

（4）动力功能：适度的情绪反应能够激励人的活动，提高人的活动效率，从而推动人们有效地完成工作任务。如人在紧张情绪产生时出现的血压升高、呼吸加快、肾上腺分泌增加等有助于个人充分调动体力和斗志去应对紧急状况。

（5）信号功能：一个人不仅能凭借表情传递情感信息，也能凭借表情传递某种思想或愿望，可以说表情是思想的信号，如微笑表示欣赏，点头表示认可。

3. 情绪 ABC 理论

美国临床心理学家艾尔波特·艾里斯已经把中国的俗语“想得开”上升到了科学理论的高度，他提出的情绪 ABC 理论，也称晴雨 ABC 理论的基本观点为：人的情绪不是由某一诱发性事件本身所引起，而是由经历了这一事件的人对这一事件的解释或评价所引起的（见图 8-2）。

图 8-2　情绪 ABC 理论图解

由情绪 ABC 理论可知，影响情绪的是人们对事情的看法，而不是事情本身。在这些想法和看法背后，有着人们对一类事物的共同看法，这就是信念。信念有合理的信念和不合理的信念之分，前者引起人们对事物适当、适度的情绪和行为反应，后者则往往会导致不适当的情绪和行为反应。若人们秉持某些不合理的信念，长期处于不良的情绪状态之中，最终将导致情绪障碍的产生，所以人们进行情绪管理就要发挥能动性，努力消除或减弱不合理信念的影响，坚持合理的信念。

二、大学生的情绪特点及常见问题

在生活中，情绪是人的心理状态的晴雨表，每个人都无时无刻不在体验着各种情绪。尤其大学生正处于青年期，情绪波动较大，情感体验复杂而丰富，故常常会面临形形色色的情绪困扰，而只有对自身情绪特点和问题有清晰的认知，才能进行有效的疏导，也才能进行科学的情绪管理。

1. 大学生情绪的特点

大学时期是青年人心理逐渐走向成熟的重要时期，也是情绪丰富多变、相对不稳定的时期，受社会地位、生活阅历、知识素养以及所处特定年龄阶段的影响，大学生的情绪带有鲜明的特征。

（1）丰富性和复杂性。从自我意识的发展来看，大学生表现出较多的自我体验、自我尊重的需要强烈，易产生自卑、自负等情绪体验；从社交方面看，大学生的社交范围日益扩大，与同学、师长、朋友之间的交往更加微妙和复杂，相当多的学生还开始体验一种更突出的情感——恋爱，而恋爱生活往往又伴随着深刻复杂的情绪体验，可见大学生的情绪首先是丰富和复杂的。

（2）波动性和两极性。大学是人生面临多重选择的时期，社会、家庭、学校及各种生活事件都会对大学生的情绪产生影响，学习、交友、恋爱等人生体验也都在这个阶段交叉进行，尽管大学生的认识水平有了一定的提高，对自己的情绪也有了一定的自控能力，但同成年人相比，大学生仍相对敏感，情绪带有明显的波动性，一句话，一首歌，一段感情，都可以使年轻人的情绪发生骤然的变化。且在社会转型过程中，新旧价值观碰撞，种种复杂的社会现象更容易使大学生感到困惑和迷茫，产生情绪的困扰与波动。同时，由于大学生正处于情绪表现的动荡时期，自我认知及心理发展都尚未成熟等原因，他们的情绪起伏较大，带有明显的两极化特征，胜利时得意忘形，抑郁时垂头丧气，情绪的反应摇摆不定、跌宕起伏。

（3）冲动性与爆发性。随着知识水平和认知能力的提高，大学生对自己的情绪已能够有所控制，但由于他们兴趣广泛，对外界事物较为敏感，加之年轻气盛和从众心理，因而在许多情况下其情绪易被激发，犹如狂风暴雨不计后果，带有很大的冲动性。且大学生情绪的冲动性常常是与爆发性相连的，大学生的自制力较弱，一旦出现某种外部强烈的刺激，情绪便会突然爆发，借助于冲动的力量驱使，以至在语言、神态及动作等方面失去理智的控制，极易产生破坏性的行为和后果。

（4）阶段性与层次性。大学阶段由于不同年级培养目标和重点不同，教育方式和课程设置有所不同，各个年级面临的问题和压力不同，大学生的情绪特点也有所不同，呈现出阶段性和层次性特点。大学新生面临的是环境适应、学习方法改变和新目标确立等问题。尤其新生自负和自卑感混杂，放松和压力感并存，新鲜和怀旧感交替，情绪波动较大。二年级经过了一年的适应过程，大部分已经融入大学生活，情绪较为稳定；大三毕业班学生面临毕业论文、毕业汇报、感情及就业等多方面的问题，压力较大、情绪波动大，负面情绪较多。

（5）外显性与内隐性。大学生对外界刺激反应迅速又敏感，喜怒哀乐常形于色，相对成年人比较外露和直接，但与中小学生相比，大学生又会有意识地隐藏或压抑自己的真实情感，表现出内隐、含蓄的特点。一般来说，大学生的很多情绪是一眼能看出来的，如考试成绩好或比赛获奖，马上就会欢呼雀跃，喜形于色。但由于自制力的增强，在某些场合或问题上，有些大学生又会隐藏或克制自己的真实情感，如在交友、恋爱和择业等问题上，他们往往不会直接表达，而是具有很大的内隐性。

2. 大学生常见的情绪问题及其主要原因

大学生常见的不良情绪主要有：挫折感、厌烦、紧张和激情。情绪管理的主要任务就是认清各种负面情绪产生的原因，找到相应的解决办法，进而有意识地疏导缓解它们。

（1）挫折感。大学生的成长阶段和心理特点决定了其很容易产生挫折感，产生挫折感的主要原因包括对自身能力的不自信，对学习、生活环境的不满意，人际交往不顺等。这种情绪在高职院校的学生中表现得尤为突出，许多学生因对自己高考失利后所读学校的环境不满而产生强烈的挫败感，它如果成为一种心境，在人们的心中就会产生一种持续性、弥漫性的负面情绪，就会给自己的生活、前途甚至是人生都染上一层灰暗的色彩。当然也有它积极的一面，就是它能磨炼人的意志，砥砺人的性格，给人以丰富的人生体验（见图 8-3）。

（2）厌烦情绪。大学生活看似平淡轻松，但每个人在面对学习的压力、生活的琐

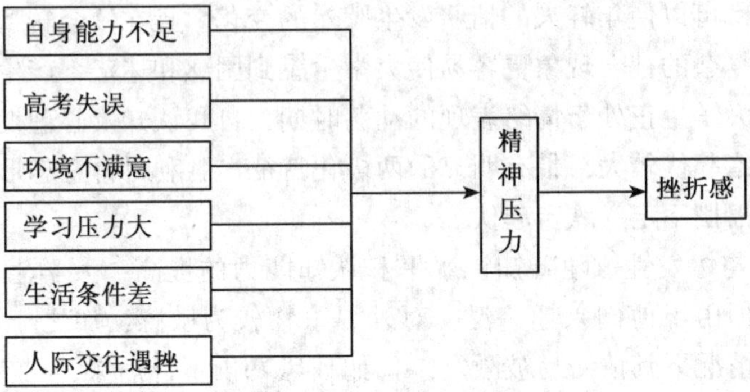

图 8-3　大学生挫折感成因图

事时又不得不面对一种叫做厌烦的情绪，如作为艺术专业的学生，在面对日复一日的专业训练时，都会有觉得枯燥、不耐烦的时刻（见表 8-2）。

表 8-2　**大学生厌烦情绪成因表**

产生的原因	根源	表现形式
生活单调	学校或班级组织活动比较少，形式不吸引人； 食堂供应饭菜品种不丰富，价格不合理； 图书馆不吸引人	抱怨、逃避
个人能力差，对专业不感兴趣	专业不感兴趣； 听不懂； 怕吃苦； 认为对自己而言没有用	放弃、逃
情感不融洽	其他人看不起自己； 自己看不惯别人； 别人老跟自己作对； 认为别人没水平	逃避、远离

（3）紧张感。紧张是在外界的冲击或压迫之下形成的，紧张感是人内在反应对抗着外界的反应。紧张的状态是表现不一的，就像气球很容易破裂，但在水中却有相当大的反作用力。作为在校大学生，也时常面临着紧张感的困扰，如考试前的紧张、比赛时的紧张、经济上的紧张等，引起大学生紧张情绪的原因主要有以下几个方面：

①学习压力来源：平时不努力，临时抱佛脚、基础太差、课程太难、期望值太高等。

②生活压力来源：家庭经济困难、家庭发生突然的变故、日常生活方式或环境发生变化等。

③精神压力来源：不远的未来的就业去向、同学朋友之间的感情发生变故、个人表

现得不到同学或老师的肯定等。

（4）激情。激情是一种猛烈、迅疾而又短暂的情绪，类似于平时说的激动，一般通过激烈的言语爆发出来，是一种心理能量的宣泄，长远来看对人的身心健康的平衡有益，但过激的情绪也有产生危险后果的可能，特别是当激情表现为惊恐、狂怒时，就可能产生伤人或自伤的行为了。简言之，积极的激情有助于促使人们将高昂的情绪投入到学习、工作和交往中，而消极的激情若不理性控制，一旦失控则会给学习、生活带来不可估量的负面影响。

三、大学生情绪管理的方法

一个人能否把握与控制自己的情绪，往往决定了个人发展的得失成败。学会情绪管理，消除不良情绪是人的生存之道，大学生要实现健康发展、取得职业成功就必须掌握情绪管理的具体方法。情绪管理就是积极有效地对自己的情绪加以干预的过程，包括以恰当的方式表达自己的情绪，对生活中的矛盾或冲突事件所引起的反应作出合理的排解，以积极的方式、乐观的态度及时缓解紧张的心理状态。

1. 情绪管理三步曲

在人生道路上，无论遇到什么困难和挫折，都要坦然面对，不可长期处于不良情绪之中，而管理情绪的路径可以归纳为以下三步：

（1）What——我现在有什么情绪？

由于我们平常比较容易压抑感觉或者常认为有情绪是不好的，因此常常忽略自己真实的感受，而往往却是欲盖弥彰，因此情绪管理的第一步就是要先能察觉自身的情绪，并且接纳它。情绪没有好坏之分，只要是真实的感受，我们就要学习正视并接受它。只有当我们认清自己的情绪，知道自己真实的感受，才有机会掌握情绪，也才能为自己的情绪找到出路，而不会被情绪所左右。

（2）Why——我为什么会有这种情绪？

我为什么生气？我为什么难过？我为什么觉得挫折无助？我为什么……找出原因我们才会知道这样的反应是否正常，找出引发情绪的原因，才能对症下药。根据情绪ABC 理论，影响情绪的是人们对事情的看法，而不是事情本身，所以找到自己产生这种情绪的原因是管理情绪的根本。

（3）How——如何有效处理情绪？

想想看，可以用什么方法来纾解自己的情绪呢？每个人都有适合自己的方法来释放情绪，什么方法对你是比较有效的呢？也许可以通过深呼吸、肌肉松弛法、静坐冥想、运动、听音乐等来让心情平静，也许会用大哭一场、找人聊聊、涂鸦等方式来宣泄一下，而换个角度看问题，用乐观的想法来改变自己的心情无疑是最有效的。

2. 调节情绪的具体方法

（1）注意转移法。主要有：

改变注意焦点。当我们因为一项工作或一件事情陷入低落情绪时，可以选择去做其他擅长做的事，主动体验积极的情绪。如在练习一种专业技术技巧却一直很难突破时，难免会感到沮丧又厌烦，若这时还是一味地苦练下去往往很难取得好的结果，而如果主动将注意力和精力投入到其他自己擅长的事务上，在体验过达成任务的满足与快感后再回头来突破难关，就可能豁然开朗、顺利完成。

做自己感兴趣的事。要摆脱不良情绪，可以试着把注意力分散到自己感兴趣的活动中去。如面对一个一时很能攻克的难关或巨大的感情挫折时，可以选择从事运动、旅游、娱乐、美食、交友、读书等活动，这样就能暂时从巨大压力中抽离，得到些许慰藉，因为活动的本身就是冲淡郁闷心理的过程。

改变环境。研究证明，通过改善工作环境可以大大改进人们的情绪、改善心情或提升工作效率。尤其是当工作受挫、情绪低落时，可以走出去换换环境，进而换换心情，也可以通过调整生活学习的环境，如整理杂乱的书籍、播放舒缓的音乐、用鲜花绿植装点宿舍等方法来实现环境的改变，情绪的调整。

（2）合理发泄法。情绪上的矛盾，如沮丧、愤怒、挫折等若长期郁闷于心中，就会影响思维功能，甚至引起身心疾病。情绪的宣泄是一种缓解压力和矛盾的有效办法，常见的发泄方式有倾诉、哭出来、适度运动、放声歌唱等。我们提倡合理的宣泄，若是采用打骂他人、破坏东西，甚至自残自杀等不合理的宣泄方式，只会给自己带来更大的伤害（见表 8-3）。

表 8-3　**情绪发泄基地**

恰当的	中性的	不恰当的
适当的场合哭、运动、大声唱歌、找人倾诉	睡觉、吃东西	狂哭、狂睡、狂吃、喝酒、吸烟、扔东西、打架、生闷气

（3）理智控制法。包括：

①转换认识的角度。

◎案例四

帕瓦罗蒂 30 岁那年，曾应邀参加法国里昂一个演唱会。为了不影响第二天的演出，他很早就在入住的小旅馆入睡了。谁知，不久他被隔壁传来的婴儿的啼哭声吵醒了。那个婴儿一直啼哭不止，帕瓦罗蒂怎么也睡不着，用被子蒙着头还是能听到婴儿的哭声。就这样，一个多小时过去了，无奈之下帕瓦罗蒂只好把孩子的哭声当做歌声来欣赏了。这时，他渐渐佩服起那个孩子来，哭了一个多小时，声音还是那么洪亮。他仔细倾听，才发觉孩子的哭声快到破的临界点时，就会把声音拉回来，而且那婴儿还是用丹田气发声，因此它才能长时间哭泣而声音不会沙哑。发现了这一点，帕瓦罗蒂兴奋极了，他立刻试着用丹田发音，并且唱到最高点，保持声音的洪亮，就这样反复练习。第二天，他以饱满洪亮的声音征服了所有观众。

帕瓦罗蒂拜师啼哭婴儿的做法令人赞叹，在环境未变的情况下他选择改变了自己看问题的角度和态度。试想，如果当时帕瓦罗蒂一怒之下换了旅馆，或找孩子的父母去抱怨，世界上就不会出现一位如此优秀的“男高音”了。在处于尴尬、苦恼、烦闷等坏情绪的境地时，抛弃抱怨，转换思维方式并进行积极的思考，才可以将困境转化成自己成功的机遇。

决定情绪走向的往往是人们看问题的角度，根据情绪 ABC 理论，现实中人们的许多情绪困扰并不一定是由诱发事件直接引起的，而是由个体对事件的非理性认识和评价所引起的。如有的人在遇到一些不顺心的事情时，往往会以偏概全或把事情想得极度糟糕，过分夸大后果。因此，主动调整认知，试着换角度看待事件，纠正认识上的偏差，就可减弱或消除不良情绪。阿 Q 精神、破财免灾、塞翁失马焉知非福，这些认识都不失为积极换角度思考问题的有效方法，是消除不良情绪的好策略。

②自我解嘲，学会幽默。高尚的幽默是精神的消毒剂，是消除不良情绪的有效工具。当我们遇到某些无关大局的不良刺激时，要避免使自己陷入被激怒的状态，最好的办法就是以超然、洒脱的态度，幽默对待，自我解嘲。所谓笑看风云起，就是在面对困难或悲伤时以积极和乐观来回应，这时你的正面积极情绪就应运而生了。可以说，幽默是生活中不可缺少的调味品，有了它才能冰释误会、缓解情绪、减轻压力。学会幽默，试着乐观地面对生活，才能使自己快活起来，成为真正的强者。

③自我暗示。自我暗示就是通过语言、形象、想象等方式，对自身施加影响的心理过程。积极的自我暗示令我们保持好的心情、乐观的情绪、强大的自信心；相反消极的自我暗示会强化个性中的弱点，唤醒潜藏在心灵深处的自卑、怯懦、嫉妒等，从而影响情绪，导致事态朝着更糟糕的方向发展。在学习、生活中用暗示语言控制激情、调节行为的方法也颇为有效，如临近考试前因过分紧张而无法自控时，就可用暗示语言宽慰自己：“不用紧张，没什么的，这只是一次小考试而已，我一定能顺利通过的。”临上台表演时，可以对自己说：“我相信，我可以的！”这样紧张的情绪就会缓解很多。

④自我激励。

◎案例五

1988 年，一位中国青年男子怀揣 200 美元和梦想，孤身走出国门，去参加一个由瑞典歌剧院主持的音乐考试。考试前夕，他经历了常人难以想象的艰辛：打工赚了少量的生活费，算算离考试还有好多天，只好躲到一个小酒店，计划着怎么过，每天仅仅以一顿冷水拌面包果腹。考试那天，他需要一口气唱完 14 首曲目，加之身体虚弱，台上的他没有半点力气。当他唱完第一首咏叹调后，不争气的肚子就开始咕噜噜响，饥饿的咕噜声与安静的音乐厅极不协调，但必胜的信念支持着他坚持下去。终于工夫不负苦心人，比赛结束后，11 位评委全部给他打了最高分，他在这次考试中得了第一名。他就是用自己富有感染力的歌声打开了瑞典皇家歌剧院的大门，并最终成为挪威歌剧院终身签约演员的歌唱家——蔡大生。

每当有人问及他成功的经验时，蔡大生总会提及瑞典歌剧院考试的那段艰苦的经历，并直言不讳地说："我要感谢自己那份无畏的勇气，是这份可贵的勇气，激励我顺利度过危机。"①

当人处在逆境中时，很容易丧失信心，这时最明智的做法就是不断鼓励自己，给自己以信心，如："加油，我一定可以的。""只要我肯努力，就一定能突破难关，获得成功的。""天将降大任于是人也，必先苦其心志，劳其筋骨，饿其体肤……曾益其所不能。"在专业训练苦不堪言时，在就业遇到挫折时，用这段话来激励自己，就一定可以战胜消极情绪，最终走向成功彼岸的。

项目四 大学生的人际关系管理能力

案例导入

吴某，女，20岁，某高职院校二年级学生。某日，她主动找到辅导员诉说了自己的烦恼："我入学已一年半了，但和同学关系总是处不好。不知从什么时候起，周围的人好像都不喜欢我，讨厌我。有的人一见到我就掉头走开；有的人还在背后嘀嘀咕咕议论我。为此我心里很烦，不知道他们为什么不喜欢我？老师，您能告诉我怎样才能获得他人的好感与尊重，跟同学处好关系吗？"

案例评点：吴某的苦恼主要表现在人际关系方面，同学关系处不好，不为别人所接纳。故学习和掌握一些人际交往的基本原则和必要技巧，对大学生来说是十分必要的。

【相关知识】

一、认知人际关系

美国教育家、企业家戴尔·卡耐基说过："一个人事业的成功只有15%取决于他们的专业技能，另外85%要依靠人际关系和处世技巧。"可见，良好的人际关系对一个渴望成功的人来说举足轻重。

① 《无畏的勇气让理想走得更远》，小故事网，http：//www. xiaogushi. com/Article/chengbai/20110408133027. htm，2011年4月8日。

1. 人际关系是什么

培根曾说过："人类在相互交往中寻求安慰、价值和保护。"人际关系就是人与人在交往中建立的直接的心理上的关系，它反映了个人或团体寻求满足其社会需要的心理状态，因此，人际关系的变化与发展取决于双方需要满足的程度。

在社会竞争日益激烈的今天，人们生活在社会之中，工作、学习在特定的群体之中，总会与他人进行交往，能否与人进行良好的沟通，维持良好的人际关系事关事业发展和个人幸福。那么自我人际关系管理就是在了解人际关系理论的基础上，用适当的方式处理自我与他人之间的关系，有意识地去增加人际吸引，并努力减少阻碍因素，从而营造和谐美满的关系氛围的过程。

2. 大学生的人际交往

"为什么我的朋友那么少呢？"

"为什么我总是和宿舍的人处不来，老有置身事外的感觉？"

"为什么我总是被周围的人疏远嫌弃，孤零零地被排斥在群体的活动圈子外呢？"

"怎样做才能拥有更好的友情呢？"

"在生活、工作中，要怎么做才能有效地运用自己的人际关系网呢？"

这些问题可以说严重困扰着大学生的生活、学习与工作，甚至导致一些心理问题。大学校园并非世外桃源，要进行正常的大学生活就必然要同各种各样的人打交道，几乎每个人都在人际交往中有过不同程度的挫折体验，这既是人际交往的必然过程，又是由大学生人际交往的特点决定的。

良好的人际关系不仅是大学生心理健康水平及社会适应能力的重要指标，也是其今后求职就业、事业发展、人生幸福的基石。每个大学生都有着强烈的交往欲望，希望能置身于和谐的人际关系中，希望得到他人的尊重、爱和理解。然而现实中，却因个性差异及缺乏正确的交往方法等原因，许多大学生在人际交往中常常陷入困惑，遭遇挫折。所以，明确人际交往的意义，了解人际交往中易出现的一些问题，掌握人际交往的原则和技巧，对大学生来说非常重要。

二、把握人际交往的原则

1. 平等原则

◎**案例六**

萧伯纳有一次写作休息时，和邻居的小女孩一起玩耍，当送小女孩回家时，他对小女孩说："知道我是谁吗？回家告诉你妈妈，就说和你一起玩的是萧伯纳。"小女孩天真地回应说："知道我是谁吗？回家告诉你妈妈，就说和你一起玩的是克里·佩丝莱娅。”大文豪听了，不禁惭然。后来，对朋友谈起此事，他感慨道：“一个七岁的小女孩给我上了人生中最好最重要的一课：一个人无论有多大的成就，他在人格上与任何人都是平等的。”

正如萧伯纳所说，七岁的小女孩给这个大文豪上了生动的一课，在人与人的交往中双方必须是平等的关系，这种平等是人格上的，与年龄、地位、名声、权力、金钱都无关。

与人交往应做到一视同仁，不爱富嫌贫，不能因为家庭背景、名声、地位、职权等方面的原因而对人另眼相看。平等待人就不能盛气凌人，就要学会将心比心，学会换位思考，只有平等待人，才能得到别人的平等对待与尊重。

2. 主动出击

大学生或初入职场的人常常会觉得自己认识的人太少，关系网不够大，工作开展很不顺利。但又苦于不知道怎样才能改变这种状况。其实方法很简单，就是要秉持开放的心态，主动出击，与人友好接触。

3. 尊重为先

在人与人交往的过程中，首先强调的是“尊重”，尊重包括两个方面：自尊和尊重他人。自尊就是在各种场合都要尊重自己，维护自己的尊严，不要妄自菲薄、自暴自弃。尊重他人就是要尊重他人的生活习惯、个人隐私、兴趣爱好、人格和价值，只有尊重他人才能得到他人的尊重。

赢得尊重的方式不等于感情上的迎合、行为上的阿谀奉承，相反，与人交往首先要懂得自尊自重，要别人看重自己，首先不能自己看轻自己。靠阿谀奉承、卑颜屈膝换来的友情是不平等的也是不牢靠的。

4. 诚信为本

◎案例七

毕某，某高职院校应届毕业生，半年来一直在为找到一份满意的工作而到处投简历、四处奔波着。好不容易他接到了一家心怡企业的面试通知，但面试那天却迟到了 10 分钟，他对面试官解释说是因为坐公交车堵车了。那天的面试过程十分顺利，各项考核顺利过关，离开时他信心十足，觉得自己肯定能被录用。但几天后，毕某却接到不予录用的通知，面试经理对他的评价是：时间观念差、行为不良和缺乏诚信。原来面试那天他是骑自行车去的，迟到后就习惯性地撒了个谎，说是公交车堵车了，却没想到经理正好在办公楼窗前看到了他骑车离去的背影。事后，毕某后悔不迭，深刻反省了自己的行为。他想到从小到大，一直对自己要求不严，迟到旷课简直是家常便饭，迟到了就说“堵车了、闹钟没响、有急事耽误了”，旷课了就说“身体不舒服、家里有急事”。久而久之，撒谎就成了习惯，在学校里没人跟自己计较那么多，但却导致了自己被面试单位评价为“缺乏诚信”。

据调查，大多数企业都认为诚信的品质比专业技术更重要，因为学校里学的专业知识比较缺乏实用性，一般都要到企业中经过实战操作才能得以致用。这样一来，人品和素质就成了企业最关注的方面，如果新人秉性诚信，那么他就可能是可造之才。

言而无信，行之不远。因为世界上没有拆不穿的谎言，没有识不破的骗局，在生活中，人们都愿意和诚信的人打交道、交朋友。诚信做事，有时看似失去了某些眼前利益，但却赢得了无价的信誉。诚信能形成一种巨大的品牌效应，让人在成功的道路上走得更远。所以，每一位即将毕业走向工作岗位的大学生都应该牢记：做人、做事，诚信是必备品质，诚信是通往职场的第一张通行证，也是人际交往中的一条首要原则。

5. 真诚理解

只有诚以待人，胸无城府，才能产生感情的共鸣，才能收获真正的友谊，没有人会喜欢与虚情假意、夸夸其谈的人交朋友。而理解是成功的人际交往的必要前提，理解就是我们能真正地了解对方的处境、心情、好恶、需要等，并能设身处地地关心对方、为对方着想。有道是“千金易得，知己难求”，善解人意的人，永远受人欢迎。

6. 宽容待人

在人际交往中，难免会产生一些不愉快的事情，甚至是一些矛盾冲突，这时候我们就要学会宽容别人，不斤斤计较，正所谓退一步海阔天空。在人际交往中应坚持宽容待人的原则，学会“待人以宽”，首先要秉持豁达大度的态度，只要不是原则性的问题，就不必过于计较；其次，要避免“自我中心”，缩小“自我”，不要凡事都先想到自己，一旦触及自己的利益就觉得别人是有意针对自己的，即使确实是针对你而来的，也不妨“左耳进，右耳出”，免得烦心；再次，应充实自己的知识，拓宽自己的知识面，开阔眼界，因为人的“心眼”与其知识修养有密切联系。

三、人际交往中沟通的艺术

沟通不是你在说什么，而是别人怎么理解你说的什么。

——彼得·德鲁克

人际沟通是建立人际关系的起点，是改善和发展人际关系的重要手段。传播学中有句名言：沟通无处不在，沟通无时不有。无论是在家里、在学校、在单位、在其他公共场所，都需要与人沟通。正是由于沟通过于平凡，就像生活中的水和空气一样，人们往往忽视在沟通中的一些注意事项和禁忌，而一旦发生沟通障碍或误会时，也习惯于责怪别人不理解自己，或抱怨他人不好打交道，并不懂得反思自己“做错了什么”和“应该怎么做”。

1. 沟通四忌

（1）第一忌：不要用唱反调表现自己的聪明。不管场合，不分对象，总有一些人喜欢跟其他人“对着干”，别人说东他非说西，别人说好他非说坏……虽然无伤大雅，可次数一多，让人既恼火又头疼。喜欢唱反调的人总是摆出一副“愤青”的姿态与周围人对着干，从某种意义上来说，这是一种不成熟和缺乏自信的表现。他们试图通过反对他人来表现自己的“与众不同”或者“我很重要”，从而引起他人关注，获得满足感。如果你是个爱唱反调的人，应学会区分“情绪”和“观点”，不要急于表达自己的不同观点，可以在心里分析一下，试着“咽”下抱怨，平静地说出建议。特别是与对方有矛盾的时候，更要注意提醒自己，唱反调解决不了任何问题，而应当坦诚面对、解决冲突。

（2）第二忌：质问最伤感情。在与人的交往中，如果用质问式的语气来谈话，是最易伤感情的。说话时总是咄咄逼人，会让人感觉到敌意和攻击，在这种不友善的氛围里，沟通的过程当然是不愉快的，沟通的效果必然会不尽如人意。

（3）第三忌：避免说别人的短处和是非。金无足赤，人无完人，怎样在交谈中正确对待别人的短处，这也是一门学问。避免谈及他人的短处，容易在融洽的气氛中与他人建立感情；好谈他人短处的人，最易刺伤他人的自尊心，打击他人积极性，还会引起他人的讨厌。此外，我们在与他人的交谈中，应该尽量避免谈论别人的是非。另外，如果别人向我们谈起某人的短处或是非时，最好的办法是听了便罢，不要深信这种传言，不必将此记在心中，更不可做传声筒。

（4）第四忌：开玩笑不要伤对方的自尊心。开玩笑应有分寸，否则伤害人、得罪人而不自知，是真的得不偿失。当然，人没有必要每天正经八百，不苟言笑，因为这样反而会拉远你和别人之间的距离，但开玩笑之前应先三思，以免出口成刀，伤害他人。在学校里，彼此熟悉的师生、同学之间，大家相互玩笑取乐，是大家相处融洽的表现。但是因为开玩笑不注意分寸，而使双方不欢而散的事也屡见不鲜。总之，涉及人身的、有批评味道的、与敏感问题及与隐私问题有关的玩笑要少开，宁可不幽默，也不要让人不愉快，如果硬要“幽默”，不如“幽”自己的“默”。

◎案例八

春秋时期，齐顷公即位，晋国大夫从郤克、鲁国大夫季孙行父、卫国大夫孙良夫和曹国公子首，各奉本国君主之命到齐国祝贺，巧的是晋大夫只有一只眼睛、鲁大夫秃头、卫大夫两脚高低不平、曹国公子弯腰驼背。齐顷公觉得很可笑，就想跟他们开个玩笑，于是齐顷公故意挑选了独眼的、秃头的、瘸腿的、驼背的各一人为四国大夫驾车，四国外交使节的车辆走过观礼台，惹得齐国百姓、文武百官放声大笑。四国使者察觉后勃然大怒：“我们好意来建立外交关系，反而被侮辱，此仇不报非君子！”于是，四国使者歃血结盟，兴兵攻打齐国。从此，晋、鲁、卫、曹四国与齐国之间因一场玩笑，十几年战争不断。

齐顷公开玩笑不顾分寸和对方的尊严，竟然把四位使者的身体缺陷作为玩笑取材，使他们当众出丑，结果招来四国与齐国长期的战争。可见，掌握开玩笑的分寸在人际交往中是很重要的，这也警示我们：不能用别人的“疮疤”甚至生理缺陷开玩笑，否则，只能破坏人际和谐。

2. 倾听的艺术

与人沟通，最佳策略不是讲话而是倾听，因为倾听是了解别人的最佳法宝，俗话说，在哪里说得愈少，在哪里听到的就愈多，而且只有很好地听取别人的，才能更好地说出自己的。我们应掌握好人际交往中的二八准则：用80%的时间倾听，20%的时间说话，这是最合理的交际时间分配。要学会倾听，所谓倾听，就是用耳听，用眼观察，用嘴提问，用脑思考，用心灵感受。善于倾听，就要在沟通时放下手边的工作全神贯注地倾听，眼睛看着对方，身体要前倾，态度要诚恳，表现出专心和有兴趣的样子，让别人愿意为你敞开心扉，注意不要轻易打断别人，要耐心等待别人把话讲完（见表8-4）。

表8-4　**倾听的艺术**

要	不要
表现出兴趣	眼睛不看对方
全神贯注	打断
该沉默时必须沉默	从事与谈话无关的活动
选择安静的地方	过快地或提前做出判断
留适当的时间用于辩论	草率地给出结论
注意非语言暗示	让别人的情绪直接影响你
当你没有听清楚时，请以疑问的方式重复一遍	激动地争辩
当你发觉遗漏时，直截了当地问	

自我检查：

请你检查一下，你在倾听过程中，有没有下列坏习惯？

1. 说的比听的多。
2. 喜欢插话。
3. 在交谈时几乎一言不发——对方无法判断你是否在听。
4. 遇到感兴趣的问题就问个不休，结果导致对方跑题。
5. 你的谈话基本上以自己为核心。
6. 别人说话时你经常走神。
7. 对方在说话时你在设计自己的反应。
8. 你很乐于提出自己的建议，甚至在别人没要求时也如此。
9. 你的问题太多，常常打断对方的思路。
10. 在对方还没说完时你已经下了结论。

项目五　大学生的压力管理能力

案例导入

现代人的生活总是匆忙而又紧张，你可能走在路上，不经意就会听到这样的抱怨："唉，最近上班好忙，事情好像都做不完，领导好像永远都不会满意，每天都是心力交瘁的感觉，回到家累得只想倒头就睡。""是呀，每天又上班，又顾家里，哪一边都不太尽如人意，压力山大呢。"也可能你会在公交车上听到一对刚放学的背着书包的学生忧心地抱怨："怎么办呢，明天就要考试了，书都还没背完，铁定要挂科了！""我还不是一样，就算临阵磨枪今晚不睡也念不完了。"

案例评点：现代人正遭遇着空前巨大的压力，压力的普遍存在已是不争的事实，如何应对压力也就成为不可回避的问题。达尔文的进化论理论向我们阐释了这样一个道理：能够生存下来的，既不是最健壮的，也不是最聪明的，而是最能够适应环境变化的物种。能否在变化时、在险境中应对自如决定了存亡与否，由此可见压力管理在生存中的重要作用。能否理性地面对压力，有效地调节压力更决定了我们的生活品质，可以说对压力的有效管理是生活的艺术。

【相关知识】

一、认知压力

1. 压力的含义

◎案例九

据国务院发展研究中心的一项调查显示，2002年全国3539个接受调查的企业管理人员中，有90%表示工作压力大，76%的管理人认为工作状态紧张。调查还发现，平均每4个企业管理者中就有1位患有与工作紧张相关的慢性疾病。

在英国，过大的工作压力造成的年国内生产总值的损失估计高达10%。在美国，每天有100万工人因为染上与压力有关的疾病而无法上班，过度的压力正在以每年500亿~1500亿美元的速度侵蚀美国人的财富。①

21世纪可以说是一个压力时代，压力无处不在，人们面临着社会的、环境的、家庭的、工作的、情感的、经济的等方方面面的压力，压力已经成为现代职业人的头号敌人。

压力是什么，综合心理学、社会学的理论观点，可以对压力作出以下定义：压力是人们在面对社会及文化上的刺激或环境上的改变时产生的一种心理与生理上的紧张状态。直观描述就是当你担心、焦虑某件事情时就形成你的压力，例如你会担心考试挂科、没钱可缴房租、家人生病等。

压力是随时变动而不是一成不变的，愉快与不愉快的事都会造成压力，只是不愉快的事件产生的压力程度通常比较高。每个人都需要适当的压力水平来激发表现，而过高或过低的压力都会降低表现。对同一件事，每个人感受的压力程度不会完全相同，具有相当的主观性，主要会受到年龄、性别、文化、个人经验与性格的影响。

2. 压力来源

压力是如何产生的？一般来说，导致压力产生的因素主要有内外两方面：心理因素和环境因素。

（1）心理因素造成的压力。压力是一种主观的现象，取决于当事人当时如何想、如何解释与如何应对。多数研究认为以下三种心理因素是造成个人压力的主要来源：挫折、冲突及压迫。当这些心理因素产生时，压力也随之而生。

①挫折：挫折是因为个体的需求和想达到的目标被阻碍而产生的。可分为外因性挫折和内因性挫折两种。外因性挫折多是因外在环境的阻碍而引起的挫折，包括意外事件、偏见、歧视等。如你坐公交车上课快迟到了，又赶上堵车。内因性挫折多是因内在及本身的阻碍而引起的挫折，如身体残疾、能力欠佳、期望值过高等。“压死骆驼的最后一根稻草”可以用挫折效应来解释，当许多挫折接踵而至，其效应不断积累，最终会使人因为最后一个小小的挫折而崩溃。

②冲突：压力也可能因为两个或多个生活事件的冲突而产生，冲突可分为趋避冲突、双避冲突、双趋冲突三种类型。

趋避冲突：即必须从两个或多个目标中择其一，而每个目标都各有其特点。如在求职时很可能要在高薪但忙碌与低薪却轻松的工作之间作出选择，这就是典型的趋避冲突。

双避冲突：当个人必须在两个或多个都不想要的目标中择其一时，这种冲突就产生了。“要么上刀山，要么下火海”，两者必须择其一，处理这种冲突的方式就是要“两害相权取其轻”。

双趋冲突：当个人在两个或多个都具有相当吸引力的目标中只能择其一时，这种冲

---

① 节选自CCTV《新闻调查》：《工作压力与强度日增，“过劳死”走近中青年》，搜狐网，http：//news. sohu. com/20050727/n226464703. shtml，2005年7月27日。

突就产生了。这种冲突通常是由于个人的时间、空间、体力、财力及能力有限而产生的，鱼与熊掌不可兼得，这种冲突的解决一般遵循“两利相权取其重”的原则。

在现实中，人们实际遇到的情景可能更加复杂，上述三种冲突常常交织在一起，而使个人感觉到莫大的压力。

③压迫：压力也会因个人迫使自己必须达到某些目标而产生，如在学业或事业上，个人为了取得好的分数或达到好的业绩，而压迫自己加倍努力，就必然带来压力。若个人是完美主义者，有着强烈的自我期许，就会造成更大的压力。

(2) 环境因素造成的压力。从图 8-4 可以很直观地看到，现实生活中，除了来自自身心理的压力，还有许多压力来自于外在环境的改变，包括人际关系、工作状况、经济状况等。国内外许多研究都证明，积极正面的社会和家庭关系能够缓解或降低压力对个人的影响，反之亦然，没有人际关系的支持或是缺乏外来资源的援助会使得压力更加尖锐，同时削弱个人处理压力的能力。例如一般来说，来自单亲家庭的学生在面对同样的压力事件时，其压力感要大于那些被家人关心支持的学生。

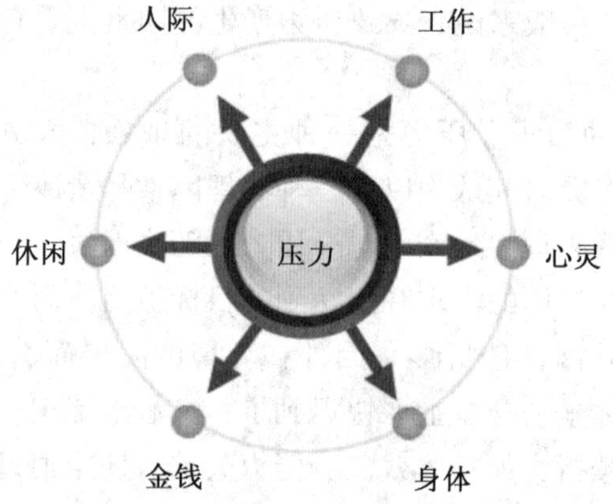

图 8-4 压力来源图

3. 压力的影响

一提到压力，人们常常会联想到紧张、痛苦、焦虑等消极的字眼，但事实上压力不总是负面的，它也有积极正面的影响。

(1) 压力的正面影响。

> 其实适当的压力，是保持活性的重要条件。如果空气没有了气压，我们的呼吸就会衰竭；如果血液没有了血压，我们的四肢就会瘫痪。
>
> ——作家兼心理医生 毕淑敏

石油铁人王进喜也曾说过，井无压力不出油，人无压力不进步，可见压力的影响并不总是负面的。具体来说，压力的正面影响主要有三个方面：第一，有助于加速解决问题。只有在感到压力后，人们才会集中全部精力来解决存在的问题，也才能收到最大的效果。第二，可以满足人类寻求刺激的需求。人类具有天生寻求刺激的需要，没有任何压力的事件是不具备刺激性的。如艺术类专业的大学生在参加校级比赛和省级比赛时面临的压力大小是不同的，当然在比赛中因压力而获得的刺激感也不一样。第三，可以增强调适能力。人们在承受压力的同时，也在探索解决问题、缓解压力的办法。人们在直面问题、克服压力的同时，会得到新的成长，锻炼应对压力、解决问题的能力。当然压力必须适度，正如不同的温度带给人的舒适感是不同的，20°左右最舒服，超过35°可能就会让人感觉燥热导致效率下降，适度的压力会促使我们提高效率，减少时间的浪费，但过度的压力往往会导致适得其反的结果。

（2）压力的负面影响。

◎案例十

小吴，女，某高职院校舞蹈系学生。小吴虽然资质不是最优秀的，却是最懂得努力的，在练功时她对自己有着一股近乎苛刻的狠劲儿，因为她要用专业上的优秀证明来自农村的自己不比别人差。终于她的努力得到认可，被选拔为代表学校参加舞蹈专业类最高级别赛事的种子选手。小吴对此既欣喜又惶恐，害怕自己表现不好会让老师失望，被同学们嘲笑。顶着巨大的心理压力，她开始了为期一个月的赛前集训，每天晚上练到凌晨一两点，一段时间下来，她的技术技巧的确取得了比较明显的进步，但身心俱疲导致睡眠质量很差，精神很难集中。在巨大的身心压力下，比赛前一周的一次技巧练习中，小吴从高台上摔了下来。后被诊断为尾椎骨轻微错位，需卧床休息两周。这次意外，让小吴与比赛彻底擦肩而过了，她陷入更加巨大的遗憾里。

小吴在内心和现实的巨大压力下，长期以来过着一种压抑而紧绷的生活，在得到老师的信任和栽培后更是受宠若惊，化压力为更大的压力，恶性循环下紧绷的弦断了，导致事与愿违的结果。

从案例可见，压力对人的负面影响是巨大的，人若在压力重压下持续得不到缓解，即使很努力也可能事倍功半，甚至功亏一篑。压力还可能带来从轻微的不适到严重的疾病，因为身和心是相连的，心理的压力可能引发身体的疾病，而生理的问题也会带来心理的困扰。由心理因素引起的肌体损伤或身体功能损伤，通常称为身心疾病。此外，压力也会带来工作效率低下和人际关系的退步，也可能导致个人适应能力的降低。

二、大学生面临的压力

◎案例十一

小董同学是一名来自某市的90后独生子，家庭经济情况较好。在看似平稳地度过两年后，大三上学期的某天小董主动来找辅导员，表达了自己想退学的想法。他的理由是：首先，他觉得自己选错了专业，刚入学时想过换专业，但一犹豫就错过时机了，但到现在还是对所学专业喜欢不起来，学得很吃力、很痛苦；其次，因不喜欢专业课导致上课状态不佳，还因此与专业课老师起过几次大的冲突，导致师生关系很紧张；最重要的一点，就是对即将到来的毕业和就业感到恐慌，觉得自己大学里没学到什么实用的技能。尤其最近几个朋友提议合伙创业，让自己很心动，觉得与其在学校浪费一年时间，不如退学创业干出一番成就。迟迟没行动的一个原因来自于父母的压力，觉得他这么做太幼稚太不切实际了，故坚决反对。这让小董很苦恼，很迷茫。

可以看出小董在大学这两年里一直是背着压力生活，学业的压力，与老师的人际关系方面的压力，就业和创业的压力，还有来自父母的压力。在重重压力下，他得过且过着，从没想过如何调整心态解压，而是放任其恶性循环，最后看似勇敢的决定在某种程度上也可以说是一种逃避。

在节奏越来越快的现代社会里，压力无处不在，学习、工作、人际关系、生活中的突发事件或琐事都会带来问题和压力。大学生作为一个特殊的群体，他们的生理和心理特点为：各方面渐趋成熟，但还在成长中。从相对舒适单纯的家庭环境走入大学这个小社会后，他们不可避免地面临着方方面面的竞争和压力，包括学业上的、人际关系上的、社会和家庭环境上的以及就业上的。简单的生活轨迹和激烈的竞争环境容易使他们形成追求优秀但内心脆弱、抗压性差的特点（见表 8-5）。

表 8-5　**大学生面临的压力**

学习本身	人际关系
· 学习底子差，专业难度高 · 学习单调，缺乏动力 · 学习氛围欠佳 · 教师上课风格不适应或不喜欢 · 担心考试挂科，拿不到毕业证 · 家庭的期望值过高	· 同学间的相互竞争 · 与班里或宿舍里的某些同学处不来 · 与老师或领导沟通时不自然，易紧张 · 看到有些“白富美”或“高富帅”时，难以自控地心理不平衡 · 恋爱问题
社会、家庭环境	**未来发展**
· 学校规章制度过于繁琐严格 · 社会上的物质诱惑太多 · 对社会文化适应不良 · 不喜欢校园文化 · 家庭矛盾 · 家庭经济压力	· 就业的压力 · 职业生涯选择的迷茫 · 担心自身形象不占优势 · 担心自身学历不够高 · 担心学校牌子不够好 · 担心自身的社会适应能力差

三、压力管理的技巧

压力管理就是个体用有效的方法应对在压力情况下的生理、心理反应的过程。压力管理的本质即是适应压力的过程，要做压力的主人，要操纵压力，将精神放在纾解压力上，努力将压力从负面转为正面，从而使生活更和谐、更有生产力。

1. 压力管理的路径

压力管理可从问题取向和情绪取向两个方面着手：

（1）问题取向。即针对压力源造成的问题本身去处理，较理想的处理问题的态度为冷静面对、逐步解决，问题克服过程的标准步骤如表 8-6。

表 8-6　　**压力处理步骤**

1	认清压力事件的性质
2	理性思考及分析问题事件的来龙去脉
3	确认个人对问题的处理能力
4	累积寻求能帮助解决问题的信息，包括如何动用家庭及社会环境支持系统
5	运用问题解决技巧，拟订解决计划
6	积极处理问题
7	若已完全尽力，问题仍无法在短时间内克服，则表示问题本身难度甚高，有可能需要长期奋战

（2）情绪取向。从情绪取向来管理压力，就是要设法处理压力所造成的反应，即从情绪、行为及生理等方面进行纾解。

①认清并接受情绪体验的发生：情绪体验的发生是相当正常的，因此觉察自己的情绪，并接受自己情绪的过程会使自己正确去看待情绪本身，从而采取较为适当的行动。

②情绪调节：如寻找忠实的聆听者诉苦，对方也可以给予精神上的支持与关怀。另外，痛哭一场把情绪适当宣泄出来，以避免在解决问题的重要时刻把不适当的情绪表露出来。

③正向乐观的态度：危机即是转机，将整个问题处理的过程当做锻炼自身能力、发展成长的重要机会，尽量以正向乐观的态度去面对每一件事，也较能使问题导向正面的结果。

2. 压力纾解建议

（1）建立良好的人际关系。根据马斯洛需求理论，社会交往是人的重要需求之一，在与人的良性互动中，人们可以获得认同、消除寂寞、相互保护、互相支持、共同成长。因此良好的人际关系是生活、工作、自我成长上的助力，而不良的人际关系不但会使人沮丧，甚至会打击摧毁一个人。

（2）适度的运动。适度的运动是最可行及最简便的减压方式，运动可以纾解人体肌肉的紧张，亦可使人的精神获得舒展，如现实中，人们以露营、登山、健身等丰富多彩的休闲活动来缓解紧张的生活压力。

（3）接纳不完美的自己。压力时常来自于对自己的不满，太过自卑、对自己期望值过高都会带来压力。完美主义者更容易感觉到压力和挫败感，但事实上没有人是完美的，只有接纳自己、肯定自己，才能使别人接纳并喜欢上自己，也才能使自己活得更轻松自在些。作为高职类学生，即使学历不如本科生，但我们要坚信尺有所短、寸有所长，不能妄自菲薄，要对自己的专业技能和个人素质充满信心，如此才能更自信、更具竞争力。

（4）学会倾诉。心中有块石，不吐不快，是许多人在压力来临时的共同感受。的确，过分压抑自己的情绪并不是件好事，若真的感觉压力袭来难以承受时，不妨向信赖的朋友倾诉，吐吐苦水。这种方式可以使个人的紧绷或沮丧情绪得到释放，也可能会得到朋友的理解和支持。因此说倾诉也是调节压力的一种有效方式。

（5）充足的睡眠。充足的睡眠可使人暂时遗忘紧张焦虑的情绪，根据心理学的研究发现：个人在受到挫折时，睡眠即为一种松弛剂，因此，睡眠亦为一种纾解压力的有效方法。

项目六　大学生的网络生活管理能力

案例导入

自互联网这种新媒体诞生以来，网络不良文化与青少年暴力犯罪的关系就逐渐成为争论的新焦点。近年来，许多举世震惊的青少年暴力犯罪背后，似乎都能找到网络暴力文化的影子。

2007年4月16日，弗吉尼亚理工大学发生了美国历史上最血腥的校园枪击事件，年仅23岁的韩裔学生赵承熙在枪杀32名师生后自杀。与赵承熙相识的一些韩裔青年向《华盛顿邮报》透露，赵从高中时代起就痴迷于《反恐精英》等暴力游戏，在这些虚拟的游戏中，玩家可扮演恐怖分子或反恐部队，使用各类枪械互相射击，随意“杀人”。

案例评点：弗吉尼亚枪击案发生的原因固然是多方面的，但不可否认网络暴力游戏对凶手的价值观和行为产生了负面影响。《华盛顿邮报》一篇专栏文章说，网络把越来越多的青少年从运动场吸引到互联网上，他们正在成为互联网暴力的受害者。可见，网络对人的生活，甚至人生都会产生无比巨大的威力，理性看待网络，科学利用网络势在必行。

【相关知识】

一、认知网络生活

1. 什么是网络生活管理

现代社会是一个信息网络社会，互联网已经极大地改变了整个世界，成为人们学习、生活、娱乐不可缺少的一部分。网络具有全球性、包容性、开放性、虚拟性、自主性、主动性、互动性等特点，可以说网络已经渗透到人们生活的方方面面，网络已经成为人们的一种生活方式，人们在这个虚拟世界里进行娱乐、交友、购物、学习、商业贸易等几乎一切现实生活中需要从事的活动，网络也成为人们展示自我、了解世界的一扇便捷窗口。

网络生活管理就是要求人们在网络环境中有意识地逐渐养成自我教育、自我约束的良好习惯，充分认识网络的双刃剑效果，理性看待和利用网络。同时端正上网态度，自觉遵守网络生活道德，要充分发挥网络资源的正面效用，最大限度地减弱网络的负面影响。

2. 网络的双刃剑作用

网络既给人们的生活和工作提供了极大的便利，同时又有着显而易见的负面效应，可以说网络是把双刃剑。一方面网络会议、网上购物、虚拟办公室、虚拟课堂等使人们通过网络可以足不出户进行交友、娱乐、购物、学习等活动，大大降低了现实中的出行和时间成本，人们享受着网络带来的丰富信息和巨大便利。另一方面，人们同时也遭受着网络垃圾、网络色情、网络暴力、网络管理漏洞等对其思想和行为的巨大冲击，如有些人沉溺于网游的虚拟世界，没有时间概念，丧失自控力；有些人在网络面前扭曲了价值观，迷失了自我；更甚者在网络暴力的影响下走向现实中的犯罪。

3. 大学生进行网络生活管理的必要性

鉴于网络的双刃剑作用，每个人都必须理性看待和利用网络，有意识地进行网络生活管理。而值得注意的是，在中国庞大的网民构成中，青少年网民近2亿，他们多数为在校大学生。而大学生作为社会中最活跃、最敏感的人群，他们心理发展水平尚未真正完全成熟，自控能力差，导致部分大学生沉湎于“网上世界”，因此诱发健康问题、心理问题的可能性比其他群体更大，所以引导大学生科学管理网络生活，健康上网，减少网络成瘾者，是一项迫切需要进行的工作。

大学生进行网络生活管理就是要充分认识网络的双刃剑效果，积极寻找各种有利的网络资源，满足学习与生活的需要，同时端正上网态度，自觉遵守网络生活道德。自我网络生活管理的本质就是处理好自身与网络的关系，在网络生活中增强自身主体性，消除自我对消极虚拟生活的过度依赖。

二、大学生网络生活管理中存在的问题

1. 时间利用不合理

◎案例十二

小孟，某高职院校一年级学生，性格内向的他感觉自己与同学格格不入，很难融入班集体，为了打发时间和寻求心灵的寄托，他开始经常到网吧上网，慢慢发展成白天逃课，晚上通宵，完全沉溺在网络中，导致学业完全荒废。由于一学期累积旷课达到2/3，若期末考试再有不及格科目，他将面临被退学的危险。

在对大学生活不适应时，小孟没有选择及时调整心态和学习状态，而是一头栽进了网络里，到最后发展成逃课、通宵上网，沉溺于网络游戏，导致学业荒废，面临退学。小孟的经历在大学生群体中并非个案，值得思考。

从高中到大学阶段，大学生的可自由支配时间突然多得无所适从，导致相当大部分学生的课余生活都是在消磨时间，没有充分地利用起来。如果有十个选项，网络毋庸置疑会是大部分大学生休闲活动的首要选择，而事实上大学生花在网络上的时间过多，对网络的应用存在失衡的现象，部分学生存在网络沉迷现象，甚至成为网络成瘾患者，严重影响了学习和身体健康。从媒体到身边，我们都经常可以看到关于许多大学生无视学业而沉迷网络的案例，有的学生逃课上网、打通宵的网络游戏，花费太多时间在网络中，而浪费了宝贵的求学时间，最后荒废学业。

2. 无法进行科学的信息甄别

◎案例十三

某高职院校大二学生林某，在上网时认识了自称是本地另一所高校的一名男孩，在网上聊天中，该男孩对林某百般讨好、恭维，林某不禁怦然心动，卸下心防，两人开始了虚拟世界的所谓爱情。一个月后，男孩儿开始要求与林某见面，林某在稍作矜持后便答应了，缺乏基本自我保护意识和信息甄别能力的她对男孩儿的真实身份和现实中可能存在的危险丝毫未作考虑和求证。见面后，林某发现该男孩儿的外形和谈吐都和网聊时的感觉大相径庭，失望之余就想借故离开，但男孩儿却不肯轻易放手，林某最后被劫财又劫色。林某后悔莫及，返校后报警，后经调查证实该男生在网上所说的一切身份信息都是虚假的，他不过是一个利用网络实施诈骗的无业青年。

在这个案例中，林某自我保护意识淡薄，缺乏基本的信息甄别能力，轻信网络中的信息，最后落得人财两空的下场，为还陷在网恋中的大学生们敲响了警钟。

在当今的互联网世界，只要打开电脑，你就可能遭遇垃圾邮件的轰炸，虚假信息和

病毒信息的骚扰，以及网络色情的诱惑。可以说，由于大学生对信息的辨别力还不够强，网络对他们毒害之深可能是难以估计的。网络中的信息良莠不分，消极的和低级趣味的信息无处不在，这种负面信息严重地冲击着成熟边缘的大学生。许多大学生对网络上的信息缺乏批判意识和判断力，无法进行科学的信息甄别，对各种信息照单全收，最终难免遭受直接或间接的损失与危害。

3. 知识搜集整合能力低下

网络的方便快捷在某种程度上削弱了大学生对问题的深层思考和探究的能力，对还在进行文化专业知识学习的大学生来说，知识搜集整合本应是利用网络的一项基本功，但现实却是相当部分学生的知识搜集能力相当低下。一项调查显示，大学生对最基本的知识收集和查找能力，如收发电子邮件、搜索引擎的使用等还是比较熟练的，但是对学习资源的处理、归类，对知识的整合等稍高级的知识管理能力却不尽如人意，表现在对学习资料的归类整理、网络图书馆与文献数据库的检索使用，对学习资源的按需整合很少，而参加学习社区等知识的共享与交流活动则更少。

4. 价值判断非理性，道德出现滑坡

网络道德是人们在网络交往过程中，处理各个方面关系时所应持有的价值观、行为模式和准则。正由于大学生的身心发展阶段特点，导致其自我控制和自我约束能力不足，网络生活管理意识不强，网络道德失范现象严重，出现许多网络越轨行为，如网络言行随意放纵，使用不文明的语言或符号发表自己的看法；很容易受到网络舆论的煽动，在从众心理下丧失对事件的理性判断；此外，沉溺于网上交际还使得一些大学生对现实社会中他人与社会的幸福漠不关心，造成道德人格上的缺失或扭曲。

三、大学生网络生活管理的策略

大学生在网络环境中要有意识地逐渐养成自我教育、自我约束的良好习惯，学习进行科学的网络生活管理，要充分发挥网络的正面效用，最大限度地避免网络可能带来的负面影响。

1. 投入合理的时间

大学时光是有限的，更是宝贵的。人的一生很难再找到这样三四年的精华时间可以集中一边学习专业文化，一边拓展各方面的能力素质，所以任何人都不应浪费过多的时间在网络生活中。要切实地做到在网络中投入合理的时间，首要的一点就是要明确花在网络上的时间不能是随性的，这样就可能无限期拖延下去，直至沉迷在网络中。因此每个大学生对自己每天的上网时间要有合理的计划和控制，尤其每天利用网络进行休闲娱乐的时间至多不能超过 3 个小时。对一些自控能力格外差的人来说，可采取定闹铃提醒，请同学、家长监督提醒、安装上网时间监控软件等措施来有效控制上网的时间。

2. 学会信息甄别

网上信息资源往往良莠不齐，大学生要自觉提高甄别能力、自控和自律能力，自觉地抵御垃圾信息和有害信息的干扰和侵蚀。首先，大学生要不断提升自己的综合素质，平时注重自身思想政治素质、政治敏锐性和鉴别力的提高。其次，大学生要有意识地远离低级趣味的不良信息，不断健全自己的人格，培养高尚的情操，自觉抵制不良信息的诱惑。最后，在此基础上，大学生要学会批判地对待网络中良莠不齐的信息，绝不能对各种信息照单全收，切实做到取其精华、去其糟粕。这就要求大学生通过多阅读书籍、关注时事等方式提高政治素质、提升知识修养，这个过程不仅可锻炼自己的独立思考能力，还可提高其对事物的分析和判断能力。因为只有知识面够广，时事敏感度够高，才能懂得批判、学会判断，才能进行科学的信息甄别。

3. 学会高效的知识搜集整合

网络使得大学生的学习效率大大提高，拓展了学习信息视野，但也存在着知识搜集途径过于单一，知识整合能力过低的不足，要改进此点可从以下几方面入手：首先，要懂得有效利用大学图书馆的电子网络资源。网络中的知识搜索工具并非只有几个主流的搜索引擎，一般大学图书馆都购买了涵盖各学科的电子知识资源，包括中国知网、同方论文数据库、超星电子图书馆等。其次，了解了各类搜索引擎、电子资源、网络图书馆、文献数据库的类型和特点后，就要逐步学会使用这些资源的方法和技巧。最后，要学会对所搜集的知识材料进行整合梳理。根据实际需要将学习资源进行处理、归类、提炼，并积极参加学习社区的知识共享与交流活动。

4. 自觉恪守网络道德规范

网络潜移默化地改变着大学生的认知、情感、思想与行为，在思想观念和道德品质形成的关键时期，网络道德对大学生的规范只有通过个人的自律才能真正落到实处。所有的网络道德规范要实现其价值，成为有实效的东西，只有通过网民的思想和行为转化为道德的自律，自愿地认同网络道德规范，并结合个人的实际情况加以践行才能真正有效。因此，大学生要主动加强自身的道德修养，通过提高道德认知，坚定道德信念，升华道德人格，从而在自律的基础上遵守和践行网络道德规范。

模块小结

大学生作为一个处于发展和学习阶段的特殊群体，任何一方面能力的欠缺都可能导致职业生涯发展受阻，自我管理能力是大学生综合素质的重要组成部分，因此激活大学生的自我管理意识，增强其自我管理能力意义重大。大学生的自我管理就是在适应所处环境、建立清晰目标的前提下，通过不断地自我认识、自我教育和自我调控，充分实现、挖掘和利用自身及周边一切可以利用的资源，充分发挥自己的心理潜能，使自己的职业生涯规划得以顺利实施，并最终实现自我目标的过程。

自我管理能力的内容范畴是非常丰富的，根据大学生所处成长阶段和面临环境的特殊性，本模块主要从时间管理能力、情绪管理能力、压力管理能力、人际关系管理能力和网络生活管理能力五个方面展开讨论，通过相关概念、理论的介绍及一些贴近生活的案例分析，使同学们更新自我管理能力的观念、明确自我管理能力的目标，掌握时间管理、情绪管理、人际关系管理、压力管理及网络生活管理的具体方法和技巧。

复习思考题

1. 用表格列出自我管理能力所包含的具体内容，找出自己不擅长的能力，注明自己的欠缺点，并思考改进和提升的方法。

2. 找一件自己一直因拖延未完成事情，试着做出一份适合自己的时间管理技巧应对陈述单。

3. 反思自己的休闲生活，你花在网络上的时间多吗？你认为应该如何调整和管理自己的网络生活呢？

知识链接

计算机伦理十戒

美国华盛顿的一个电脑伦理研究所，根据《圣经·旧约》中的摩西十戒，提出了计算机伦理十戒：

1. 你不应该用计算机去伤害他人；
2. 你不应该去影响他人的计算机工作；
3. 你不应该到他人的计算机文件里去窥探；
4. 你不应该用计算机去偷盗；
5. 你不应该用计算机去作假证；
6. 你不应该拷贝或使用你没有购买的软件；
7. 你不应该使用他人的计算机资源，除非你得到了准许或者作出了补偿；
8. 你不应该剽窃他人的精神产品；
9. 你应该注意你正在写入的程序和你正在设计的系统的社会效应；
10. 你应该始终注意，你使用计算机时正在进一步加强你对你的人类同胞的理解和尊敬。

人际交往中的心理效应

类型	含义	启示
首因效应	指素不相识的人在首次交往时形成的初始印象。主要是根据对方的身体外貌、声音及外显行为所得到的综合判断，有先入为主的作用	一方面把自己展示给别人时，要注意建立良好的第一印象。如和陌生人初次见面时应衣着得体，谈吐自然大方，举手投足有礼有节。另一方面观察别人要懂得透过现象看本质，避免被表面的第一印象所左右

续表

类型	含义	启示
晕轮效应	又称光环效应，人们因对认知对象的某个突出特点印象深刻，从而扩散泛化到其他方面也都是这样优秀。它是一种夸大的以偏概全的印象，典型的就是明星效应、情人眼里出西施、爱屋及乌、一俊遮百丑等	在与他人交往中看人看事要多角度分析取舍，避免以貌取人，以偏概全；要学会正确运用晕轮效应，善于把自己某个突出优点最大化地展示于人，以取得事半功倍的效果
近因效应	与首因效应相反，主要产生于熟人之间，随着人际交往的深入，新近留下的信息会给人产生强烈的影响，最新的印象会冲淡或盖过以往的印象	要认真对待每一次交往，努力留下好的第一印象，也要重视平日交往的质量。对他人要历史、全面地看待，不要因一时一事而以偏概全，导致认知偏差
刻板印象	又称定势效应，指对于某一类人或事物产生的一种比较固定、概括而笼统的看法。刻板印象是由于过分依赖自己过去的经验而产生的，如一般认为北方人豪爽率直，南方人灵活精明等	不要戴着有色眼镜看人看事，不要习惯从交往对象的年龄、性别、职业、地位等思维定势出发去交往，以免不加思考判断地对人、对事进行定性
投射效应	就是“由己推人”，指交往中总是假设别人与自己有相同的想法，把自己内在的价值观、情感好恶或愿望施加到外在的人、事、物上，即把自己的想法强加于人。常常说的“以小人之心度君子之腹”就是此种情况	要顾及他人的感受，不要把自己的感受和愿望想当然地强加给别人，己所不欲勿施于人

技能训练

一、角色扮演活动

人物甲	人物乙
第一部分：做主讲者 你是主讲者，请用两分钟的时间向听众讲述你最开心的一次旅行，其中包括旅游的地点、同行者，以及你曾做过的有趣事情	第一部分：做倾听者 你是一个倾听者，请用心倾听主讲者讲述他的一次最开心的旅行。尝试用良好的倾听来表现，如与主讲者进行目光交流，身体微微前倾，在适当的时候微笑或适当提问等

续表

人物甲	人物乙
第二部分：做倾听者 你扮演倾听者，请先用心倾听一分钟，接着用另外一种心态去倾听主讲者的讲述，如四处张望、玩弄指甲、交头接耳、没精打采、烦躁不安等	第二部分：做主讲者 你扮演主讲者，请用两分钟的时间向听众讲述你最开心的一次旅行，其中包括曾旅游的地点、同行者，以及你曾做过的有趣事情

问题讨论：

1. 身为主讲者，你有何感受？为何如此？
2. 举出人物乙曾表现出的有效的倾听技巧。
3. 你凭什么判断人物甲并非在倾听？
4. 哪些倾听技巧是你常用的？你是否有过对讲述内容不感兴趣的表现？那么你认为主讲者的感受会如何？

二、时间管理测试

下面用最简单的办法测试你是否能掌握时间，你只需回答“Yes” or “No”。

1. 你通常工作很长时间吗？
2. 你通常把工作带回家吗？
3. 你感到很少花时间去做你想做的事吗？
4. 如果没有完成你所希望做的工作，你是否有负罪感？
5. 即使没有出现严重问题或危机，你也经常感到工作有很多压力？
6. 你的案头有许多并不重要但长时间未处理的文件？
7. 你经常在做重要工作时被打断吗？
8. 你在办公室用餐吗？
9. 在上个月里，你是否忘记一些重要的约会？
10. 你时常把工作推到最后一分钟，然后很努力地去做完它们？
11. 你觉得找借口拖延你不喜欢做的事容易吗？
12. 你总是感到需要做一些事情而保持繁忙吗？
13. 当你长休了一段时间，你是否有负罪感？
14. 你常无暇阅读与工作有关的书籍？
15. 你是否太忙于一些琐碎的事而没有去做与目标一致的大事？
16. 你是否沉醉于过去的成功或失败之中而没有着眼于未来？

总结你的时间掌控

12~16 个"yes"	救命！你在时间管理上急需改进
8~12 个"yes"	当心！你需要重新审视你的时间行动指南
4~8 个"yes"	可以！方向正确，但需要提高冲劲
0~4 个"yes"	恭喜！坚持并保留你的方法

三、焦虑自评量表

填表注意事项：下面有 20 条文字描述（括号中为症状名称），请仔细阅读。每一条文字后有四级评分，依次表示：没有或偶尔；有时；经常；总是如此。然后根据你最近一星期的实际情况，在分数栏 1~4 分对应的分数下打"√"。

1. 我觉得比平时容易紧张和着急（焦虑）。 1 2 3 4
2. 我无缘无故地感到害怕（害怕）。 1 2 3 4
3. 我容易心里烦乱或觉得惊恐（惊恐）。 1 2 3 4
4. 我觉得我可能将要发疯（发疯感）。 1 2 3 4
5. 我觉得一切都很好，也不会发生什么不幸（不幸预感）。 4 3 2 1
6. 我手脚容易发抖打颤（手足颤抖）。 1 2 3 4
7. 我因为头痛、颈痛和背痛而苦恼（躯体疼痛）。 1 2 3 4
8. 我感觉容易衰弱和疲乏（乏力）。 1 2 3 4
9. 我觉得心平气和，并且容易安静坐着（静坐不能）。 4 3 2 1
10. 我觉得心跳得快（心悸）。 1 2 3 4
11. 我因为一阵阵头晕而苦恼（头昏）。 1 2 3 4
12. 我有晕倒发作，或觉得要晕倒似的（晕厥感）。 1 2 3 4
13. 我呼气吸气都感到很容易（呼吸困难）。 4 3 2 1
14. 我手脚麻木和刺痛（手足刺痛）。 1 2 3 4
15. 我因胃痛和消化不良而苦恼（胃痛或消化不良）。 1 2 3 4
16. 我常常要小便（尿意频数）。 1 2 3 4
17. 我的手常常是干燥温暖的（多汗）。 4 3 2 1
18. 我脸红发热（面部潮红）。 1 2 3 4
19. 我容易入睡并且一夜睡得很好（睡眠障碍）。 4 3 2 1
20. 我做噩梦（噩梦）。 1 2 3 4

计分方法：

焦虑自评量表（SAS）的主要统计指标为总分，在由自评者评定结束后，将 20 个项目的得分相加，再乘以 1.25 以后取整数部分，就得到标准分，也可以查"粗分标准分换算表"作相同的转换。标准分越高，症状越严重。SAS 的 20 个项目中，第 5，9，13，17，19 条，此 5 个项目必须反向计分。

您的得分：(　　)

判断：按照中国常模结果，SAS标准分的分界值为50分，其中50分以下为正常，50~59分为轻度焦虑，60~69分为中度焦虑，70分以上为重度焦虑。

模块九

素 质 拓 展

——挖掘潜能　职业延伸

【学习目标】

通过本模块的学习与训练，要求同学们熟悉和了解素质拓展在职业生涯规划以及人生发展过程中的重要意义。同时，精选了一些典型的素质拓展训练项目，使同学们达到更新学习观念、明确学习目标、掌握学习方法、激发学习活力、增强学习能力、提高学习效果的目的。本模块还以一种体验式学习的方式，让同学们在学习体验的参与过程中，心理受到锻炼，思想得到启发，在特定的环境中去思考、发现、醒悟，对个人、团队进行重新认识，重新定位。

【技能知识点】

1. 素质拓展概述
2. 素质拓展与职业生涯发展与人生发展的关系
3. 素质拓展的原则和分类
4. “破冰”与素质拓展
5. 四类素质拓展游戏

项目一　素质拓展概述

案例导入

草根故事：西柏坡纪念馆的85后夫妻讲解员①

“明天就可以来上班了！”2004年7月20日，刚刚从河北艺术职业学院毕业的18岁的张静和19岁的祁磊经过一天的颠簸，来到西柏坡，经过面试之后，他们同时被西柏坡纪念馆录取。如今，夫妻俩已经在这里工作了整整8年。

2012年5月，中央电视台新闻频道《走基层》栏目对西柏坡纪念馆的讲解员多年来无私奉献的事迹进行了追踪报道，这一天的报道，专门聚焦这对85后小夫妻。

张静和祁磊上中专时学习舞蹈专业。2004年，西柏坡艺术团招聘的时候他们以舞蹈演员的身份来到西柏坡，在这里他们相知相恋，最终走到了一起。他们每天的工作就是排练演出节目和为来参观的观众讲解。如今，张静评上了纪念馆最高级别的五星级讲解员，祁磊也评上了四星级讲解员，小两口成了纪念馆的黄金夫妻档。

上学时，原以为美丽宜居的大城市、灯火辉煌的大舞台会是他们人生的归宿，借助最美丽的灯光音响和肢体语言为观众传递美。然而，令张静和祁磊完全没有料到的是，2004年，由于道路不畅，他们第一次去往单位的车竟在路上走了整整一天。在采访中，张静说：“感觉就是进了原始森林一样，是很美，但是很远。那会儿我想不行，这不适合我。”祁磊补充道：“我们要买点洗漱的东西，同事带我们去，走了整整三里路才到，连路灯也没有。”山区的条件让他们有些打退堂鼓，但是接下来的考验更让他们有些招架不住，要当纪念馆的讲解员，那首先就要在半个月内，背会50页两万多字的解说词！

在克服了各种困难之后，现在，夫妻俩已经习惯了这样的生活：每天早上6点起床，6点50分至8点开始讲解培训，8点半到各自岗位报到，准备开始一天的工作。讲解员这份工作除了要给游客讲解展览内容外，还要求讲解者会跳、善唱，并能利用打快板、唱民谣等各种活泼的形式向游客介绍中国共产党的历史。

像张静和祁磊这样扎根基层，默默奉献的讲解员还有很多，许曼也是其中一位。2005年，许曼考入河北艺术职业学院附中音乐系，就读声乐专业。实习实训期间经招聘进入西柏坡纪念馆，成为一名演员和讲解员。在工作中，许曼认识到自身文化知识的欠缺以及提升自身素质的迫切性，于是，2009年又通过高考再次考入母校，边工作边接受高职教育。她不仅继续将自己的声乐专业提升了层次，而且广泛涉猎文化市场经营与管理、文化礼仪等专业知识，加强历史文化知识的学习，加强写作练习，加强与人沟通的技巧练习等。目前，许曼已迅速成长为业务骨干。

① 资料来源：2012年5月中央电视台新闻频道“走基层”节目以及其他媒体报道。

2012 年 5 月，许曼应邀赴深圳卫视参加《年代秀》栏目的节目表演，许曼用红毛线代表解放区，蓝毛线代表敌占区，以快板《红毛线蓝毛线》的精彩表演征服了观众。表演结束后，许曼还应邀即兴表演了一段民谣《纺车谣》，动情的演唱赢得了全场观众的热烈掌声，不仅展示了西柏坡讲解员能歌善舞的高素质，还寓教于乐，让观众接受了革命传统教育，为纪念馆赢得了荣誉。此外，在工作之余，许曼还经常写一些小通讯、小文章，不时见诸报端。

案例评点：张静、祁磊和许曼的成功案例告诉了我们综合素质在职场成功中的重要作用。无论是舞蹈专业的张静和祁磊，还是声乐专业的许曼，在事业发展进程中，都能主动适应工作需要，在发挥本专业特长的基础上，学习打快板、唱民谣、写文章等多种技能，为自己人生发展搭建了广阔的舞台。他们给了我们这样的启发：

首先，在校期间要认真学好专业课，学好文化课，广泛涉猎各类文化知识，练就一专多能的技能；其次，要调整良好心态，为自己准确定位，不好高骛远，不怕挫折，坚定信心，多参加实习实训，在社会实践中受教育、长才干、作贡献；最后，要积极适应社会需求，树立终身学习的意识，不断适应新变化，创新思路，创新工作方法，变被动要求为主动跟进，不断实现人生的新高度。

【相关知识】

一、当代大学生素质现状

1. 大学生的素质及结构

“素质”一词原是生理学概念，指人的先天生理解剖特点，以人的生理和心理实际作基础，以其自然属性为基本前提。个体生理的、心理的成熟水平的不同决定着个体素质的差异。

这里的素质是指人在一定方面存在和发展的内在要素的总和，是个体对人类社会的历史文化、科学技术和行为规范内化和升华的结果，也是个体身心发展的质量和水平的标志。

大学生的素质结构包括思想素质、业务素质和身心素质三个方面，见表 9-1。

总体上说，优秀的大学生所应当具备的素质是坚定的政治信念、良好的思想道德素质、扎实的专业知识、高水平的文化素质，同时能掌握多种技能和具有良好的心理及体能素质。

表 9-1　**大学生素质结构**

大学生素质结构	思想素质	价值观，即理想、信念、世界观
		人格，即自尊、自爱、自强
		伦理道德，即遵守社会公德、职业道德、家庭美德
		修养品德，即情操、美感、追求美
		超前意识，即环保意识、忧患意识、国家意识、现代意识
	业务素质	创造性的思维能力
		合理的知识结构
		完善地考虑问题
		获取知识的能力，独立利用文献资料统计分析，逻辑论证
		计划组织管理能力，与人合作，协调关系，化解矛盾
	身心素质	身体素质，即身体的适应性、协调性和灵活性
		心理素质，即积极乐观的心态，强烈的竞争意识，一定的承受能力

2. 当代大学生素质现状

（1）思想道德素质。当代大学生的思想道德现状，主流是积极向上的。主要表现在绝大多数同学树立了对社会主义、共产主义的信念，热爱和关心祖国发展，积极投身社会实践，社会责任感和使命感不断增强。坚持社会主义的价值导向，在处理集体和个体、个人与他人关系问题上，比较自觉地把集体放在第一位，追求进步、独立、发展，注重人生的意义和价值。

应该肯定，大学生群体的整体道德水准在全社会范围内处于较高层面，但是大学生群体的道德状况也存在着一些不容忽视的问题。有些大学生政治选择具有功利化倾向，政治心态还不成熟，“极端个人主义”的消极思想有所抬头，对事业献身和集体奉献精神有所减弱，在道德选择和评价上存在着矛盾和困惑。例如考试舞弊、拖欠国家助学贷款、编造证明骗取国家奖助学金等行为都显示着一些学生诚信意识的缺失。

（2）业务文化素质。通过教育和学习，当代大学生能够掌握较为扎实的业务文化学习能力，具备了基本的业务文化素质，但也存在较为突出的问题，主要表现在：

①文化知识储备不足。尤其是传统文化知识欠缺，基础不扎实，语言和文字表达能力、人际交往能力和审美能力不足。

②学习能力较差。简单记忆课本知识，缺乏融会贯通、触类旁通的灵活运用，缺乏实际操作的能力，知识与能力脱节。

③具备一定的业务基础，但实践能力弱，动手能力差，不适应社会发展和市场需求。

④缺乏拼搏意识和敬业精神，信念不够坚定，容易动摇。

（3）身体素质。调查发现，大学生过多地将时间用于上网、看电视、玩游戏机，参加身体锻炼的时间不多，主动性不强，超重和肥胖比例持续增加，近视的比例上升。大学生人群的身体素质延续下滑的趋势明显，体质健康的状况很严峻。

据2010年国民体质监测结果显示，19~22岁年龄组除坐位体前屈指标外，爆发力、力量、耐力等身体素质指标继续下降。如与2005年相比，19~22岁城市男生、乡村男生立定跳远成绩分别平均下降1.29厘米、0.23厘米，1000米跑成绩分别平均下降3.37秒、3.09秒；城市女生、乡村女生立定跳远成绩分别平均下降2.72厘米、0.92厘米，800米跑成绩分别平均下降3.17秒、1.87秒。①

（4）心理素质。现代社会快而多变的生活节奏，日趋激烈的市场竞争，错综复杂的人际关系加重了大学生的心理负担，使他们的心理素质失衡。许多大学生的心理成熟程度往往滞后于其生理和智力的发展，各种各样的心理困扰与障碍深深地影响了他们正常的学习和生活，甚至造成了人格的扭曲。当代大学生的心理素质已成为一个不容忽视的问题，许多调查表明如今大学生已经接近心理弱势群体。他们的心理健康状况不良比例升高；精神疾病成为大学生休学、退学、死亡的主要原因；个性心理素质弱化即个性心理误区成为部分大学生成才的主要障碍。

综上所述，当前大学生综合素质主要呈现如下特点：

①价值观多元，动力不足。价值取向呈多元化，部分学生政治观念模糊，没有远大的理想和抱负，趋向于实用主义，重功利讲实惠，缺乏长远打算和人生动力。

②缺乏奉献精神。讲求索取、不懂奉献，敬业精神匮乏、社会诚信形象不佳。

③社会交往的意识和能力不足。部分学生言行举止不雅，性格孤僻，自制能力差，不善于交往，缺乏宽容与合作精神。

④缺乏自理、自立和解决实际问题的能力。专业基本功不扎实，专业素质不高，实干能力欠缺，被动应付现象突出，主动参与能力较差，缺乏解决问题的能力。

⑤身心问题频出。身体状况不佳，部分学生体育成绩一般或勉强过关，心理比较脆弱，一旦受到挫折就容易产生心理障碍。

当前，我国高等教育事业得以长足发展，高等学校的办学规模不断扩大，大学毕业生的数量逐年增加，大学生就业遇到了前所未有的挑战。从就业市场特别是用人单位反馈的信息看，用人单位最看中的是毕业生的综合素质。因为素质是底蕴、是内涵，只有高素质，才能转化为高能力。大学生要能够参与社会竞争，适应社会要求，在激烈的人才市场中脱颖而出，就必须全面加强素质拓展，从以往的片面注重专业知识学习，转到同时注重对提高自身综合素质的轨道。

◎参考知识

大学生心理素质现状扫描②

根据《北京高校大学生心理素质调查报告》，2007年在对23所高校6 000名

① 李小伟：《大学生身体素质亮黄牌》，《中国教育报》2011年9月14日。

② 黄英：《关于大学生心理素质现状、成因及其教育对策》，《湘潮》（下半月）（理论）2008年第7期。

在校大学生的调查测试过程中，发现有16.51%的学生存在中度以上的心理问题。近年来的研究也表明。大学生中相当一部分学生在心理上存在不良反应和适应障碍，心理疾病的发病率高达30%左右，并明显呈上升趋势，具体表现为焦虑、强迫、恐惧、抑郁、神经衰弱等心理问题。

实际上，大学生由于心理健康问题而引发的恶性事件比例也有所上升。在科技进步、社会发展、知识经济浪潮来袭的新的历史条件下，正处青春期的大学生，面临人生、理想、专业学习与求职就业等一系列重大现实问题。社会责任感与竞争的压力、"三点一线"的枯燥、失恋后的痛苦、失眠时的烦恼、成绩下降后的担忧、价值观与人际关系的困惑、理想与现实的矛盾、丰富情感与充沛精力无所寄托所造成的寂寞与压抑等因素，都可能引起大学生的心理失衡甚至引发心理疾病。

二、素质拓展概述

1. 认识素质拓展

素质拓展，又称拓展训练、外展训练（Outward bound），原意为一艘小船驶离平静的港湾，义无反顾地投向未知的旅程，去迎接一次次挑战，去战胜一个个困难。

素质拓展以高职院校专业人才培养目标为方向，应对高职院校专业人才培养以及未来职业岗位对身心发展的需求，有的放矢地在教学中根据不同的人才培养方向，拓展教育的内容与手段，特色化与专业化地发展学生的身心素质和行为规范，为培养适应生产、建设、管理、服务第一线需要的，德、智、体、美等方面全面发展的高素质技能型专门人才服务。

素质拓展一般以体验式学习的训练活动为载体，通过一系列精心设置的新颖、刺激的训练项目，让学生亲身观察、表达、行动，并分享活动感受或观察结果，让他们的心理受到锻炼，思想得到启发，在特定的环境中去思考、发现、醒悟，对个人、团队重新认识，重新定位，最终实现激发个人潜能的目的。

2. 素质拓展起源及发展

素质拓展创始于20世纪40年代，扩大规模于50年代，经历了60年代的长足发展之后，于70年代后得到了稳固发展和国际化推广。

素质拓展训练起源于二战期间的英国，当时一支大西洋商务船队屡遭德国人的袭击，许多缺乏经验的年轻海员葬身海底。针对这种情况，德国教育学家库尔特·汉恩等人便创办了"阿伯德威海上学校"，训练年轻海员在海上的生存能力和船碰礁后的生存技巧，使他们的身体和意志都得到锻炼。

拓展训练课程以培养合作意识与进取精神为宗旨，崇尚自然与环保。利用崇山峻岭、湖海大川等自然环境，通过创意独特的专业户外体验式培训课程，帮助企业和组织激发成员的潜力，增加团队活力、创造力和凝聚力，达到提升团队生产力的目的。

战争结束后，许多人认为这种训练仍然可以保留。外展训练的独特创意和训练方式逐渐被推广开来，训练对象由海员扩大到军人、学生、工商业人员等群体。训练目标由单纯的体能、生存训练扩展到人格训练、管理训练等。

风靡全球50余年后，素质拓展于1995年走进中国。十余年来不断发展，倍受推崇，逐渐被列入国家机关、外企和其他现代化企业的培训日程。

三、大学生实施素质拓展的意义

1. 素质拓展的意义

合理地安排高职学生参加体验式素质拓展训练，是帮助学生增强素质、获得技能、完善自我的好方法，具有以下意义：

（1）掌握更加专业化、实用性的技能；

（2）认识和激发自身潜能，增强自信心和诚信意识，提高沟通合作能力，激发感恩之心，改善人际关系，提升自身形象；

（3）提高自我管理能力，掌握完成目标的正确方法，克服心理惰性，锻炼战胜困难的毅力与恒心；

（4）掌握多种思维方式，克服传统思维方式的局限性，激发想象力与创造力，多角度看问题，全面把握问题实质，提高解决问题的能力；

（5）认识群体的作用，增进和加强团队的参与意识与责任心，塑造团队精神，增强团队凝聚力，提高未来进入社会职场的竞争能力；

（6）学会心态的自我调整，学会时刻保持一种积极乐观的心态，提升人格魅力，提高自身修养。

2. 素质拓展与职业生涯发展

鉴于职场竞争的激烈性，在大学教学中进行素质拓展教育，加强大学生意志品质、团队意识、沟通能力、规划协调等方面的训练，为他们直面职场竞争压力做好心智储备是十分必要的。

（1）从素质拓展的起源及目的看，素质拓展本质上就是通过体验式学习提高生存能力，它是利用一些自然条件和环境，通过精心设计的野外、场地等具有挑战性的活动，让受训练者在掌握一定的遇险生存技巧的同时，开发其心智，培养其团队合作精神的一种活动方式。

拓展训练以培养团队合作意识与进取精神为宗旨，其主要目的是“磨炼意志、陶冶情操、完善人格、熔炼团队”。它能有效地提高人在体能、毅力、智慧、沟通、协作等方面的素质和能力，并且可以把其升华到可能达到的顶峰，它能够培养参与者克服困难的毅力、健康的心理素质、积极进取的人生态度、敢于挑战自我极限的勇气和精诚合作的团队意识。

（2）从素质拓展训练形式及效果分析看，素质拓展训练形式丰富多彩，其课程主要有水上课程、野外课程和场地课程。水上课程包括游泳、跳水、划艇等；野外课程包括登山攀岩、远足露营、野外生存技能等；场地课程是在专门的训练场地上，利用各种训练设施，开展各种攀岩、跳跃等训练活动。

从素质拓展训练效果分析，素质拓展既能提高耐力、柔韧、灵敏、力量等身体素质，还能充分挖掘个人心理、智慧和体力等综合潜能；既能磨炼意志，培养优秀品质，还能增强学生的自信心，克服自身惰性，使学生变得积极向上，提高大学生的心理健康水平，也能建立彼此之间的相互信任、理解、关爱，改善人际关系，培养互相协作、互相信任的团队精神。

（3）从教师素质提升对学生素质发展的作用方面看，规范的素质拓展活动的组织实施与活动后的总结分享，有着严格的管理规定和要求，为开展好素质拓展训练活动，客观上会促使教师不断学习、提高。反过来，高水平、高素质的教师队伍也是学生成长成才重要的师资基础。

为开展好素质拓展活动，要求教师应具备较高的素质：首先，要具备高尚的道德品质，扎实的思想教育能力。教师应自尊、自重、自爱，注重自身修养，不断完善自己的人格，在思想品德、作风情操乃至举止风度等方面真正成为学生学习的榜样。其次，要具备丰富的业务知识，过硬的业务能力。教师应该具备相关的体育学科知识，丰富的人文知识，较强的人际交往和表达能力等。最后，要具备不断探索科学的教学方法和手段的能力。从教育目的这一根本性观念转变做起，变面向少数为面向全体学生，变单纯重视运动技能为促进身心全面协调发展。

教师素质的不断提高，势必会作用于学生素质的发展，使学生的心智更趋成熟，为学生在未来职业生涯发展奠定基础。

综上所述，素质拓展训练能提高学生的身体素质和心理素质，培养学生的团队合作精神和积极进取的人生态度，使得学生在激烈的职场竞争中更胜一筹。

四、大学生素质拓展的原则和分类

1. 大学生素质拓展的原则

（1）自主性原则。素质拓展计划的主体是学生，学校以学生的自主选择确定素质拓展的内容和方式，确保学生的个性特征在素质拓展过程中得到尊重和张扬。

（2）开放性原则。素质拓展计划是在学校的总体安排和组织下的群体性教育活动。计划不受专业、年级和学生类别的局限，鼓励同学们广泛交流，鼓励不同专业背景、不同年龄层次的学生相互学习借鉴。

（3）多样性原则。素质拓展计划提供主题丰富的“菜单式服务”，鼓励学生进行全方位的创作，自主组织、参与各种类型的素质拓展项目。

（4）柔性原则。在计划实施的过程中，对学生的素质拓展成果，只做客观记录，不树典型，不作排名，不评优劣，重在过程和参与，鼓励学生量力而行，倡导用柔性指标引导先进，鼓励相互学习和帮助。

（5）真实性原则。素质拓展计划的开展和实施，重在真实有效的过程，任何虚假的记载和活动都会破坏计划本身的作用和意义。

2. 素质拓展项目的常见形式

常规素质拓展训练项目以活动场地为标准分为户内和户外两种，常见形式如下：

一是高空项目，包括高台跳水、高架绳网、攀岩、巨人梯、山顶速降、滑翔、航模、求生墙、小泰山、绳网、空中飞人等；

二是平地项目，包括蜘蛛网、电网、核弹头、创新呼啦圈、有氧健身操、团队舞等；

三是水上项目，主要包括游泳、跳水、扎筏、划艇、漂流、潜水等；

四是野外项目，包括登山攀岩、速降、野外生存、远足露营、城区活动、自行车拉力赛、溶洞探险、伞翼滑翔、户外生存技能等。

3. 素质拓展项目的常见分类

不论哪种形式，通常与素质拓展有关的学习成果可分为四大类：

(1) 学习类。素质拓展模式与学习成果相结合，对活动加以精心设计（如情景设计），使项目最大限度地开发出学习潜力。

(2) 信任类。信任类项目通过自我激励、适应、忍耐的训练，提高受训成员克服恐惧、克服体能与心理障碍，最终充满信心地做出决策、面对挑战。在活动过程中，小组内其他成员鼓励心存犹豫的组员共同协作，完成任务。

(3) 团队合作类。以一个小组作为整体面对各种挑战。这些项目的目的在于，面对困难和障碍时，小组成员之间相互信任、支持，协调人际关系，形成团队合力以共同克服某种困难并逐渐接近最终目标。

(4) 人际交往类。人际交往类项目是让学生在活动中通过交往和沟通，加强团队成员之间的情感交流，促进互动合作，并不断引导团队成员从内心和自我感悟中纠正自我，完善自我，最终实现团队目标。

五、“破冰”与素质拓展

1. 什么是“破冰”

破冰是一个专业术语，一般指素质拓展中的一项专业的技术，特别在户外拓展当中，成功的破冰是整个培训能否达到预期效果的关键。

“破冰”的叫法起源于冰山的理论，冰山理论是指人就像一座冰山一样，意识的部分只占了很少的部分，而更大的部分是潜在的意识，或者说是不容易被分辨的意识。而破冰就是把人的注意力引到现在，因为注意力在现在无法或者不容易被潜在的意识影响，这样就可以达到团队融合，离开怀疑、猜忌、疏远。

很多时候我们容易把热场和破冰混在一起，但是其实两者是有差别的，破冰的目的是把人与人之间的隔阂给消除，而热场的目的是让参与者保持专注或者是兴奋的程度，这两者在培训的时候会类似，但是本质的目的有很大的差别。

2. 破冰的技术

(1) 疯狂运动：疯狂运动不是疯癫运动，而是让参与者忘我的运动，原理是运动的时候就会少了很多没有必要的想法，这样就达到了破冰的目的，但缺点是参与者一清醒过来，无形的隔膜又会恢复。

（2）直接亲密：直接亲密是指设计一些让参与者直接进入培训预想状态的练习或活动，让破冰后的彼此亲密无间成为既成事实。这个缺点也和上面类似，这个活动亲密不等于下个活动就没有隔膜。很可能好不容易破的冰很快又恢复了，而且表面上看是热情的，而心底却筑起无形的墙，这样会令接下去的难度更高。

（3）自我消除：自我消除就是让参与者真正认识到彼此隔阂的存在，利用彼此的力量来消除它，这个技术是难度最高的，所以操作比较复杂，技术含量高，而且万一无法按预期那样破冰很可能会遭遇反弹，令培训无法继续。这个技术做得好是三个破冰技术中最成功有效的，但是操作不当造成的负面影响也是最大的。

破 冰 十 项

1. 问好；
2. 自我介绍；
3. 破冰小游戏：抓手、按摩等；
4. 问询我们今天来做什么？引出拓展；
5. 拓展起源与发展；
6. 团队建设；
7. 团队展示；
8. 参训注意事项；
9. 作息时间；
10. 整队出发。

项目二　素质拓展项目

案 例 导 入

“跑得最快”的妈妈①

某国外媒体上有一则报道，一位妈妈有一个9岁的女孩，因为她已经跟她先生离婚了，所以，她跟她女儿相依为命，女儿每天早上起来的时候，都会很高兴地看她妈妈，抱她妈妈。

① 转引自彭贤、马恩：《大学生职业生涯规划活动教程》，清华大学出版社、北京交通大学出版社2010年版，第228页。

她妈妈有一天要去买菜，她知道女儿10点才会起床，于是她9点去买菜，10点以前回到家里就可以了。没想到她女儿9点半就起床了，当她女儿起床后看不到妈妈时非常着急，就大声地叫：妈妈……她妈妈去买菜当然听不到，于是小女孩到处找，最后跑到阳台上去找，正好，看见她妈妈回来就大声叫：妈妈！她妈妈看到她女儿，怕女儿掉下来，就喊：女儿，你千万不能往下跳。由于女儿没听到她妈妈说什么，也没看懂她妈妈的手势，以为妈妈让她跳下来。所以，就跳了下来。这时，她妈妈在一两秒之内竟然跑了100多公尺，把女儿接住了。

这个新闻发布出来以后，立刻震惊了全国，很多新闻界的记者采访她们，但是，所有的记者又都不相信。这位妈妈说可以再试一次，但不能拿她的女儿试，有人建议用枕头。于是，就把枕头装上一样重量的棉花，拿到四楼。当试验的人一喊开始，这位妈妈就跑。但，试了几次，都是跑不到一半枕头就掉下来了，她一次也没接到。

后来，又找到本国跑得最快的选手来试试看，结果一样是接不到。

后来心理学家分析：因为女孩的妈妈跟她爸爸离婚了，女儿是她这一辈子唯一的精神支柱。如果女儿再失去，她就一切都没有了。在这个时候，她看见女儿快掉下来了，她就发挥了生命中的最大潜能，这种爆发出来的能量使她拯救了女儿。

案例评点：美国成功学大师戴尔·卡耐基①认为：多数人都拥有自己不了解的能力和机会，都有可能做到未曾梦想的事情。这种“自己不了解的能力”就是潜能。

研究表明，正常人脑的记忆容量，约为6亿本书的知识总和，相当于超大型计算机储存量的120倍。若发挥一小半的潜力，就可轻易学会40余种语言，记忆整套百科全书及获取12个博士学位。尽管这个结果来自研究推论，但至少可以说明一点，人的潜力是相当巨大的。虽说人的潜力一直在不断地向前发展，但至今仍处于低度开发的状态。按心理实验研究表明，如今，普通人仅用了不足1%的脑力，即便像爱因斯坦这样的天才人物，一生也只用了2%左右的脑力。

这位跑得最快的母亲速跑救女的故事向我们揭示了人体蕴含丰富潜能的道理。潜能是人类的生命之泉，它充满了朝气，蕴涵了生机，催孕着活力。每个人都有无限的潜能。人类的潜能是取之不尽、用之不竭的最宝贵的资源，是人类文化发展的强大的内在动力，也是人类区别于动物的重要标志。

---

① 戴尔·卡耐基（Dale Carnegie，1888—1955），被誉为20世纪最伟大的心灵导师和成功学大师，美国现代成人教育之父，20世纪最伟大的心灵导师，美国著名的人际关系学大师，西方现代人际关系教育的奠基人。著有《人性的弱点》等。

【相关知识】

一般而言，素质拓展训练包括专业素质拓展训练和围绕课堂教学的随堂课外训练。本部分素质拓展项目重点讲专业素质拓展，并汇集一些安全程度高、操作简单易行的素质拓展游戏，主要包括学习类拓展项目、信任类拓展项目、团队合作类拓展项目和人际交往类拓展项目。

时下流行的常规专业素质拓展项目都适合大学生，比如电网、过沼泽、有轨电车等。但考虑到大学生和已步入职场的职员社会阅历程度、身心发展规律、面对的问题等差异，在项目编排和价值点安排上应有所侧重。

考虑到安全等因素，凡组织实施素质拓展活动的，必须经学校或监护人允许，并在专业人员的保护和指导下进行。

一、学习类拓展项目

1. 项目名称：空中断桥

（1）项目介绍

断桥场地中，在教练的保护下，身着保险衣、保险绳的队员，从下往上爬到 8 米高的跳板上，从跳板上跳到对面 1.3~1.8 米远的平台上。

本项目不适于上肢及腰部曾受过伤的，心脏、血压不好的成员，有严重恐高症的队员也不宜参加此项目。

（2）项目目的

增强自我控制与决断能力以适应不断变化的外部环境；

克服心理压力，建立挑战困难的自信心与勇气；

重新审视个人能力；

理解他人，换位思考；

学会用平常心对待新的、严峻的挑战；

培养学员勇于进取勇于创新的精神；

激励学员突破自我、超越自我、激发潜能，领会“往前一小步，人生一大步”的真正内涵。

2. 项目名称：交通阻塞

（1）项目介绍

将塑胶地垫（比参加人数多一个塑胶地垫）呈“一”字形在地上铺开，让学员分成两边相对而站，全部站在地垫上，留中间一个地垫不站人；通过中间的空格进行移动，移动的方式是只能前进一格或跳一格，不能后退，最终完成两边人的互换，并且大家维持同一个方向。规则是：学员只能前进不能后退，只要有人后退就要重来，当有人知道答案时，要求在不交流的情况下，每个人都清楚答案。交通堵塞是模拟特殊环境下，通过缜密思考、统一思想、积极配合及协作、大胆尝试，最后顺利解决困难的团队智慧型场地项目。

(2) 项目目的

培养学员根据外在环境和实现目的的条件等因素，冷静思考、准确判断、快速决策，最终达成共识，形成统一的思想；

拓宽学员逆向思维的能力，寻求多种解决问题的方法。

3. 项目名称：传球游戏

(1) 项目介绍

所有的人分成三组，每个小组约10人，各配有圆球一个。游戏要求每个小组将球从发起者手里发出，最后回到发起者手里。在传递过程中，每一人都必须接触到球，所需时间最少的获胜。球掉在地上一次额外加10秒（参考思路：每个人双手合成圆圈，小组所有成员的手上下摞在一起，围成一个圆筒状，让球从上面滑下）。

常规方式传球最快也要10秒以上，但用高效率的传球方法后，传球成绩有时连队员自己都不敢相信，“9秒”、“5秒”、“3秒”，最快的居然只用了0.58秒！通过这个游戏让学员感受到：每一件看似不可能的事情摆到面前时，这种“不可能”的心理定势，使每个人都会想到放弃。做了才能成功，但最终的成功不是因为你做了，而取决于你怎样去做。充分发挥想象力，充分挖掘团队智慧，集合团队的创意，一件不可能完成的事情奇迹般地成功了，这就是学习的力量！思维可以指导人们的行动，同时也约束人们的行动。要想成功唯有敢于超越自己的思维。

(2) 项目目的

拓宽学员逆向思维的能力，寻求多种解决问题的方法；

发展学生快速反应能力，提高协调素质；

激发学生想象空间。

4. 项目名称：乘公共汽车

(1) 项目介绍

邀请一位口齿清楚的人，有表情地朗读下面一则小故事，要求参赛者听见“站”字坐下，听到“坐”（“座”）字站起来，每位参赛者后面站一位手持纸棒的工作人员，每做错一次就朝头上敲一下，最后，挨敲的次数最少者，为优胜。

有一次，小明和妹妹乘公共汽车，上车后，小明发现一个空座位，他丢下妹妹赶紧跑过去坐下。这时，过来一位老奶奶，她扶着拉手，站在小明身边。妹妹对小明说：“哥哥，你看你，你坐着奶奶站着，多不好啊！你赶快站起来，让奶奶坐吧！”小明挨了批评，心里很不高兴，赌气说：“你让我站着，我就偏不站，我要坐嘛！”老奶奶听了笑笑说：“没关系，你坐吧，我不坐。”妹妹站在小明身旁气得撅起了小嘴，说：“你真不懂礼貌，我再也不愿站在你旁边了！”这时，汽车到站了，那位奶奶下了车。

望着老奶奶远去的身影，小明的心里很不是滋味，他觉得自己是错了，情不自禁地站起来，悄悄地离开了那个座位，嘴里自言自语地说：“哎，怎么搞的，坐和站，站和坐，坐坐站站，站站坐坐，坐站坐站，站坐站坐，到底是站还是坐，今天我怎么糊涂了！”

（2）项目目的

培养反应敏捷性和社会公德意识。

二、信任类拓展项目

1. 项目名称：信任背摔

（1）项目介绍

参加实施的队员，两手反交叉握拢弯曲贴紧自胸前，两脚并拢，全身绷紧成一体。后倒时，头部内扣，身体不能弯曲，两手不得向外打开；参加保护的队员，两腿成弓步且相互抵紧，两手搭于对方肩上，掌心向上，上体和头部尽量后仰，当实施队员倒落时，全身协力将实施队员平稳接住。

（2）项目目的

信任环境的营造；

建立换位思考的意识；

通过身体接触，实现情感的沟通信任与责任。

信任背摔

信任背摔是一项心理素质拓展的活动，目的是通过这个活动建立起彼此间的信任关系。同时，这个活动还可以锻炼心理素质，克服恐惧，对业务人员的心理素质提升有很大帮助。

项目任务

全队每个人轮流上到背摔台上背向队友，双脚后跟1/3出台面（培训师做出示范动作），身体重心上移尽量垂直水平倒下去，下面的队员安全把他接住即为完成。在做这个项目的过程中需要注意，首先，背摔队员在背摔台只能严格按照动作要领来做才可以保证足够安全，特别要遵守以下四点：不要向后窜跃、倒下时肘关节收紧不要打开、不要垂直向下跳、要控制自己的双脚不要上下摇动并打开；其次，搭人床的队员第一组队员的肩膀距背摔台沿约30公分的距离，个子可以不用很高，通常可以安排为女士；第二、三组应用力度最强的四个人，当然，如果背摔者的个子较高，受力点应向后调节。每组队员的肩膀应紧密相连勿留空隙；人床形状应保持由低渐高的坡状，剩下的队员要用双掌推住最后一组队友的肩膀处，以保护人床的牢固，所有队员在任何时候都不可以撤手或撤退；当听到背摔队员的询问“准备好了吗”时，头要向后仰同时侧向队友的背部，当队友倒下来后一定遵守“先放脚后将身体扶正”的安全第一原则；另外，做保护的队员不要迅速撤手或鼓掌，以免发生其他意外。最后，二、三组队员在承接几名队员后要互相交换组位以免疲劳。

场景导入

大家都是一艘即将沉没的海船上的船员，船上仅有的救生艇都已经坐满了人，可是还有一位同伴在甲板上没有搭上救生艇。如果三分钟内这个同伴没有安全地搭上救生艇，那么我们就将失去这位可爱的同伴。与此同时，救生艇已经达到饱和，如果那位站在甲板上的同伴就这样跳上救生艇，很可能会冲击到救生艇从而大家都沉入大海。所以，我们必须寻找一个最安全最稳妥的办法，让这位同伴顺利上艇。

基本动作

接人动作布置

做右弓步，双手伸出，手掌掌心向上交叠放在对方锁骨上（要注意五指并拢、拇指不能向上)，一组的两个人要将脚和膝盖贴紧，腰挺直，抬头斜向上 45 度看背摔者。

背摔者动作布置

(1) 背摔者手部的准备动作：前伸、内翻、相扣、翻转抵住下颚。

(2) 令背摔者站在站台上进行以下动作：脚跟并拢、膝盖绷直、腰挺直、含胸、低头、手抵住下颚，准备背摔。

注意事项

这个项目的危险性大，所以一定要端正自己的态度，保持极高的警觉性，一丝不得懈怠，以保证队友的安全；如身体存有异常的，可告知培训师视伤病程度决定参加与否；队员熟记动作要领后，教练员检测一下每一组“人床”的力量，必须坚实有力方可通过。队长组织其他队员喊名字及队训给做背摔队员充电以示鼓励；所有队员进行项目前都要将身上的尖锐物品（如：眼镜、发卡、手表钥匙、戒指等）放在一边。

训练目的

信任是沟通的基础，信任是理解的桥梁；换位思考：站在高台上，你的感受怎样？是否体验到与平地不同的感觉？

2. 项目名称：指点迷津

(1) 项目介绍

提前准备多个眼罩及四五张椅子等较易通过的障碍物，提前把障碍物摆放在房间或楼道中，两人一组。其中一人戴上眼罩，听从伙伴的指示，负责指示的组员只可用声音，不可用身体触碰蒙眼的伙伴，最快走到终点的一组，且没有碰到障碍物的为胜利者。

为增加项目难度，本项活动也可以在校园内或公园内的适宜场地进行。如有台阶或水池等不平路面时，要格外小心。

(2) 项目目的

训练组员之间的互相合作及彼此信任；

体会在某一环境下自己怎样建立起对伙伴的信任。

3. 项目名称：风中劲草

（1）项目介绍

8 人一组，15~20 分钟时间为最佳。培训师让每组学员围成一个向心圆，直径 2 米，培训师自己站在中央，双手绕在胸前，作出以下的沟通对话。

培训师："我叫……（自己的名字），我准备好了，你们准备好了没有？"

全体团队成员回答："准备好了"。

培训师："我倒了？"

全体团队成员："倒吧！"

沟通完毕后，培训师整个身体完全倒在团队成员的手中，团队成员把培训师顺时针推动两圈。培训师做完示范之后，小组中的每位成员亲身体验。

（2）项目目的

通过学员相互之间的沟通，建立自己对团队成员的信心。

4. 项目名称：地雷阵

（1）项目介绍

两人一组，每对参赛者一块蒙眼布，多出的人作为保护者或监护员。

在一块空地将两根约 10 米长的绳子，平行放置到空地上，绳距 1 米，作为地雷阵。两条绳子中间，撒满各式玩具（如娃娃、球等）作"地雷"，也可用文具、书本或其他物品代替。学员两人一组，一人指挥，另一人蒙住眼睛，听着同伴的指挥通过地雷阵，过程中只要碰到任何东西就要重新开始。指挥者只能在线外，不能进入地雷阵中，也不能用手扶伙伴。

活动进行中，可允许其他组员释放出虚假信息，或在可控范围内故意制造嘈杂的声音以干扰其行进。要求过"雷区"的队员在众多声音中，辨别出自己队员的声音，并在其指引下安全通过"雷区"。

（2）项目目的

加强对伙伴的信任感；

体会在自身能力有限的情况下，对他人的依赖；

体会沟通与信任的建立过程。

三、团队合作类拓展项目

1. 项目名称：雷区取水

（1）项目介绍

根据参加人数分组，每组 10~15 人，活动时间 30 分钟。

事先在一个直径 5 米的"雷区"中间放一盆水，要求队员仅借助两根足够支撑人体重量的绳子，一个水杯，到"雷区"中取水，取水多者为胜。所有人身体不得接触雷区地面，否则视为触雷，活动重新开始。

（2）项目目的

提高队员计划、组织、沟通和协作的能力和技巧，团队的领导艺术和技巧，人力资源的合理分配和运用；

培养队员集体荣誉感，为团队勇于奉献的精神；

提高参与者创造力、想象力以及综合解决问题的能力；

体会分工合作，分工明确，发挥每个人的长处，并听取每个人的意见的重要性；

认识到选择合适的人做合适的事的意义，体验为集体奉献的团队精神，团结一致，密切合作，克服困难的团队精神；

认识完美、时间、效果和安全之间的关系。

2. 项目名称：无敌风火轮

（1）项目介绍

12~15 人一组，利用报纸和胶带制作一个可以容纳全体团队成员的封闭式大圆环，在一片空旷的大场地，将圆环立起来，全队成员站到圆环内部，边走边滚动大圆环。

（2）项目目的

培养学员团结一致，密切合作，克服困难的团队精神；

培养计划、组织、协调能力；

培养服从指挥、一丝不苟的工作态度；

增强队员间的相互信任和理解；

检验组织成员工作主动性，建立团队自己的节奏，体会协调一致对组织的重要性以及个人与团队的相互作用。

3. 项目名称：有轨电车

（1）项目介绍

准备两块木板（长 3.6 米，宽 0.15 米），木板两侧每隔 40 公分穿两条绳，用木板模拟一双鞋子，十几个人同时站在上面，双手拉住提拉绳，统一口令，步调一致，在规定的时间内走完一段 20 米长的路。

（2）项目目的

培养团队计划、组织、领导、沟通、控制和协作的能力；

培养学员一种合作意识，要求大家要配合默契，共同完成任务；

培养大家共同克服困难的能力，培养团队应急应变能力；

培养增强团队整体意识、协作精神和凝聚力，摆正个人主义与团队合作的关系；

培养队员集体荣誉感，为团队勇于奉献的精神。

4. 项目名称：毕业墙

（1）项目介绍

开阔地竖直设置 4.2 米高墙壁，另一侧地势稍高些较好。

队员人数每组 10~15 人，在规定时间内，在不使用任何器材器械的情况下共同努力翻越墙壁。

为减小难度，墙壁可改为稍为倾斜放置的木板，高度可适当减小。

（2）项目目的

自我管理与定位，体会甘为人梯的重要性与必要性；
团队的协作与激励，培训团队内部及团队之间的凝聚力；
提高危机时刻的生存技能，提高安全意识和保护意识；
感受信任和帮助的重要性，尝试完成不好完成的任务。

毕业墙①

又称逃生墙、胜利墙、海难逃生。

毕业墙由来

毕业墙的由来有三个版本，一是二战时期，在集中营里的犯人，为了获得自由而翻越4.2米高的狱墙。二是二战时期，在波涛汹涌的大海上，一只商船被德国军队的炮弹击中，船在半小时后将会沉没，三十九名船员的生命受到威胁。这时有一艘过往船只赶过来营救，可是船上没有任何营救设施，船员们只有靠自身的力量翻越4米多高的船身，获得解救。这两种说法便是逃生墙的由来。

第三种版本是，在西点军校的历史上，在第四十六期学员毕业的前一天晚上，学员执行离校前的最后一次水上巡逻任务。由于没有认真驾驶，巡逻艇撞上了在海面上的油轮，因为是深夜，没人注意到这件事。当时所有西点军校的学员都很着急，此时要想活命就只能爬上油轮高达4.2米的甲板。在艇上没有任何攀岩工具，学员们靠着搭人梯的方法爬上了甲板。

后来学员们把事件经过报告学校，西点军校也受此启发，在学校的训练场上搭起了高达4.2米的墙，每一期学院以60人为单位必须在15分钟内全部爬上高墙才能获得毕业证书，后来这面墙有了“毕业墙”的称号。

虽然说法有三，但过程和结果都是相同的。也就是所有人在不得借助其他任何工具和载体，全部翻越上4.2米高直立墙面方视为成功。

后来，毕业墙演变成为拓展训练中的一个重要项目，且往往是拓展训练的最后一个团队项目。经过了这次胜利逃生之后，整个团队的凝聚力、合作精神以及队员间的感情往往会空前高涨，团队协作能力大大增强。用队员自己的话说就是他们之间的关系成为了“生死之交”。

训练过程

1. 所有学员40分钟内爬过高墙，不容许借助任何外力和工具，包括衣服、皮带等，必须沿墙正面上去，有人没有上去即为失败。人数过多的时候，上去的人沿梯子下来必须站在指定位置。允许上去的学员沿原路返回。

2. 所有人都要摘去身上的一切硬物，如手表、门卡、眼镜、钥匙、戒指、发卡等，穿硬底鞋、胶钉底鞋必须脱掉鞋子。

3. 如果采用搭人梯的方法，必须采用马步站桩式，不要将身体靠在墙上，注意腰部用力挺直，用手臂弯曲推墙固定保持人梯牢固。要有人专门扶持人梯学员的

① 资料整理自互联网，原始出处不详。

腰，可以屈膝用腿支撑人梯学员的臀部，学员攀爬时不可踩人梯学员的头、颈椎、脊椎，只可以踩肩和大腿。

4. 让学员将衣服扎进腰带，拉人时不可以拉衣服，拉手时要手腕相扣成老虎扣，不可直接拉手或者手指，不可将被拉学员的胳膊搭在墙沿上，只能垂直上提，当肩部以上超过墙沿时可以靠在墙沿上，从侧面将腿上提以帮助上去。

5. 不得助跑起跳，上墙时不可采用蹬走上墙的动作。上去后翻越墙头要稳妥。

6. 学员应该注意安全垫子的大小和硬度，注意垫上活动的安全，避免扭伤脚踝。

7. 攀爬中，承受不住的大声叫喊，保护人员迅速解救。所有学员必须参与保护，弓步站立，双手举过头，肘略曲，掌心对着攀爬者，抬头密切关注攀爬者，随时准备接应和保护。

8. 当攀爬者或者人梯跌落，保护人员保护自己同时掌心对着攀爬者或者人梯将其按在墙上，切忌按头。当攀爬者在较高的地方倒落或者滑落的时候，保护人员应上前托住。当攀爬者由高空向外摔出，保护人员应迅速顺势接住，轻放在垫子上。

9. 大声讲解，细致强调，鼓励学员参加。解决问题的办法由学员自己想，不用给安全操作规则外的任何建议。学员讨论时间过长没有决策和执行的时候可以提醒时间，一般要留2/3的时间用于执行。

10. 如果学员尝试多次没有成功，予以鼓励，适当的时候提示技巧。记录开始攀爬的时间和结束时间以及尝试次数。

11. 最后一个人尝试各种方法的时候都遇到困难，当学员要放弃的时候，应该予以提示。比如说：你们确定要放弃？现在放弃是不是很可惜？是不是方法不好？要不换人试试？实在是在提示下还找不到办法，可以把方法告诉其中一个人，然后学员自己沟通，最后一个人上跳的时候可以抓腰带适当缓冲。

12. 毕业墙过高或者学员确实上不去的时候可以给备用绳套并指导使用方法或者其他帮助。

注意事项

1. 检查海绵垫是否完好无损，上面是否有硬物，检查墙头是否松动。带领学员充分热身。

2. 对攀爬者、搭人梯者、墙上提拉者、外围保护者的安全要求不断强调，做到安全事故防患于未然。

3. 监督墙上学员的安全，不准骑跨或者站立在墙头，注意墙后平台的范围，平台上不得超过30人。拓展教练监督的站位应该能控制住后面及右侧，左侧由安全人员保护。统计表明，向右侧倾斜的几率较大。

4. 地面学员少于3人时教练应该站在人梯后较近的位置适当辅以力量。重点关注前3名和最后3名学员的攀爬过程，其余学员的攀爬过程可以提拉与托举并用，人梯不用过高。

5. 在搭救最后一名学员时对下挂学员的安全要不断强调、监控，并要求学员讲出他们的安全措施，教练对此进行判断，可以否决或者补充要求。

6. 最后一名学员离地，脚上举或者做其他动作，教练应站在学员侧后方，一方面避免头朝下坠落，另一方面避免脸或者头磕在墙上，如坠落顺势帮助调整姿势接住或者揽到垫子中间。

7. 有安全隐患时应果断叫停。女学员未经特殊训练一般不做中间连接。提醒学员在被队友往上提拉时不要用脚蹬墙，以免磕伤腿及面部。

8. 教练不可参与项目中，如学员因身体原因不适合参加，可以不参加或者沿梯子上去。

9. 当学员要搭两组人梯的时候应制止，当被拉学员出现困难而滞留空中或者下滑时，应果断提示学员再搭上一层人梯，或者提示中间学员向一侧抬腿，上面学员抱腿。最后一人的时候无论采用什么方法都要听中间学员的感受，中间学员认为不行应立即停止，不可长时间尝试。

10. 采用倒挂问清学员方法和安全措施，面向墙壁倒挂时提醒学员，腰部以下不得伸出墙外，有专人拉他的双腿，注意监控。面向外倒挂时提示学员动作，如将小腿压在墙头，膝关节内测卡在外沿，大腿压在墙面上，腿下不得右手臂，后倒动作要慢，压腿的学员不得去拉最后一名被救者。

点评要点

1. 对大家共同完成项目给予肯定和表扬。
2. 如果时间容许鼓励大家说说对项目的感受。
3. 决策与及时执行对应对危机的价值？我们在这类活动中是否赶早不赶晚？
4. 第一位上去的人有何感觉？先锋的作用与榜样的力量对他人的激励。
5. 上墙的顺序及角色的认定对团队完成任务的积极作用。
6. 体会甘为人梯的精神。
7. 项目完成后全体队员的信心差别以及今后遇到此类活动信心的增加。
8. 可以分享曾经个别队伍没有完成的遗憾及他们的感悟。
9. 再一次祝愿大家完成项目，并鼓励把这个精神带到生活中去。

四、人际交往类拓展项目

1. 项目名称：记姓名

（1）项目介绍

本活动适合于新组建的团队，彼此不太熟悉时，活动效果最佳。人数和项目完成时间：自定。游戏道具：每人一张纸、一支笔。

活动开始后，队员间相互自我介绍，介绍的内容包括姓名、籍贯、昵称、爱好、网名、理想等。随后，由组织人员发放纸和笔，要求把刚才自我介绍的内容写上去，交给组织者。由组织人员在小纸条中任意抽取，并宣读纸条上的信息，凡符合信息者，该队员左右两边的队员需举手示意，未反应过来的人接受惩罚。

（2）项目目的

提高队员的有效沟通；

强化新团队成员间的交流与记忆。

2. 项目名称：人体“拷贝”

（1）项目介绍

全班分为若干个组，要求每组 10 人以上。每组一路纵队站好，背对主持人。

主持人将写有三个单位数字（如 205）的纸条让每组的第一个人转身看一眼，然后请每组第二个队员转身，并由第一人通过身体扭动把信息传给第二人，第二人再让第三人转身，以身体“拷贝”传动方式告诉第三人，依次类推，直至最后一位同学得知数字后，将数字写给主持人。

各组“拷贝”结束后，由主持人宣布各组的“拷贝”结果。

活动结束后，可邀请每个小组合作集体造型，完成一组 6 位数表演。

注意事项：①避免各组之间的影响，各组“拷贝”的数字不要相同；②在“拷贝”传递时，只允许两个人之间发生联系，不能集体参谋、交流；③要强调不准发出声音，为减小活动难度，也可考虑允许队员说话，但不得说出数字或发出与数字有关的声音；④要求只在两个人之间传递信息，已传递完信息的和还未传递信息的学生都是背对两个正在传递信息的学生；⑤为增加活动公平性，每组可事先派出一名队员监督其他组。

（2）项目目的

了解合作的过程和要素，强化双赢意识；

了解竞争的过程和要素，强化竞争观念；

加强对队员之间，组组之间互相干扰或冲突的解决；

增加团队的协调指挥能力；

进一步树立诚信的观念；

进一步了解局部与整体利益、短期与长期利益的关系。

3. 项目名称：解手链

（1）项目介绍

分成若干个小组，每组 10~12 人，让每组成员手拉手围站成一个圆圈，记住自己左右手各相握的人。在节奏感较强的背景音乐声中，大家放开手，随意走动，音乐一停，脚步即停。找到原来左右手相握的人分别握住。小组中所有参与者的手都彼此相握，形成了一个错综复杂的“手链”。节奏舒缓的背景音乐中，主持人要求大家在手不松开的情况下，无论用什么方法，将交错的“手链”解成一个大圆圈。

第二轮用两个小组的成员合并，形成一个大圈，按第一轮的操作重复进行一次。第三轮将第二轮中两个圈的成员合并成一个特大的圈，按第一轮的操作重复进行一次。

（2）项目目的

增进队员间的默契，自我定位；

让队员注重细节的影响；

提升大家对执行力的认识；

让学生体验团队合作的力量与快乐；

在游戏中学生感受个人与集体的关系，体验个人对团队的信任与责任；

认识统一指挥的意义与重要作用，体会团队的领导技巧运用与角色的合理分配。

4. 项目名称：生死电网

（1）项目介绍

对面是一个千万伏高压的电网，任何人、任何物品触及电网会被立即烧焦。所有队员要从有效通道依次通过，在规定时间内到达电网的另一端。队员需要穿越的是一张与地面垂直的“电网”（绳网），网上的一个洞就是一条生路。通过的身体的任何部分，包括衣服，都不许碰到其边缘，碰到即为“触电”。每条生路只能使用一次。

（2）培训目的

改变沟通方式，学习如何理解、倾听他人，学会让他人更能接受；

学习资源合理分配和运用，体会资源的浪费与团队目标实现的关系；

个人的利益与整个团队的利益关系将直接决定目标的达成；

深刻体会团队目标的实现需要每位成员的共同努力；

通过身体接触，增进彼此情感交流。

生 死 电 网①

项目准备：

1. 检查电网是否安装完毕。网洞的挂件是否够数；

2. 数网洞，在做项目前要根据学员的胖瘦，调整被封死的网洞，多留出1~2个网洞。

项目目标

要求所有队员在规定的时间内从电网的一侧穿越至另一侧，如还有人留在原地，算做整个项目失败。

时间：40分钟（根据需要可调）。

训练规则

1. 每个网洞只能使用1人/次；

2. 只能从没有系绳节的网洞中穿越。在穿越电网的过程中，任何人（包括保护学员）身体的任何部位及其附属物（衣服、鞋子、头发等）都不能触网。否则，正在穿越电网的人必须退回原处；

3. 任何人不得绕过电网到另一侧帮忙；

4. 不允许做空翻、鱼跃等危险动作。

注意事项

1. 服从培训师口令原则：当培训师发现学员的动作有危险，或者自己难以把

① 资料整理自互联网，原始资料来源：浙江爱博人力资源拓展训练中心。

握的问题时，应果断叫停；

2. 为保护隐私，抬女学员时面部向上（在操作过程中时提醒）；

3. 在被抬学员已经安全通过电网后，提醒学员，先放脚，再放头，在该名学员还没有安全站立在地上之前，任何人不得松手。

操作流程

1. 把大家带到电网前，一字排开，培训师站位在学员与电网之间，布置项目；
2. 重复强调规则；
3. 布置注意事项；
4. 项目开始，计时。

模块小结

本模块从当前大学生思想道德素质、业务文化素质、身体素质和心理素质现状出发，扫描和分析了当前大学生的整体素质面貌。即将面临未来职场严酷竞争的高职生不仅在知识、技能等方面还存在着这样或那样的不足，在心智方面也是欠缺较多，主要表现为有的大学生缺乏团队精神，以个人为核心的自我意识比较突出。还有的大学生身体素质和心理素质低下，一些学生身体瘦弱，心理比较脆弱，一旦受到挫折就容易产生心理障碍。在这样的背景下，我们在教育教学中进行素质拓展教育，为学生在走上职场前提供一些关于意志品质、团队意识、沟通能力、规划协调等方面的训练，为他们直面职场竞争压力做好心智储备。

通过对素质拓展起源发展、目的意义以及原则和分类的介绍，让学生系统清晰地对大学生如何开展素质拓展、如何促进人生规划以及如何提高未来职场竞争力有了较准确的把握。而书中精选的各类素质拓展训练项目操作简单，种类繁多，内容翔实，则能够直接指导教学和学生自学。

复习思考题

1. 大学生素质结构包含哪些内容？
2. 什么是素质拓展，大学生实施素质拓展的目的和意义？
3. 素质拓展与职业生涯发展有何关联？
4. 大学生素质拓展的原则和分类？
5. “破冰”的内容和意义？

知识链接一

大雁团队的启示

大雁团队

大雁迁徙时往往排成“人”字形或“一”字形，前面大雁的飞行可以掀起一股向上的气流，从而减少了后面大雁的空气阻力，当领头雁飞累了的时候就会发出信息，队列中的另一只强壮的大雁就会自觉地飞上去替补，有人甚至做过这样的试验：用枪射杀第一只大雁后，队形依然会保持原状不变，正是这样一种善于奉献、团结合作的精神，使得大雁能够冬去春来，长途迁徙数千里。动物学家们的试验表明，大雁长距离结队飞行的速度是单只大雁飞行速度的1.73倍。

野牛团队

与大雁团队形成鲜明对比的便是野牛团队。从现象上看，野牛团队中也有领头牛。在野牛团队中，只要头牛的方向正确了，跟着的牛也就正确了。然而，与大雁团队截然不同的是，如果野牛在成群迁徙时，猎人射杀领头牛，整个牛阵就会乱成一团麻，东奔西突，老弱病残的牛就会被活活撞死或踩死。

螃蟹团队

钓过螃蟹的人或许都知道，篓子里放了一群螃蟹，不必盖上盖儿，螃蟹是爬不出去的。因为只要有一只想往上爬，其他螃蟹就会纷纷攀附在它身上，结果是把它拉下来，最后没有一只出得去。有人把这种现象称作螃蟹文化，许多人都不愿意看到别人的成就和杰出表现，天天想尽办法破坏与打压。久而久之，我们周围只剩下一群互相牵制、毫无生产力的螃蟹。更多的人崇尚这样的公平。

大雁的团队合作精神：

① 大雁飞行时排成人字队形，可以提高飞行效率。

② 所有的大雁都愿意接受团体的飞行队形，而且都实际协助队形的建立。如果有一只大雁落在队形外面，它很快就会感到自己越来越落后，便会立即回到雁群中。

③ 大雁的领导工作由群体共同分担。虽然有带头雁出来整队，但是当它疲倦时，便会自动退到队伍之中，另一只大雁马上替补领头的位置。

④ 队形后边的大雁不断发出鸣叫，目的是给前方的伙伴打气激励。

⑤ 如果一只大雁生病或被猎人击伤，雁群中就会有两只大雁脱离队形，靠近这只遇到困难的同伴，协助它降落在地面上，直至它能够重回群体，或是不幸死亡。

通过分析大雁的合作行为，我们可以得出以下启示：

① 每个人都要忠诚于自己的团队，忠诚于自己的事业，做好自己的本职工作，牢记：“你是大雁团队中的一员！”

② 为实现事业发展，我们应留在与自己的事业目标一致的队伍里，而且乐意接受他人的协助，也愿意协助他人。

③ 我们必须确定从背后传来的是鼓励的叫声，而不是其他声音。想要在职业生涯中生存和发展，需要把工作伙伴变成啦啦队，一队快乐的工作伙伴是成功最好的助手。你的工作伙伴散播的有利消息远比你个人所有的努力更有助于你职业生涯的发展。

知识链接二

头脑风暴①

当一群人围绕一个特定的兴趣领域产生新观点的时候，这种情境就叫做头脑风暴。由于会议使用了没有拘束的规则，人们就能够更自由地思考，进入思想的新区域，从而产生很多的新观点和问题解决方法。当参加者有了新观点和想法时，他们就大声说出来，然后在他人提出的观点之上建立新观点。所有的观点被记录下但不进行批评。只有头脑风暴会议结束的时候，才对这些观点和想法进行评估。头脑风暴的特点是让参会者敞开思想使各种设想在相互碰撞中激起脑海的创造性风暴，其可分为直接头脑风暴和质疑头脑风暴法，前者是在专家群体决策基础上尽可能激发创造性，产生尽可能多的设想的方法，后者则是对前者提出的设想、方案逐一质疑，发掘其现实可行性的方法，这是一种集体开发创造性思维的方法。

头脑风暴的基本程序：

1. 确定议题

一个好的头脑风暴法从对问题的准确阐明开始。因此，必须在会前确定一个目标，使与会者明确通过这次会议需要解决什么问题，同时不要限制可能的解决方案的范围。一般而言，比较具体的议题能使与会者较快产生设想，主持人也较容易掌握；比较抽象和宏观的议题引发设想的时间较长，但设想的创造性也可能较强。

2. 会前准备

为了使头脑风暴畅谈会的效率较高，效果较好，可在会前做一点准备工作。如收集一些资料预先给大家参考，以便与会者了解与议题有关的背景材料和外界动态。

3. 确定人选

一般以8~12人为宜，与会者人数太少不利于交流信息、激发思维，而人数太多则不容易掌握，并且每个人发言的机会相对减少，也会影响会场气氛。只有在特殊情况下，与会者的人数可不受上述限制。

4. 明确分工

要推定一名主持人，1~2名记录员（秘书）。主持人的作用是在头脑风暴畅谈会开始时重申讨论的议题和纪律，在会议进程中启发引导，掌握进程。如通报会议进展情况，归纳某些发言的核心内容，提出自己的设想，活跃会场气氛，或者让大家静下来认

① 资料搜集整理自互联网，http：//baike.baidu.com/view/30014.htm，2012年7月18日。

真思索片刻再组织下一个发言高潮等。记录员应将与会者的所有设想都及时编号，简要记录，最好写在黑板等醒目处，让与会者能够看清。记录员也应随时提出自己的设想，切忌持旁观态度。

5. 规定纪律

根据头脑风暴法的原则，可规定几条纪律，要求与会者遵守。如要集中注意力积极投入，不消极旁观；不要私下议论，以免影响他人的思考；发言要针对目标，开门见山，不要客套，也不必做过多的解释；与会者之间相互尊重，平等相待，切忌相互褒贬等等。

6. 掌握时间

会议时间由主持人掌握，不宜在会前定死。一般来说，以几十分钟为宜。时间太短与会者难以畅所欲言，太长则容易产生疲劳感，影响会议效果。经验表明，创造性较强的设想一般要在会议开始10~15分钟后逐渐产生。美国创造学家帕内斯指出，会议时间最好安排在30~45分钟之间。倘若需要更长时间，就应把议题分解成几个小问题分别进行专题讨论。

技能训练

1. 请根据自身或周围同学的实际情况，列出当前大学生的素质现状。

要求：

(1) 分门别类地收集信息，并对信息进行汇总；

(2) 对汇总结果进行分析和研究，列举出共性问题，并分析问题存在原因；

(3) 思考如何提升当前大学生素质水平。

2. 假设你作为一名组织者，请制订一份素质拓展训练项目书。

要求：

(1) 活动时间2小时，活动参与人数30人；

(2) 训练项目应尽可能囊括素质拓展的四类项目；

(3) 注意活动分享环节的组织和实施。

职业生涯规划书参考范例

舞动的奇迹

——我的职业生涯规划书

姓名：××

性别：女

年龄：21

学校：××学校

系别：××系

专业：××

创业方式：自主创业

创业目标：舞蹈培训学校校长

前　言

舞蹈是表现人的一种活生生的语言，是翱翔在现实世界之上的一种艺术启示，目的在于以较高水平来表达内心情绪的意象和隐喻，并要求以舞者自己的身体直接传达给别人。

人生如舟，生涯如水，水上行舟，不进则退！

有人说人生是过河卒子，只进不退，我认为人生如走炮，应充分借助外界环境的条件，以实现自我增值的目的。只有充分地实现自我增值后才能更好地发挥自己的实力，从而实现自己的目标！

那么在机遇与挑战并存的当今时代，我究竟该扮演一个怎样的角色？我的未来该如何规划？我应该如何抓住机遇？我应该如何利用挑战进一步自我增值，使自己处于一个优势的位置？

耕耘和收获也许不成正比，但不耕耘肯定没有收获！

有人认为耕耘苦，那是因为耕耘需要用艰辛的汗水去灌溉。有人说理想的重量太沉，那是因为理想装着昔日的辉煌与希望。

有目标地行走，可以避免走弯路，可以更有效地节省时间，而盲目行走，造成的也许是南辕北辙！

现在的我站在通向未来的十字路口，一边是通明的，但那里没有理想的召唤；一边是自己渴望已久的，但路上烟雾弥漫。经过一番深思熟虑之后，我决定设计一下自己的未来。有了目标才会有动力，有了明确的目标才可以更好地“用力”。是的，是这样的，而且必须这样！

目　　录

第一篇　实力与职业选择

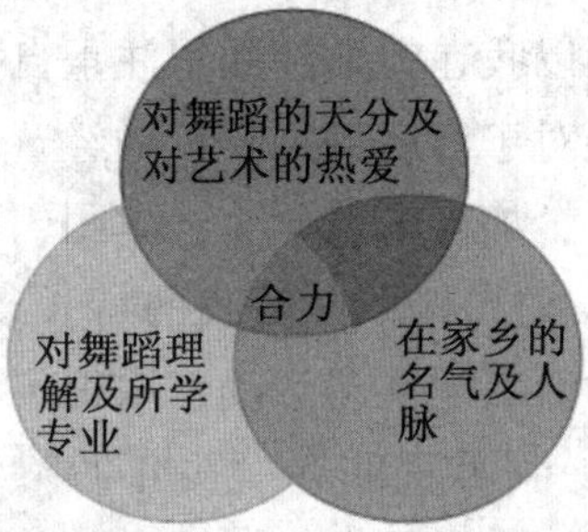

一、我的实力

舞蹈天分和所学专业是我的实力。

1. 我的兴趣

职业兴趣：人们对某类专业或工作所抱的积极态度

职业兴趣的发生和发展：有趣—乐趣—志趣

爱因斯坦曾经说过“热爱是最好的老师”，兴趣可以使人乐此不疲，而兴趣是可以培养的，关键在于进程中目标的把握。幼儿园时期父母就把我送入舞蹈班，培养了我对舞蹈的兴趣。而且我的父母一直把学习目的定位于提高我的艺术修养和人文素质，所以我始终是在快乐中进行着舞蹈的学习，也使我对舞蹈一直是情有独钟。随着多年的舞蹈练习，我看到一些人因为对舞蹈艺术的理解偏差，甚至家长盲目地强迫孩子学习而使学习者失去兴趣，遭受痛苦，使我萌生了进行素质普及型舞蹈教育的想法。并且放弃了专业舞蹈学习机会，选择了更利于实现我的理想的师范专业。我始终相信，良好的学习底蕴可以更好地增加我对舞蹈的感悟，《礼记》中曾记载：“观其舞，知其德。”多年的文化学习和舞蹈学习，让我越发了解到，一个人的道德修养往往可以从舞姿中体现出来，同时，有一定深度的舞蹈训练亦可以改变一个人的道德修养。因此说，我对舞蹈本身的兴趣和对舞蹈艺术在人生命中意义的理解，以及能让人和我一样在舞蹈学习中获取快乐的愿望，是我做出这一职业规划目标的原因。

舞动的快乐精灵：

1994 年为少儿歌舞大赛编排歌舞——《小海军》，荣获三等奖；

1995 年邯郸市春节联欢晚会开场舞《奔小康》表演；

1997 年参加少儿舞蹈大赛《唢呐娃娃》；

2000 年编排 60 人大型舞蹈《军中姐妹》，荣获一等奖。

2. 我的能力

能力：是直接影响工作效率，并使工作顺利完成的个性心理特征。

才能：是漫长的积累，是生命的体验，是在艰苦的面前，永不止息的心志下形成的。

十多年舞蹈专业的学习、参与或组织的大大小小的社会演出活动，以及目前良好的师范教育学习环境，使我拥有了实现未来目标的基本保障。我的舞蹈水平已通过业余 10 级，进入大学以前多次参加过市、区级文艺演出。当代社会是一个重视能力的社会，工作上的能力更是十分重要，所以我在大学期间很注重自我能力的培养，特别是组织协调能力、语言表达能力等，这些对于以后舞蹈学校的经营和管理会起到关键作用。进入大学后，我充分发挥自己的特长，加入了大学生艺术团，成为舞蹈队的一员，同时还参加了系团委、学生会，成为一名文艺骨干，使我的特长得到了有效的发挥。2007 年 9 月以来，我参加了校、系组织的所有的文艺活动，取得了不俗的成绩。尤其是在舞蹈方面，我编创了古典舞《菊花台》、民族民间舞《少年游》、现代舞《今宵久久》等，并组织排练、演出，取得了较好的演出效果。在活动中我能做到根据同学们毫无舞蹈基础的特点去设计编排舞蹈动作，进行合理的调配和分工，极大地培养和锻炼了自己的组织协调能力和舞蹈教学水平，为我实现职业目标进行了新的积累。为了进一步积累经验，增强实战能力，2008 年 3 月我开办了一个面向本校学生的舞蹈班，招收学员 21 名，教授民族舞、古典舞，并择优聘请了兼职老师，实践中体会学校的管理，收益明显。

多彩的成长之旅

目的——种子	事件——成长	收获——结果
不断完善自我，积极参加社团活动，发挥自己的特长，尽情展现自己的爱好	2007 年 10 月在我校迎新生晚会上表演了自编的古典舞《菊花台》 2007 年 12 月在我校元旦晚会上表演了当代舞《今宵久久》 2007 年 12 月在我系的元旦晚会上表演了自编群舞《青花瓷》 2008 年 3 月在我校送老生晚会上表演自编民族民间舞《少年游》	在积极参与各种社团活动的过程中，在不断学习他人及自我提升的过程中，我的舞蹈技艺得到提高
多方面发展自己	2007 年 11 月参加了“第五届主持人风采大赛”荣获优秀奖 2008 年 2 月话剧——《日出》中担任女一号，5 月的公演赢得好评	亲自体会了坚持到底的内涵，演出更增强了我的心理承受能力。在表演方面学到很多东西

续表

目的——种子	事件——成长	收获——结果
进一步开发自我潜能	2008 年 5 月参加“蒙牛酸酸乳成就音乐梦想”歌手大赛，获得沧州师专赛区第三名 2008 年 5 月参加我系组织的以“激情奥运，阳光校园”为主题的演讲比赛	极大地增强了我的竞争意识
提升自我，了解社会	2008 年 3 月开办舞蹈班，招收学员，教授民族舞，古典舞，收益明显 2008 年 4 月受邀“风视觉”影楼模特代言 2008 年 5 月参加沧州电台赈灾义演 2008 年 7 月主演情景喜剧《有缘咱就吃顿饭》	在社会中得到很好的历练 社交能力获得提高

3. 科学分析

（1）360°测评。我属于外向型性格，乐观开朗，比较喜欢具有挑战性的工作，善于与人打交道，有一定的社交能力，生活态度积极，大方自信，处事理性，注重效率，具有较强的应变能力和语言表达能力，凝聚力、鼓动性强，有一定文学功底和艺术鉴赏力。

（2）气质类型测定。对于将来希望做舞蹈老师的我，这种气质十分有利。

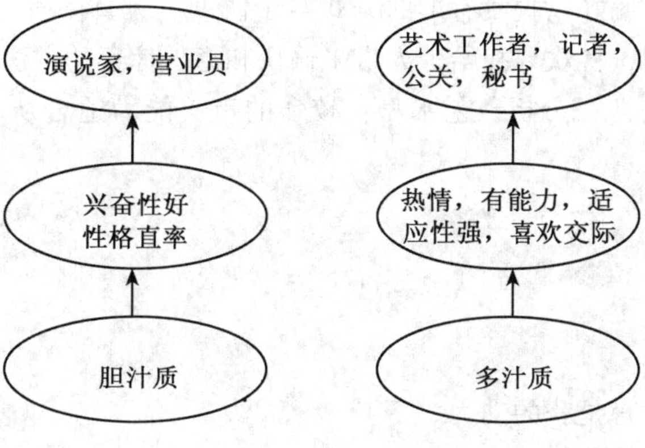

首先，我的优势为热情开朗，生活积极，而且善于接受新鲜事物，对于文艺方面更是有极大的热情。但是其中也存在着一些缺陷和不足，如情绪浮躁、波动性大等。做教师需要循序善诱，我是热情有余，耐心不足。然而舞蹈老师又是一个例外，要靠情绪感染带动学生，所以需要的激情与热情比一般教师要大。

（3）Psytopic 分析。Psytopic 分析：我的性格是“ESFP”型（外向+实感+情感+知觉）

随和——拥有成为老师的性格

首先，ESFP 型的人乐意与人相处，有一种真正的生活热情。顽皮活泼，通过真诚

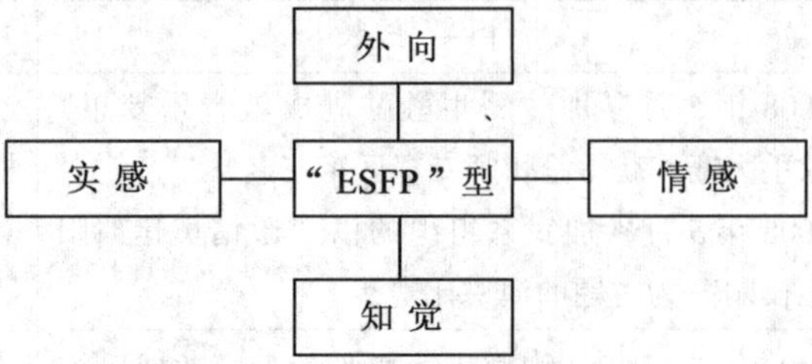

和交往技巧使别人感到事情更加有趣。脾气随和，适应性强，热情友好，慷慨大方。工作上注重实用，讲究方式方法。

感性——拥有艺术工作者的天赋

擅长交际，常常是别人的“注意中心”。热情而乐于合作地参加各种活动和节目，而且通常立刻能应对几种活动，是现实的观察者，往往信任自己能够听到、闻到、触摸到的事物，而不是依赖于理论上的解释。喜欢具体的事实，对于细节有很好的记忆力，能从亲身的经历中学到最好的东西。

善于交际、统筹——拥有成为一位管理者的潜能

喜欢收集信息，对于自我和他人都能容忍和接受，往往不会试图把自己的愿望强加于他人。ESFP 型的人通融和有同情心，通常许多人都真心地喜欢他们。能够让别人采纳他们的建议，所以很擅于帮助冲突的各方重归于好。寻求他人的陪伴，是很好的交谈者。乐于帮助旁人，偏好以真实有形的方式给予协助。天真率直，很有魅力和说服力。喜欢意料不到的事情，喜欢寻找给他人带来愉快和意外惊喜的方法。

（4）霍兰德人职匹配分析。艺术型：较强的审美能力适合从事表演、绘画、音乐老师等职业。

二、我的动力

推广艺术素质教育是我的动力。

1. 职业分析

艺术教育是素质教育的重要组成部分，艺术教育对人的作用是非常深刻的。舞蹈是各类艺术中历史最久远的门类之一，是人们表达情感的最古老也是最直接的好形式。名家把舞蹈称为“艺术之母”。舞蹈教育是以人的肢体语言来表现人思想感情的艺术，因此有人把舞蹈称为形体艺术、人体艺术；人在运动中的美是最让人动心的。所以，还有人把舞蹈艺术称为“美的艺术”。舞蹈艺术对儿童身体成长、品行素质、自身修养、良好体质、身体协调、想象力、创造力及智力发展等方面都起着很大的促进作用。舞蹈教育具有推动少儿素质全面提高的诸多潜在优势，是孩子们喜爱的一种娱乐活动，也是实施素质教育的良好手段。另外，舞蹈长期被人们视做一种娱乐、消遣的文化。在古时，歌妓舞妓被人低看一等，现在这种观念仍有遗留。很多的人把舞蹈看做一种娱乐，也有人把它当成展示自我的工具。现在文明在发展，物质文明的高度发达需要有高度的精神文明相契合，而我期待能成为一名舞蹈“领袖”，不单单教授舞蹈，更要宣扬一种理念：舞蹈不再是一种娱乐，它有它的灵与魂。

作为舞蹈教师所应具备的条件：

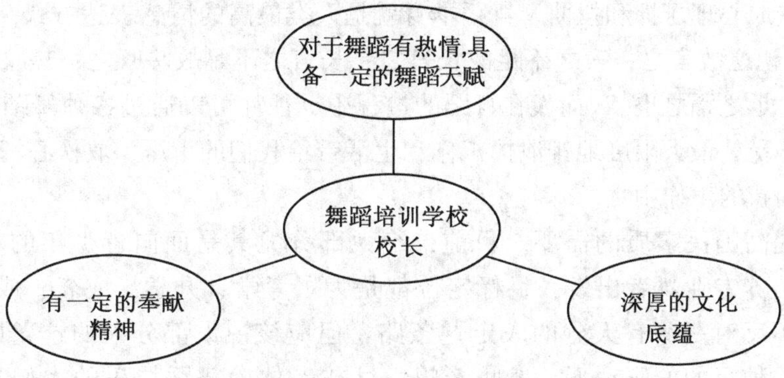

2. 职业现状

综观我国的舞蹈教育现状，由于多年来的历史惯性，以及相关信息资源的严重匮乏，全国各地舞蹈培训学校无论是教育观念，还是办学模式都盲目甚至别无选择地照搬了一些高等学院的教学模式。其结果令人沮丧在所难免，原因在于他们在师资和生源上，均与学院舞蹈之间存在着巨大的差别。

自新中国成立以来，我国的舞蹈教育一直走的是“精英”模式。在选拔人才的过程中，入选的就送进舞院附中或中专，之后进入歌舞团或者上大学；而落选的则基本上与舞蹈绝缘。业内专家指出，这种片面重视舞蹈的专业化、教育“精英化”的做法，一定程度上制约了舞蹈教育的发展。

面向新世纪，舞蹈学学科建设不断向前推进，发展过程中也遭遇到新的问题和困惑。既然我们现在的舞蹈教育还有很大的缺陷，也让我们感觉其改革任务之坚，责任之重。但其发展前景是好的。作为舞蹈学学科的建设者们，首要的问题就是要找准学科定位，明确教学目标，在不断借鉴、创新的思考中，逐步创建具有时代特色的专业品牌。

舞蹈人才不只是包括实践方面的人才，也包括理论研究方面的人才。毕竟，最终能够成为“精英”或是“明星演员”的只是凤毛麟角，不能成为演员或是“明星演员”的，完全可以选择理论研究之路。所以我建议，学生们在学习舞蹈的同时，应上好普通教育中的文化课程，提高不同门类的艺术修养，这样才有可能应对日后的就业和生存挑战。

3. 职业发展

首先，我认为普及舞蹈培训在今后一定时期有着光明的市场前景，原因有四：

第一是人们追求生活之美的需要。随着经济的发展，我国城镇居民的物质生活已经达到了一个较高的水平。与之相应，人们的精神文化生活也有了新的需求。人们已经不再简单地满足于吃饱穿暖，寻求一种更高层次、更具品位、更加健康的精神生活成为一种时尚。而舞蹈恰恰集身心之美的塑造于一体，不仅可以提升人的精神境界和艺术修养，而且可以使人更具健康和活力，让生活增添美的韵律。

第二是调节身心释放压力的需要。现代社会高速度、快节奏的生活，带给人们的是无形的压力。越来越多的人已经意识到并试图能够通过一些有效的途径表达感受、释放压力，以免造成心理压抑和扭曲。舞蹈本身就是人类最高的情感表达方式。《礼记·乐记》中讲："说之故言之；言之不足故长言之；长言之不足故嗟叹之；嗟叹之不足，故不知手之舞之足之蹈之也。"而人在舞蹈的过程中，往往可以通过各种舞蹈形式体验到不同的内心感受，最大限度地排泄掉工作和生活带给我们的重压，放松心情，以便更加高效地投入到新的工作中去。

第三是提高国民素质的需要。目前，绝大部分尤其是面向青少年的舞蹈培训学校，都是从培养专业舞者出发，目标定位都是为了考学、升学，成名、成"星"。当然，我这里不反对一些有天分的人走这条路，但应该说大部分人的这条路是走不通的。在这样一种目的的驱动下，那些希望尝试或者体验舞蹈快乐的人们只能是"望而却步"，失去了提高自身艺术修养的机会，甚至泯灭了一个人与生俱来的天性。一个缺乏艺术气质和修养的社会是不健康的，列宁同志曾经说过，不会舞蹈的人，都不会进门。可以说，舞蹈应该是一门最具普及性的群众艺术，这一点已为人们所广泛接受。而我的舞蹈培训学校，就是要搭建一个普及大众舞蹈的平台。我确信每一个人都可以跳舞，我将致力于让我们社会的每一个我角落都充满艺术气质。

第四是随着新一轮教育改革及高考制度改革序幕的拉开和"教育入世"的实施，人才标准的变化对教师素养提出了更高的要求。单一的舞蹈教育专科专业，陈旧单一的专业知识结构已受到现实的严峻挑战。"复合型"已成为新世纪音乐舞蹈教师的成功标签。信息技术与学科教学的全方位整合，如何成为学习型的教师等已成为"现代"教师亟待解决的现实问题。

三、我的助力

邯郸的人脉和名气是我成功的助力。

1. 创业的环境

我选择的创业地邯郸，是一座有着几千年文化底蕴的历史名城。近年来，经济发展十分迅速，人们的物质文化生活水平显著提高。这为我要从事的文化普及职业创造了一个良好的发展环境。尤其是政府在精神文明建设上的投入和对文化事业的支持力度，更是我取得成功的保证。多年的专业训练让我与舞蹈界建立并保持了比较熟悉的人脉关系，历次成功的演出活动也让我在邯郸市的舞蹈界小有名气。最近，我通过竞争，由我主演的邯郸电视台筹拍的第一部大型室内情景喜剧《有缘咱就吃顿饭》即将播映。随着电视剧的播出，我将获取更加巨大的市场资源。

2. 家庭环境

我从小生长在知识分子的家庭，父母对我的影响很大，他们都毕业于河北师范大学，父亲在艺术方面很有天赋，也有很大的热情，他自学手风琴，在油画方面也有很深的造诣，多次参加邯郸市的歌咏比赛并取得名次。同样热爱艺术的母亲是一名美术老师，她及她的所教的学生作品曾多次获得省市级大奖。在父母的熏陶下使我对艺术也有很深的热爱。我从小开始学习舞蹈，并热爱它。所以对于我的创业，他们在经济方面及手续办理方面，父母会给我大力支持。

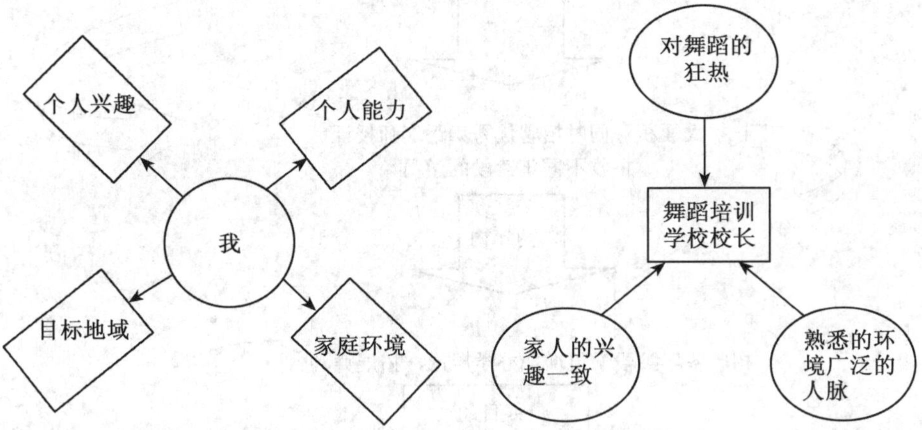

四、我与职业的差距

通过对职业环境的分析，看到了我的优势与劣势，再结合对自身的分析，从其中发现了我性格气质中与职业的相容点，但是我必须承认我离这个职业目标有一定的距离。

差距分析	提高
(知识) 一直接受业余舞蹈的训练，没有接受到高校的舞蹈指导，基本功不够扎实，舞蹈理论知识缺乏	毕业后自费到高等舞蹈院校进修，如北京舞蹈学院。多阅读一些与舞蹈有关的专业性书籍
(心理素质) 作为校长要有着良好的心理素质，处变不惊，临危不乱，能够冷静处理各种突发事件，而现在的我心理浮躁，做事不够冷静，遇到挫折就退缩	多参加各种活动，锻炼自己的心理素质，做事要立目标，相信自己可以做到，并且做好。保持舞蹈知识方面及教学管理方面的更新
(社会经验) 作为学生毕竟与社会有一定的差距，所以缺乏为人处世的技巧	参加社会实践活动，多接触社会，和年长的人多交谈，从中获得经验

第二篇　实践与职业能力

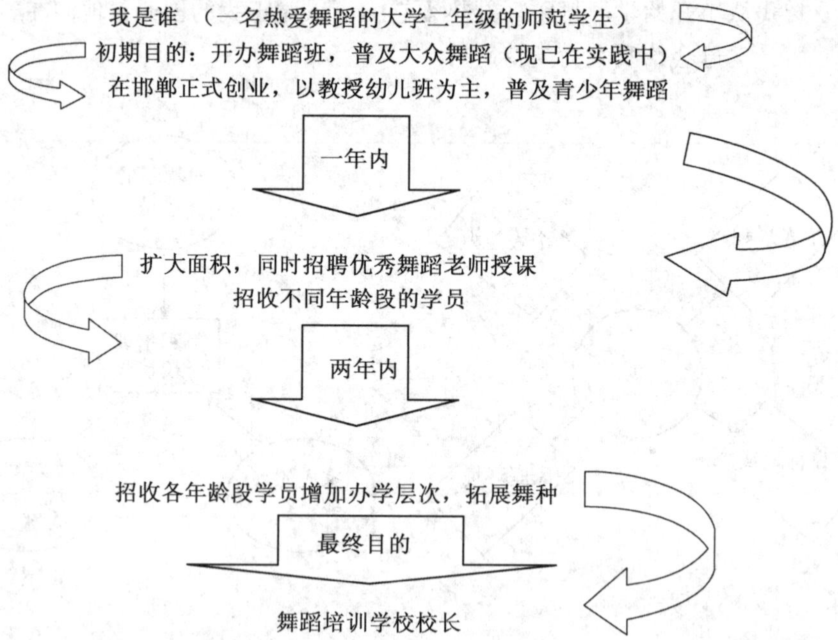

一、总结过去

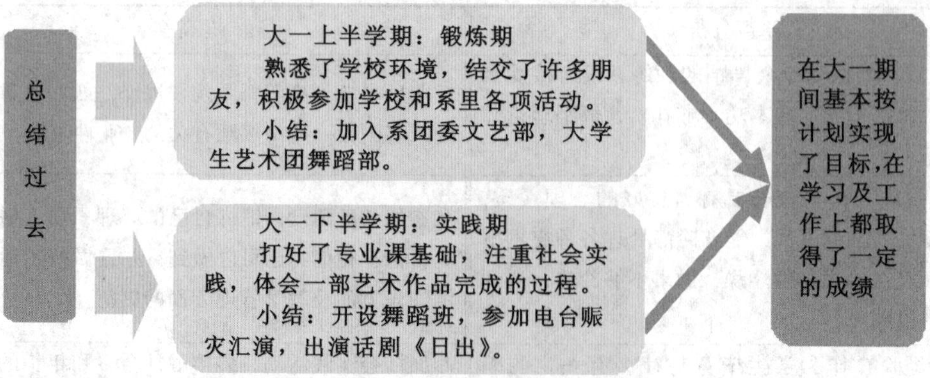

二、在校两年

通过回顾过去，看到了自己的成绩和一些遗憾，所以更要在大学期间构建出一种与过去完全不同的生活状态，实现自身的提高和超越。在未来两年中更应该珍惜这宝贵的时光，合理计划好每一天，踏踏实实地把握好每一分钟。

1. 要求

第一，申请旁听艺术系舞蹈专业课程，提高专业素养。我校音乐系现有专业舞蹈教师 4 名，在舞蹈教学和表演上都有很高的造诣。所开设舞蹈课程门类涉及古典舞、民族民间舞等。我已通过教务处联系，本学期就可以利用课余时间旁听两门课程。

第二，以大学生艺术团为母基，凭实力竞争艺术团和校系学生会、团委的管理岗位，进行拓展式的自我训练，锻炼自己的协调组织能力。

第三，继续完善我的舞蹈班，进一步扩大规模，建立健全管理体制，摸索管理经验，力争将舞蹈班办成学校优秀社团组织。

第四，认真学习好教育教学理论和相关专业知识，为今后的办学打好基础。通过对自己未来职业的规划，我进一步认识到我所学的专业知识对于我实现人生理想的重要性，也使我更加热爱我所选择的专业。认识的提高必将进一步促进我的学习。

第五，锻炼身体，保持体型，这是我实现目标的本钱。

2. 目标

（1）舞蹈方面的专业知识得到完善。

（2）胜任管理岗位，提高管理能力，摸索出管理经验。

大学期间学习仍然是重点，但是能力的锻炼也是必不可少的。所以在大学期间我会抓住每一次的机会来锻炼自己各方面的能力。

目前，我是大学生艺术团舞蹈部民族舞部的成员。由于积极参与艺术团的活动，积极组织排练，赢得了团委老师及艺术团团长的好评，并多次与舞蹈部部长合作排练、演出，所以成为下届舞蹈部部长的几率很大。

（3）舞蹈班规模扩大，教学上有一套方案，管理上又有固定的模式。

（4）专业课达到优秀水平，掌握一定的教育基础理论、树立先进的教育理念、练就过硬的教学教育能力。

学习专业知识及提高各方面能力可以为以后事业发展起到重要作用，从跨入大学的校门的那一刻起，我就把这一信念作为人生的又一座右铭。在学习上，态度认真、刻苦，努力钻研、训练，在扎实好专业基础知识的同时把所学的专业知识和理论知识应用于实践活动中，把所学专业知识和文化知识转化为动手能力、应用能力和创造能力，力求理论和实践的统一。

（5）思想上有一定提高。提高自己的责任感、主动性和受挫能力，争取做到事事用心，事事尽力，把握机遇。用中庸拒绝极端；用理智分析情景；用务实发挥影响；用冷静掌控抉择；用自觉端正态度；用学习积累经验；用勇气放弃包袱；用真心追随智慧。

未来两年的大学生活的规划

<table>
<tr><th>学年</th><th>阶段</th><th>努力方向</th><th>目 标</th></tr>
<tr><td rowspan="2">第二学年（加强期）</td><td>平日在校</td><td>确定职业方向，把握好自己与职业间的差距，争取缩小差距
积极参加学校的各项文艺活动，多与艺术系同学交流，多去图书馆充电，了解专业的舞蹈教程。尤其注重锻炼自己管理方面的能力
继续开办舞蹈班，不断探索，为以后打好基础
身体是一切的本钱，多做运动保证良好的体魄</td><td>英语通过四级
计算机过二级
拿到会计资格证，成为预备党员
参加各项活动如：职业生涯规划大赛；学校举办的演讲比赛；辩论大赛，知识竞赛。尤其是文艺方面的比赛，运动会等能让自己发展得更加全面
让自己的舞蹈班更全面，管理更完善</td></tr>
<tr><td>寒暑假</td><td>报名参加舞蹈班
打工进行社会实践，多接触社会，多了解社会如去一些社区义务的开办一个儿童管理中心</td><td>提高自己的专业水平
锻炼自己的教学能力和教学技巧，进入社会锻炼自己的为人处世的能力</td></tr>
<tr><td rowspan="2">第三学年（拼搏期）</td><td>平日在校</td><td>专业课和公共课仍然很重要，在最后一年也要学好
不能放松对英语的学习
完善舞蹈班</td><td>正式成为一名学生党员
了解学校环境，和学校的内部运作，为以后的就业做好铺垫
舞蹈班运营顺利</td></tr>
<tr><td>寒暑假</td><td>寒假：开始为在邯郸开办舞蹈班做准备
暑假：宣传工作正式开始</td><td>明确方向，进行择业，面试成功</td></tr>
</table>

三、毕业后五年

第一年我会选择一家较好的舞蹈培训学校做兼职，边实践边积累经验，尤其是学校管理方面的经验。并与自己管理方面的知识和经验相结合，提炼出有特色的舞蹈教学及管理方案。同时考察办学地点，确定办学规模，申请办学执照，加入社会舞蹈教育委员会。此外，我还将积极参加社会活动，扩大影响，并广泛联系志同道合的师资，充分做好前期准备。

第二年在做足市场发动的基础上实现我的第一次招生。我将以幼儿班为主，并突出强调素质教育、快乐学习的办学特色，准确定位，科学施教。同时与宣传、文化部门及传媒广泛联系，宣传学校的办学理念，争取各种机会进行教学成果的展示，提高学校的

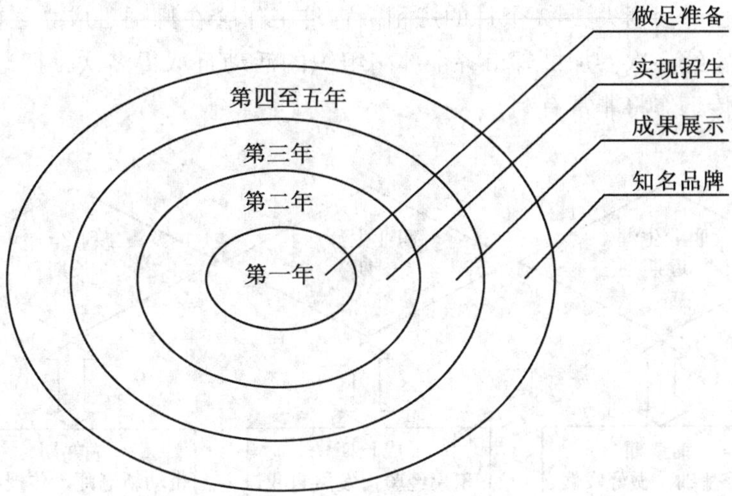

知名度。

第三年，通过组织授课老师进行必要的文化培训和专业方面的进修，提高授课教师的素质，提高教学质量。同时增加办学层次，扩展舞种，扩大办学规模，申请加入社会舞蹈教育委员会。

第四至第五年争取成为社会舞蹈教育委员会的领导。与当地邯郸学院等高校和其他职业学校取得联系，争取成为艺术专业的实习基地，提高办学水平，使舞蹈培训学校成为邯郸市的知名品牌。

四、困难及应对措施

1. 心理准备

虽然在大学期间有所计划，但未来发展依旧拥有未知性，心理上要做好充分的迎接困难的准备。开舞蹈班首先要明确自己为什么要这样做，如果只是想增加一份收入或者打发空闲时间的话最好还是找个更赚钱的行当去做，持这种目的开班的人很有可能在遇到困难的时候会维持不下去，与其早早关门了事不如开始就不要做，因为毕竟前期投入会成为一笔损失收不回来。

2. 事前准备工作要到位的问题

首先提到的是开班的地理位置很重要，邯郸市区是最好的选择。其次是舞蹈教室的资金问题，所谓足够的资金不只是能否把舞蹈班底搭起来的金额，经过调查，一个舞蹈培训班的投资包括硬件设备、半年的房租和宣传费。我的启动资金定为两万元，资金主要来源于在校期间开设舞蹈班的“第一桶金”，毕业后兼职期间的收入，以及父母的部分资助。

再次，宣传工作要做得早。舞蹈班的所有硬件都备齐的时候才开始做宣传为时过晚，因为这样也许会损失 2~3 个月的房租。宣传工作会在舞蹈班成立之前的半年左右开始。因为我曾经多次参加邯郸市各个部门组织的活动且取得名次，拥有一定知名度，这对于我的宣传工作将非常有利。

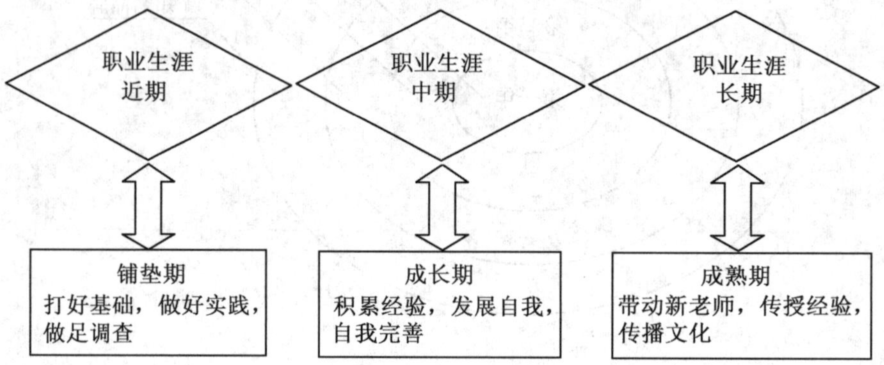

五、备选方案

准确地说，我已选定舞蹈为我一生的职业，即使这个规划方案不能顺利实现，我也不会轻言放弃，这就是我的性格。为此，我将会选择到其他舞蹈学校任教或者应聘到社区，借助任何一个可能的平台，来实现我快乐舞蹈、舞动快乐的梦想，我将终生不渝！

1. 舞蹈教师

成为一名舞蹈培训学校的教师，我会将我摸索出的经验运用到工作当中。

（1）美的形象。仪态、风度、容貌、服饰、言谈举止都会对学员产生影响。讲话语速应为中速，举手投足都给学生镇定自若的状态，教师的形象和状态影响着学员对授课教师的尊重和喜爱程度，直接作用课堂指挥效能，直接影响课堂秩序和教学质量。

（2）送出鼓励。激励学员是相当重要的，学员应获得赏识和赞扬，只有这样，指导性的批评才不至于引起学员的逆反心理。赏识会演变成学员学习热情的巨大推动力。要赞美他漂亮的动作；要赞美他优秀的记忆力；要赞美他花一般动人的表情；要赞美他们准确的节奏感。总之，赞美什么学员往往就会表现得超乎你的想象，因为，赞美就是最好的要求。让学员带着一种成就感离开课堂，并准备在下一次课堂上再次得到满足。

（3）藏起教案。在学员的视线之外做好、做足备课工作，每个动作的教授程序需要反复的演练，整堂课的教学顺序与安排应成竹在胸。

（4）与时俱进，不断学习。时代在发展，教学能力和水平也需要不断地提高。要在熟练掌握教材后，根据教材的要求不断地创新，成为既能教学又能编创的少儿舞蹈工作者。带着学员们参加到各种比赛或表演的活动，给学员们创造更多的展现机会；可以因为经常更新学习内容而与时俱进，走在时代的最前沿；会因为不断地学习和提高，充实教学内容，提高教学水平。

2. 社区文艺工作

若是应聘到社区，我将会采取以下措施来搞好社区工作，发展群众舞蹈，普及大众文艺。

（1）释放激情。舞蹈教学需要全身心投入到舞蹈的氛围中，用自己感染群众，把群众引入到情景中。鼓励他们表达自己的情感，引导他们用舞蹈动作来表现自我和表现音乐，而不是随着音乐机械地动作。要坚信自身的魅力和能力，让群众充满激情地舞蹈。

（2）与群众成为朋友。群众首先希望你是他们的好朋友，其次才是他们的领导者。笑容往往是征服学员的最好手段，也是成为好朋友的最好证明。群众也会希望每个星期都要和你这个朋友一起快乐地舞蹈，这样一来，你就拥有了无数个好朋友，也就获得了无数个家庭对你的信任。

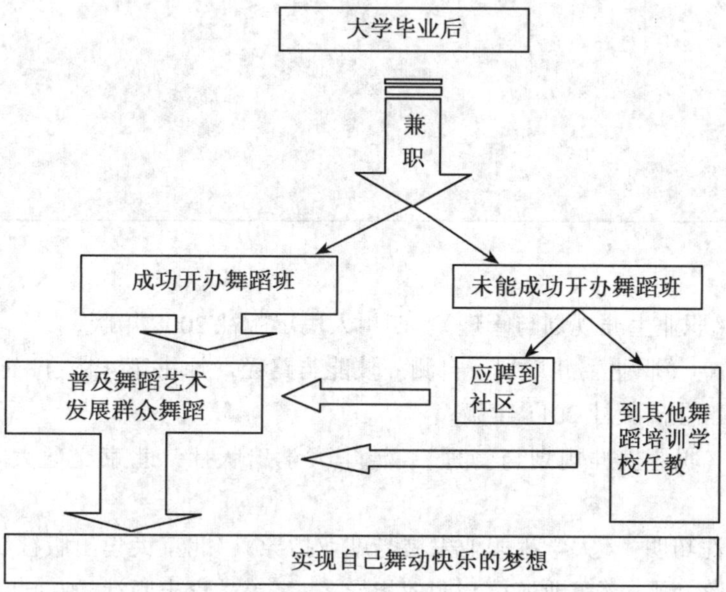

结束语

多年的舞蹈训练让我深深地体会到，我对舞蹈的热情终究会化为我人生中一种进取的力量；我对快乐舞蹈的理解，必将会为我打开一扇实现梦想的成功之门。

今天的我随风起舞，明天的我迎风飞翔！

参考文献

[1] 徐笑君:《职业生涯规划与管理》，四川人民出版社 2008 年版。

[2] [美] 叶纳:《职业生涯规划：自测、技能与路径（原书第 4 版）刘红霞、杨伟国译，机械工业出版社 2011 年版。

[3] 石建勋:《职业生涯规划与管理》，清华大学出版社、北京交通大学出版社 2009 年版。

[4] 薛立华、沈巧明:《大学生职业发展与就业指导》，北京大学出版社 2008 年版。

[5] 唐凯麟、蒋乃平:《职业道德与职业指导》，高等教育出版社 2003 年版。

[6] 黄才华:《就业指导与创业教育》，教育科学出版社 2004 年版。

[7] 马必学、王式正:《职场必修》，高等教育出版社 2005 年版。

[8] 田光哲、张春林、张元:《360 职业生涯》，中国劳动社会保障出版社 2006 年版。

[9] 彭贤、马恩:《大学生职业生涯规划活动教程》，清华大学出版社、北京交通大学出版社 2010 年版。

[10] Reardon 等:《职业生涯发展与规划》，侯志瑾等译，高等教育出版社 2005 年版。

[11] 魏潾、李广才：《大学生职业生涯指导——规划·发展·未来》，科学出版社 2010 年版。

[12] 王则柯:《感受普林斯顿》，南方日报出版社 2003 年版。

[13] 罗永忠:《大学之大：何以为大?》，《教育科学》2005 年第 5 期。

[14] 思想道德修养与法律基础编写组：《思想道德修养与法律基础（2010 年修订

版）》，高等教育出版社 2010 年版。
[15] 熊薇：《信息时代高校档案管理人才培养问题》，《江西金融职工大学学报》2010 年第 4 期。
[16] 孙恒等：《成功人生需要“十商”》，《现代商业银行》2005 年第 4 期。
[17] 骆潇等：《给我“无穷动”—职场创新能力调查》，《职业》2006 年。
[18] 吴小莲：《浅议用社会主义核心价值体系引领艺术人才成长的必要性》，《思想理论教育导刊》2010 年第 10 期。
[19] 刘小春：《基于高职学生就业品质的职业核心能力的培养》，《考试周刊》2009 年第 32 期。
[20] 邢运凯：《论高等教育类型观视域下的通识教育》，《河北学刊》2011 年第 4 期。
[21] 顶娜仁花：《浅谈高等职业教育发展的目标》，《职业教育》2005 年第 6 期。
[22] 肖和平：《推进教育创新 创建高职特色》，《中国职业技术教育年会 2003 年学术年会》2004 年。
[23] 赵勇戈：《体育院校大学生就业指导教程》，北京体育大学出版社 2007 年版。
[24]《中华人民共和国职业分类大典》，中国劳动出版社 1999 年版。
[25] 宋景华、刘立功：《大学生职业发展与就业创业指导》，高等教育出版社 2010 年版。
[26] 关培兰、张爱武：《职业生涯设计与管理》，武汉大学出版社 2008 年版。
[27] 曲振国：《大学生就业指导与职业生涯规划》，清华大学出版社 2008 年版。
[28] 彭聃龄：《普通心理学》，北京师范大学出版社 2001 年版。
[29] 李鹏祥：《大学生自主创业指导》，北京大学出版社 2011 年版。
[30] 王雁：《普通心理学》，人民教育出版社 2004 年版。
[31] Jerry M. Burger：《人格心理学》，陈会昌等译，中国轻工业出版社 2004 年版。
[32] 张文双、辛全洲、农智杰：《大学生就业与创业指导教程》，中国传媒大学出版社 2010 年版。
[33] 郑日昌：《大学生心理健康——自主与自助手册》，高等教育出版社 2007 年版。
[34] 林清文：《生涯发展与规划手册》，世界图书出版公司 2009 年版。
[35] 张厚粲：《实用心理评估》，中国轻工业出版社 2005 年版。
[36] 李自璋：《高职高专学生心理健康与成长》，科学出版社 2009 年版。
[37] 张国成、邸卫民、王占龙：《大学生心理健康教育》，北京大学出版社 2008 年版。
[38] 河南省教育厅学生处、河南省大中专学校学生信息咨询与就业指导服务中心：《大学生职业发展教育导论》，中原农民出版社 2007 年版。
[39] 金树人：《生涯咨询与辅导》，高等教育出版社 2007 年版。
[40] [美] 肯·詹逊：《成功职业生涯的自我营销：如何在中国就业市场赢得竞争》，陈颖峥译，厦门大学出版社 2009 年版。
[41] 钟谷兰、杨开：《大学生职业生涯发展与规划》，华东师范大学出版社 2008 年版。

[42] 姬振旗、周锋：《职业生涯发展》，高等教育出版社 2011 年版。
[43] 仝广东：《大学生职业发展与就业指导》，东南大学出版社 2009 年版。
[44] 庄明科、谢伟：《职业素养入门与提升》，北京理工大学出版社 2009 年版。
[45] 陈胤、陶美成：《大学生职业生涯规划》，武汉大学出版社 2009 年版。
[46] 郝登峰：《大学生就业创业理论与方法》，人民出版社 2010 年版。
[47] 任芳：《大学生职业发展与就业指导教程》，北京出版社 2010 年版。
[48] [美] Robert D. Lock：《把握你的职业发展方向》（第五版），钟谷兰、曾垂凯、时堪等译，中国轻工业出版社 2006 年版。
[49] Robert D. lock：《把握你的职业方向》，钟谷兰、曾垂凯、时勘等译，中国轻工出版社 2006 年版。
[50] 何敏、耿永超：《简析大学生职业决策困难研究的现状与启示》，《唐山师范学院学报》2009 年第 5 期。
[51] 陈欣：《大学生成才的职业定向分析》，《人才开发》2005 年第 1 期。
[52] 綦良群：《大学生职业生涯规划理论与设计院》，科学出版社 2011 年版。
[53] 黄俊毅、沈华义、胡潇文：《大学生职业生涯规划》，清华大学出版社 2010 年版。
[54] 于英川：《现代决策理论与实践》，科学出版社 2005 年版。
[55] 武正林：《职业道德与就业创业指导》，苏州大学出版社 2008 年版。
[56] 王易、邱吉：《职业道德》，中国人民大学出版社 2008 年版。
[57] 马能和：《就业与创业》，江苏教育出版社 2008 年版。
[58] 胡秦葆、刘雨涛：《高职院校学生专业核心能力培养初探》，《人才开发》2010 年第 6 期。
[59] [美] 黛安·萨克尼克、威廉·班达特、丽莎·若夫门：《职业指导：职业生涯规划教程》，中国就业培训技术指导中心、北京大学学生就业指导中心译，中国劳动社会保障出版社 2005 年版。
[60] 黄中天：《生涯规划——体验式学习》，高等教育出版社 2009 年版。
[61] 孟献雷：《大学生的自我管理能力培养研究》，山东师范大学 2011 年硕士研究生论文。
[62] 里尔登：《职业生涯发展与规划》，高等教育出版社 2006 年版。
[63] [德] 克莱门斯·博松：《自我时间管理》，马爱丁、金晓涛译，百花洲文艺出版社、二十一世纪出版社 2002 年版。
[64] 何常明：《用好时间做对事》，人民邮电出版社 2006 年版。
[65] 赵恩北：《大学生职业生涯发展与指导》，河北人民出版社 2010 年版。
[66] 汤秀奎：《职业生涯规划与自我管理教程》，现代教育出版社 2010 年版。
[67] 姜晓光：《大学生心理健康与就业指导教程》，人民交通出版社 2008 年版。
[68] 刘兰明：《职业基本素养》，高等教育出版社 2009 年版。
[69] 张芝：《"90 后" 大学生的自我管理及培养》，《创新与创业教育》2011 年第 2 期。

[70] 王燕橱:《拓展训练对促进高校大学生心理健康发展的研究》,《太原师范学院学报》2008 年第 2 期。
[71] 孙青:《素质拓展训练对于提高学生综合素质的作用分析》,《科技风》2009 年第 21 期。
[72] 陈芒:《大学体育教学中素质拓展课程的探讨》,《四川体育科学》2005 年第 9 期。
[73] 佟艳华等:《拓展训练在高校体育教学中的可行性研究》,《山东社会科学》2006 年第 9 期。
[74] 张凡涛等:《拓展训练引入高校专业体育课的理论分析及实验研究》,《四川体育科学》2005 年第 6 期。